普通微生物学

杨清香　主编

科学出版社
北　京

内 容 简 介

本书由长期从事微生物学教学和科学研究的教师编写而成，本书全面系统地介绍了微生物学的基础理论知识与技能，并反映微生物学学科发展的最新成果，内容精简，重点突出。全书共10章，内容包括原核和真核微生物细胞的结构与功能，病毒的结构、化学组成与特性，微生物的营养、新陈代谢、生长与控制，微生物遗传与育种，微生物生态、进化、系统发育与分类鉴定，以及传染与免疫。

本书适合于高等师范院校以及其他普通高等院校生命科学领域本科生学习使用，也可供其他生物学工作者阅读参考。

图书在版编目(CIP)数据

普通微生物学/杨清香主编.—北京：科学出版社，2008

ISBN 978-7-03-022051-6

Ⅰ.普… Ⅱ.杨… Ⅲ.微生物学-高等学校-教材 Ⅳ.Q93

中国版本图书馆CIP数据核字(2008)第108602号

责任编辑：席 慧 / 责任校对：刘亚琦

责任印制：赵 博 / 封面设计：耕者设计工作室

科学出版社出版

北京东黄城根北街16号

邮政编码：100717

http://www.sciencep.com

北京天宇星印刷厂印刷

科学出版社发行 各地新华书店经销

*

2008年8月第 一 版 开本：787×1092 1/16

2025年3月第十六次印刷 印张：18

字数：436 000

定价：69.80元

(如有印装质量问题，我社负责调换)

《普通微生物学》编者名单

主　编　杨清香

副主编　张建新

编　委　（以姓氏汉语拼音为序）

胡青平　彭仁海　杨清香　张建新

前　　言

在生命科学迅猛发展的今天，微生物学以其独特的魅力在基础理论和应用实践中发挥着无与伦比的巨大作用，成为生命科学中最具活力的学科之一。作为普通师范类大学，我们一方面培养未来的中学教师队伍，另一方面向更高层次输送人才。因此，要求我们的教材和教学内容既要全面、新颖，让学生把握学科发展的最新动态；同时又要考虑教学时数安排做到简明和重点突出。我们在长期教学过程中，在充分吸收国内著名微生物学教材（如周德庆教授主编的《微生物学》、沈萍教授主编的《微生物学》等）精华的基础上，结合微生物学的最新发展以及师范院校的特点编写本书，以简明的篇幅给学生们系统性地介绍现代微生物学基础理论和技能。

我们在编写本书的过程中始终贯彻如下几点指导思想：

1. 内容上突出“新”。各章节内容力求反映微生物学发展的最新成果和观念，去掉了传统教材中的一些过时的说法。例如，随着近年来人们对古菌认识的进一步加深，发现这类微生物在自然界的地位、分布以及数量都超出了我们以往的想象，因此在第一章“原核微生物”中将“古菌”另列一节单独讲述；又如在“病毒”一章中采用了2005年的“病毒分类第八次报告”分类方案，亚病毒也增添了“卫星DNA”新内容等。

2. 内容安排和篇幅取舍上突出“精”，做到全面、系统、条理清晰，同时又力求简明和重点突出，使学生很容易把握各部分知识要领，不必忙于跟着教师在课堂上记笔记。

3. 图片资料新颖生动。本书从互联网以及多本参考书中筛选图片，力求引用新颖、形象、真实的图片，特别是一些微生物真实的电镜照片，增强学生对微观世界的形象认识和对微生物学的兴趣，也使本书更加生动和具有启发性。

4. 本书各章中的专业名词力求给出准确的定义，避免模棱两可的解释，有助于学生精确把握微生物学基础理论知识。另外在每章后面都有小结和复习题，便于学生学习和巩固。书的最后附有“常见微生物名称拉中对照”、“微生物学发展史上的重大事件”和“微生物基因组测序的最新资料”方便读者查阅和使用。

全书共分十章内容，均由多年从事微生物学教学和科学研究、具有丰富教学实践的老师合作编写。

在完成本书的过程中张文钰、张利兰、王哲以及张晶等同志做了一些具体工作，在此表示感谢。本书初稿的完成得到了科学出版社的大力支持和指导，在本书出版之际向他们表示诚挚的谢意！

由于作者水平和能力有限，本书若有不当和错漏之处，敬请广大师生、同行和读者批评指正，谢谢！

杨清香
河南师范大学
2008年7月

目　　录

绪　论

一、微生物学的研究对象

1. 什么是微生物

微生物(microorganism, microbe)不是分类学上的名词,而是指肉眼难以看清楚,需要借助光学显微镜或者电子显微镜才能观察到的一切微小生物的总称。它们通常是一些个体微小(通常<0.1 mm)、构造简单的低等生物,包括属于原核生物的细菌(真细菌和古生菌)、放线菌、蓝细菌、支原体、立克次氏体和衣原体;属于真核生物的真菌(酵母菌、霉菌和蕈菌)、显微藻类和原生动物;以及属于非细胞类的病毒和亚病毒。但微生物中也有些成员是肉眼可见的,例如,许多真菌的子实体,蘑菇等常肉眼可见;同样某些藻类能长达几米;近年来发现有的细菌也是肉眼可见的,如 1993 年正式确定为细菌的 *Epulopiscium fishelsoni* 以及 1998 年报道的 *Thiomargarita namibiensis*。上述微生物定义是指一般的概念,是历史的沿革,也仍为今天所适用。

2. 微生物在生物界的地位

在生物学发展史上,曾将所有生物分为植物界和动物界。藻类由于有细胞壁,能进行光合作用,而归于植物界,原生动物无细胞壁,能运动,不进行光合作用而归于动物界。微生物的有些类群,如许多细菌具有细胞壁,进行光合作用,又能运动,将它们归于植物界或者动物界都不合适。因此,1866 年海克尔(Haeckel)提出三界系统:植物界、动物界和原生生物界。1969 年魏塔克(Whittaker)提出五界系统,即原核生物界、原生生物界、真菌界、植物界和动物界。根据我国学者王大　等的建议,无细胞结构的病毒应另列为一界,这样便构成了生物的六界系统(表 0-1)。通过对不同生物 16S 和 18S rRNA 寡核苷酸序列的同源性进行测定后,1978 年伍斯(Woese)等提出生命起源的三原界系统,现称为三域学说(three domains theory),将整个生物界分为三个域,即古生菌域(Archaea)、细菌域(Bacteria)和真核生物域(Eukarya),把域放在门和界水平之上,把传统的界分别放在这三个域中,该学说已基本被各国学者接受。

在六界系统中微生物占有四界(表 0-1),既有原核生物,又有真核生物,还有非细胞生物(病毒)。在三域学说中古菌域、细菌域的所有生物都属于微生物,而真核生物域中的原生动物、真菌等也属于微生物,微生物分布于三个域中。由此可见,微生物在生物界中占有极重要的地位。

表 0-1　微生物在生物六界系统中的地位

生物界名称	主要结构特征	微生物类群名称
病毒界	无细胞结构,大小为纳米(nm)级	病毒、类病毒等
原核生物界	为原核生物,细胞中无核膜与核仁的分化,大小为微米(μm)级	细菌、蓝细菌、放线菌、支原体、衣原体、立克次氏体、螺旋体等
原生生物界	细胞中具核膜与核仁的分化,为小型真核生物	单细胞藻类、原生动物等

续表

生物界名称	主要结构特征	微生物类群名称
真菌界	单细胞或多细胞，细胞中具核膜与核仁的分化，为小型真核生物	酵母菌、霉菌、蕈菌等
动物界	细胞中具核膜与核仁的分化，为大型能运动的真核生物	
植物界	细胞中具核膜与核仁的分化，为大型非运动真核生物	

3. 微生物的特点

微生物具有生物的共同特点：基本组成单位是细胞（病毒例外）；主要化学组成成分相同，都含有蛋白质、核酸、多糖、脂类等；新陈代谢等生理活动相似；受基因控制的遗传机制相同；有繁殖能力。然而整个生物界中，各种生物的大小，形态构造差异显著，而微生物由于其体形极其微小，因而导致了一系列与之密切相关的、有别于动植物的特点：体积小，面积大；吸收快，转化快；生长旺，繁殖快；适应强，易变异；分布广，种类多。这些特点不仅在理论上，而且在实际应用中都极其重要。

(1) 体积小，面积大。任何固定体积的物体，如对其进行三维切割，随着切割次数增多，所产生的颗粒数就越多，每个颗粒的体积也就越小，但是所有小颗粒的表面积相加，其总数相当可观。若把某一物体单位体积所占的表面积称为比面值(surface to volume ratio)，则物体的体积越小，其比面值就越大。由于微生物是一个突出的小体积大面积系统，该特性赋予微生物一个巨大的营养物质吸收面，代谢废物的排泄面和环境信息的交换面，并由此产生了其余四个特点。

(2) 吸收多，转化快。微生物个体小，比面值大，能迅速与周围环境进行物质交换，因此，微生物的代谢能力比动植物强得多。据研究，大肠杆菌(*Escherichia coli*)每小时可分解其自重1000～10 000倍的乳糖；乳酸细菌每小时可产生自重1000倍的乳酸；产朊假丝酵母(*Candida utilis*)合成蛋白质的能力比大豆强100倍，是肉用公牛的10万倍。微生物的高效率吸收转化能力有极大的应用价值。

(3) 生长旺，繁殖快。微生物的生长繁殖速度是动植物无法比拟的。*E. coli* 在合适的生长条件下，细胞分裂1次仅需12.5～20 min。若按平均20 min分裂1次计，则1 h可分裂3次，每昼夜可分裂72次，一个细胞可繁殖为4×10^{20}个细胞。事实上，由于营养、空间和代谢产物等条件的限制，微生物的几何级数分裂速度只能维持数小时而已。

微生物的快速繁殖能力在发酵工业中具有重要的实践意义，主要体现在它的生产效率高、发酵周期短上。据统计，一头质量500 kg的食用公牛，24 h能从食物中“浓缩”0.5 kg蛋白质；同等质量的大豆，在合适的栽培条件下，24 h可生产50 kg蛋白质；而同样重的酵母菌，以糖蜜(糖厂下脚料)和氨水作主要养料，在24 h内却可合成50 000 kg的优良蛋白质。利用微生物发酵法生产食品、医药、化工原料等还具有许多优点：设备简单，不需要高温、高压设备；原料广泛，可用廉价的甘薯粉、米糠、麸皮、玉米粉及废糖蜜、酒糟等工农业副产品；不需要催化剂；产品一般无毒；不受气候和季节影响等。

微生物的生长旺、繁殖快的特性对生物学基本理论的研究也带来极大的优越性，它使科学研究周期大为缩短、空间减少、经费降低、效率提高。当然这一特性也使病原微生物或使物品霉腐变质的有害微生物给人类带来极大的损失或祸害，因而必须加以防止。

(4) 适应强，易变异。微生物具有极其灵活的适应性或代谢调节机制，这是任何高等动、植物所无法比拟的。微生物对环境条件,特别是“极端环境”,例如,高温、高酸、高盐、高辐射、高压、低温、高碱、高毒等具有惊人的适应力,堪称生物界之最(详见第八章)。如氧化硫硫杆菌(*Thiobacillus thiooxidans*)能在5%～10%的H_2SO_4(pH 0.5)的酸性环境中生长;某些耐碱的微生物如脱氮硫杆菌(*T. denitrificans*)生长的最高pH为10.7;在世界大洋最深的马里亚纳海沟,水深度达11 034 m,压力为111.775 MPa,仍有细菌存在;海洋深处的某些硫细菌可在100℃的高温下正常生长;一些嗜盐菌能在32%的盐水中正常活动。

微生物的个体微小,一般都是单细胞、简单多细胞甚至是非细胞生物,容易受环境影响,加之具有繁殖快、数量多等特点,因此容易产生大量的变异后代。有益的变异可为人类创造巨大的经济和社会效益,如青霉素生产菌种产黄青霉(*Penicillium chrysogenum*)1943年时每毫升发酵液仅含20单位的青霉素,经过多年的选育,变异的积累,该菌目前每毫升发酵液青霉素含量已接近10万单位。当然,事物总是一分为二的,微生物容易变异的特性在某些方面是对人类有害的,如各种致病菌的耐药性变异使原本已得到控制的相应传染病变得无药可治;这一特性还常导致各种优良菌种生产性状的退化,使发酵生产无法正常维持等。

(5) 种类多,分布广。迄今为止,人类已描述过的生物总数约200万种。微生物的种类繁多,其中,已记载过的微生物大约有20万种。随着分离、培养技术的改进和研究工作的深入,微生物的新种、新属、新科、甚至新目、新纲不断发现,这些数字还在急剧增长。有人估计已发现的微生物种类不超过自然界中微生物总数的10%,因此大量的微生物资源还有待发掘。微生物的种类多还体现在微生物的生理代谢类型之多,以及代谢产物的多样性和遗传基因的多样性,是动、植物所大大不及的。

微生物因其体积小、重量轻和数量多等原因,可以到处传播以致达到“无孔不入”的地步,只要条件合适,它们就可“随遇而安”。地球上除了火山的中心区域等少数地方外,从土壤圈、水圈、大气圈至岩石圈,到处都有它们的踪迹,可以认为,微生物将永远是生物圈上下限的开拓者和各项生存纪录的保持者。不论在动、植物体内外,还是土壤、河流、空气、平原、高山、深海、污水、垃圾、海底淤泥、冰川、盐湖、沙漠、甚至油井、酸性矿水和岩层下,都有大量与其相适应的各类微生物存在(详见第八章)。

微生物的种类多、分布广这一特点,为人类在21世纪中进一步开发利用微生物资源提供了无限广阔的前景。

二、微生物学及其分科

由于微生物个体太小,需要借助显微镜才能观察,因此,微生物研究作为一门科学——微生物学,比动物学、植物学要晚得多,至今不过100多年的历史。微生物学(microbiology)是一门在细胞、分子或群体水平上研究微生物及其生命活动规律和应用的科学。研究内容包括微生物的形态结构、进化、分类鉴定、生理生化、生长繁殖、遗传变异、生态分布及其在工业、农业、医药卫生、生物工程和环境保护等方面的应用。其根本任务是发掘、利用、改善和保护有益微生物,控制、消灭或改造有害微生物,为人类社会的进步服务。

微生物学经历了一个多世纪的发展,已分化出大量的分支学科,据不完全统计(1990年),已达181门之多。现根据其性质简单归纳成下列6类:

(1) 按研究微生物的基本生命活动规律为目的来分,总学科称为普通微生物学(general microbiology),分科如微生物分类学、微生物生理学、微生物遗传学、微生物生态学、细胞微生物学、分子微生物学和微生物基因组学等。

(2) 按微生物应用领域来分,总学科称为应用微生物学(applied microbiology),分科如工业微生物学、农业微生物学、医学微生物学、药用微生物学、诊断微生物学、预防微生物学、抗生素学、食品微生物学等。

(3) 按研究的微生物对象分，如细菌学、真菌学(菌物学)、病毒学、原核生物学、自养菌生物学和厌氧菌生物学等。

(4) 按微生物所处的生态环境分，如土壤微生物学、微生态学、海洋微生物学、环境微生物学、水体微生物学和宇宙微生物学等。

(5) 按学科间的交叉、融合分，如化学微生物学、分析微生物学、微生物生物工程学、微生物化学分类学、微生物数值分类学、微生物地球化学和微生物信息学等。

(6) 按实验方法、技术分，如实验微生物学、微生物研究方法等。

三、微生物学的发展简史

微生物学发展史可分 5 期，即史前期、初创期、奠基期、发展期和成熟期。各期特点及代表人物见表 0-2。

表 0-2 微生物学发展简史

发展时期	经历时间	特点和标记	代表人物
史前期	8000 年前至公元 1676 年	人类已在应用微生物，如发酵、酿造等，但未发现微生物的存在	
初创期	1676～1861 年	世界上第一次发现微生物的存在(当时称为“微动体”)	列文虎克(A. V. Leeuwenhoek)
奠基期	1861～1897 年	开创了寻找病原微生物的“黄金时期”，并从形态描述进展到生理学研究的新水平	巴斯德(L. Pasteur)，科赫(R. Koch)
发展期	1897～1953 年	用无细胞酵母汁发酵酒精成功，开创了微生物生化研究的新时期，“普通微生物学”作为一门学科开始形成	布赫纳(E. Büchner)
成熟期	1953 年以后	DNA 结构的双螺旋模型建立，微生物成为分子生物学中的重要研究对象，20 世纪 70 年代后微生物成为生物工程学科的主角	J. D. Watson 和 H. F. C. Crick (DNA 双螺旋结构模型的创立者)

1. 我国古代对微生物的认识和利用

在人们真正看到微生物之前，实际上已经猜想或感觉到它们的存在，甚至人们已经在不知不觉中应用它们。我国劳动人民很早就认识到微生物的存在和作用，也是最早应用微生物的少数国家之一。我国早在 5000 年前就利用微生物酿酒，4000 多年前的龙山文化遗址出土的陶器中发现很多饮酒的器具，商代甲骨文中有很多不同品种酒的记载。我国的制曲酿酒以工艺独特、历史悠久、经验丰富、品种多样而闻名世界，对人类做出突出贡献。直到 19 世纪末，欧洲人才开始研究这种方法。红曲是我国古代劳动人民的又一项重大发明，它既是一种无害的食品染料，还可入药。公元前 10 世纪，我们的祖先已利用豆类在霉菌的作用下制酱。公元 6 世纪(北魏时期)，我国贾思勰的巨著《齐民要术》详细记载了制醋、制酱的方法，并记述了不同的轮作方式，强调豆类和谷类作物的轮作制，而西方采用豆类轮作则是 18 世纪 30 年代以后。我国早在商代已使用沤粪肥田。食用菌栽培是我国劳动人民首创，据《本草纲目》记载，我国从公元 7 世纪已开始人工栽培食用菌，而西方从 18 世纪才开始。

关于微生物与动植物病害的关系，我国也认识很早。在2000年前就有对鼠疫的记载，公元2世纪《神农本草经》中就有蚕的"白僵(病)"的记载。明朝李时珍所著《本草纲目》中记载了不少植物病害。

医学方面，我国劳动人民在2500年前就知道用曲治疗消化道疾病，很早就认识到应用茯苓、灵芝等真菌治疗疾病。2000多年前就已经认识到许多疾病有传染性，并对防治传染病积累了丰富的经验。春秋时代的名医扁鹊就提出"防重于治"的正确思想。公元前6世纪我国已获知狂犬病来源于疯狗，并采取驱逐疯狗预防狂犬病。公元2世纪张仲景提出禁食病死兽肉和不洁食物，以防伤寒。名医华佗(约公元141～208)首创麻醉术和剖腹外科，主张割去腐肉以防传染。公元4世纪戈洪在《肘后方》中详细记载了天花的病状和流行方式。公元11世纪(宋代)种人痘预防天花已广泛应用。这是世界医学史上的伟大创举，是一切免疫方法的起源。种人痘后来才传到国外，18世纪英国医生琴纳(E. Jenner)在种人痘的基础上发展为种"牛痘"。我们古代劳动人民在很多方面长期以来一直保持着领先地位。

2. 微生物的发现

在真正看到微生物之前，人们已经在不知不觉中应用它们，但由于技术条件的限制，无法用实验证实。真正观察到并描述微生物的第一个人是荷兰商人安东·列文虎克(Antony van Leeuwenhoek，1632～1723，图0-1)。他的最大贡献不是在商界而是他利用自制的能放大200～300倍的简单显微镜在污水、牙垢、腐败有机物中观察到并描述了微小生物，首次揭示了一个崭新的生物世界——微生物，为微生物的研究创造了条件。由于他的划时代贡献，1680年被选为英国皇家学会会员。

3. 微生物学的奠基人

继列文虎克发现微生物世界以后的200年间，微生物学的研究基本上停留在形态描述和分门别类上。限于当时的科学技术水平，对微生物知识的积累缓慢，未能将形态与生理及人类生产实践联系起来，还未形成微生物学科。19世纪30～40年代由于马铃薯晚疫病在欧洲广泛流行，造成严重灾荒，60年代又出现酒变酸和蚕病危害等问题，推动了人们对微生物的研究。以法国的巴斯德和德国的柯赫为代表的科学家才将微生物的研究从形态描述推进到生理学研究阶段。巴斯德和柯赫是微生物学的奠基人。

图0-1　列文虎克(1632～1723)

图0-2　巴斯德(1882～1895)

(1) 巴斯德(Louis Pasteur，1822～1895年，图0-2)原是化学家，曾在化学上做出过重要的贡献，后来转向微生物学研究领域，为微生物学的建立和发展做出了卓越的贡献，主要体现在三个方面。

第一，彻底否定了“自生说”学说。“自生说”是一个古老的学说，认为一切生物是自然发生的。到了 17 世纪，虽然由于研究植物和动物的生长发育和生活循环，使“自生说”逐渐削弱，但是由于技术问题，如何证实微生物不是自然发生的仍然是一个难题。巴斯德用严密的科学实验令人信服地否定了微生物的“自然发生说”，提出生命只能来自生命的胚种学说。他将两个曲颈瓶中的有机汁液煮沸后，其中一个瓶口连接一个弯曲的长管以保持有机汁液与外界空气接触，另一个瓶子从顶端开口，都不加盖置于空气中。结果前一个瓶子中没有微生物发生，而后一个出现了大量微生物。前一个瓶之所以能保持无菌状态，是由于空气中的带菌尘埃不能通过弯曲的长管进入瓶内。

第二，证实了发酵是由微生物引起的。酒精发酵是一个由微生物引起的生物过程还是一个纯粹的化学反应过程，曾是化学家和微生物学家激烈争论的问题。巴斯德在否定“自生说”的基础上，认为一切发酵作用都可能和微生物的生长和繁殖有关。巴斯德证实酒精发酵是由酵母菌引起的，此外巴斯德还发现乳酸发酵、乙酸发酵和丁酸发酵都是由不同细菌所引起。为进一步研究微生物的生理生化奠定了基础。

第三，免疫学——预防接种。琴纳虽然早在 1798 年发明了种牛痘预防天花，但并不了解这个免疫过程的机制。巴斯德研究了鸡霍乱，发现将病原菌减毒可诱发免疫性，以预防鸡霍乱病。其后又研究了牛、羊的炭疽病和狂犬病，并制成狂犬病疫苗，为人类防病、治病做出了巨大贡献。

图 0-3　柯赫(1843～1910)

此外，一直沿用至今的巴斯德消毒法和家蚕软化病问题的解决也是巴斯德的重要贡献。他解决了当时法国葡萄酒变质和家蚕软化病等实际问题，为造福人类做出了重大贡献。

(2) 柯赫(Robert Koch，1843～1910，图 0-3)是德国医生，在建立微生物学实验方法、寻找并确证重要传染病病原菌等方面做出了重大贡献。

第一，配制固体培养基，并建立了通过固体培养基分离纯化微生物的技术。

第二，用自创的方法分离到了许多病原菌，如炭疽芽孢杆菌、结核分枝杆菌、链球菌、霍乱弧菌等。肺结核病是当时死亡率极高的传染性疾病，柯赫因此获得了诺贝尔奖。

第三，提出了确定病原菌的柯赫法则(Koch's postulates)：病原微生物总是存在于患传染病的动物体内；这一病原微生物能从寄主分离到，并被培养为纯种培养物；这种培养物接种到敏感动物体内，应出现特有的疾病症状；从人工接种的致病动物体内能分离到与原来相同的病原微生物。由于柯赫在病原菌研究方面的开创性工作，19 世纪 70 年代至 20 世纪 20 年代成了发现病原菌的黄金时代，所发现的各种病原微生物不下百余种，其中，还包括植物病原细菌。柯赫法则至今仍指导动、植物病原菌的确定。

第四，建立了许多显微镜技术，如细菌鞭毛染色法、悬滴培养法、显微摄影技术等。

巴斯德和柯赫的杰出工作奠定了微生物学的科学基础，使微生物学作为一门独立的学科开始形成。此后，微生物学发展比较迅速，并出现以他们为代表而建立的各分支学科，如细菌学(巴斯德、柯赫等)、消毒外科技术(J. Lister)，免疫学(巴斯德、Metchnikoff、Behring、Ehrlich 等)、土壤微生物学(Beijerinck、Winogradsky 等)、病毒学(Ivanowsky、Beijerinck 等)、植物病理学和真菌学(Bary、Berkeley 等)、酿造学(Hensen、Jorgensen 等)以及化学治疗法(Ehrlish 等)等。人们对微生物种类的认识日益加深，对微生物的应用更加广泛。

4. 现代微生物学的发展

19世纪中期到20世纪初，微生物研究作为一门独立的学科已经形成，并进行着自身的发展，但在20世纪早期还未与生物学的主流相汇合。当时大多数生物学家的研究兴趣是有关高等动植物细胞的结构和功能、生态学、繁殖和发育、遗传以及进化等；而微生物学家更关心的是感染疾病的因子、免疫、寻找新的化学治疗药物以及微生物代谢等。20世纪40年代，许多生物学难以解决的理论和技术问题十分突出，特别是遗传学上的争论问题，使得微生物这种简单而又具完整生命活动的小生物成为研究热点，微生物学很快与生物学主流汇合，获得了迅速的发展（详见附录Ⅱ微生物学发展史上的重大事件），并为生命科学的发展做出了巨大贡献。

1）多学科交叉促进微生物学全面发展

微生物学首先与遗传学、生物化学汇合。1941年Beadle和Tatum用粗糙脉孢菌（*Neurospora crassa*）分离出一系列生化突变株，将遗传学和生物化学紧密结合起来，不仅促进微生物学本身向纵深发展，形成了新的基础研究学科——微生物遗传学和微生物生理学，而且也推动了分子遗传学的形成。与此同时，微生物学的其他分支学科也得到迅速发展，如细菌学、真菌学、病毒学、微生物分类学、工业微生物学、土壤微生物学、植物病理学、医学微生物学及免疫学等。随后，微生物生态学、环境微生物学等许多新的分支学科也在与生态学、环境科学等学科的交叉中发展起来。20世纪50年代，微生物学研究全面进入分子水平，并与分子生物学等学科进一步渗透，使微生物学发展成为生命科学中发展最快、影响最大、体现生命科学发展主流的前沿科学。

微生物学应用性广泛，20世纪40年代后，微生物的应用获得了重大进展。抗生素的生产已达到现代化大企业的规模；微生物酶制剂已广泛用于工、农、医各方面；利用微生物大量生产氨基酸、维生素、有机酸、核酸等。微生物的利用已组成一项新的发酵工业，并逐步朝着人为有效控制的方向发展。80年代初，在基因工程的带动下，传统的微生物发酵工业已从多方面发生了质的变化，成为现代生物技术的重要组成部分。

2）微生物学推动生命科学的发展

（1）促进了生命科学中许多重大理论问题的突破：糖酵解及许多氨基酸、核苷酸的合成途径都是通过对微生物的研究搞清楚的。许多代谢途径首先是在微生物中发现，再在动物组织中找到，最后在植物中得以证实。生命科学由整体或细胞水平进入分子水平，取决于许多重大理论问题的突破，其中，微生物学起了重要甚至关键的作用，特别是对分子遗传学和分子生物学的影响最大。

1928年F. Griffith通过研究肺炎链球菌（*Streptococus pneumoniae*）发现了转化现象。

1941年Beadle和Tatum用粗糙脉孢菌进行的突变研究使基因和酶的关系得以阐明，提出了“一个基因一个酶”的假说。

1943年S. Luria和M. Delbrück利用细菌进行的突变试验证实了突变的性质和来源。

1944年Q. T. Avery等继续研究转化现象，证明了引起转化的物质是DNA。

1953年Waston和Crick提出DNA双螺旋结构模型。

1958年Meselson等用^{15}N标记大肠杆菌（*Escherichia coli*），并用密度梯度离心法，首次证明了DNA的“半保留复制”，同年Crick又提出遗传信息传递的“中心法则”，从而标志着分子遗传学的诞生。

1961年Jacob和Monod通过研究大肠杆菌诱导酶的形成机制提出了操纵子学说，阐明了基因表达的调控机制。

1973年H. W. Boyer，S. N. Cohen等人将大肠杆菌的抗四环素质粒与抗卡那霉素质粒体外重组后转化大肠杆菌受体菌获得成功，这是基因工程首次成功的试验。

此外,“断裂基因”、“基因精细结构”、“重叠基因”、DNA、RNA、蛋白质的合成机制以及“中心法则”的提出等都是以微生物为研究材料而获得的。“跳跃基因”的发现虽然首先来源于 McClintock 对玉米的研究,但最终得到证实和公认是由于对大肠杆菌的研究。

在生命起源方面,通过比较真核生物和原核生物的线粒体 DNA,发现它们的遗传密码不同,从而对生物进化的共生学说提出了挑战。通过对 16S rRNA 的研究,人们发现了古生菌,并进而提出了生命起源的“三原界学说”。

(2) 对生命科学研究技术的贡献:微生物学的建立虽然比动植物晚,但发展却十分迅速。由于动植物的结构复杂及研究方法的限制而发展相对缓慢。微生物学的迅速发展不但使生命科学在理论上产生了重大突破,而且它的实验方法也是独特的。微生物学的消毒灭菌、分离培养等技术的渗透应用及发展,使动、植物细胞可以像微生物一样在平板或三角瓶中培养,可以在显微镜下进行分离,甚至可以像微生物一样在发酵罐中大量生产。微生物学的许多重大发现如质粒载体、限制性内切酶、连接酶、反转录酶等导致了 DNA 重组技术和遗传工程的出现,因此今天的转基因动物、转基因植物的转化技术也源于微生物转化的理论和技术。该技术为人工定向控制生物遗传性状、根治疾病、美化环境、用微生物生产稀有的多肽类药物和其他发酵产品展现了美好的前景。

“人类基因组作图和测序计划”除需要数、理、化、生物、计算机、信息等学科的交叉外,模式生物也至关重要。模式生物一般背景清楚,基因组小,便于测序和分析,可从中获取经验和改进技术。而模式生物极少数为动植物(果蝇、线虫、拟南芥等),绝大多数为细菌和酵母菌。在微生物基因组测序过程中,基因组作图和测序方法的不断改进,大大加快了“人类基因组计划”进展。微生物作为模式生物将继续在研究基因与基因组功能的后基因组时代发挥不可取代的作用。

微生物既具有生物现象的共同特性,又具有自身的独特性质。微生物学将在揭示生物学重大理论问题,如生命起源和进化,物质运动的基本规律等方面继续发挥重大作用。微生物世界是一个广阔的天地,微生物学与各学科相互渗透,将开辟新的研究领域,使更多的边缘学科得到发展。微生物学的研究技术和方法也将会在吸收其他学科的先进技术的基础上,向自动化、定向化和定量化发展。微生物资源的开发和利用将有助于解决能源和粮食的短缺,并在环境保护中发挥重大作用。微生物产业也将由利用自然界筛选的菌种或选育的菌种生产菌体或代谢产物进一步扩展到利用基因工程菌生产外源基因表达的产物。

复习思考题

1. 什么是微生物?它包括哪些类群?在生物界的分类地位如何?
2. 微生物的特点是什么?试举例说明。
3. 试述微生物学发展的几个主要时期及主要标志、重要人物。
4. 微生物对生命科学基础理论的研究有何重大贡献?为什么能发挥这种作用?
5. 你认为微生物学将会在哪些方面对生命科学进一步做出贡献?

第一章　原核微生物

具有细胞构造的微生物按照其细胞结构，特别是细胞核的构造和进化水平差别分为原核微生物(prokaryotic microorganism)和真核微生物(eukaryotic microorganism)。原核微生物是指一大类细胞核无核膜包裹，只存在称作核区(nuclear region)的裸露DNA的原始单细胞生物，包括细菌域(Bacteria，又称"真细菌"Eubacteria)和古菌域(Archaea，又称"古生菌"或"古细菌"Archaebacteria)。其中，细菌域(广义上的细菌)的种类很多，包括细菌(狭义的细菌)、放线菌、蓝细菌、衣原体、支原体、立克次氏体等。古菌是20世纪70年代之后发现的一个微生物类群，虽然它们在若干重要生化反应和进化上与真核生物关系较为密切，但其细胞构造属于原核类型，因此本章将分别介绍这几大类原核微生物类群。

第一节　细　　菌

细菌是一类细胞细小、种类繁多、结构简单、细胞壁坚韧、以典型的二分裂方式繁殖、水生性较强的单细胞原核微生物。

细菌是自然界分布最广、数量最多、与人类关系十分密切的一类微生物。在人体内外部和我们的四周、土壤、空气以及各种水体中到处都有大量的细菌集居。凡在潮湿、温暖和富含有机质的地方，都是各种细菌活动之处，并常常散发出特殊的臭味或酸败味。病原性细菌可以引起人和动物的一些疾病；腐败菌可以引起各种食物和工农业产品的腐烂变质；还有一些细菌会引起作物病害。目前由细菌引起的人和动、植物传染病已经得到较好的控制。越来越多的有益细菌被人们逐渐发掘和利用，在工、农、医、药和环保等领域取得了巨大的经济效益、社会效益和生态效益。此外，在重大基础研究领域，细菌被用作重要的研究对象或模式生物，在生命科学研究中发挥着重要作用。

一、细菌的形态和大小

1. 细菌细胞的形态

由于细菌个体微小，其个体形态要借助于光学显微镜和电子显微镜来观察和研究。

细菌尽管种类繁多，但外形主要有三种，即球状、杆状和螺旋状(图1-1)。少数为其他形态，如丝状、三角形、方形、圆盘形等。

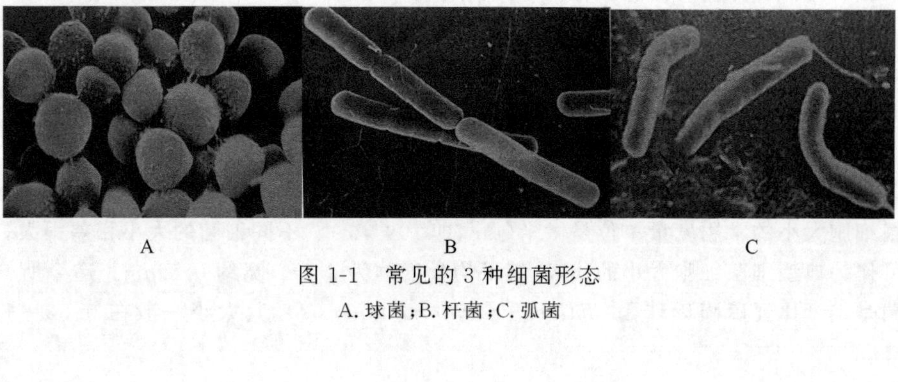

A　　B　　C

图1-1　常见的3种细菌形态

A. 球菌；B. 杆菌；C. 弧菌

球状的细菌称为球菌(coccus),根据其分裂的方向及随后细胞排列方式又可分为单球菌、双球菌、四联球菌、八叠球菌、葡萄球菌和链球菌等。例如,尿素小球菌(*Micrococcus ureae*)细胞分裂沿一平面进行,分裂后细胞分散而独立存在,为单球菌;肺炎双球菌(*Diplococcus pneumoniae*)细胞分裂沿一平面进行,分裂后新形成的两个球形细胞成对排列;四联小球菌(*Micrococcus tetragenus*)细胞分裂沿两个相互垂直的平面进行,两次分裂后形成的细胞呈田字形排列;尿素八叠球菌(*Sarcina ureae*)细胞分裂沿三个相互垂直的平面进行,分裂后每八个细胞特征性地叠在一起呈一个立方体;金黄色葡萄球菌(*Staphylococcus aureus*)细胞分裂面不规则,新形成的多个球菌聚在一起,如同一串葡萄;溶血链球菌(*Streptococcus hemolyticus*)细胞分裂沿一平面进行,而第二次细胞分裂与第一次分裂面平行,分裂后的细胞呈链状排列等。

杆状的细菌称为杆菌(bacillus),其细胞外形较球菌复杂,常有短杆状、棒杆状、梭状、梭杆状、分枝状、螺杆状和弯月状等。其两端常呈不同的形状,一般钝圆;有的平截,如炭疽芽孢杆菌(*Bacillus anthracis*);有的较尖,如鼠疫杆菌(*Yersinia pestis*)(图 1-2)。

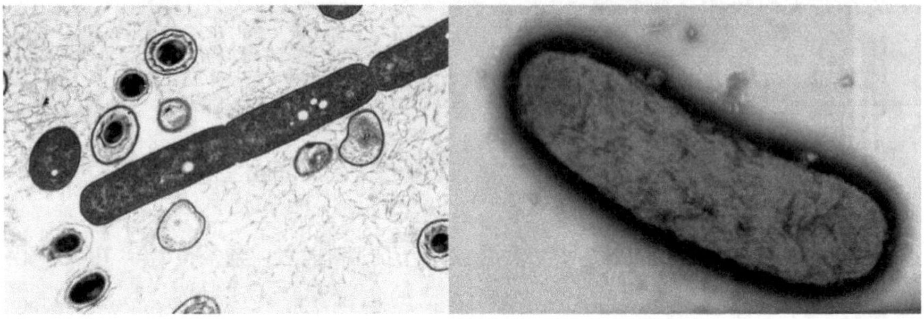

A　　B

图 1-2　炭疽芽孢杆菌(A)和鼠疫杆菌(B)

一般而言,同一种杆菌的粗细较为稳定,但它的长度经常随培养时间、培养条件的变化而呈现出较大的变化。杆菌由于只有一个与长轴垂直的分裂面,只有单生和链状两种排列方式。鉴于杆菌的排列方式既少又不稳定,因而很少用于分类鉴定。

螺旋状的细菌称为螺旋菌(spirilla),其中,螺旋不足一环者称为弧菌(vibrio),如霍乱弧菌(*Vibrio cholerae*);满 2～6 环的小型、坚硬的螺旋状细菌称为螺菌(spirillum),如迂回螺菌(*Spirillum volutans*);而旋转周数多(通常超过 6 环)、体长而柔软的螺旋状细菌称为螺旋体(spirochaeta),如苍白密螺旋体(*Treponema pallidum*)。

自然界所存在的细菌中,杆菌种类最多,球菌次之,螺旋菌最少。发酵工业上常用的是球菌和杆菌,尤以杆菌最为重要。螺旋菌主要为病原菌。

在多数情况下,细胞的形状和排列方式是各种微生物的特征,它们与环境因素有关,如培养的温度、培养基的成分与浓度、pH、菌龄等。各类细菌在未衰老前和适宜的培养条件下,一般表现正常的细胞形态和排列。但衰老后或培养条件有较大改变后,就常引起变化,尤以杆菌为甚。异常形态可按其生理机能的差异分为畸形和衰颓形两种。

2. 细菌细胞的大小

细菌细胞大小的常用度量单位是微米(μm,即 10^{-6} m)。不同细菌的大小相差很大,其中,大肠杆菌可作为典型细菌细胞大小的代表,其平均长度约为 2 μm,宽约 0.5 μm。迄今所知道的最大的细菌是纳米比亚硫磺珍珠菌(*Thiomargarita namibiensis*),其大小一般在 0.32～1.00 mm

肉眼可见；而最小的纳米细菌(nanobacteria)细胞直径只有 50 nm(1 nm $=10^{-3}$ μm)，甚至比最大的病毒还要小。

细菌细胞的大小一般用显微测微尺来测量，并以多个菌体的平均值或变化范围来表示。其中，球菌大小以直径来表示，杆菌和螺旋菌以宽×长表示。一般球菌大小在 0.2～1 μm，杆菌为(0.5～1.0)μm×(1.0～3.0)μm。

细菌的大小和形态除随种类而变化外，同一种细菌的大小和形态还受到环境条件，如培养基成分、浓度、培养温度和时间等影响。在适宜的生长条件下，幼龄细胞或对数期培养物的形态一般较为稳定，因而适于进行形态特征的描述。在非正常条件下生长或衰老的培养物常表现出膨大、分枝或丝状等退化类型。

二、细菌的细胞结构

细菌细胞结构的模式构造见图 1-3。其中，把一般细菌都具有的构造称一般构造，包括细胞壁、细胞膜、细胞质和核区等；把仅在部分细菌中才有的或在特殊环境条件下才形成的构造称为特殊构造，包括糖被、鞭毛、纤毛、芽孢等。

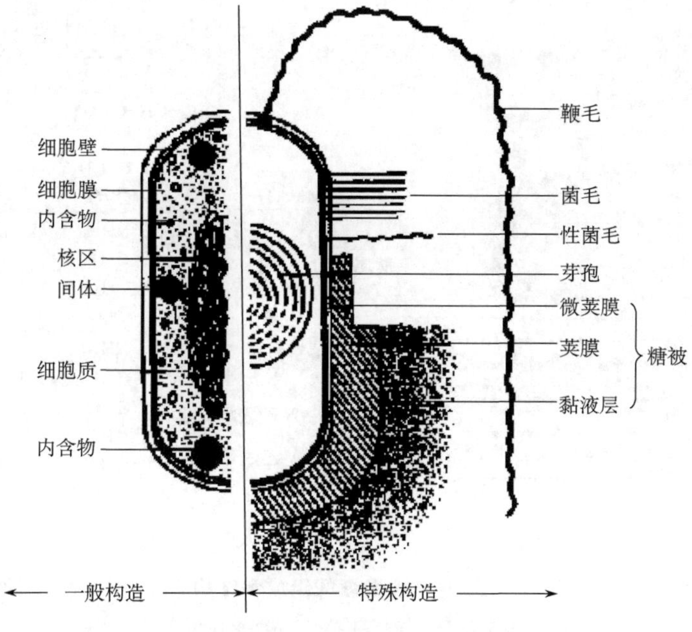

图 1-3　细菌细胞的模式构造图

1. 细胞壁(cell wall)

细胞壁是位于细胞最外的一层厚实、坚韧的外被，主要成分为肽聚糖，赋予细菌细胞以强度和形状。主要有以下多种功能：①固定细胞外形和提高机械强度，保护细胞免受机械或其他渗透压等外力的损伤；②屏障保护功能，阻挡大分子有害物质(溶菌酶、消化酶、某些抗生素等)进入细胞；③为细胞的生长、分裂和鞭毛的着生、运动等所必需；④赋予细胞特定的抗原性、致病性和对抗生素及噬菌体的敏感性。

细胞壁的重量占细胞重量的 10%～25%，各种细菌的壁厚度不等，如金黄色葡萄球菌为 15～20 nm；大肠杆菌为 10～15 nm。通过染色、质壁分离或制成原生质体后在光学显微镜下观察可以证实细胞壁的存在，用电子显微镜通过细胞的超薄切片观察也可以清楚地证明细胞壁的存在。原核生物细胞壁结构和化学组成具有多样性特征。

1）细菌的革兰氏染色

由于细菌细胞既小又透明，故一般先要经过染色才能作显微镜观察。染色方法很多，其中革兰氏染色是最重要的染色方法之一。1884 年由丹麦医生 C. Gram 创建该方法，可把几乎所有的细菌分成两大类。革兰氏染色的主要过程为：草酸铵结晶紫初染，碘液媒染，95％乙醇脱色，再以沙黄等红色染料复染。最终被染成蓝紫色的称革兰氏阳性细菌（Gram positive bacteria，G^+），最终被染成红色的称革兰氏阴性细菌（Gram negative bacteria，G^-）。

2）G^+ 细胞壁的构造和化学组成

G^+ 细胞壁较厚（20～80 nm），但化学组成比较单一，只含有 90％的肽聚糖和 10％的磷壁酸。

肽聚糖（peptidoglycan）又称黏肽（mucopeptide）、胞壁质（murein）或黏质复合物（mucocomplex），是组成 G^+ 菌与 G^- 菌细胞壁的主要成分，也是真细菌细胞壁的特有成分。肽聚糖的组成和结构如图 1-4 所示。

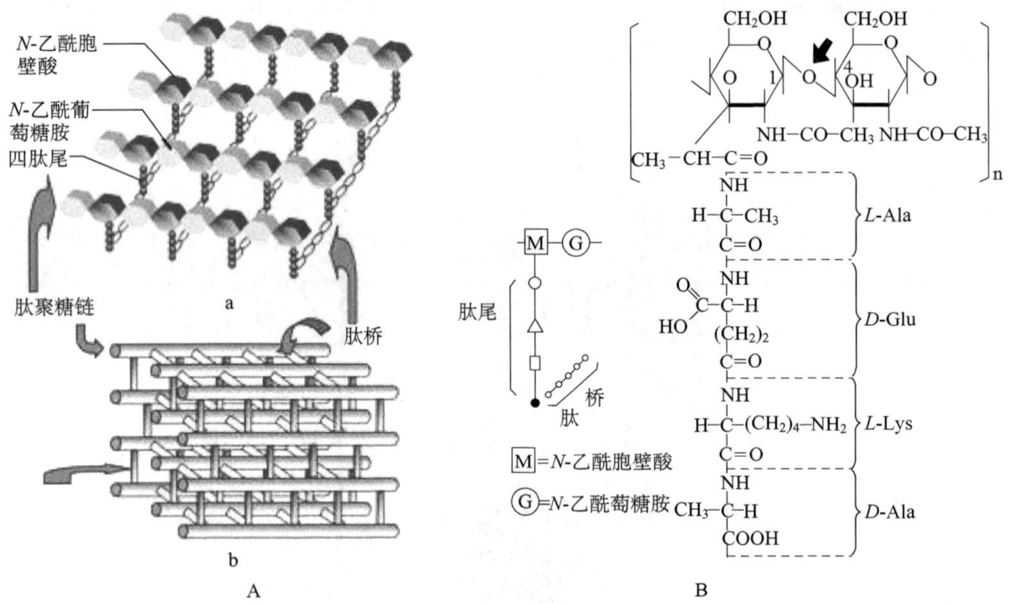

图 1-4　肽聚糖的组成和结构

A. 肽聚糖的结构；B. 肽聚糖的单体结构

肽聚糖由 3 部分组成：①双糖单位：由两种糖衍生物 *N*-乙酰葡萄糖胺（*N*-acetylglucosamine，简写为 G）、*N*-乙酰胞壁酸（*N*-acetylmuramic acid，简写为 M）组成，*N*-乙酰葡萄糖胺和 *N*-乙酰胞壁酸通过 β-1，4-糖苷键重复交替连接成聚糖（glycan）骨架。双糖单位中的 β-1，4-糖苷键很容易被一种广泛分布于卵清、人泪和鼻涕以及部分细菌和噬菌体中的溶菌酶（lysozyme）所水解，从而导致细菌细胞壁散架而死亡。②“肽尾”：由 4 个氨基酸分子按 *L* 型和 *D* 型交替方式连接而成的短肽，在金黄色葡萄球菌中为 *L*-丙氨酸、*D*-谷氨酸、*L*-赖氨酸、*D*-丙氨酸。短肽借其肽键连接在聚糖骨架链的 *N*-乙酰胞壁酸的乳酰基上。其中的两种 *D* 型氨基酸一般仅在细菌细胞壁上见到。③肽桥（peptide interbridge）：相邻肽尾相互交联形成高强度的网状结构。不同细菌肽桥的类型不同，肽桥类型的差异构成了肽聚糖的多样性，目前已超过 100 种。在金黄色葡萄球菌中肽桥为甘氨酸五肽，甘氨酸五肽的氨基端与甲链四肽尾的第4个氨基酸的羧基相连，它的羧基端与乙链四肽尾的第3个氨基酸的氨基端相连，这样就使肽聚糖相互交联形成网络结构。几种细菌肽桥的类型如表1-1所示。

表1-1　细菌肽聚糖中几种肽桥的类型

类型	甲链肽尾上连接点	肽桥	乙链肽尾上连接点	举例
Ⅰ	第4氨基酸	—CO—NH—	第3氨基酸	*E. coli* (G^-)
Ⅱ	第4氨基酸	—$(Gly)_5$—	第3氨基酸	*S. aureus*(G^+)
Ⅲ	第4氨基酸	—$(肽尾)_{1\sim2}$—	第3氨基酸	*M. luteus* (G^+)
Ⅳ	第4氨基酸	—*D*-Lys—	第3氨基酸	*C. poinsettiae* (G^+)

磷壁酸(teichoic acid)是G^+细菌细胞壁上的一种酸性多糖，为大多数G^+细菌所特有。它由多个(8～50个)核糖醇或甘油以磷酸二酯键连接而成，因此按化学成分分为甘油磷壁酸和核糖醇磷壁酸两类。按照磷壁酸与细胞结合的方式又可分为两类(图1-5)，一类是与肽聚糖分子进行共价结合的，称为壁磷壁酸，其含量会随培养基成分而改变，一般占细胞壁重量的10%，有时可接近50%，用稀酸或稀碱可以提取。另一类是跨越肽聚糖层并与细胞膜相交联的，称为膜磷壁酸或脂磷壁酸。其含量与培养条件关系不大，可以用45%的热酚水提取。

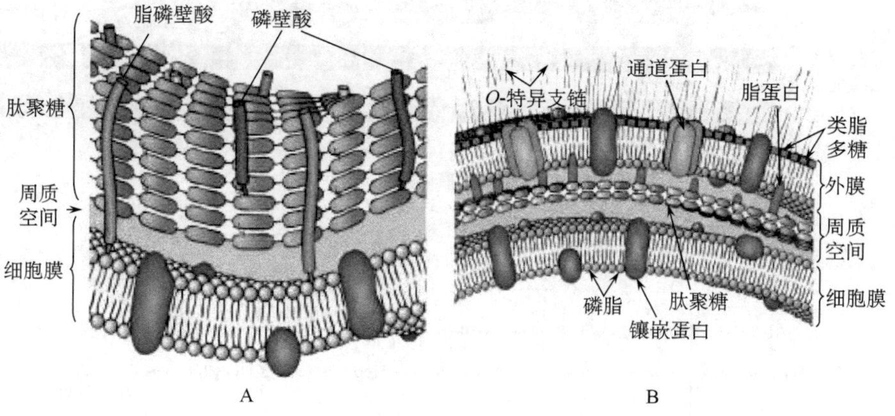

图1-5　G^+菌和G^-菌细胞壁的构造比较

A. G^+菌细胞壁；B. G^-菌细胞壁

磷壁酸的主要功能如下：①通过分子上的大量负电荷浓缩细胞周围的二价阳离子(如Mg^{2+})以提高细胞膜上一些结合酶的活力，并协助肽聚糖加固细胞壁；②储藏磷元素；③调节细胞内自溶素(autolysin)的活力，借以防止细胞因自溶而死亡，因为在细胞正常分裂时，自溶素可使旧壁适度水解并促使新壁不断插入，而当其活力过强时，则细胞会因细胞壁迅速水解而死亡；④赋予G^+菌以特异的表面抗原；⑤可作为噬菌体的特异性吸附受体；⑥增强某些致病菌(如A族链球菌)对宿主细胞的粘连，避免被白细胞吞噬以及抗补体的作用。

3) G^-细菌细胞壁的构造和化学组成

G^-菌细胞壁较薄(10～15 nm)，但有多层构造(肽聚糖层和脂多糖层等)，其化学组成除肽聚糖外，还含有一定量的类脂质和蛋白质等成分(图1-6)。G^-菌的肽聚糖层很薄(仅2～3 nm)机械强度较 G$^+$ 菌弱，并且其肽聚糖的结构与 G$^+$ 菌也不同。G$^-$ 菌肽聚糖的单体结构和 G$^+$ 菌基本相同，差别在于：①四肽尾的第 3 个氨基酸分子不是 *L*-Lys，而是被一种仅存在于原核生物细胞壁上的特殊氨基酸——内消旋二氨基庚二酸（m-DAP）所代替；②没有特殊的肽桥，只有前后两个单体间通过甲链四肽尾的第 4 个氨基酸的羧基与乙链四肽尾第 3 个氨基酸的氨基直接相连，形成稀疏、机械强度较弱的肽聚糖网套。在 G$^-$ 菌细胞壁的最外层是由脂多糖、磷脂和 20 多种外膜蛋白构成的外膜（outer membrane，又称外壁），是 G$^-$ 所特有的结构。在 G$^-$ 菌中，外膜与细胞膜之间有一狭窄胶质空间（12～15 nm）称为周质空间（periplasmic space, periplasm），其中，存在着多种周质蛋白，包括水解酶类、合成酶类和运输蛋白等。

脂多糖（lipopolysaccharide, LPS）是位于革兰氏阴性细菌细胞壁最外层的一层较厚（8～10 nm）的类脂多糖类物质，结构复杂，相对分子质量很大（常在 10 000 以上）。其化学组成因菌种而异，鼠伤寒沙门氏菌（*Salmonella typhimurium*）的脂多糖由类脂 A、核心多糖（core polysaccharide）和 *O*-特异侧链（*O*-specific side chain，或称 *O*-多糖或 *O*-抗原）3 部分组成（图 1-7）。

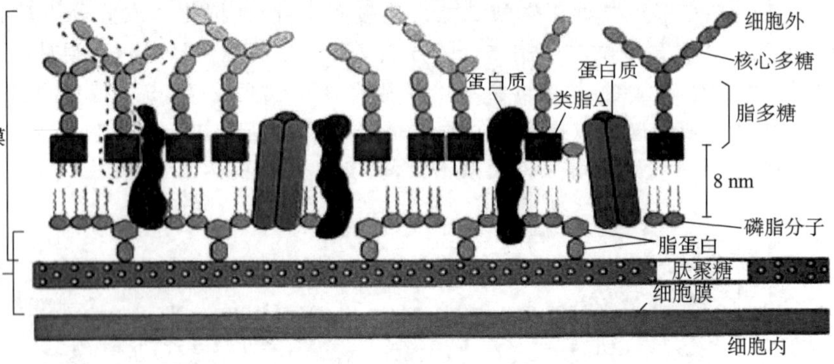

图 1-6　G$^-$ 菌细胞壁外膜的构造

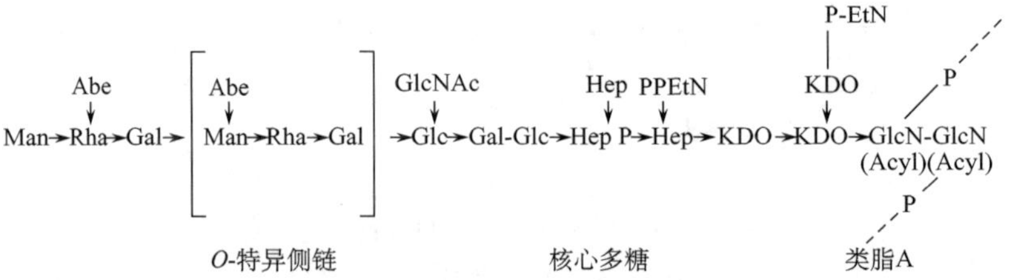

图 1-7　鼠伤寒沙门氏菌（*Salmonella typhimurium*）的脂多糖结构

Abe.（3,6-二脱氧己糖）；Man. 甘露糖；Gal. 半乳糖；Rha. 鼠李糖；Glc. 葡萄糖；GlcNAc. *N*-D-乙酰葡糖胺；EtN. 乙醇胺；P. 磷酸；Hep. L-甘油-D-甘露糖型庚糖；KDO 2-酮-3-脱氧辛酮酸

类脂 A 为一种糖磷脂，由 *N*-乙酰葡萄糖胺双糖、磷酸与多种长链（C_{12}、C_{14} 和 C_{16}）脂肪酸组成，是细菌内毒素的主要成分。各种 G$^-$ 菌的脂质 A 的结构与成分极为相似，无种属特异性。核心多糖由 2-酮-3-脱氧辛酮酸（2-keto-3-deoxyoctonate, KDO）、一种 7 碳糖（L-甘油-D-甘露庚糖）、半乳糖及葡糖胺组成。核心多糖一边通过 KDO 残基连接在脂质 A 上，另一边通过葡萄糖残基与 *O*-特异侧链相连。同一属细菌的核心多糖相同，故有属特异性。*O*-特异侧链位于 LPS 层的最

外面，露在表面之外，由重复的寡糖单位如(甘露糖—鼠李糖—半乳糖)$_n$ 及阿可比糖(3,6-二脱氧-D-半乳糖)或其他糖组成。糖的种类、顺序和空间构型是菌株特异的，这就形成了 O 抗原特异性的结构基础。脂多糖是 G$^-$ 菌细胞壁的特有成分。

脂多糖的主要功能：①构成 G$^-$ 菌的外膜的主要成分，起保护和控制某些物质进出细胞的选择性屏障作用，例如，可以阻止溶菌酶、抗生素和染料等侵入菌体，也可以阻止细菌周质空间中的酶外漏；②构成 G$^-$ 菌致病物质——内毒素的物质基础；③吸附 Mg^{2+}、Ca^{2+} 等二价阳离子，提高细胞壁的稳定性；④作为重要的抗原决定因子决定了 G$^-$ 菌抗原决定簇的多样性；⑤是许多噬菌体吸附的受体。

4) 革兰氏染色的机理

G$^+$ 菌和 G$^-$ 菌正是由于细胞壁的结构和组成不同而造成了染色效果的显著差异。实际上，当用结晶紫初染后，像简单染色法一样，所有细菌都被染成初染剂的蓝紫色。碘作为媒染剂，它能与结晶紫结合成结晶紫-碘的复合物，从而增强了染料与细菌的结合力。当用脱色剂处理时，两类细菌的脱色效果是不同的。G$^+$ 细菌的细胞壁主要由肽聚糖形成的网状结构组成、壁厚、类脂质含量低，用乙醇(或丙酮)脱色时细胞壁脱水、使肽聚糖层的网状结构孔径缩小，透性降低，从而使结晶紫-碘的复合物不易被洗脱而保留在细胞内，经脱色和复染后仍保留初染剂的蓝紫色。G$^-$ 菌则不同，由于其细胞壁肽聚糖层较薄、类脂含量高，所以进行脱色处理时，类脂质被乙醇(或丙酮)溶解，细胞壁透性增大，使结晶紫-碘的复合物较容易被洗脱出来，用复染剂复染后，细胞被染上复染剂的红色。

5) G$^+$ 菌和 G$^-$ 菌的主要差别

G$^+$ 菌和 G$^-$ 菌细胞壁结构和成分间的显著差别不仅反映在染色反应上，更反映在一系列形态、构造、化学组分、生理生化和致病性等的差别上(表 1-2)，从而对生命科学的基础理论研究和实际应用产生巨大影响。

表 1-2　G$^+$ 细菌和 G$^-$ 细菌生物学特性的比较

比较项目	G$^+$ 细菌	G$^-$ 细菌
革兰氏染色反应	能阻留结晶紫而染成紫色	可经脱色而复染成红色
肽聚糖层	厚、层次多	薄、一般单层
磷壁酸	多数含有	无
外膜	无	有
脂多糖(LPS)	无	有
类脂和脂蛋白含量	低(仅抗酸性细菌含类脂)	高
鞭毛结构	基体上着生 2 个环	基体上着生 4 个环
产毒素	以外毒素为主	以内毒素为主
对机械力的抗性	强	弱
细胞壁抗溶菌酶	弱	强
对青霉素和磺胺	敏感	不敏感
对链霉素、氯霉素和四环素	不敏感	敏感
碱性染料的抑菌作用	强	弱
对阴离子去污剂	敏感	不敏感
对叠氮化钠	敏感	不敏感
对干燥	抗性强	抗性弱
产芽孢	有的产	不产

6）缺壁细菌

虽然细胞壁是一切原核生物的最基本构造，但在自然界长期进化以及在实验室的菌种自发突变中都会产生少数缺壁种类，另外，通过人为的方法也可以获得缺壁细菌（cell wall deficient bacteria）。主要的缺壁细菌有 L 型细菌、原生质体、球状体、支原体等。

（1）L 型细菌：有些细菌经某些诱导因子（如低浓度青霉素）作用，在一定条件下（如高渗溶液、培养基琼脂含量较低和加有血清或血浆）会变成多形性的细胞缺损型——L 型。最早于 1935 年由英国李斯特（Lister）研究所的学者在一株杆状细菌念珠状链杆菌（*Streptobacillus moniliformis*）自发突变株中发现，故称 L 型细菌（L-form of bacteria），该菌缺壁后成为细胞膨大、对渗透压敏感、在固体培养基上形成"油煎蛋"似的小菌落。后来发现，许多 G^+ 或 G^- 细菌在实验室或宿主体内都可以产生 L 型突变。L 型细菌对青霉素等作用于细胞壁的抗生素有抗性，而对四环素等干扰核酸或蛋白质合成的抗生素敏感。细菌 L 型在遗传学、临床医学和流行病学等研究上有着重要意义。

（2）原生质体：指在人为条件下，用溶菌酶除尽原有细胞壁或用青霉素抑制新生细胞壁的合成后，所得到的仅有一层细胞膜包裹的圆球状渗透敏感细胞。G^+ 细菌置于等渗蔗糖溶液中用溶菌酶处理很容易形成细胞壁完整被除去的原生质体（protoplast）；G^- 细菌用溶菌酶处理时必须有整合剂——乙二胺四乙酸（EDTA）存在，而且只能得到部分除去细胞壁的球形体（sphaeroplast）。原生质体为外源 DNA 的进入提供了方便，所以是研究遗传物质交换和重组的好材料，同时不同菌种或菌株的原生质体间易发生细胞融合，故可用于杂交育种。

（3）支原体：是在长期进化过程中形成的、适应自然生活条件的无细胞壁的原核生物。这类生物由于细胞膜中含有甾醇而有较高的机械强度，因此即便没有细胞壁仍能正常生活。有关支原体（mycoplasma）的详细内容将在本章第 4 节讲述。

2. 细胞膜

细胞膜（cell membrane）又称为细胞质膜（cytoplasmic membrane）或质膜（plasma membrane）等，是指紧靠细胞壁内侧，包裹细胞质的一层薄膜，柔软而富有弹性，可用中性、碱性染料染色。通过质壁分离、鉴别性染色或原生质体破裂等方法可在光镜下看到；用电镜观察细菌的超薄切片可以更清楚地观察到它的存在。细菌细胞膜厚度为 5～8 nm，是使细胞的内部同它所处的环境相隔离的最后屏障。细胞膜是选择性膜，在营养的吸收和代谢物的分泌方面起关键作用，如果膜被弄破，细胞膜的完整性就受到破坏，将导致细胞死亡。

（1）细胞膜的结构　细胞膜是一种单位膜，约占细胞干重的 10%。它主要由蛋白质（占 50%～70%）、磷脂（占 20%～30%）以及少量糖类（如己糖）组成，并以磷脂双分子层为其基本结构。磷脂具有亲油的非极性端和亲水的极性端，磷脂双分子层的两个极性端分别朝向膜的内外两侧，呈亲水性；而两个非极性的疏水端则在膜的内层，形成具有高度定向性的双分子层。在极性头的甘油分子 C_3 位上，不同微生物具有不同的 R 基团，如磷脂酸、磷脂酰甘油、磷脂酰乙醇胺、磷脂酰胆碱、磷脂酰丝氨酸或磷脂酰肌醇等。在所有细菌的细胞膜上都含有磷脂酰甘油，在 G^- 细菌中通常富含磷脂酰乙醇胺。在有些 G^+ 细菌的细胞膜中还含有脂氨基酸类（磷脂酰甘油与碱性氨基酸，如赖氨酸、精氨酸组成的脂）。非极性的尾由长链脂肪酸通过酯键连接在甘油分子的 C_1 和 C_2 位上，其链长和饱和度因菌种种类和生长温度而异，通常生长温度要求较高的种，其饱和度就越高，反之则较低。

细胞质膜的蛋白质含量高、种类多（达 200 多种）。紧密结合于膜的蛋白质称为整合蛋白（integral protein），它们插入或贯穿磷脂双分子层，后一种称跨膜蛋白；疏松地附着于膜的称为周边蛋白（peripheral protein），主要分布于双分子层的内外表面（图 1-8）。细菌的膜蛋白已不单纯起结构蛋白的作用，很多膜蛋白在物质转运和代谢（尤其是能量代谢）中起重要作用，如转运蛋白、电子传递蛋白以及 ATP 合成酶等，许多周边蛋白“漂浮”在磷脂双分子层的表面具有酶促作用。细菌膜蛋白都可在常温下呈液态的磷脂双分子层表层或内层作侧向运动，以执行其相应的生理功能。

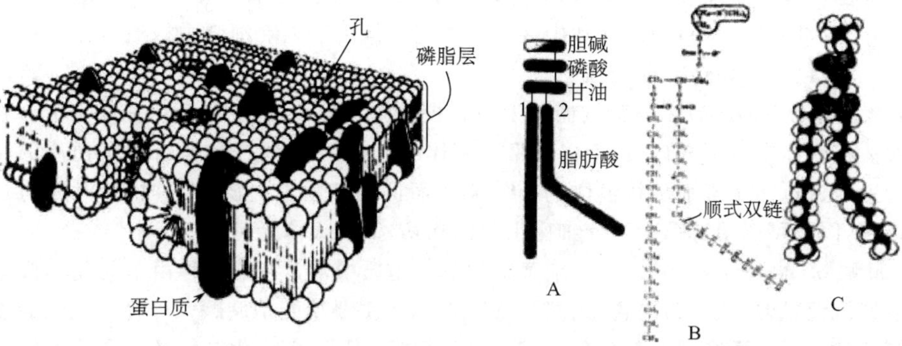

图 1-8　细胞膜的结构

至今有关细胞质膜结构与功能的解释，很多学者仍倾向于 1972 年由 J. S. Singer 和 G. L. Nicolson 所提出的液态镶嵌模型（fluid mosaic model），其要点为：①膜的主体是脂质双分子层；②脂质双分子层具有流动性；③占膜蛋白总量 70%～80% 的整合蛋白因其表面呈疏水性，故可“溶”入脂质双分子层的疏水性内层中，且不易把它们抽提出来；④占膜蛋白含量 20%～30%、与膜结合得较松散的周边蛋白，因其表面的亲水基团而通过静电引力与脂质双分子层表面的极性头相连；⑤脂质分子间或脂质分子与蛋白质分子间无共价结合；⑥脂质双分子层犹如“海洋”，周边蛋白可在其上做“漂浮”运动，而整合蛋白则似“冰山”沉浸在其中做横向移动。

（2）细胞膜的功能　①细胞膜是一层具有高度选择性的半透明薄膜，能控制营养物质及代谢产物的运送；②细胞膜的屏障作用是维持细胞内正常渗透压的重要因素；③细胞膜是合成细胞壁和糖被的各种组分的重要场所；④细菌的细胞膜上含有氧化磷酸化或光合磷酸化等能量代谢的酶，因此是细胞产能的重要场所；⑤细菌细胞膜是鞭毛的着生和鞭毛旋转运动的功能部位；⑥膜上有些蛋白受体与趋化性有关。

原核微生物的细胞质膜上一般不含胆固醇等甾醇，这一点与真核生物明显不同。但缺乏细胞壁的原核微生物——支原体则例外，在其细胞膜上因含有甾醇而具有较坚韧的物理强度，在进化过程中在一定程度上弥补了因缺壁带来的不足。菲律宾霉素、制霉菌素和杀假丝酵母菌素等多烯类抗生素因可破坏含甾醇的细胞质膜，故可抑制支原体和真核生物，而对其他原核生物无抑制作用。此外，原核生物的质膜上含有与呼吸和光合作用有关的蛋白，而真核细胞没有。

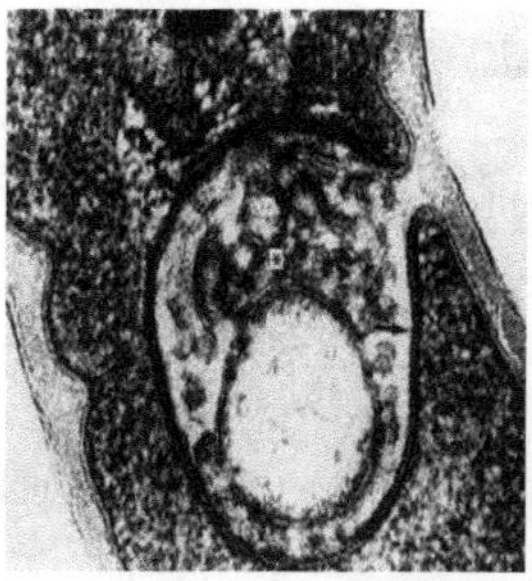

图 1-9　白喉杆菌的间体

（3）间体（mesosome）是一种由细胞质膜内褶而形成的囊状构造，其中，充满着层状或管状的泡囊（图 1-9）。多见于革兰氏阳性菌。每个细胞含一个或少数几个，着生部位可在表层或深层。前者可能与分泌胞外酶（如青霉素酶）有关，后者可能与 DNA 复制与横隔壁形成有关。

3. 细胞质及其内含物

细胞质（cytoplasm）是指被细胞膜包围的除核区以外的一切半透明、胶体状、颗粒状物质的总称。细胞质的主要成分为水、蛋白质、核酸、脂类、少量糖和无机盐。与真核生物明显不同的是，原核生物的细胞质是不流动的。流体部分80%为水，其中的水溶性物质主要是可溶性酶类和RNA。颗粒部分主要是核糖体、储藏性颗粒、载色体以及质粒。少数细菌还有类囊体、羧酶体、气泡或伴胞晶体等。细胞质是细胞的内在环境，含有各种酶系统，具有生命活动的所有特征，能使细胞与周围环境不断地进行新陈代谢活动。由于细胞质内含有占固形物含量15%～20%的核糖核酸，所以具有酸性，易为碱性和中性染料着色。但由于老龄细胞中核酸可作为氮源和磷源消耗，所以其着色力不如幼龄细胞强。

(1) 核糖体(ribosome)　细菌核糖体为70S核糖体，由30S和50S两个亚基组成。在细菌中80%～90%核糖体串连在mRNA上以多聚核糖体的形式存在，核糖体是合成蛋白质的场所。链霉素等抗生素通过作用于细菌核糖体的30S亚基而抑制细菌蛋白质的合成，而对人的80S核糖体不起作用，因此可以用链霉素治疗细菌引起的疾病，而对人体无害。

(2) 储藏物(reserve materials)　细菌细胞的细胞质中常含有的各种由不同化学成分累积而成的不溶性沉淀颗粒，又称为内含物颗粒(granule)，其主要功能是储藏营养物。颗粒的多少随菌龄和培养条件的不同而有很大的变化。其成分为糖类、脂类、含氮化合物及无机物等。这些颗粒物质主要有以下几种。

异染颗粒(metachromatic granule)又名捩转菌素(volutin granule)。它是一种强嗜碱性颗粒，主要成分为多聚偏磷酸盐，可能还含有RNA、蛋白质、脂类和镁，可用甲苯胺兰或次甲基蓝等蓝色染料染成红色，呈现异色现象。异染颗粒的功能是储存磷元素和能量。当培养基中缺磷时，它可作为磷的补充源，也可降低细胞的渗透压。

聚β-羟丁酸(poly-β-hydroxybutyrate，PHB)颗粒。它是细菌所特有的一种折射的、单层膜包起来的、大小变化很大的类脂性质的碳源性储藏物，不溶于水，易被脂溶性染料(如苏丹黑、尼罗蓝)着色，并可用显微镜观察，具有降低细胞渗透压的作用(图1-10A)。由于聚β-羟丁酸酯是一种可降解塑料，可制成易降解、无毒的医用塑料器皿和外科用的手术针和缝线。已发现60属以上的细菌能合成并储藏PHB，这些细菌大多数在富含碳源而贫氮源的条件下生长时有PHB颗粒积累，当生长条件逆转时，PHB颗粒便降解，因此是碳源和能源性储藏物，相当于真核细胞的脂肪。某些菌如*Alcaligenes lalus*和*Ralstonia eutropha*的干细胞中含PHB达70%～80%。

糖原(glycogen)与淀粉粒(starch granule)。这是葡萄糖的α-1，4或α-1，6糖苷键的聚合物。细菌的多糖储存物通常均匀地分布在胞内，颗粒较小。当这类储存物大量存在时，可以用碘液进行染色，并在光学显微镜下观测到。细菌的淀粉和糖原都是碳源和能源的储藏物。

除此之外，有些细菌还含有氮源类储藏物如蓝细菌中的藻青素、藻青蛋白；一些紫硫细菌、丝硫细菌等还含有硫粒等(图1-10B)。

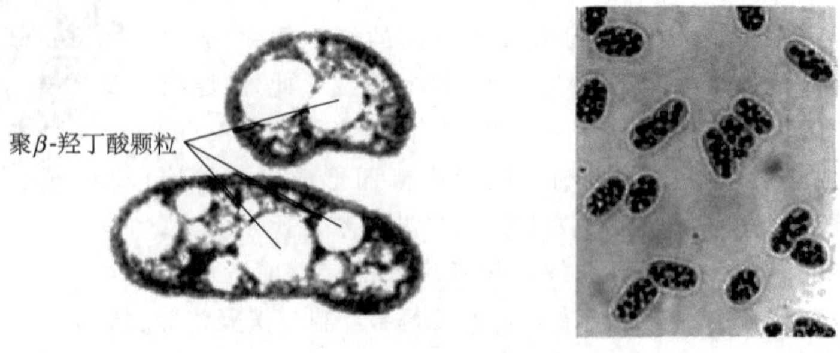

A　　B

图1-10　细胞内含物

A. 聚β-羟丁酸颗粒；B. 细胞中的硫粒

(3) 磁小体(magnetosome) 存在于少数水生螺菌属(*Aquaspirillum*)和嗜胆球菌属(*Bilophococcus*)等趋磁细菌中,大小均匀(20～100 nm),数目不等(2～20 颗),形状为平截八面体、平行六面体或六棱柱体等,成分为 Fe_3O_4,外有一层磷脂、蛋白质或糖蛋白膜包裹,无毒,具有导向功能,即借助鞭毛引导细菌游向最有利的泥、水界面微氧环境处生活。趋磁细菌还有一定的实用前景,包括用作磁性定向药物和抗体,以及制造生物传感器等。

(4) 羧酶体(carboxysome) 为存在于一些自养细菌细胞内的多角形或六角形内含物。其大小与噬菌体相仿,直径在 10 nm,内含 1,5-二磷酸核酮糖羧化酶,在自养细菌的 CO_2 固定中起着关键作用。

(5) 气泡(gas vacuole) 是存在于许多光合营养型、无鞭毛运动的水生细菌中的一种充满气体的泡囊状内含物,大小为(0.2～1.0)μm ×75 nm,内有数排柱形小空泡组成,外有 2 nm 厚的蛋白质膜包裹,功能是调节细胞比重以使细胞漂浮在最适水层中获取光能、氧和营养物质。每个细胞中含几个至几百个气泡,用中性红染色可观察到。如鱼腥蓝细菌属(*Anabaena*)、顶孢蓝细菌属(*Gloeotrichia*)、盐杆菌属(*Halobacterium*)、暗网菌属(*Pelodictyon*)和红假单胞菌属(*Rhodopseudomonas*)等一些种中都有气泡。气泡膜不具常规的膜结构,只由片状排列的蛋白质组成,气泡膜蛋白不含含硫氨基酸,芳香族氨基酸含量也低,主要为缬氨酸、丙氨酸和亮氨酸等非极性氨基酸。气泡膜对水和溶质不可透过,但对气体是可以透过的。

4. 核区

核区(nuclear region)又称核质体(nuclear body)、原核(prokaryon)、拟核(nucleoid)或原核生物基因组(genome),指原核生物所特有的无核膜结构、无固定形态的原始细胞核。细菌的核区一般位于菌体中央,由一个环状 DNA 分子高度缠绕而成,其中央部分还有少量 RNA 和蛋白质与之结合,长度一般为 0.25～3.00 mm。在细菌细胞中一般含有一个核区,但也发现含有 2 个核区的,如霍乱弧菌(*Vibrio cholerae*)中存在一大一小两个染色体。每个细胞所含有的核区数与该细胞的生长速度有关,一般为 1～4 个。其功能是存储、传递和调控遗传信息,详细内容见第七章“微生物遗传”。

细菌的核区 DNA 通常称为细菌染色体 DNA。它是一个很长的闭合环状(closed-circular)双链分子经过反复折叠形成高度缠绕的致密结构——超螺旋。DNA 分子的长度是其菌体长度的几百万倍。细菌染色体也与一些碱性蛋白相结合,这些蛋白都不是真正的组蛋白,因而称为类组蛋白(histone-like protein)。类组蛋白与细菌染色体的这种结合使 DNA 得以超螺旋,具有稳定和约束细菌染色体 DNA、进一步形成细菌染色体的组织结构等方面起着重要作用,并且可能在 DNA 复制、转录、转译以及调节等过程中起作用。

5. 质粒

除染色体 DNA 外,很多细菌还含有一种染色体外遗传成分——质粒(plasmid)。细菌质粒多种多样,通常为共价闭合环状的超螺旋小型双链 DNA,在少数细菌中发现有线性双链 DNA 质粒或单链环状质粒存在。质粒大小为 1～300 kb,上面携带着决定细菌某些遗传特性的基因,如接合或致育、抗药、产毒、致病、降解毒物、生物固氮、植物结瘤、气泡形成、或芽孢形成、抗原获得、限制与修饰系统、形成原噬菌体、产生抗生素和色素等次级代谢产物等。很多还能在细胞之间传递。有关质粒的类型和特性还要在本书第七章“微生物遗传”中详细叙述。

6. 鞭毛

生长在某些细菌体表的长丝状、波曲形的蛋白质附属物称为鞭毛(flagellum,复数 flagella)。其数目为一至数十根,具有运动功能。在迄今所知道的细菌中,约有一半种类具有运动能力,这种运动一般是通过其特殊的运动器官鞭毛来进行的。细菌的鞭毛一端着生于细胞质内的基粒上，另一端穿过细胞膜细胞壁伸到外部，成为游离端，最长可达 70 μm，直径约为 20 nm，所以不能直接在光学显微镜下看见，只有经过特殊的鞭毛染色后才可看见，在暗视野中，对水浸片或悬滴标本中运动着的细菌，也可以根据其运动方式判断它们是否具有鞭毛。在半固体（含 0.3%～0.4%琼脂）直立柱中用穿刺法接种细菌，根据穿刺线周围的混浊扩散区可以推测鞭毛的存在；另外在平板培养基上根据菌落外形也可以判断，若菌落大、薄而且不规则、边缘极不圆整，说明该菌具有运动能力，有鞭毛；反之若菌落外形圆整、边缘光滑、较厚，则说明是无鞭毛的细菌。

所有弧菌、螺菌和假单胞菌、约半数的杆菌和少数球菌生有鞭毛。不同的细菌鞭毛的着生位置与数量不同，因而鞭毛的有无和着生方式可作为鉴定菌种的依据。鞭毛的着生位置和数目主要有以下几种类型（图 1-11）：一端单生鞭毛菌（monotricha），如霍乱弧菌（*Vibrio cholerae*）和铜绿假单胞菌（*Pseudomonas aeruginosa*）等；一端丛毛菌（lophotricha），如荧光假单胞（*Pseudomonas fluorescens*）等；两端单生鞭毛菌（amphitricha），如鼠咬热螺旋体（*Spirochaeta morsusmuris*）等；两端丛生鞭毛菌，如红色螺菌（*Spirillum rubrum*）、产碱杆菌（*Bacillus alcaligenes*）等；周生鞭毛菌（peritricha），如大肠杆菌、枯草杆菌等。

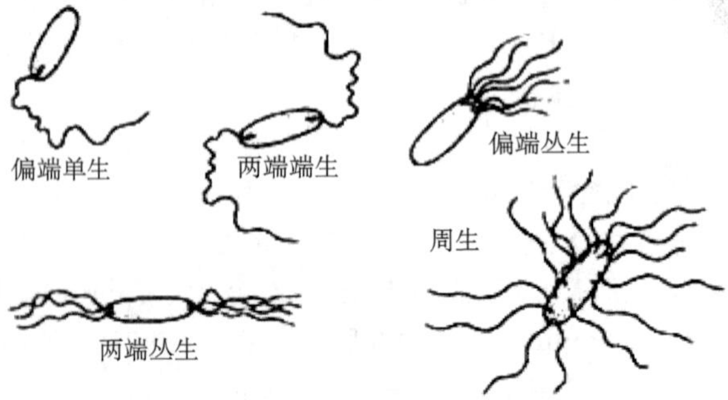

图 1-11　细菌鞭毛的类型

（1）鞭毛的结构　细菌鞭毛由蛋白质亚单位组成，还含有少量的多糖、脂类和核酸等，这种蛋白质称为鞭毛蛋白。它们的氨基酸组成不很典型，与多数蛋白质相比，其含硫氨基酸和芳香族氨基酸的量较少，而天冬氨酸和谷氨酸的含量则较多。细菌鞭毛与真核生物的鞭毛在结构上明显不同，由鞭毛丝、鞭毛钩和基体 3 部分组成（图 1-12）：①鞭毛丝（filament）为伸在细胞壁之外的纤丝状部分，呈波形，由数条鞭毛蛋白亚基并排螺旋状排列围成的一个中空圆柱体。鞭毛丝抗原称为 H 抗原。②鞭毛钩（hook）是近细胞表面连接鞭毛丝与基体的部分，较短、弯曲，直径较鞭毛丝大。它由与鞭毛蛋白不同的单一蛋白构成。③基体（basal body）为鞭毛基部埋在细胞壁与细胞膜中的部分，由 10～13 种不同的蛋白质亚基组成。基体结构复杂，由一个同心环系和穿过这个环系中央的小杆组成。同心环系的构成在革兰氏阳性和阴性菌中不同。在革兰氏阴性的大肠杆菌中，环系由分别位于细胞壁的脂多糖层和肽聚糖层的 L 环和 P 环以及分别位于细胞膜表面和细胞膜内的 S 环和 M 环两对环组成。S-M 环周围为一对驱动该环快速旋转的 Mot 蛋白。此外，在 S-M 环的基部还有一个起键钮作用的 Fli 蛋白，它可以根据发自细胞的信号让鞭毛正转或逆转。而在革兰氏阳性菌中，如枯草杆菌，环系只由 S 和 M 这一对环组成。

（2）鞭毛的运动　鞭毛的功能是运动，这是原核生物实现趋性（taxis）的最有效方式。细菌鞭毛主要通过旋转来推动细菌运动。细菌鞭毛基部的基体可视作“马达”，它以细胞膜上的质子动势（proton motive potential）作为能量，在有关蛋白的共同作用下推动鞭毛旋转而使菌体运动。周生鞭毛菌一般按直线慢而稳定地运动和旋转，而端生鞭毛菌运动较快，经过左右旋转由一个地方冲撞到另一个地方。细菌运动速率可达 20～80 μm/s，即每秒钟的移动距离为细胞长度的2～100倍，这比最快的动物还快。细菌大多数靠鞭毛运动，但有些无鞭毛细菌也能运动。例如，黏细菌和其他群的少数细菌(发硫菌属、无色杆菌属、颤蓝细菌属、纤发菌属等)能作沿着固体表面的滑行运动。某些水生细菌通过其气泡来调节它们在水中的位置，螺旋体则靠其轴丝运动。

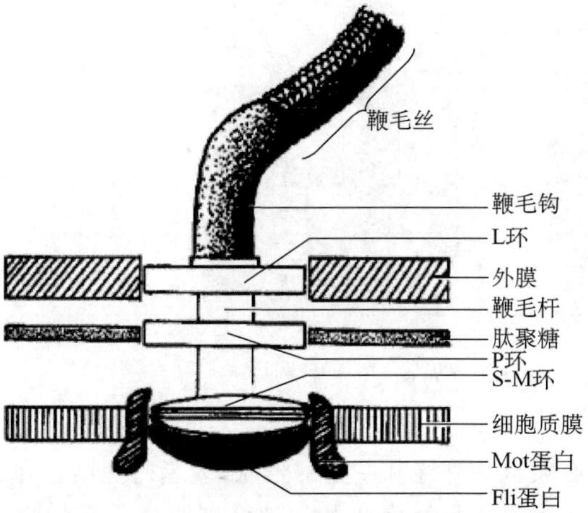

图 1-12　鞭毛的一般构造

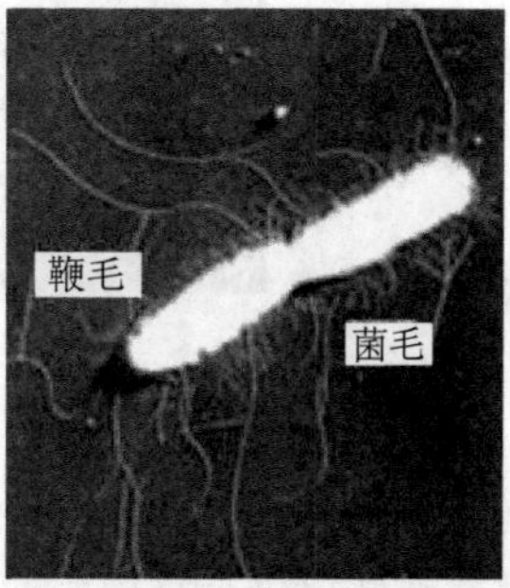

图 1-13　大肠杆菌的鞭毛与菌毛

7. 菌毛

某些革兰氏阴性菌(如大肠杆菌、伤寒沙门氏菌、铜绿假单胞菌和霍乱弧菌等)与革兰氏阳性菌(链球菌属和棒杆菌属)的个别菌体表面有非鞭毛的细毛状物称为菌毛(fimbria，复数 fimbriae)(图 1-13)。与鞭毛比较，菌毛更细、更短，而且又直又硬，在细胞上的数目很多。它们的化学成分可能同鞭毛相似，也是由蛋白质组成，也是源于细胞膜内侧的基粒。但菌毛不具有运动功能，也见于非运动细菌。某些不具鞭毛的细菌生有菌毛，有的细菌两者皆有。但不是所有的细菌都有菌毛，产生菌毛是细菌染色体基因决定的遗传性状。

8. 性毛

性毛(sex pilus，复数 pili)只存在于大肠杆菌和其他肠道细菌的雄株(F^+ 或 Hfr 菌株)的表面(图 1-14)。其结构与菌毛相似，但数目较少(一般 1～10 根)、较长和较宽。决定产生性毛的基因位于接合型质粒的转移功能(transfer function)区中。性毛是一些革兰氏阴性菌(大肠杆菌)接合所必需的，雄菌的性毛一旦延伸到雌菌细胞表面即表明细胞间成功接触，此时就发出启动 DNA 转移的信号，雄菌 DNA 便通过性毛转移到雌菌中。抗药性和毒力因子等遗传特性可通过此种方式转移。大肠杆菌的性毛还是一些噬菌体(如 f1、f2、M13、MS2、If1 以及 If2 等)的特异吸附位点。有些致病菌还通过性毛附着于人体组织上。

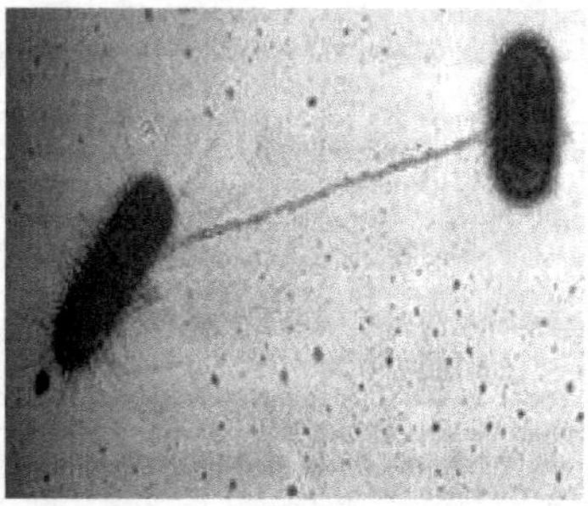

图 1-14　大肠杆菌通过 F-性毛的接合

9. 糖被

糖被(glycocalyx)是包被于某些细菌细胞壁外的一层厚度不定的透明的富含水分的多糖胶状物质。按照糖被有无固定层次、层次厚薄又可分为荚膜(capsule 或 macrocapsule，即大荚膜)

(图 1-15)、微荚膜(microcapsule)、黏液层(slime layer)和菌胶团(zoogloea)等。这类物质不易着色,但用负染色法在光学显微镜下可见。用冷冻蚀刻技术可在电镜下看到荚膜为许多纤丝状物质组成的网状物(图 1-15)。

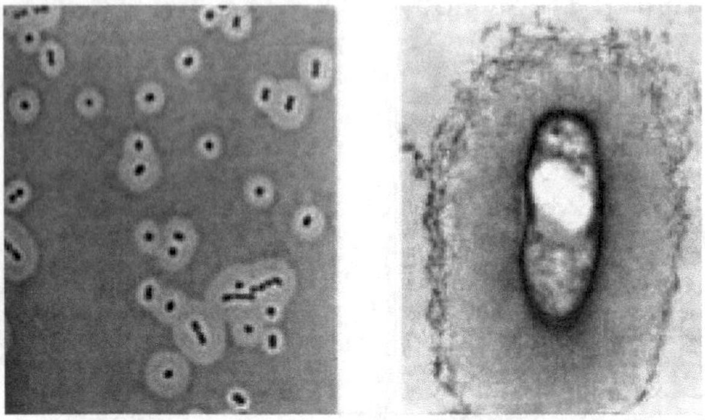

图 1-15 荚膜的显微图

(1) 荚膜或大荚膜 较厚(约 200 nm),有明显的外缘和一定的形状,较紧密地结合在细胞壁外。用墨汁或苯胺黑进行负染色,在光学显微镜下观察墨黑背景与菌体细胞壁之间的透明区即是荚膜。

(2) 微荚膜 较薄(<200 nm),不能用光学显微镜观察到,但可用血清学方法显示,易被胰蛋白酶消化。

(3) 黏液层 量大而且与细胞表面的结合比较疏松,容易变形,常扩散到培养基中,在液体培养基中会增加溶液的黏度。有的细菌如生枝动杆菌(*Zoogloea ramigera*)分泌的黏液能将许多菌体黏合在一起形成分枝状的大型黏胶物,称为菌胶团,构成许多细菌共同的糖被。

糖被的成分因菌种的不同而异,含有大量水分(90%以上),其余一般由多糖类、多肽类,或者多糖蛋白质复合体组成,如巨大芽孢杆菌的荚膜是以多糖组成网状结构的骨架,其间隙嵌入谷酰基多肽而成。糖被的主要成分及其代表菌如下。

- 糖被成分
  - 多糖
    - 纯多糖
      - 葡聚糖:*Leuconostoc mesenteroides* (肠膜明串珠菌)
      - 果聚糖:*Streptococcus mutans* (变异链球菌)
      - 纤维素:*Acetobacter xylinum* (木醋杆菌)
    - 杂多糖
      - 海藻酸:*Azotobacter vinelandii* (棕色固氮菌)
      - 透明质酸:*Streptococcus* spp. (若干链球菌)
  - 多肽
    - 聚 D-谷氨酸:*Bacillus anthracis* (炭疽杆菌)
    - 聚谷氨酰胺:*Xanthomonas* spp. (若干黄单胞菌)
  - 多肽和多糖:*Bacillus megaterium* (巨大芽孢杆菌)
  - 蛋白质:*Yersinia pestis* (鼠疫耶尔森氏菌)

糖被的功能:①保护作用:富含水分以及大量极性基团可保护细菌免受干旱损伤;抵御吞噬细胞的吞噬;防止噬菌体的吸附和裂解等。②附着和致病功能:糖被为主要表面抗原,是有些致病菌的毒力因子,如 S 型肺炎链球菌靠其荚膜致病,而无荚膜的 R 型为非致病菌;糖被也是有些病原菌必须的黏附因子,如引起牙病的变异链球菌依靠其荚膜黏附在牙齿表面,引起龋齿;某些水生丝状细菌的鞘衣状荚膜也有附着作用。③作为透性屏障和离子交换系统,以保护细菌免受重金属离子的毒害。④储藏养分:糖被是聚合物,也是细菌的一种储藏性物质,可以在营养缺乏时动用。⑤细菌间的信息识别作用,如 *Rhizobium*(根瘤菌属)。⑥堆积代谢废物。

产生糖被的能力是微生物的一种遗传特性,革兰氏阳性和革兰氏阴性两类菌群都能形成糖被,但糖被不是细菌的必要成分,没有糖被的变异株照样能正常地生长。糖被常常只是当细菌在某种培养基上生长时才形成,如明串珠菌,只有当其生长在蔗糖培养基上时,才形成它的葡聚糖荚膜,并使糖质变得黏稠而难以加工。

产糖被会给人类带来一些危害,除了致病性外,也会对食品和制糖工业生产造成危害。例如,食品工业中的黏性面包、黏性牛奶就是因为污染了产糖被细菌所引起的;在制糖工业中,由于产糖被菌大量繁殖,会增大糖液的黏度,影响过滤速度,降低糖的产量。

另一方面,糖被在科学研究和生产实践中也有很多有益的应用:①用于菌种鉴定;②用作药物和生化制剂,例如,肠膜明串珠菌的糖被可提取葡聚糖以制备生化试剂和"代血浆";③用作工业原料,已大量投产的微生物多糖主要有黄原胶(xanthan gum),结冷胶(gellan gum),右旋糖酐(dextran),小核菌葡聚糖(scleroglucan),短梗霉多糖(pollulan)和热凝多糖(curdlan)等都是利用糖被生产的;④用于污水的生物处理,例如,形成菌胶团的细菌有助于污水中有害物质的吸附和沉降。

10. 芽孢和其他休眠构造

1) 芽孢

为数不多的产芽孢细菌(spore-forming bacteria)在其生长发育的后期,在营养细胞内形成一个圆形、卵圆形或圆柱形的厚壁、折光性强并且具有抗逆性的休眠体,称为芽孢(endospore, spore)。因为细菌的芽孢都在细胞内形成,所以又称内生孢子,每个细胞只能形成一个芽孢,所以芽孢不是一个繁殖体。

能形成芽孢的细菌主要有革兰氏阳性细菌的两个属即好氧的芽孢杆菌属(*Bacillus*)和厌氧的梭菌属(*Clostridium*)。此外,还有芽孢乳杆菌属(*Sporolactobacillus*)、芽孢八叠球菌属(*Sporosarcina*)和颤螺菌属(*Oscillospira*)也能产生芽孢。革兰氏阴性菌的脱硫肠状菌属(*Desulfotomaculum*)和 *Metabacterium* 以及放线菌中的高温放线菌属(*Thermoactinomyces*)也能产生芽孢。

细菌芽孢的位置、形状和大小因菌种而异,因此是细菌分类鉴定的形态特征之一(图 1-16)。图 1-17 是一种鼓槌状芽孢杆菌的芽孢照片。

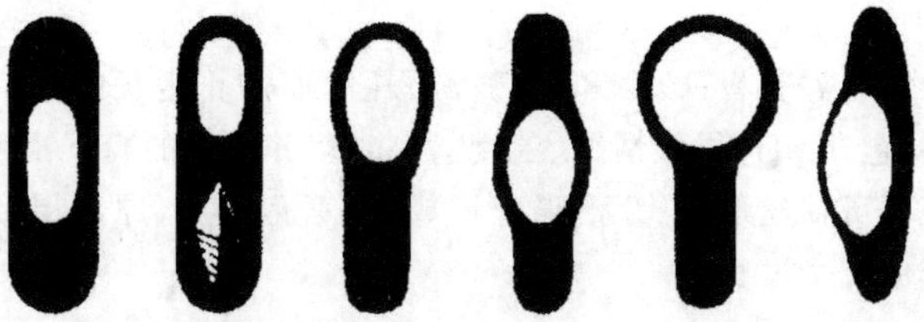

居中不膨大　末端不膨大　鼓槌状　居中膨大　接种环形　纺锤状

图 1-16　芽孢的类型

芽孢的构造很复杂,成熟芽孢具有多层结构(图 1-18)。由外到内依次为:①芽孢外壁(exosporium),主要由蛋白质、脂质和糖类组成,是芽孢的保护层;②芽孢衣(sporecoat),一层或几层,主要成分为蛋白质,大多数为角蛋白,其中,半胱氨酸和疏水氨基酸的含量很高。芽孢衣非常致密,通透性差,能抗酶和化学物质的透入;③皮层(cortex),很厚,约占芽孢总体积的一半,主要由芽孢所特有的肽聚糖组成,该肽聚糖由丙氨酸亚单位、四肽亚单位、胞壁酸内脂亚单位重复组成。此外,还含有一种芽孢特有的化学物质——吡啶二羧酸(dipicolinic acid,DPA)以及大量 Ca^{2+},两者结合成吡啶二羧酸钙(DPA-Ca),它们赋予芽孢异常的抗热性。皮层的渗透压很高;④芽孢核心(core),由芽孢壁、芽孢膜、芽孢质和芽孢核区组成,内含核糖体与 DNA,含水量极低。

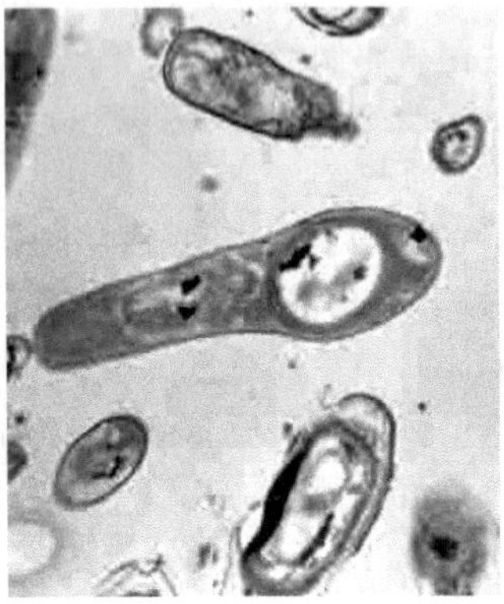

图 1-17 鼓槌状芽孢杆菌的芽孢

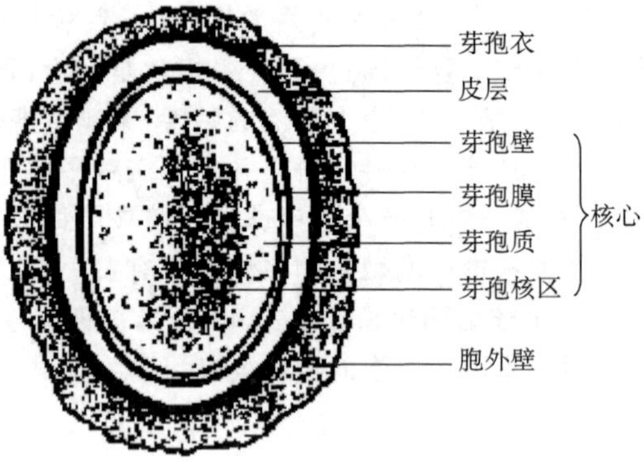

图 1-18 芽孢的照片和结构图

芽孢具有极强的抗热性,但关于抗热机制并不是很清楚。较流行的解释是渗透调节皮层膨胀学说(osmoregulatory expanded cortex theory),该学说认为:芽孢的耐热性在于芽孢衣对多价阳离子和水分的透性很差以及皮层的离子强度很高,这就使皮层产生了很高的渗透压去夺取芽孢核心中的水分,结果造成皮层的充分膨胀和核心的高度失水,正是这种失水的核心才赋予了芽孢极强的耐热性。芽孢含水量仅 60%,且多为结合水。

芽孢是结构复杂的一种特殊的休眠体,具有一个细胞维持生命的所有功能,在适宜的环境条件下会萌发。但与其他外生孢子不同,一个营养细胞只能形成一个芽孢,一个芽孢只能产生一个新细胞,所以芽孢不是细菌的繁殖器官。

了解芽孢还有重要的实践意义:①芽孢是细菌分类鉴定中的一项重要形态特征;②杀灭芽孢是制定灭菌标准的重要依据;③许多产芽孢细菌是强致病菌,如炭疽芽孢杆菌、肉毒梭菌和破伤风梭菌等;④有些产芽孢细菌可伴随产生有用的产物,如抗生素短杆菌肽(gramicidin)、杆菌肽(bacitracin)等。

产芽孢细菌通常在必需养料(碳源和/或氮源)耗尽而停止生长时形成芽孢。各种细菌有其形成芽孢的最适条件,包括 pH、供氧情况、温度、营养、培养基中的离子浓度和种类等。从形态上看芽孢的形成过程要经历轴丝形成、芽孢隔壁形成、前芽孢形成、原皮层形成、芽孢外衣形成、芽孢内衣形成和芽孢释放 7 个过程。

2) 伴胞晶体

有一些芽孢杆菌,如苏云金杆菌(*Bacillus thuringiensis*,Bt),在伴随芽孢形成的同时,在芽孢旁形成一种菱形、方形或不规则形的碱溶性蛋白质结晶体,称为伴胞晶体(parasporal crystal,即 δ 内毒素)(图 1-19),一个细胞只产生一个伴胞晶体。晶体形状大的达 0.6 μm×2.0 μm。芽孢和伴胞晶体被一层外膜包裹着,称为芽孢囊。当囊破裂以后,芽孢和伴胞晶体即游离存在。伴胞晶体是一种毒蛋白,对鳞翅目、双翅目、鞘翅目等 200 多种昆虫的幼虫具有很强的毒性作用,因此是重要的生物农药制剂。苏云金芽孢杆菌是目前世界上用途最广、产量最大、最为成功的微生物杀虫剂，占微生物杀虫剂总量的 95%以上。

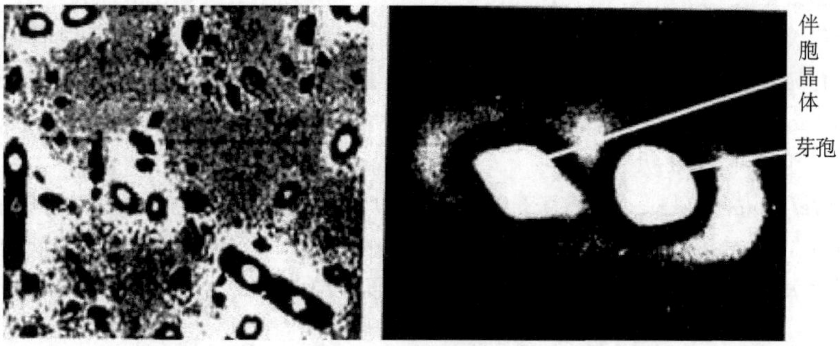

图 1-19　伴胞晶体

少数细菌还能产生其他休眠体，例如，固氮菌属可产生厚壁、球形的孢囊(cyst)，孢囊抗干旱、紫外线和电离辐射，但抗热性不强，不是完全休眠，其抗性是由孢囊衣赋予的。多数甲烷氧化菌也有休眠状态结构，形成孢囊样结构或厚壁孢囊等。例如，甲基弯曲菌属的外生孢子(exspore)能抗干旱和热，但不含 DPA。黏球菌的黏孢子(myxospore)对干旱、超声震动和紫外线等有较好的抗性，但抗热性比细菌芽孢差得多。此外，蛭弧菌的蛭孢囊等也属于休眠体。

三、细菌的繁殖

当一个细菌生活在合适的条件下时，通过连续的生物合成和平衡生长，细胞体积、重量不断增大，最终导致繁殖。细菌的繁殖方式主要是裂殖，只有少数种类进行芽殖。

1. 裂殖

裂殖(fission)是指一个细胞通过分裂而形成两个子细胞的过程。对于杆状细菌有横分裂和纵分裂两种方式，前者指分裂时细胞间形成的隔膜与细胞长轴垂直，后者则指呈平行状态。一般细菌均进行横分裂。绝大多数细菌的裂殖都进行二分裂(binary fission)，即一个细胞在其对称中心形成一隔膜，进而分裂成两个形态、大小和构造完全相同的子细胞(图 1-20)。这是一种典型的对称二分裂方式。少数细菌存在不等二分裂(unequal binary fission)，其结果产生两个在外形、构造上有明显差别的子细胞，例如，柄细菌

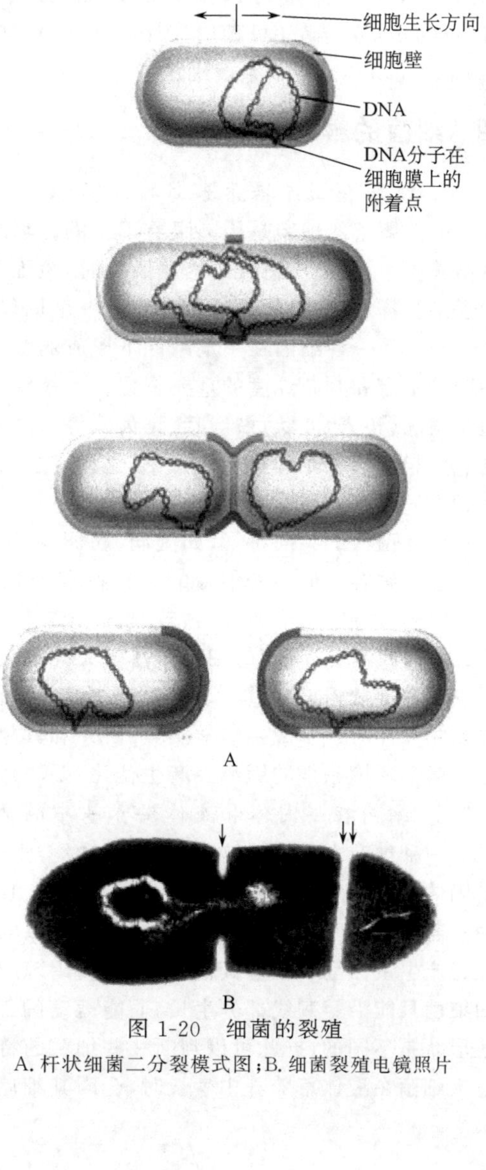

图 1-20　细菌的裂殖

A. 杆状细菌二分裂模式图；B. 细菌裂殖电镜照片

属(*Caulobacter*)的细菌通过不等二分裂产生一个有柄、不运动的子细胞和另一个无柄、有鞭毛、能运动的子细胞。

在进行厌氧光合作用的绿色硫细菌中有一个暗网菌属(*Pelodictyon*)在进行细胞分裂时，其大多数细胞进行常规的二分裂繁殖，还有部分细胞进行成对的“一分为三”式的三分裂(trinary fission)繁殖，形成一对“Y”形细胞，随后仍进行二分裂，结果就形成了特殊的、松散、不规则、三维构造并由细胞链组成的网眼状菌丝体。

蛭弧菌(*Bdellovibrio*)是一类寄生于细菌细胞中具端生单鞭毛的小型弧状细菌，其繁殖方式表现为复分裂(multiple fission)，即当它在宿主细胞中生长时会形成不规则的盘曲的长细胞，然后细胞多处同时发生均等长度的分裂，形成多个弧形子细胞。

2. 芽殖

芽殖(budding)是指在母细胞表面(尤其在一端)先形成一个小突起，待其长大到与母细胞相仿后相互分离并独立生活的一种繁殖方式。凡以这种方式繁殖的细菌统称为芽生细菌(budding bacteria)，包括芽生杆菌属(*Blastobacter*)、生丝微菌属(*Hyphomicrobium*)、生丝单胞菌属(*Hyphomonas*)、硝化杆菌属(*Nitrobacter*)、红微菌属(*Rhodomicrobium*)和红假单胞菌属(*Rhodopseudomonas*)等10余属细菌。

四、细菌的群体形态

1. 细菌在固体培养基上的群体形态

单个微小的细菌是用肉眼看不见的，但如果把单个细胞或一小堆同种细胞接种到适合的固体培养基中，并处于适合的培养条件时，该细胞会迅速生长繁殖形成肉眼可见的、具有一定形态的子细胞群，称为菌落(colony)。当一个固体培养基表面有许多菌落连成一片时，便称为菌苔(lawn)。某一种细菌在一定条件下形成的菌落具有自己的特征，并有一定的稳定性，故菌落可作为菌种鉴定和判断纯度的重要依据。菌落特征包括菌落大小、形状(圆形、假根状、不规则状等)、边缘情况(整齐、波状、裂叶状、锯齿状等)、隆起情况(扩展、台状、低凸、凸面、乳头状等)、光泽(闪光、金属光泽、无光泽)、表面状态(光滑、皱褶、颗粒状、同心环、龟裂状)颜色、质地(油脂状、膜状、黏、脆等)、硬度、透明度等。

细菌菌落的共同特征，如湿润、黏稠、易挑起(菌体和基质结合不紧密)、质地均匀及菌落各部位颜色一致等。但不同细菌的结构特点会赋予细菌菌落一定的特征，如无鞭毛、不能运动的细菌，特别是球菌，常形成较小、较厚、边缘较整齐的菌落；有鞭毛的细菌菌落则较大而扁平，边缘波状或锯齿状等；有荚膜的细菌菌落较大并且表面光滑，无荚膜的细菌菌落则表面较粗糙；具芽孢的细菌菌落较粗糙、干燥、表面常有皱褶并且很不透明。这类在细胞个体形态与群体形态之间存在的相关性对许多微生物学实验、研究和其他实际工作很有参考价值。但在实际工作中一定注意菌落受环境条件的影响会产生变化，要注意菌种鉴定时检测条件的一致。

2. 细菌在半固体和液体培养基中的群体形态

纯种细菌在半固体培养基上生长时会出现许多特有的培养性状，因此对菌种鉴定十分重要。半固体培养法通常是把培养基灌注在试管中，形成高层直立柱，然后用穿刺接种法接入实验菌种。若使用明胶半固体培养基做试验，可以根据明胶柱液化层中呈现的不同形状来判断某细菌是否产生蛋白酶和某些其他特征；若使用琼脂半固体培养基可以鉴定细菌的运动特征，不能运动的细菌只能沿穿刺线部分生长，而能运动的细菌则向穿刺线四周扩散生长。各种细菌的运动扩散形状是不同的，据此可以判断一些细菌的特征。

细菌在液体培养基中生长时，会因其细胞特征、相对密度、运动能力和对氧气的需求等关系的不同形成几种不同的群体形态:多数表现为混浊,部分表现为沉淀,一些好氧性细菌则在液面上大量生长,形成有特征的、厚薄有差异的菌膜(scum)或环状、小片状不连续的菌膜。

第二节 放 线 菌

放线菌(actinomycetes)是一大类介于细菌和真菌之间的单细胞微生物,其形态极为多样(杆状到丝状)、多数呈丝状生长。它的细胞构造、细胞壁的化学成分和对噬菌体的敏感性与细菌相同,但在菌丝的形成和以外生孢子繁殖等方面则类似于丝状真菌。它以菌落呈放射状而得名。因此放线菌是一类形态极其多样、高含量(G+C)mol%(60%~70%)、多数呈菌丝状生长和以孢子繁殖的陆生性较强的革兰氏阳性原核生物。

放线菌在自然界中分布极广,广泛分布在含水量低、有机物较丰富和呈微碱性的土壤中。每克土壤中放线菌的孢子数一般可达10^7个。土壤特有的腥味主要是由放线菌所产生的土腥味素(geosmin)引起的。放线菌大多数为腐生菌,少数为寄生菌。腐生型放线菌在自然界物质循环中起着相当重要的作用,少数寄生型放线菌可引起人和动植物病害,如人畜的皮肤病、脑膜炎和肺炎等,以及植物病害马铃薯疮痂病和甜菜疮痂病等。放线菌特有的土霉味,易使水和食品变味。有的放线菌能破坏棉毛织品和纸张等,给人类造成经济损失。

放线菌对人类最突出的贡献就是能够产生大量的、种类繁多的抗生素。到目前为止,已筛选出的抗生素近万种,每年还新增百余种,其中,放线菌产生的抗生素约占70%。但近年来一个明显趋势是从稀有放线菌发现的新抗生素日益增多。放线菌的产物在医药、卫生、农业生产、食品加工等方面已得到广泛应用,有些放线菌还用来生产维生素和酶,如由弗氏链霉菌产生的蛋白酶已在制革工业中用以脱毛,游动放线菌产生的葡萄糖异构酶已用于生产,还从灰色链霉菌的发酵液中提取到维生素 B_{12} 等。此外,在酶抑制剂、甾体转化、烃类发酵、污水处理等方面也有所应用。

一、放线菌的形态结构

放线菌的形态极其多样,大部分放线菌菌体由分枝状菌丝体构成,菌丝大多数无隔膜,仍属单细胞,革兰氏染色阳性,营养期通常不运动,(G+C)mol%比高。菌丝的粗细与杆菌相近(1 μm),细胞壁含胞壁酸、二氨基庚二酸,不含几丁质、纤维素。菌丝体由于形态、功能不同,分为基内菌丝和气生菌丝,气生菌丝在无性繁殖中分化有孢子丝、孢囊和孢子等。现以分布最广、种类最多、形态特征最典型、与人类关系最密切的丝状放线菌——链霉菌属(*Streptomyces*)为例来阐明放线菌的一般形态结构。

链霉菌属是放线菌中的一个大属,现已认识到500多种,在放线菌产生的抗生素中,链霉菌属产生的占到了90%。由于链霉菌以能够产生化学结构多样、应用范围广泛的抗生素而著名,所以对链霉菌的研究也最多和最深入。

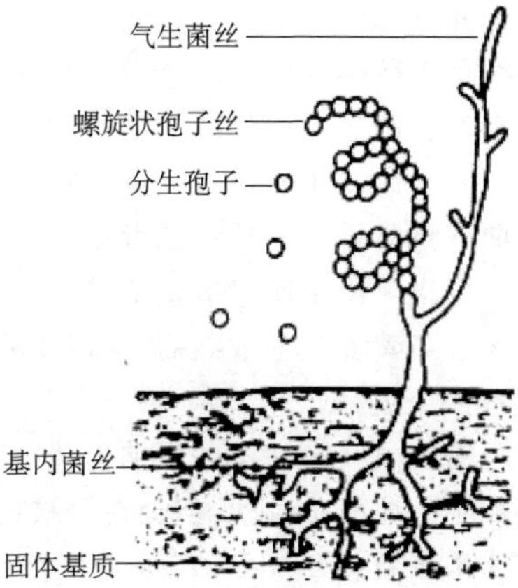

图 1-21 链霉菌的基内菌丝与气生菌丝(孕育菌丝)

链霉菌是以菌丝状态生长的原核微生物,细胞壁的主要成分是肽聚糖。其菌体根据菌丝的形态和功能分为3类(图 1-21)。

1. 基内菌丝

基内菌丝(substrate mycelium)是营养型一级菌丝,长在培养基内或表面。其主要功能是吸收营养物和排泄废物,所以又称营养菌丝。一般无横隔膜(诺卡氏菌除外),直径 0.2～1.2 μm,但长度差别很大,短的小于 100 μm,长的可达 600 μm 以上,分枝繁茂。无色或产生水溶性或脂溶性色素而呈现黄、绿、橙、红、紫、蓝、褐、黑等各种颜色。

2. 气生菌丝

气生菌丝(aerial mycelium)是由基内菌丝生长到一定时期,分枝长出培养基,向培养基上空伸展的二级菌丝。镜检观察,其颜色较深且较基内菌丝粗,直径为 1～1.4 μm,长度差别却很悬殊,形状直形或弯曲状,有分枝,有的产生色素。其主要功能是分化形成孢子丝。

3. 孢子丝和孢子

孢子丝是由气生菌丝生长发育到一定阶段,分枝部分分化形成的,具有形成孢子作用的繁殖菌丝,有直、波曲、螺旋和轮生等形状,常见孢子丝形态如图 1-22 所示。孢子丝的主要功能是形成孢子(spore),起繁殖作用。

孢子丝的形状及在气生菌丝上的排列方式随菌种的不同而不同。螺旋的数量、大小、疏密程度、旋转方向都是菌体的特征。螺旋的数量通常为 5～10 转,也有少至 1 个多至 20 个的;旋转方向多为逆时针,少数是顺时针;孢子丝上形成成串的孢子。孢子有球形、椭圆形、杆形、柱形和瓜子形等。孢子丝排列的方式有交替着生,有丛生,有轮生。

同一孢子丝上分化的孢子,其形状、大小有时不一致,因此孢子的形状和大小不能作为区分种的唯一依据,而必须结合孢子的表面来进行区分。据目前的发现,孢子丝直或波曲者,其孢子表面光滑,尚未发现这类孢子有带刺的或毛发状;孢子丝为螺旋形者,其孢子表面则因种而异:有的光滑,有的刺状,有的毛发状。常见的链霉菌孢子丝形态有垂直型、松螺旋型、紧螺旋型、单轮无螺旋型、双轮螺旋型,如图 1-22 所示。放线菌孢子常具有色素,呈白色、灰色、黄色、橙黄色、红色、蓝色、绿色等颜色。成熟的孢子堆,其颜色在一定培养基与培养条件下比较稳定。孢子的颜色与孢子的结构有一定的相关性,白色、黄色、淡绿色、灰黄色、淡紫色孢子的表面一般都是光滑的,粉红色孢子也只有极少数带刺,黑色孢子则绝大多数都带刺和毛发。这些都是链霉菌分类鉴定主要形态依据。

孢囊链霉菌属(*Streptosporangium*)的放线菌具有由气生菌丝的孢子丝盘卷而成的孢囊,它长在气生菌丝的主丝或侧丝的顶端,内部产生多个孢囊孢子(无鞭毛),如图 1-23 所示。

游动放线菌属(*Actinoplanes*)放线菌的气生菌丝不发达,在基内菌丝上形成孢囊,内含许多盘曲或直立排列的球形或近球形的孢囊孢子,其上着生一至数根极生或周生鞭毛,可运动。

以诺卡氏菌属(*Nocardia*)为代表的原始放线菌具有分枝状、发达的营养菌丝,但多数无气生菌丝。当营养菌丝成熟后,会以横割分裂方式突然产生形状、大小较一致的杆菌状、球菌状或分枝状的分生孢子。

有些放线菌在菌丝顶端形成一至数个或较多的孢子。例如,小单孢菌属(*Micromonospora*)多数不形成气生菌丝,但会在分枝的基内菌丝顶端产生一个孢子;小双孢菌属(*Microbispora*)和小四孢菌属(*Microtetraspora*)的放线菌都是在基内菌丝上不形成孢子而仅在气生菌丝顶端分别形成 2 个或 4 个孢子的放线菌;小多孢菌属(*Micropolyspora*)的放线菌则既在气生菌丝又在基内菌丝顶端形成 2～10 个孢子。

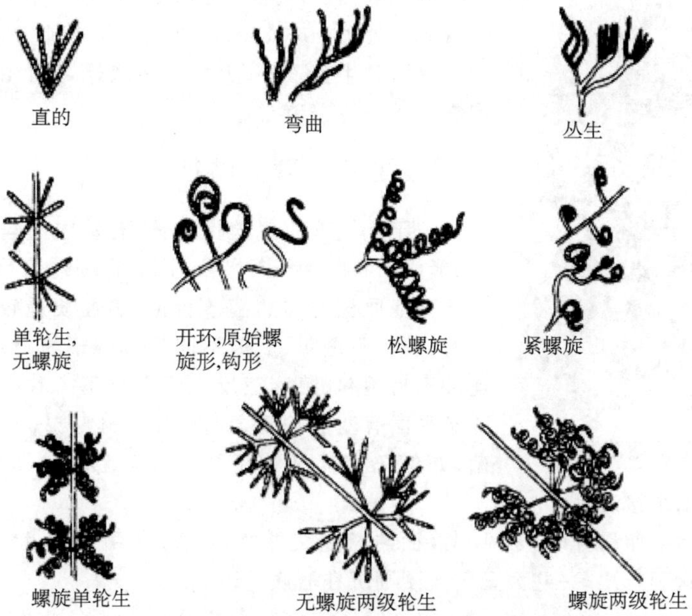

图 1-22 放线菌孢子丝类型

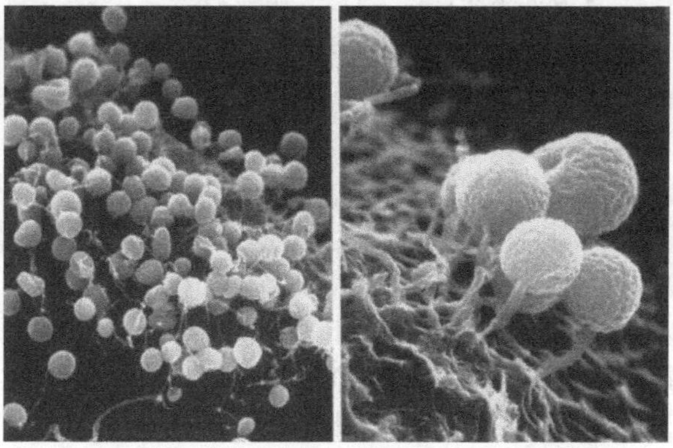

图 1-23 孢囊链霉菌的孢囊及孢囊孢子

二、放线菌的繁殖

放线菌主要通过形成各种无性孢子的方式进行繁殖,无性孢子主要有:分生孢子、节孢子、孢囊孢子等。少数种类以基内菌丝分裂形成孢子状细胞进行繁殖。放线菌处于液体培养时很少形成孢子,但其各种菌丝片段都有繁殖功能,这一特性对实验室摇瓶培养和工业化大型发酵罐中进行的深层液体搅拌培养很重要。大多数放线菌可以产生分生孢子进行繁殖。分生孢子主要通过横割方式形成:首先气生菌丝顶端波曲成为孢子丝,然后形成横隔,细胞壁加厚并收缩,分别成一个一个的细胞,最后细胞成熟,形成一串分生孢子。在形成横隔的时候有两种途径:一种是细胞膜内陷,再由外向内逐渐收缩,最后形成完整的横隔膜;另一种途径是细胞壁和细胞膜同时内陷,再逐步向内缢缩形成完整的横隔膜。

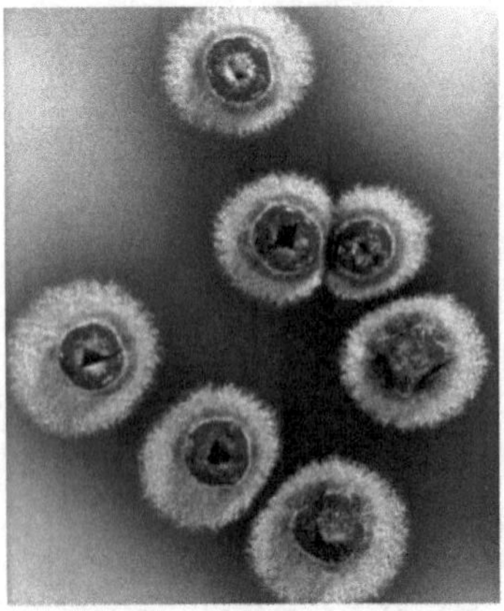
图 1-24　链霉菌菌落示例

放线菌形成的孢子具有较强的耐干燥能力，但不耐高温，60～65℃处理 10～15 min 即失去生活能力。

除了分生孢子外，少数放线菌还可借无鞭毛或有鞭毛的孢囊孢子进行繁殖。

三、放线菌的群体特征

由于放线菌的菌丝状生长、有基内菌丝和气生菌丝的分化、形成干粉状孢子等特点，因此在固体培养基上形成明显区别于其他原核生物的菌落特征：表面质地致密、干燥、丝绒状或有皱褶、不透明、上覆不同颜色的干粉；菌落和培养基紧密连接不易挑起；菌落正反面颜色常不一致以及在菌落边缘的琼脂平面有变形的现象等（图 1-24）。只有少数原始的放线菌，如 *Nocardia* 等由于缺乏气生菌丝或气生菌丝不发达，因此其菌落外形与细菌接近。

放线菌在液体摇瓶培养时，常见到液面与瓶壁交界处粘贴着一圈菌苔，培养液清而不混，其中悬浮着许多珠状菌丝团，一些大型菌丝团则沉在瓶底等现象。

第三节　蓝　细　菌

蓝细菌（cyanobacteria）旧称为蓝藻（blue algae）或蓝绿藻（blue-green algae）。因为它与高等绿色植物和高等藻类一样，含有光合色素——叶绿素 a，也能进行产氧型光合作用，所以，过去将其归于藻类。现代技术研究表明，蓝细菌是一大类分布极广、细胞核没有核膜，没有有丝分裂器，没有叶绿体，含叶绿素 a，进行产氧型光合作用，核糖体为 70S，细胞壁与细菌的相似由肽聚糖构成并含有二氨基庚二酸，革兰氏染色阴性，无鞭毛的大型原核微生物。

蓝细菌分布极广，从热带到两极，从海洋到高山，到处都有它们的踪影。土壤、岩石、以至树皮或其他物体上均能成片生长。在 80℃以上的热带温泉、含盐多的湖泊或其他极端环境中，有的蓝细菌是占优势甚至是唯一进行光合作用的生物。在贫瘠的沙质海滩和荒漠的岩石上也能找到它们的踪迹。因此有“先锋生物”之美称。在强烈阳光直晒的沙漠中，蓝细菌会形成硬膜；在温暖的浅海湾，蓝细菌能形成厚厚的一层；在营养丰富的淡水湖中，蓝细菌大量繁殖，可使水的颜色随菌体颜色而变化，如铜色微囊藻（*Microcystis aeruginosa*）在夏秋雨季大量繁殖，形成“水华”（Water bloom），使水体变色。

一、蓝细菌的形态与结构

蓝细菌的细胞体积一般比细菌大，直径为 3～10 μm，当许多个体聚集在一起，可形成肉眼可见的群体。最大的蓝细菌可达 60 μm，如巨颤蓝细菌（*Oscillatoria princeps*），是已知原核微生物中较大的细胞。蓝细菌细胞形态多样，大体可分为 5 类：①由二分裂形成的单细胞，如黏杆蓝细菌属（*Gloeothece*）；②由复分裂形成的单细胞，如皮果蓝细菌属（*Dermocarpa*）；③有异形胞的菌丝，如鱼腥蓝细菌属（*Anabaena*）；④无异形胞菌丝，如颤蓝细菌属（*Oscillatoria*）；⑤分枝状菌丝，如飞氏蓝细菌属（*Fischerella*）。如图 1-25 所示。

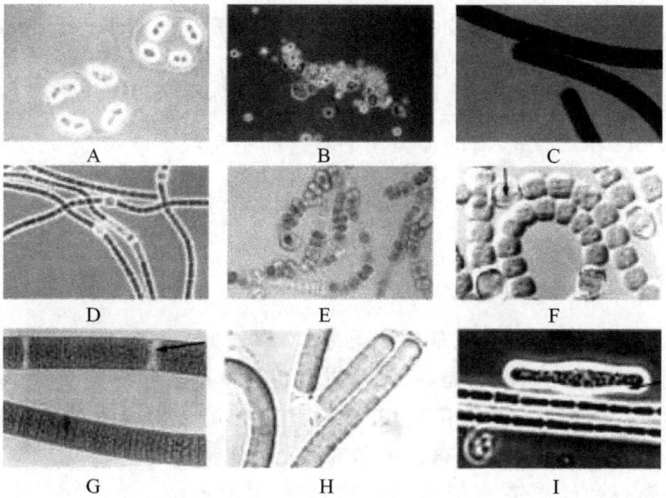

图 1-25　蓝细菌的主要形态类型

A. 单细胞的黏杆蓝细菌属（*Gloeothece*）；B. 皮果蓝细菌属（*Dermocarpa*）；C. 丝状的颤蓝细菌属（*Oscillatoria*）；D. 形成异形胞的丝状鱼腥蓝细菌属（*Anabaena*）；E. 分枝丝状飞氏蓝细菌属（Fischerella）；F. 箭头表示鱼腥蓝细菌的异形胞；G. 颤蓝细菌链丝段形成初期，箭头表示丝状体中的分隔；H. 颤蓝细菌的链丝段；I. 鱼腥蓝细菌的静息孢子

蓝细菌细胞的构造与革兰氏阴性细菌相似，细胞壁分内外双层，有些水生种类细胞壁外有黏质糖被或鞘，可以把单细胞聚集在一起并且可以滑动；细胞膜单层，很少有间体；细胞核为原核；在细胞周缘，平行于细胞壁分布很多由多层膜片相叠而成的类囊体（thylakoid），其中，含有叶绿素 a 和藻胆素（phycopilin，一类辅助光合色素）（图 1-26）。类囊体所特有的藻胆蛋白体（phycobilisome）着生在类囊体膜的外表面，呈盘状结构，它含有藻青蛋白、别藻蓝素和藻红蛋白等成分，由于色度的比例不同因而使细胞呈现不同的颜色。细胞内还有能固定 CO_2 的羧酶体。在水生性种类的细胞中，常有气泡构造，保持细胞浮在上层水面，得到最充足的光线，以利光合作用。细胞内的储藏物主要有多磷酸颗粒、糖原颗粒、PHB 以及用作氮源营养的蓝细菌肽（cyanophycine）等。蓝细菌细胞内的脂肪酸较为特殊，含有 2 至多个双键的不饱和脂肪酸，而其他原核生物仅含有饱和脂肪酸和单个双键的不饱和脂肪酸。

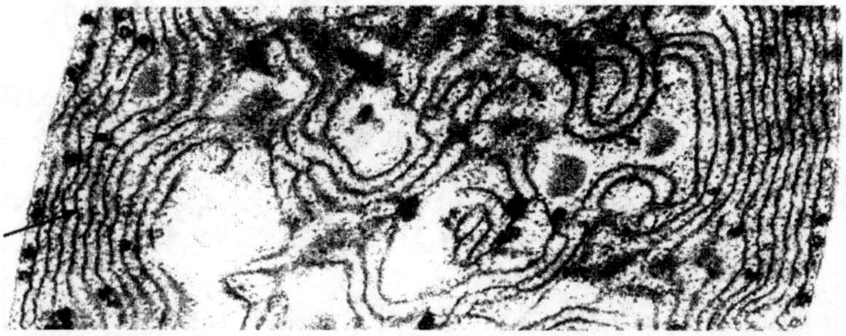

图 1-26　蓝细菌（*Anabaena azollae*）的光合膜（类囊体，箭头所指）

有些蓝细菌可以形成圆形的异形胞(heterocyst),是这类蓝细菌的固氮位点。异形胞与相邻的营养细胞有胞间连丝,可进行物质交换。异形胞的藻胆素含量很低,而且没有产氧的光合系统Ⅱ。异形胞的厚壁中含有大量糖脂,可降低氧气扩散进入,这些特性都为对氧敏感的固氮酶创造了一个厌氧固氮场所,没有异形胞的丝状蓝细菌在厌氧条件下生长时就在营养细胞中固氮。有些蓝细菌,如 *Anabaena* 和 *Nostoc* 属的种类在细胞链的中间或末端形成大的、壁厚色深的休眠细胞,内富含储藏物,能抵抗干旱等不良环境,称为静息孢子(akinete)。大多数蓝细菌可以"滑行"运动,但无鞭毛。

二、蓝细菌的繁殖

蓝细菌通过无性方式繁殖。单细胞的种类为二分裂(如黏杆蓝细菌)或多分裂(如皮果蓝细菌)。大多数丝状蓝细菌的细胞分裂是单平面的(如鱼腥蓝细菌和颤蓝细菌),而分枝的丝状蓝细菌进行多平面方向分裂(如飞氏蓝细菌)。有些丝状蓝细菌还常通过丝状体断裂形成短的片段——链丝段(hormogonium)而进行繁殖。少数种类,如管胞蓝细菌属(*Chamaesiphon*)在细胞内形成许多球形或三角形的内孢子,待成熟后即可释放,具有繁殖功能。

三、蓝细菌的生理生化特征

蓝细菌的营养要求简单,不需要维生素,能以硝酸盐或氨作为氮源。很多种蓝细菌具有固氮作用,多数为专性光能生物,其中,一些是专性光能自养型,亦有一些是化能异养型。

由于蓝细菌是光能自养型生物,能像绿色植物一样进行产氧光合作用,能同化 CO_2 成为有机物质,加之许多种还能固氮,因此,它们对生长条件及营养的要求都不高,只要有空气、阳光、水分和少量无机盐,便能大量成片生长。菌体外包的胶质层可以使其保持水分,具有极强的耐干燥能力,例如,保存了 87 年的葛仙米(*Nostoc commune*,又名地木耳)干标本,移植到适宜的培养基中仍能继续生长。

已知蓝细菌有 20 多种具固氮作用,故在农业上,尤其是热带,已成为保持土壤氮素营养水平的主要因素。在水稻田中培养蓝细菌作为生物氮肥,可以提高土壤的肥力。临床上它能用于治疗肝硬化、贫血、白内障、青光眼、胰腺炎等疾病,对糖尿病、肝炎也有一定疗效。另外,蓝细菌可能是第一个产氧的光合生物,也是最先使空气从无氧转为有氧的生物。正是由于蓝细菌本身在地球演变中的重要地位、多种多样的实际应用及结构上的特殊性,使它成为一类具有理论研究价值和经济效益的重要微生物。

第四节　支原体、立克次氏体和衣原体

支原体、立克次氏体和衣原体是 3 类属于革兰氏阴性菌的代谢能力差,主要营细胞内寄生的小型原核生物。从支原体、立克次氏体到衣原体,其寄生性逐步增强,因此是介于细菌与病毒间的一类原核生物。

一、支原体

支原体(mycoplasma)是一类无细胞壁、能离开活细胞独立生长繁殖的最小的原核生物。1898 年被发现,1976 年才被确定其分类地位。支原体能引起人和畜禽呼吸道、肺部、尿道以及生殖系统的炎症。有些腐生种类生活在污水、土壤或堆肥中,少数种类可污染实验室的组织培养。1967 年后,发现在患"丛枝病"的桑、马铃薯等许多植物的韧皮部中也有支原体存在,为了与感染动物的支原体相区分，一般称侵染植物的支原体为类支原体（mycoplasma-like organisms，MLO）或植原体（phytoplasma）。

支原体的特点：①相当小，直径仅 0.1～0.3 μm，多数为 0.25 μm 左右，光学显微镜下勉强可见；②无细胞壁，革兰氏染色阴性，对渗透压敏感，对抑制细胞壁合成的抗生素不敏感；形态高度多形和易变，有球形、扁圆形、玫瑰花形、丝状及分枝状等；菌体柔软，可通过孔径比自己小得多的细菌滤器；③细胞膜含甾醇，比其他原核生物的膜更坚韧；④菌落小（直径 0.1～1 mm），在固体培养基表面呈特有的“油煎蛋”状（图 1-27）；⑤以二分裂或出芽等方式繁殖；⑥能在含血清、酵母膏和甾醇等营养丰富的培养基上生长；⑦多数能以糖类作能源，能在有氧或无氧条件下进行氧化型或发酵型产能代谢；⑧基因组很小，仅在 0.6～1.1 Mb；⑨对能抑制蛋白质生物合成的抗生素（四环素、红霉素等）和破坏含甾体的细胞膜结构的抗生素（两性霉素、制霉菌素等）都很敏感。

根据对固醇的需要把支原体分为两类：①需固醇类群，有支原体属（*Mycoplasma*）、厌氧支原体属（*Anaeroplasma*）、螺原体属（*Spiroplasma*）和脲支原体属（*Ureaplasma*）；②不需固醇类群，包括无胆甾原体属（*Acholeplasma*）和热支原体属（*Thermoplasma*）。

二、立克次氏体

立克次氏体（rickettsia）是由美国病理学家 Howard Taylor Ricketts 于 1909 年首先发现。Richetts 在研究落基山斑疹伤寒病时发现该病原体，并最终被夺去生命，故名（图 1-28）。

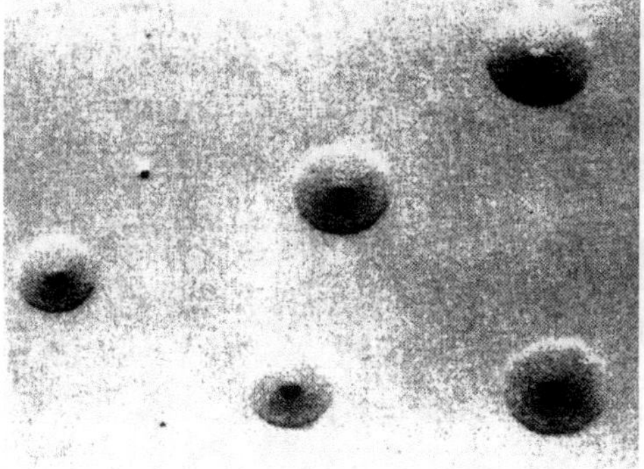

图 1-27　支原体在固体培养基上“油煎蛋状”菌落

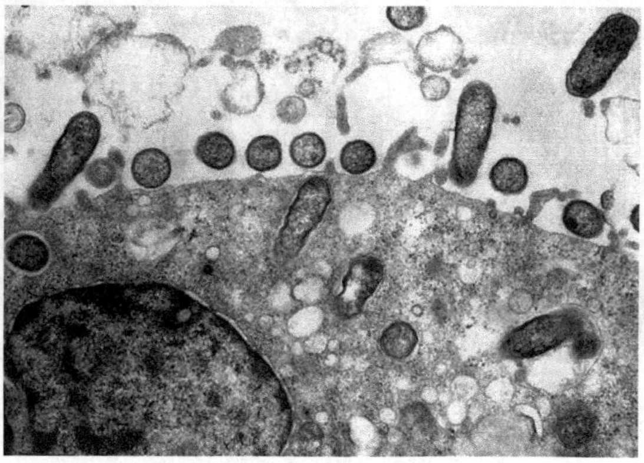

图 1-28　附着在内皮细胞表面的立克次氏体和细胞内包含立克次氏体的内吞体

立克次氏体是一类形体微小的杆状或球杆状革兰氏阴性、绝大多数只能在宿主细胞内繁殖的原核微生物。其个体大小介于细菌和病毒之间，球形（0.2～0.5 μm）或杆状（0.3～0.5）μm×（0.3～2）μm。除伯氏立克次氏体（*Rickettsia burneti*，又名 Q 热立克次氏体）外均不能透过细菌过滤器。但随着宿主和发育阶段的不同，常表现出球状、双球状、短杆状、长杆状甚至丝状等多种形态变化。立克次氏体不仅是动物细胞的寄生者，也寄生在植物细胞中，植物细胞中的立克次氏体被称为类立克次氏体（rickettsia-like-organism，RLO）。

立克次氏体的特点：①细胞结构与细菌相似，具有细胞壁和细胞膜；革兰氏染色阴性，细胞壁含有胞壁酸、二氨基庚二酸和脂多糖；细胞膜为脂质双分子层，含有大量磷脂；细胞内有丝状核质区，没有核膜和核仁，有的还有 70S 核糖体，核酸为 DNA 和 RNA；②能量代谢极其有限，存在不完整的能量代谢途径，只能氧化谷氨酸和谷氨酰胺产能，不能氧化葡萄糖、6-磷酸葡萄糖或有机酸;③除少数外,均在真核细胞内营细胞内专性寄生,宿主为虱、蚤等节肢动物和人、鼠等脊椎动物,由于立克次氏体细胞膜的通透性很大,使得它们很容易从宿主细胞获得一些重要的物质,但也同时使一些重要物质离开细胞,所以一旦离开宿主就很容易死去,这就形成它们必须由蚤、螨等吸血节肢动物作为媒介在动物间传播的特殊生活方式,所以立克次氏体为虫媒微生物;④以二分裂的方式繁殖,繁殖速度较一般细菌慢,每代 9～12 h;⑤对四环素和青霉素等抗生素敏感,对热敏感,一般在 56℃以上经 30 min 即被杀死;⑥一般可培养在鸡胚、敏感动物和 Hela 细胞(子宫颈癌细胞)的组织培养物上;⑦基因组很小,如普氏立克次氏体(*Rickettsia prowazeki*)基因组只有 1.1 Mb,含 834 个基因。

立克次氏体是人类流行性斑疹伤寒、恙虫病和 Q 热病的病原体。一般寄生在节肢动物消化道的上皮细胞,并在其中大量繁殖,细胞破裂后所释放的大量个体随粪便排出。当虱、蚤等叮咬人体时,乘机排粪,在人体抓痒之际,粪中立克次氏体便随粪便从伤口进入血液,在血细胞中大量繁殖并产生内毒素,置人于死地。

三、衣原体

衣原体(chlamydia)是一类介于立克次氏体和病毒之间、能通过细菌过滤器、在真核细胞内营专性能量寄生的小型革兰氏阴性原核生物(图 1-29)。过去曾认为它是"大病毒",后来,发现它们的性质更接近细菌而不同于病毒。

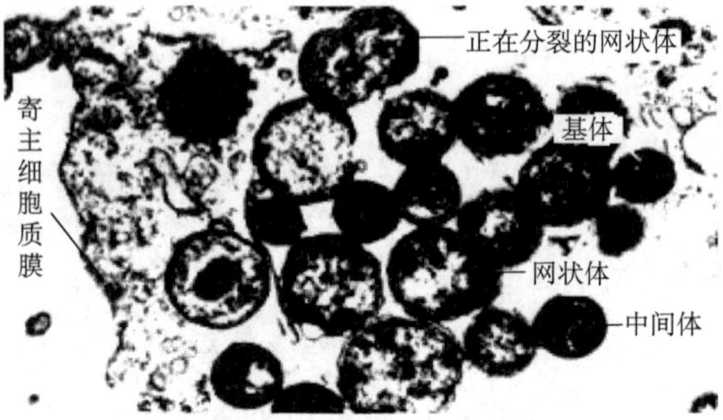

图 1-29　衣原体在寄主细胞质中的细胞(基体、中间体、网状体)形态

衣原体的特点:①具有细胞构造,个体比立克次氏体稍小,球形或椭圆形,直径 0.2～1.5 μm,光学显微镜下勉强可见;②有细胞壁但缺肽聚糖,革兰氏染色阴性;③细胞内同时含有 DNA 和 RNA 两种核酸,DNA 相对分子质量约 4×10^8,(G+C)含量约 29%;④有核糖体;⑤缺乏产生能量的酶系,严格细胞内寄生;⑥以二分裂方式繁殖;⑦对抑制细菌的抗生素和药物敏感;⑧只能用鸡胚卵黄囊膜、小白鼠腹腔或 Hela 细胞组织培养物等活体进行培养;⑨衣原体不耐热,在 60℃下,10 min 即被灭活,但它不怕低温,冷冻干燥可保藏数年。

衣原体是专性活细胞内寄生,在宿主细胞内的发育繁殖具有独特的生活周期。在其生命周期中,有两种细胞类型:原体(elementory body)即具有感染力的细胞,呈小球状(直径小于 0.4 μm),细胞壁厚、致密,不能运动,不生长,抗干旱,是其扩散的主要形式,但不能进行分裂繁殖;始体(initial body)或网状体(reticulate body)为没有感染力的细胞,呈大型球状(直径为 0.6～1.5 μm),细胞壁薄而脆弱,易变形,生长较快,(RNA∶DNA=3∶1),能进行二分裂繁殖并在细胞内形成一个微菌落即"包涵体"。原体经空气传播,一旦遇合适的新宿主,就可通过吞噬作用进入细胞,在其中生长,转化为无感染力的始体,始体经过繁殖后所形成的包涵体中的每个细胞又重新转化成原体，待释放出细胞后，重新通过气流传播并伺机感染新的宿主，整个生活史约需48 h。

衣原体不需媒介而能直接侵染鸟类、哺乳动物和人类，如鹦鹉热衣原体（*Chlamydia psittaci*）引起鹦鹉热病，有时可传至人体；沙眼衣原体（*Chlamydia trachomatis*）是人类沙眼的病原体；另有性病淋巴肉芽肿，是由性病肉芽肿衣原体（*Lymphogranuloma venereum*）引起的，这是一种接触传染的性病。

立克次氏体、支原体和衣原体都是介于细菌和病毒之间的原核微生物。表1-3对这几类微生物的主要特征与细菌和病毒比较。

表 1-3　立克次氏体、支原体、衣原体与细菌、病毒的比较

特征	细菌	支原体	立克次氏体	衣原体	病毒
直径/μm	0.5～2.0	0.2～0.25	0.2～0.5	0.2～0.3	＜0.25
可见性	光镜可见	光镜勉强可见	光镜可见	光镜勉强可见	电镜可见
细菌滤器	不能滤过	能滤过	不能滤过	能滤过	能滤过
革兰氏染色	阳性或阴性	阴性	阴性	阴性	无
细胞壁	坚韧细胞壁	缺	与细菌相似	与细菌相似	无
繁殖方式	裂殖	裂殖	裂殖	裂殖	复制
培养方式	人工培养基	人工培养基	宿主细胞	宿主细胞	宿主细胞
核酸种类	DNA和RNA	DNA和RNA	DNA和RNA	DNA和RNA	DNA或RNA
核糖体	有	有	有	有	无
大分子合成	有	有	进行	进行	利用宿主系统
产生ATP系统	有	有	有	无	无
增殖过程中结构的完整性	保持	保持	保持	保持	失去
入侵方式	多样	不清楚	昆虫媒介	直接	复杂
对抗生素	敏感	敏感（除青霉素）	敏感	敏感（青霉素例外）	不敏感
对干扰素	某些菌敏感	不敏感	有的敏感	有的敏感	敏感

第五节　古　　菌

20世纪70年代后期，一组全新的生物类群——古菌的发现震惊了整个科学界。伊利诺伊大学的Carl Woese博士和他的同事们在利用DNA序列研究原核生物之间的相互关系时发现存在两个完全不同的类群，于是提出了原核生物中含有第三种生命形式——古细菌（Archaebacteria），后来又缩减为古菌（Archaea）。目前人们普遍接受Woese的生命三域（three domains）学说，即根据16S/18S rRNA基因序列的系统发育学分析将地球上的生物分为三大亲缘类群（也称域domain）：细菌域（Bacteria，原名真细菌域Eubacteria）、真核域（Eukaryota）和古菌域（Archaea）（图1-30）。

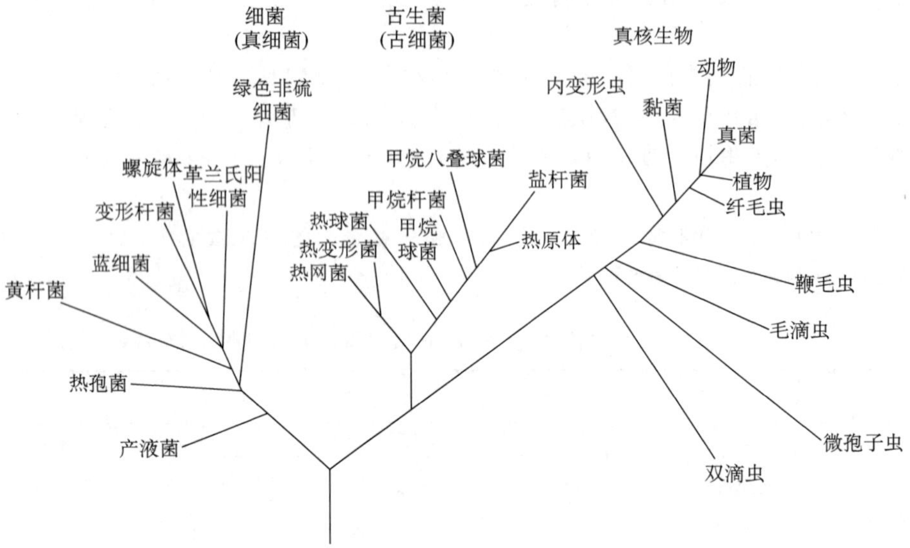

图 1-30 生物进化树

古菌多生活在各种极端的自然环境中，如海洋底部的高压热溢口、热泉、盐碱湖等。事实上，在地球上，古菌代表着生命的极限，它确定了生物圈的范围。例如，一种叫热网菌(*Pyrodictium* sp.)的古菌能够在高达 113℃的温度下生长，这是迄今为止发现的具最高生长温度的生物。但近年来，人们发现古菌的生境不仅限于一些极端环境，而是遍布在许多正常的环境中如淡水湖、陆地土壤、大洋、近海、沿岸等非极端环境中，几乎无处不在。

目前，根据古菌的表型特征可分为 5 类：产甲烷古菌、极端嗜盐古菌、极端嗜热和超嗜热的代谢硫的古菌、无细胞壁的古菌和还原硫酸盐的古菌。

一、古菌的形态和结构

古菌很小，通常不足 1 μm 长。即使在高倍数的光学显微镜下，最大的古菌看起来仅像个小点。因此需要用电镜观察。古菌的形态差异很大，有的呈圆形，全圆或呈浅裂状或多块状；有些是棒状的，从短棒状到细长如发丝；还有些呈三角形或方形(图 1-31)。

古菌像其他原核生物一样有细胞壁、细胞膜、细胞质和胞内的遗传物质等细胞结构，有的古菌生长一根或多根鞭毛，有的没有鞭毛。古菌的鞭毛生长于细胞的外膜上，帮助细胞运动。多鞭毛的古菌，鞭毛往往生长于细胞的一侧。另外，古菌也存在其他附属物，如蛋白质网可将古菌细胞相互粘结在一起形成大的细胞团。

像细菌一样，古菌没有内膜系统，DNA 以单个的环存在于细胞内，但它们的 tRNA 有许多特征区别于所有其他生物，有一些特征更接近于真核生物。

1. 古菌的细胞壁结构

古菌的细胞壁结构与细菌细胞壁有显著不同。其细胞壁中没有肽聚糖类物质，也不含纤维素(植物细胞壁主要成分)和几丁质(真菌细胞壁主要成分)。许多革兰氏染色阳性的古菌与革兰氏阳性细菌相似，有一个同质层的厚壁，但革兰氏阴性古菌则缺乏外壁层和复杂的肽聚糖网状结构，而通常含有蛋白质的表层或糖蛋白亚单位。其化学组成差异很大，古菌的细胞壁中不含胞壁酸和 D-氨基酸。在革兰氏阳性古菌中，细胞壁含有复杂的聚合物。例如，甲烷杆菌属(*Metha-*

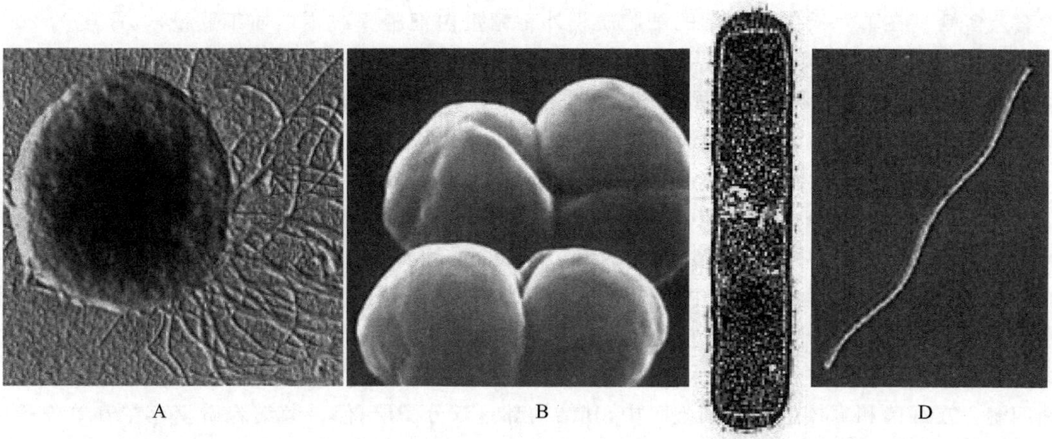

图 1-31 古菌的基本形态

A. 詹氏甲烷球菌(*Methanococcus jannaschii*),一侧有很多鞭毛的球菌;B. 巴氏产甲烷八叠球菌(*Methanosarcina barkeri*),无鞭毛的浅裂状球菌;C. 炽热甲烷嗜热菌(*Methanothermus fervidus*),无鞭毛短棒状;D. 嗜热碱甲烷杆菌(*Methanobacterium thermoautotrophicum*),长棒状

nobacterium)和其他一些产甲烷古菌的细胞壁是由假肽聚糖组成的,其多糖骨架由 *N*-乙酰葡萄糖胺(*N*-Acetylglucosamine)和 *N*-乙酰塔罗糖胺糖醛酸(*N*-acetyltalosaminouronic acid)相间排列,以 β-1,3 糖苷键连接形成,肽链由 L-谷氨酸、L-丙氨酸和 L-赖氨酸组成,肽桥则由 1 个 L-谷氨酸组成(图 1-32)。

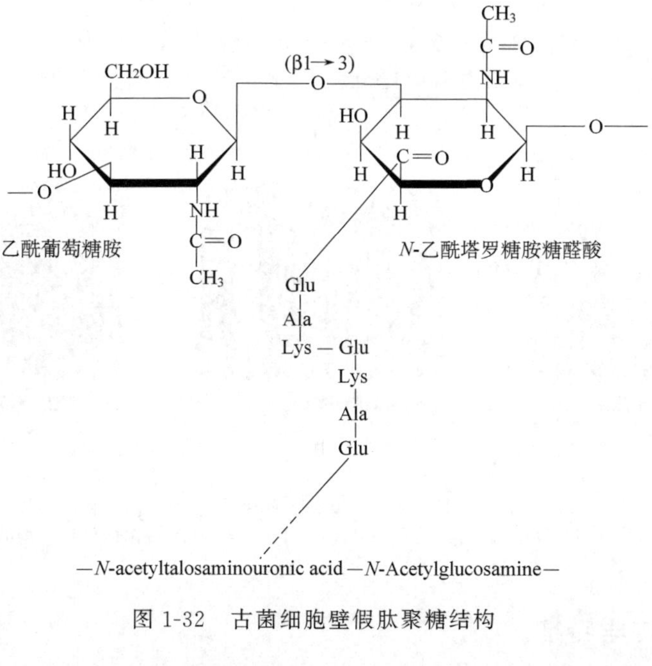

图 1-32 古菌细胞壁假肽聚糖结构

在甲烷八叠球菌属(*Methanosarcina*)、盐球菌属(*Halococcus*)和革兰氏阳性古菌的细胞壁中含有杂多糖。在革兰氏阴性古菌的细胞质膜外有糖蛋白细胞壁或蛋白质细胞壁,其厚度为20~40 μm,有时可分为2层。例如,甲烷叶菌属(*Methanolobus*)、盐杆菌属和硫化叶菌属(*Sulfolobus*)等的细胞壁中含有糖蛋白,而甲烷球菌属、甲烷微球菌属(*Methanomicrobium*)和硫还原球菌属(*Desulfurococcus*)的细胞壁是由蛋白质组成的。

2. 古菌的细胞膜结构

古菌的细胞膜成分也与其他生物的细胞膜有明显区别,例如,膜磷脂组分中的甘油是L-型的,而不是细菌和真菌中的D-型甘油;膜磷脂中长链与甘油的连接是醚键而不是其他生物膜中的酯键;细菌和真核生物膜磷脂中的长链是18~20个碳原子的直链脂肪酸,而古菌细胞膜磷脂中的长链是20个碳原子的带分支的异戊二烯聚合体(图1-33)。组成膜磷脂疏水尾部的异戊二烯重复单位形成四聚体植烷核、六聚体鲨烯等,再通过醚键与亲水的头部连接成甘油二醚或二甘油四醚。在细菌和真核生物的细胞膜中,其结构都是双分子层,但古菌细胞质膜存在着单分子层或单双分子层混合膜。当磷脂为二甘油四醚时,连接两端两个甘油分子的两个植烷侧链会发生共价结合,形成二植烷,从而形成单分子层膜。这种结构有助于细胞膜的稳定,并常见于嗜高温微生物中,其作用类似于真核生物细胞膜中的胆固醇,其实胆固醇也是异戊二烯的另外一种聚合体。

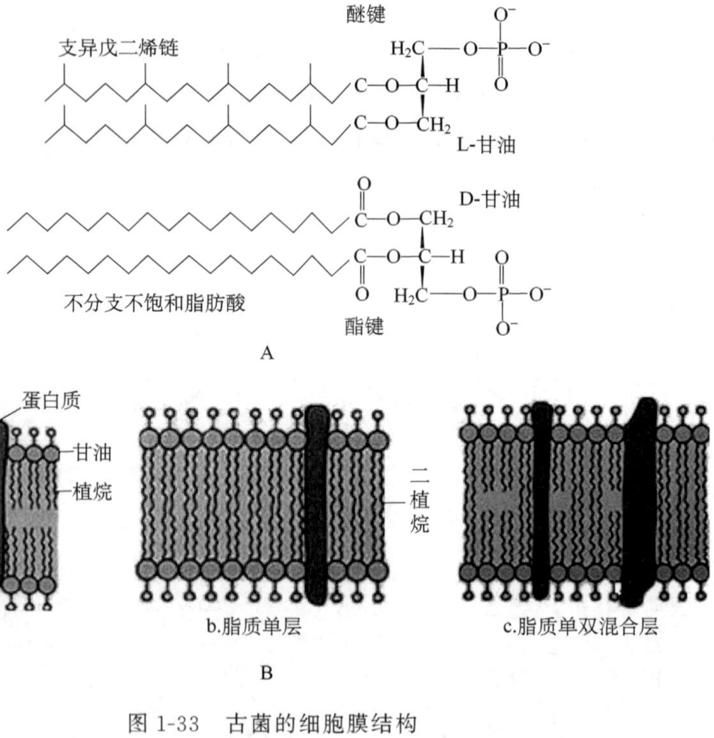

图1-33　古菌的细胞膜结构

A.古菌膜磷脂(上)与其他生物膜磷脂(下)的区别;B.古菌的细胞膜模式图

二、古菌的遗传学特征

古菌的一些遗传学特征与细菌相似,染色体都是单个共价闭合环状DNA。但某些古菌的基因组比一般细菌的基因组要小得多。例如，大肠杆菌的 DNA 大小约为 2.5×10^9 Da，而嗜酸热原体(*Thermoplasma acidophilum*)的 DNA 约为 0.8×10^9 Da。古菌的 DNA(G+C)mol%的范围较大，为 21%～68%。古菌只有少数有质粒。詹氏甲烷球菌(*Methanococcus jannaschii*)的整个基因组已被测序，发现它含有 1738 个基因，其中，约 56%的基因与细菌和真核生物不同。

在所有的细胞型生物中，转录均通过依赖于 DNA 的 RNA 聚合酶进行。古菌的 RNA 聚合酶类似于真核生物，而与细菌的 RNA 聚合酶不同。细菌具有单一类型的 RNA 聚合酶，内含 4 个亚基(α、β、β^1、δ)，古菌的 RNA 聚合酶在结构上比细菌复杂。产甲烷古菌和极端嗜热古菌的 RNA 聚合酶含有 8 个亚基，而极端嗜热古菌的 RNA 聚合酶至少由 10 个独特的亚基组成。真核生物的主要 RNA 聚合酶含有 10～12 个亚基，而且其相对大小与极端嗜热古菌的多肽最为一致。

古菌的核糖体大小与细菌相同，为 70S，但古菌合成蛋白质的步骤与细菌不同，而类似于真核生物。细菌在蛋白质翻译过程中，其起始密码子(AUG)能与含有经修饰的甲硫氨酸(甲酰基甲硫氨酸)的起始 tRNA 结合。相反，古菌和真核生物的起始 tRNA 却携带不经修饰的甲硫氨酸。此外，大多数能特异性抑制细菌蛋白质合成的抗生素并不影响古菌或真核生物蛋白质的合成。白喉毒素能抑制古菌或真核生物，但不能影响细菌的生长。总之，古菌是一类与细菌和真核生物均有所不同的原核生物类群。它们之间的主要区别列于表 1-4。

表 1-4　古菌、细菌和真核生物在细胞结构及基因组结构方面的异同

	细胞结构	基因组结构
古菌	细胞壁：蛋白质或假肽聚糖 细胞膜：分支碳氢链和 D 型磷酸甘油以醚键相连，存在单分子层、单双分子层混合层	环状 DNA 分子，类组蛋白质结合，存在质粒，有关基因组成操纵子，有些基因有内含子结构
细菌	细胞壁：肽聚糖 细胞膜：不分支脂肪酸与 L 型磷酸甘油以酯键相连，磷脂双分子层	环状 DNA 分子，类组蛋白质结合，存在质粒，有关基因组成操纵子，个别基因有内含子结构
真核生物	细胞壁：多糖或几丁质或无 细胞膜：不分支脂肪酸与 L 型磷酸甘油以酯键相连，形成双分子层	线状 DNA 分子，与组蛋白结合，基因有内含子结构

本章小结

本章内容包括几大类原核生物的形态、结构和功能：细菌、放线菌、蓝细菌、支原体、立克次氏体、衣原体和古菌。它们的共同特点是个体微小、形态简单、细胞核为原核、无核膜包被、细胞内无细胞器分化。根据革兰氏染色可把所有的原核生物分为 G^+ 和 G^- 两大类，

细菌是单细胞的微生物，有着不同的形状和大小，以典型的二分裂方式进行繁殖。细菌细胞的构造可分一般构造和特殊构造。细菌细胞的一般结构包括：细胞壁、细胞膜、细胞质、间体、核糖体、核区、内含颗粒，这些是细菌生命活动所必需的，是所有细菌都有的结构；细菌的特殊结构有糖被、鞭毛、菌毛、性毛、芽孢以及伴胞晶体等，这些结构赋予了细菌特殊的功能或对细菌在环境中的生存有利，但不是生命所必需的。

放线菌是一类形态多样、多数呈丝状生长的原核微生物。它的细胞结构、细胞壁化学成分、

对噬菌体的敏感性与细菌相同，但在菌丝的形成和外生孢子繁殖等方面与丝状真菌类似。放线菌的菌丝分为营养菌丝、气生菌丝和孢子丝。菌丝无隔膜。繁殖通过产生无性孢子来进行，无性孢子主要有：分生孢子、节孢子和孢囊孢子。

除了细菌和放线菌，原核微生物还有支原体、立克次氏体、衣原体和蓝细菌。古菌是后来发现的一大类微生物，具有一些独特的特征，现在称为生命的第 3 种形式，但其细胞结构仍属于原核生物，细胞形态和繁殖方式都与细菌类似，某些遗传特征又与真核生物类似，细胞壁和细胞膜结构和组分既不同于细菌又不同于真核生物。

复习思考题

1. 细菌的基本形态有哪些？大小如何？
2. 单细胞生物和多细胞生物的区别是什么？链球菌、葡萄球菌是否属于多细胞生物？
3. 常用的细胞染色方法有哪些？酸性染料与碱性染料在结构和用途上有什么区别？为什么常用碱性染料而不是酸性染料对细菌细胞进行染色？
4. 细胞壁与革兰氏染色的关系是什么？
5. 革兰氏染色的操作要点是什么？在革兰氏染色法中哪一个步骤可以省略而不会对革兰氏阳性和革兰氏阴性的正确区分产生影响？
6. 细菌细胞壁、细胞质、核质、间体、核糖体等结构的化学组成、结构要点和主要生理功能是哪些？
7. 荚膜与黏液层的区别是什么？荚膜的生理功能是什么？
8. 细菌在什么条件下形成芽孢，芽孢的化学组成、结构和生理功能上有哪些特点？
9. 为什么芽孢对干燥、热、辐射及化学物质有较强的抗性？
10. 细菌的鞭毛和性毛在结构上和功能上有什么区别？
11. 为什么微生物的内含物往往在碳源、能源丰富，而氮源不足的情况下大量形成？
12. 细菌的主要繁殖方式是什么？球菌为什么会有各种聚集形式？
13. 什么是菌落？什么是菌苔？
14. 微生物的分类单位有哪些？
15. 为什么现代的微生物分类方法无法完全取代传统的微生物分类方法？
16. 微生物哪些特征可以作为其分类鉴定的依据？
17. 写出种、变种、菌株的定义。
18. 微生物中的“个体”指什么？能用它来分类吗？
19. 放线菌的菌丝有哪些类型？各自有什么功能？
20. 简述放线菌的各种繁殖方式。
21. 试比较细菌和放线菌的异同。
22. 试比较支原体、立克次氏体、衣原体、细菌的异同。
23. 试比较古菌与细菌的异同。
24. 试述古菌在生物系统发育中的地位。

第二章　真核微生物

真核微生物(eukaryotic micro-organism)是细胞核具有核膜、核仁，能进行有丝分裂，细胞质中存在线粒体或同时存在叶绿体等多种细胞器的一类微生物。

真核微生物主要包括：

- 真核微生物
  - 植物界：显微藻类
  - 动物界：原生动物
  - 菌物界
    - 黏菌
    - 假菌
    - 真菌
      - 单细胞真菌——酵母菌
      - 丝状真菌——霉菌
      - 大型子实体真菌——蕈菌

由于显微藻类一般在植物学中有详细介绍，而原生动物则在动物学中有较多描述，因此，这里就着重介绍真菌中的酵母菌、霉菌和蕈菌。

第一节　真核微生物的细胞构造

真核细胞与原核细胞相比，其形态更大、结构更为复杂、细胞器的功能更为专一。典型真核细胞的构造可见图 2-1。真核微生物已发展出许多由膜包围着的细胞器(organelles)，如内质网、高尔基体、溶酶体、微体、线粒体和叶绿体等，更重要的是，它们已进化出有核膜包裹着的完整的细胞核，其中存在着构造极其精巧的染色体，它的双链 DNA 长链已与组蛋白和其他蛋白密切结合，以更完善地执行生物的遗传功能。

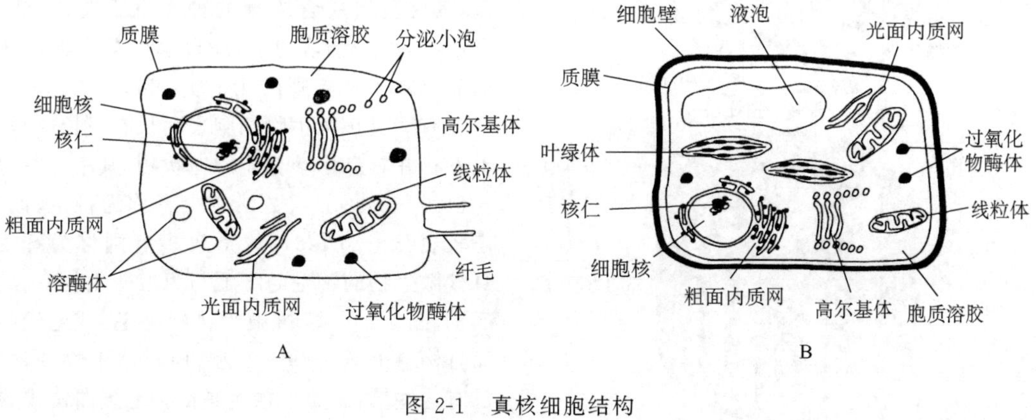

A　　　　B

图 2-1　真核细胞结构

A. 典型的动物细胞；B. 典型的植物细胞

一、真菌的定义及与人类的关系

真菌(fungus)是一类不含叶绿素,不能进行光合作用,菌体主要以菌丝状态存在,异养生活的一类微生物。真菌在自然界中分布广泛,类群庞大,形态差异极大。菌体小至显微镜下才能看见的单细胞酵母菌,大至肉眼可见的分化程度较高的灵芝等蕈菌的子实体。

真菌是一类低等真核微生物,主要有 4 个特点:①有边缘清楚的核膜包围着细胞核,而且在一个细胞内有时可以包含多个核,其他真核生物很少出现这种现象;②不含叶绿素,不能进行光合作用,营养方式为异养吸收型,即通过细胞表面自周围环境中吸收可溶性营养物质,不同于植物(光合作用)和动物(吞噬作用);③以产生大量无性和有性孢子进行繁殖;④除酵母菌为单细胞外,一般具有发达的菌丝体。

真菌与人类的关系非常密切。它们可以作为食品的来源,为人类提供美味食品和蛋白质、维生素等资源,同时还可为人类提供真菌多糖、低聚糖等提高免疫力、抗肿瘤的生物活性物质。有些真菌还可产生抗生素、酒精、有机酸、酶制剂、脂肪、促生长素等。用作名贵药材的灵芝、茯苓等也是真菌的菌体。真菌还可以将环境中的各种有机物降解为简单的复合物和无机小分子,在自然界的物质转化中起着不容忽视的作用。另外,真菌还是进行基础生物学研究的重要研究工具。但是真菌也有对人类有害的一面,如许多真菌可引起人畜的疾病、植物病害、导致工业原料及农产品的霉变、食品和粮食发霉,甚至在食品和粮食中产生毒素,给人类带来了极大的危害和损失。

二、真菌的细胞构造

如果从形态上观察各种真菌,可能有较大的差异,但是它们的细胞构造基本上是相同的。真菌细胞的基本构造有细胞壁、细胞膜、细胞核、内质网、线粒体等。分别介绍如下:

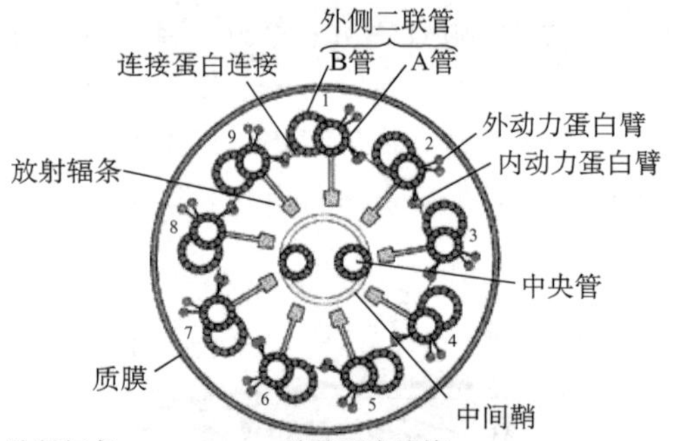

图 2-2　真核生物的鞭毛结构

1. 细胞壁

真核微生物细胞壁的功能与原核微生物类似,除具有固定外形外,还有保护细胞免受各种外界因子(渗透压、病原微生物等)损伤等功能。

真菌细胞壁的主要成分是多糖,另有少量的蛋白质和脂类。许多研究发现,不同的真菌,其细胞壁所含多糖的种类也不同,在低等真菌中,以纤维素为主,酵母菌以葡聚糖为主,而高等陆生真菌则以几丁质(chitin)为主。

有些真核微生物细胞表面长有或长或短的毛发状并具有运动功能的丝状物,其中,形态较长(150～200 μm)、数量较少者称为鞭毛,而形态较短(5～10 μm)、数量较多者则称为纤毛。真核微生物的鞭毛与纤毛与原核微生物有较大区别(图 2-2)。真核微生物的鞭毛、纤毛较粗,而且构造上具有“9+2”型,原核微生物的鞭毛没有这些结构,整个鞭毛是由鞭毛蛋白构成的。

酵母菌(yeast)具有典型的真核细胞构造(图 2-3),与其他真菌的细胞构造基本相同,但是也有其本身的特点。酵母菌细胞壁具三层结构——外层为甘露聚糖,内层为葡聚糖,都是复杂的分支状聚合物,其间夹有一层蛋白质分子。位于细胞壁内层的葡聚糖是维持细胞壁强度的主要物质。此外，细胞壁上还含有少量类脂和以环状形式分布于芽痕周围的几丁质。用玛瑙螺的胃液制得的蜗牛消化酶，可用来制备酵母菌的原生质体。

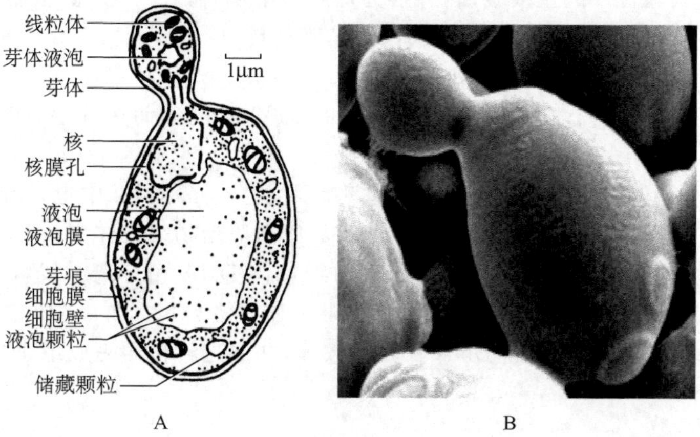

图 2-3　酵母菌细胞构造的模式图(A)(B为电镜照片)

芽痕是酵母菌特有的结构，酵母菌为出芽繁殖，芽体成长后与母细胞分离，在母细胞壁上留下的标记即为芽痕。在光学显微镜下无法看到芽痕，但用荧光染料染色或用扫描电镜观察，都可看到芽痕。

2. *细胞质膜*

细胞膜是所有细胞生物的重要细胞结构之一。真核细胞与原核细胞在其质膜的构造和功能上十分相似，两者的主要差异可能仅是由于构成膜的磷脂和蛋白质种类不同而形成的。此外，在化学组成中，真菌细胞的质膜中具有甾醇，而在原核生物的质膜中很少或没有甾醇。真核细胞中有细胞器存在，各种细胞器都有内膜包围，这些膜叫做细胞内膜，其化学组成与细胞膜相同。

在酵母细胞膜上所含的各种甾醇中，尤以麦角甾醇居多。它经紫外线照射后，可形成维生素(D_2)。据报道，*Saccharomyces fermentati*(发酵酵母)所含的总甾醇量可达细胞干重的22%，其中的麦角甾醇达细胞干重的9.66%。此外，*Saccharomyces cerevisiae*(酿酒酵母)、*S. carlsbergensis*(卡尔斯伯酵母)等，也含有较多的麦角甾醇。

酵母细胞膜的成分
- 蛋白质：其中含有可吸收糖和氨基酸的酶等
- 类脂
  - 甘油的单、双、三酯
  - 甘油磷脂
    - 磷脂酰胆碱(卵磷脂)
    - 磷脂酰乙醇胺
  - 甾醇
    - 麦角甾醇
    - 酵母甾醇
- 糖类：主要含甘露聚糖(可能是合成细胞壁的前体)

细胞膜是由上下两层磷脂分子以及嵌杂在其间的甾醇和蛋白质分子所组成的。磷脂的亲水部分排在膜的外侧，疏水部分则排在膜的内侧(图2-4)。

细胞膜的功能是：①用以调节细胞外溶质运送到细胞内的渗透屏障；②细胞壁等大分子成分的生物合成和装配基地；③部分酶的合成和作用场所。

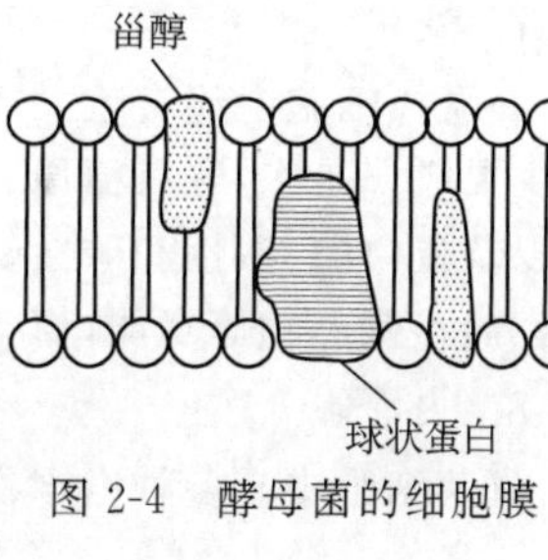

图 2-4　酵母菌的细胞膜

3. 细胞核

真核生物的细胞核由核被膜、染色质、核仁和核基质等构成。细胞核是细胞内遗传信息(DNA)的储存、复制和转录的主要场所,外形为球状或椭圆体状。一切真核生物都有形态完整、有核膜包裹的细胞核,它对细胞的生长、发育、繁殖和遗传、变异等起着决定性的作用。每个细胞通常只含一个核,有的含两至多个,例如,须霉属(*Phycomyces*)和青霉属(*Penicillium*)的真菌,有时每个细胞内竟含20~30个核,占了细胞总体积的20%~25%,而在真菌的菌丝顶端细胞中,常常找不到细胞核。

除真菌细胞核含DNA外,在酵母的线粒体和环状的"2 μm质粒"中也含有DNA。酵母线粒体中的DNA是一个环状分子,分子量为5×10^6 Da,比高等动物线粒体中的DNA大5倍,类似于原核生物中的染色体。可通过密度梯度离心而与染色体DNA相分离。线粒体上的DNA量占酵母细胞总DNA量的15%~23%,它的复制是相对独立进行的。2 μm质粒是1967年后才在*S. cerevisiae*中发现的,它可作外源DNA片段的载体,并通过转化而完成组建"工程菌"等重要的遗传工程研究。

4. 内质网

内质网(endoplasmic reticulum,ER)指细胞质中一个与细胞基质相隔离、但彼此相通的囊腔和细管系统,由脂质双分子层围成。其内侧与核被膜的外膜相通。内质网分两类,它们间相互连通,其中之一是在膜上附有核糖体颗粒,称糙面内质网,具有合成和运送胞外分泌蛋白的功能;另一类为膜上不含核糖体的光面内质网,它与脂类代谢和钙代谢等密切相关,主要存在于某些动物细胞中。

核糖体(ribosome)又称核蛋白体,是存在于一切细胞中的无膜包裹的颗粒状细胞器,具有蛋白质合成功能。真核细胞的核糖体较原核细胞的大,其沉降系数为80S。每个细胞含大量核糖体,核糖体除分布在内质网和细胞基质中,还分布于线粒体和叶绿体中,但它们都是与原核生物相同的70S核糖体。

5. 高尔基体

高尔基体(Golgi apparatus,Golgi body)也是一种内膜结构,由意大利学者高尔基(C. Golgi)于1898年发现,故名。它是由许多小盘状的扁平双层膜和小泡所组成,其上无核糖体颗粒附着。高尔基体是协调细胞生化功能和沟通细胞内外环境的一个重要细胞器,通过它的参与和对"膜流"的调控,就把细胞核被膜、内质网、高尔基体和分泌泡囊的功能连成了一体。

6. 线粒体

线粒体(mitochondria)是含有DNA的细胞器。它的构造较为复杂,外形囊状,由内外两层膜包裹,囊内充满液态的基质。外膜平整,内膜则向基质内伸展,从而形成了大量由双层内膜构成的嵴。内膜是氧化磷酸化及电子传递产生ATP的场所,故线粒体是一切真核细胞的"动力车间"。不同细胞种类或在不同生理状态下,其形态和长度变化很大。一般在光学显微镜下呈线状、杆状或颗粒状。

7. 液泡

在真核细胞中还有或大或小,含有液体的泡,这就是液泡(vacuole)。液泡中的液体叫做细胞液,主要成分是水,含有糖原、脂肪、多磷酸盐等储藏物,精氨酸、鸟氨酸和谷氨酰胺等碱性氨基酸,以及蛋白酶、酸性和碱性磷酸脂酶、纤维素酶和核酸酶等各种酶类。液泡不仅有维持细胞渗透压、储存营养物等功能,而且还有溶酶体的功能。

8. 内含物

真菌细胞中有各种内含物(inclusion body),不同种类的真菌,其内含物的种类也不相同。常见的有异染粒、淀粉粒、肝糖粒、脂肪粒等。它们多是储藏的养料，当营养丰富时其内含物颗粒较多，当营养缺乏时，可因菌体的利用而消失。

异染粒是真菌细胞中普遍存在的内含物，由偏磷酸及少量脂肪、蛋白质和核酸所组成。最初在细胞质中形成，后来存在于液泡中。异染粒在老细胞中常形成较大的颗粒，折光性强。脂肪粒在真菌细胞中也是普遍存在的。

9．几丁质酶体

几丁质酶体(chitosome)主要是活跃于各种真菌菌丝体顶端细胞中的微小泡囊，内含几丁质合成酶，其功能是把其中所含的酶源源不断地运送到菌丝尖端细胞壁表面，使该处不断合成几丁质微纤维，从而保证菌丝不断向前延伸。

三、真核微生物与原核微生物比较

真核微生物和原核微生物在细胞结构和功能等方面有显著差别，现比较如下(表 2-1)：

表 2-1　真核微生物与原核微生物的比较

项　目		真核微生物	原核微生物
细胞核	核膜	有	无
	核仁	有	无
	组蛋白	DNA 与组蛋白结合	DNA 不与组蛋白结合
	染色体数	＞1 多为线形染色体	1 个，多为环状染色体
	DNA 含量	少(约 5%)	多(约 10%)
细胞质	核糖体	80S(60＋40)细胞质中，70S 细胞器中	70S 细胞质中
	间　体	无	有
	流动性	有	无
	细胞器	有线粒体、叶绿体、液泡、内质网、高尔基体、溶酶体、微体	无
细胞膜遗传特性	固醇	有	无
	内膜系统	复杂	简单
	氧化磷酸化部位	线粒体膜上	细胞膜上
	重组方式	有性生殖、准性生殖等	转化、转导、接合等
	繁殖方式	有性、无性等多种	一般无性
	有丝分裂	进行有丝分裂	无有丝分裂
	减数分裂	有减数分裂	无减数分裂
生理特性	呼吸链位置	线粒体	细胞膜
	光合作用部位	叶绿体	细胞膜
	化能合成作用	无	有
	生物固氮能力	无	有
	专性厌氧生活	无	有

续表

项　目	真核微生物	原核微生物
细胞壁	多为几丁质（壳多糖）；少为纤维素、葡聚糖、甘露聚糖	肽聚糖
运动结构——鞭毛	“9＋2”型，有膜，复杂	简单，无膜，单丝
大小	大，直径 10～100 μm	小，直径小于 10 μm
形态	多为多细胞，分枝状菌丝体	多为单细胞，不分枝
菌落	大、光滑、湿润、疏松、多为绒毛状	小、多光滑、湿润；少干燥、粗糙

第二节　真核微生物的主要类群

一、酵母菌

酵母菌不是分类学上的名称，而是一类非丝状真核微生物，一般泛指能发酵糖类的各种单细胞真菌。酵母菌一般具有以下五个特点：①个体一般以单细胞状态存在；②多数出芽繁殖，也有的裂殖；③能发酵糖类产能；④细胞壁常含甘露聚糖；⑤喜在含糖量较高、酸度较大的水生环境中生长。

1. 酵母菌的分布及与人类的关系

酵母菌在自然界分布很广，主要分布于偏酸性含糖环境中，如水果、蔬菜、蜜饯的表面和果园土壤中。石油酵母则多分布于油田和炼油厂周围的土壤中。大多数酵母菌为单细胞，形状因种而异。基本形态为球形、卵圆形、圆柱形或香肠形。某些酵母菌进行一连串的芽殖后，长大的子细胞与母细胞并不立即分离，其间仅以极狭小的接触面相连，这种藕节状的细胞串称为假菌丝。

酵母菌的细胞直径约为细菌的 10 倍，其直径一般为 2～5 μm，长度为 5～30 μm，最长可达 100 μm。每一种酵母菌的大小因生活环境、培养条件和培养时间长短而有较大的变化。最典型和最重要的酿酒酵母细胞大小为(2.5～10)μm×(4.5～21)μm。

酵母菌的种类很多。据 Kreger VanRij(1982)的资料，已知的酵母有 56 属，500 多种。可以认为，酵母菌是人类的第一种“家养微生物”。酵母菌是人类应用最早的微生物，与人类关系极为密切。千百年来，酵母菌及其发酵产品大大改善和丰富了人类的生活，如各种酒类生产，面包制造，甘油发酵，饲用、药用及食用单细胞蛋白生产，从酵母菌体提取核酸、麦角甾醇、辅酶 A、细胞色素 C、凝血质和维生素等生化药物。近年来，在基因工程中酵母菌还以最好的模式真核微生物而被用作表达外源蛋白功能的优良受体菌，同时它也是分子生物学、分子遗传学等重要理论研究的良好材料。当然，酵母菌也会给人类带来危害。例如，腐生型的酵母菌能使食品、纺织品和其他原料发生腐败变质；耐渗透压酵母可引起果酱、蜜饯和蜂蜜的变质。少数酵母菌能引起人或其他动物的疾病，其中，最常见者为“白色念珠菌”（白假丝酵母）能引起人体一些表层（皮肤、黏膜或深层各内脏和器官）组织疾病。

2. 酵母菌的繁殖方式

酵母菌具有无性繁殖和有性繁殖两种繁殖方式，大多数酵母以无性繁殖为主。无性繁殖包括芽殖、裂殖和产生无性孢子，有性繁殖主要是产生子囊孢子。繁殖方式对酵母菌的鉴定极为重要。现将几种有代表性的繁殖方式表解如下：

- 酵母菌的繁殖方式
  - 无性
    - 芽殖：各属酵母菌都存在
    - 裂殖：在 *Schizosaccharomnyces*（裂殖酵母菌属）中存在
    - 产无性孢子
      - 节孢子：*Geotricum*（地霉属）产生
      - 掷孢子：*Sporobolomyces*（掷孢酵母属）产生
      - 厚垣孢子：*Candida albicans* 产生
  - 有性（产生子囊孢子）：如 *Saccharomyces*（酵母属）、*Zygosaccharomyces*（接合酵母属）等有

1）无性繁殖

（1）芽殖（budding）　芽殖是酵母菌最常见的繁殖方式。在良好的营养和生长条件下，酵母菌生长迅速，几乎所有的细胞上都长有芽体，而且芽体上还可形成新芽体，于是就形成了呈簇状的细胞团。出芽过程见图 2-5。

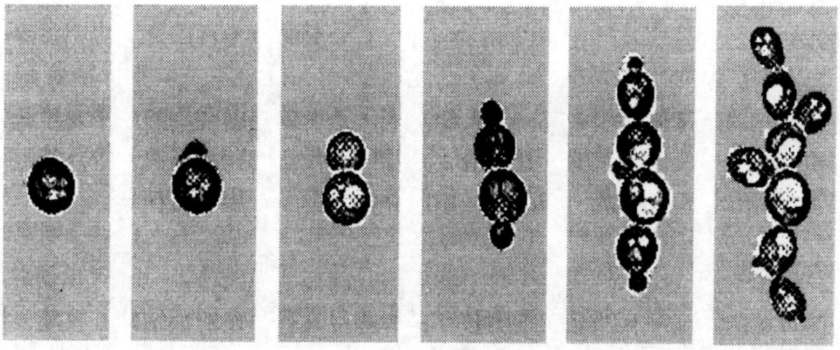

图 2-5　酵母菌出芽过程

芽体形成过程：水解酶分解母细胞形成芽体部位的细胞壁多糖，使细胞壁变薄；大量新细胞物质——核物质（染色体）和细胞质等在芽体起始部位堆积，芽体逐步长大后，就在与母细胞连接的位置形成由葡聚糖、甘露聚糖和几丁质组成的隔壁。成熟后两者分离，在母细胞上留下一个芽痕（bud scar），在子细胞上相应地留下一个蒂痕（birth scar）。

（2）裂殖（fission）　酵母菌的裂殖与细菌裂殖相似。其过程是细胞伸长，核分裂为二，细胞中央出现隔膜，将细胞横分为两个大小相等、各具一个核的子细胞。进行裂殖的酵母种类很少，裂殖酵母属的八孢裂殖酵母就是其中一种。

（3）产生无性孢子　少数酵母菌（如掷孢酵母）可以产生无性孢子。掷孢酵母可在卵圆形营养细胞上生出小梗，其上产生掷孢子（ballistospore）。掷孢子成熟后通过特有喷射机制射出。用倒置培养器培养掷孢酵母时，器盖上会出现掷孢子发射形成的酵母菌落的模糊镜像。有的酵母菌如白假丝酵母（*Candida albicans*）等还能在假菌丝的顶端产生具有厚壁的厚垣孢子（chlamydospore）。有的酵母菌（如地霉属）可以产生节孢子（arthrospore）。

2）有性繁殖

酵母菌以形成子囊（ascus）和子囊孢子（ascospore）的方式进行有性繁殖。其过程是通过邻近的两个形态相同而性别不同的细胞各伸出一根管状原生质突起，相互接触、融合并形成一个通道，细胞质结合（质配），两个核在此通道内结合（核配），形成双倍体细胞，并随即进行减数分裂，形成 4 个或 8 个子核，每一子核和其周围的原生质形成孢子。含有孢子的细胞称为子囊，子囊内

的孢子称为子囊孢子。

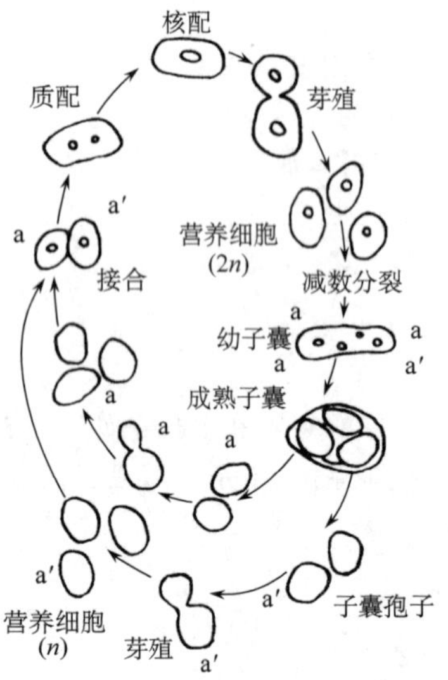

图 2-6 *S. cerevisiae*(酿酒酵母)的生活史

酵母菌的子囊和子囊孢子形状,因菌种不同而异,是酵母菌分类鉴定的重要依据之一。通常处于幼龄的酵母细胞,在适宜的培养基和良好的环境条件下,才易形成子囊孢子。在合适的条件下,子囊孢子又可萌发成新的菌体(图 2-6)。

3) 生活史的三类型

生物上代个体经一系列生长、发育阶段而产生下一代个体的全部历程,就称为该生物的生活史或生命周期(life cycle)。各种酵母菌的生活史可分为三个类型。

(1) 营养体既可以单倍体(n)也可以二倍体($2n$)形式存在　酿酒酵母(图 2-6)是这类生活史的代表。其特点为:一般情况下都以营养体状态进行出芽繁殖;营养体既能以单倍体形式存在,也能以二倍体形式存在;在特定条件下进行有性繁殖。

从图 2-6 中可见其生活史的全过程:子囊孢子在合适的条件下发芽产生单倍体营养细胞;单倍体营养细胞不断进行出芽繁殖;两个性别不同的营养细胞彼此接合,在质配后即发生核配,形成二倍体营养细胞;二倍体营养细胞并不立即进行核分裂,而是不断进行出芽繁殖;在特定条件(例如在含乙酸钠的 McClary 培养基、石膏块、胡萝卜条、Gorodkowa 培养基或 Kleyn 培养基上)下,二倍体营养细胞转变成子囊,细胞核进行减数分裂,并形成 4 个子囊孢子;子囊经自然破壁或人为破壁(如加蜗牛消化酶溶壁,或加硅藻土和石蜡油研磨等)后,释放出单倍体子囊孢子。*S. cerevisiae* 的二倍体营养细胞因其体积大、生活力强,故广泛地应用于工业生产、科学研究或是遗传工程实践中。

(2) 营养体只能以单倍体(n)形式存在　*Schizosaccharomyces octosporus*(八孢裂殖酵母)可作为这一类型的代表。其主要特点是:营养细胞为单倍体;无性繁殖以裂殖方式进行;二倍体细胞不能独立生活,故此阶段很短。其主要过程为:单倍体营养细胞借裂殖进行无性繁殖;两个营养细胞接触后形成接合管,发生质配后即进行核配,于是两个细胞连成一体;二倍体的核分裂 3 次,第一次为减数分裂;形成 8 个单倍体的子囊孢子;子囊破裂,释放子囊孢子。全部过程见图 2-7。

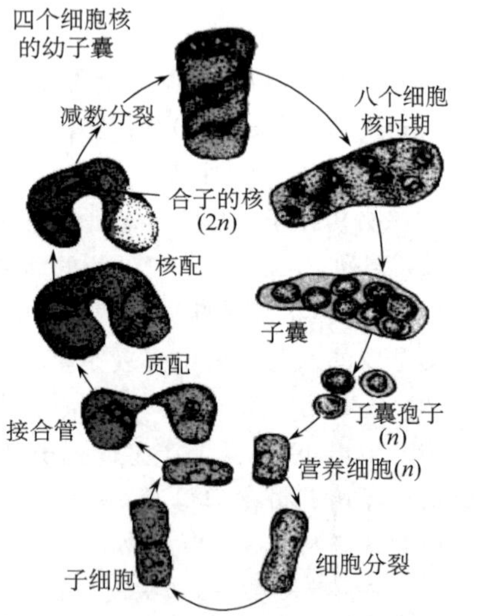

图 2-7 *Schizosaccharomyces octosporus*(八孢裂殖酵母)的生活史

(3) 营养体只能以二倍体($2n$)形式存在　*Saccharomycodes ludwigii*(路德类酵母)是这一类型的典型代表。其特点为:营养体为二倍体,不断进行芽殖,此阶段较长;单倍体的子囊孢子在子囊内发生接合;单倍体阶段仅以子囊孢子形式存在,故不能进行独立生活。生活史的具体过程为:单倍体子囊孢子在孢子囊内成对接合,并发生质配和核配;接合后的二倍体细胞萌发，穿破了囊壁；二倍体的营养细胞可独立生活，通过芽殖方式进行无性繁殖；在二倍体营养细胞内的核发生减数分裂，营养细胞成为子囊，其中形成4个单倍体子囊孢子如图2-8所示。

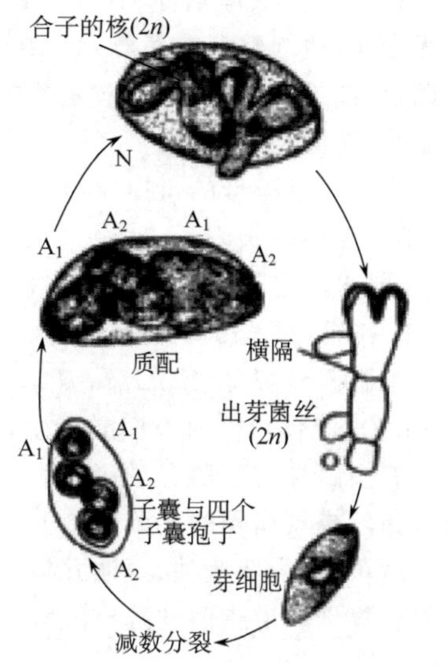

图 2-8　*Saccharomycodes ludwigii*（路德类酵母）的生活史

3. 酵母菌的菌落特征

酵母菌的菌落形态特征与细菌相似，但比细菌大而厚，湿润，表面光滑，多数不透明，黏稠，菌落颜色单调，多数呈乳白色，少数红色，个别黑色。酵母菌生长在固体培养基表面，容易用针挑起，菌落质地均匀，正、反面及中央与边缘的颜色一致。不产生假菌丝的酵母菌菌落隆起，边缘十分圆整；形成大量假菌丝的酵母，菌落较平坦，表面和边缘粗糙。酵母菌的菌落一般还会散发出一股悦人的酒香味。酵母菌菌落特征是分类鉴定的重要依据。

酵母菌在液体培养基中的生长情况也不相同，有的在液体中均匀生长，有的在底部生长并产生沉淀，有的在表面生长形成菌膜，菌膜的表面状况及厚薄也不相同。以上特征对分类也具有意义。

4. 常用常见的酵母菌

1）啤酒酵母

啤酒酵母（*Saccharomyces cerevisiae*）是啤酒生产上常用的典型的发酵酵母。除用于酿造啤酒、酒精及其他的饮料酒外，还可发酵面包。菌体维生素、蛋白质含量高，可作食用、药用和饲料酵母，还可以从其中提取细胞色素C、核酸、谷胱甘肽、凝血质、辅酶A和三磷酸腺苷等。在维生素的微生物测定中，常用啤酒酵母测定生物素、泛酸、硫胺素、吡哆醇和肌醇等。

啤酒酵母在麦芽汁琼脂培养基上菌落为乳白色，有光泽，平坦，边缘整齐。无性繁殖以芽殖为主。能发酵葡萄糖、麦芽糖、半乳糖和蔗糖，不能发酵乳糖和蜜二糖。

2）卡尔斯伯酵母

因丹麦卡尔斯伯(Carlsberg)地方而得名，是啤酒酿造业中的典型的酵母，俗称卡氏酵母（*Saccharomyces carlsbergensis*）。卡氏酵母细胞呈椭圆形或卵形，(3～5)μm×(7～10)μm。在麦芽汁琼脂斜面上，菌落呈浅黄色，软质，具光泽，产生微细的皱纹，边缘产生细的锯齿状，孢子形成困难。能发酵葡萄糖、蔗糖、半乳糖、麦芽糖及棉子糖。卡氏酵母除了用于酿造啤酒外，还可作食用、药用和饲料酵母。麦角固醇含量较高，也可用于泛酸、硫胺素、吡哆醇和肌醇等维生素的测定。

3）异常汉逊氏酵母异常变种

异常汉逊氏酵母（*Hansenula anomala*）异常变种的细胞为圆形（4～7 μm）或椭圆形、腊肠形，大小为(2.5～6) μm×(4.5～20) μm，有的细胞甚至长达30 μm，属于多边芽殖，发酵液面有白色菌醭，培养液混浊，有菌体沉淀于管底。在麦芽汁琼脂斜面上，菌落平坦，乳白色，无光泽，边缘丝状。在加盖玻片的马铃薯葡萄糖琼脂培养基上，能形成发达的树枝状假菌丝。

异常汉逊氏酵母产生乙酸乙酯，故常在食品的风味中起一定作用。如无盐发酵酱油的增香，以薯干为原料酿造白酒时，经浸香和串香处理可酿造出味道更醇厚的酱油和白酒。该菌种氧化烃类能力强，可以煤油和甘油作碳源。培养液中它还能累积游离L-色氨酸。

4）产朊假丝酵母

产朊假丝酵母（*Candida utilis*）的细胞呈圆形、椭圆形或腊肠形，大小为(3.5～4.5) μm×

(7～13) μm。液体培养不产醭，管底有菌体沉淀。在麦芽汁琼脂培养基上，菌落乳白色，平滑，有或无光泽，边缘整齐或菌丝状。在加盖玻片的玉米粉琼脂培养基上，形成原始假菌丝或不发达的假菌丝，或无假菌丝；能发酵葡萄糖、蔗糖、棉籽糖，不发酵麦芽糖、半乳糖、乳糖和蜜二糖。不分解脂肪，能同化硝酸盐。

产朊假丝酵母的蛋白质含量和维生素 B 含量均高于啤酒酵母。它能以尿素和硝酸盐为氮源，不需任何生长因子。特别重要的是它能利用五碳糖和六碳糖，即能利用造纸工业的亚硫酸废液、木材水解液及糖蜜等生产人畜食用的蛋白质。

5) 解脂假丝酵母解脂变种

解脂假丝酵母(*Candida lipolytica*)解脂变种的细胞呈卵形(3～5) μm×(5～11) μm 和长形(20 μm)，液体培养时有菌醭产生，管底有菌体沉淀。麦芽汁琼脂斜面上菌落乳白色，黏湿，无光泽。有些菌株的菌落有皱褶或表面菌丝状，边缘不整齐。在加盖玻片的玉米粉琼脂培养基上可见假菌丝或具横隔的真菌丝。

从黄油、人造黄油、石油井口的黑墨土、炼油厂及动植物油脂生产车间等处采样，可分离到解脂假丝酵母。解脂假丝酵母能利用石油等烷烃，是石油发酵脱蜡和制取蛋白质的较优良的菌种。

二、霉菌

霉菌(mould, mold)不是分类学上的名词，而是一些丝状真菌的通称，通常指那些菌丝体发达又不产生大型肉质子实体结构的真菌。在 1971 年 Ainsworth 的分类系统中，霉菌分属于鞭毛菌亚门、接合菌亚门、子囊菌亚门和半知菌亚门。

1. 霉菌的分布及与人类的关系

霉菌在自然界分布极为广泛，只要有有机物存在之处均能找到它们的踪迹。主要存在于土壤、空气、水体和生物体内外等处，与人类关系极为密切，兼具利和害的双重作用。①工业应用：柠檬酸、葡萄糖酸等多种有机酸，淀粉酶、蛋白酶和纤维素酶等多种酶制剂，青霉素和头孢霉素等抗生素，核黄素等维生素，麦角碱等生物碱，真菌多糖和植物生长激素(赤霉素)等产品的生产。利用某些霉菌对甾族化合物的生物转化生产甾体激素类药物；②食品酿造：酿酒、制酱及酱油等；③在基础理论研究方面，霉菌是良好的实验材料；④危害：霉菌能引起粮食、水果、蔬菜等农副产品及各种工业原料、产品、电器和光学设备的发霉或变质，也能引起动植物和人体疾病。如马铃薯晚疫病、小麦锈病、稻瘟病和皮肤癣症等。

2. 霉菌的菌丝

霉菌的营养体由菌丝(hypha)构成。菌丝可无限伸长和产生分枝，分枝的菌丝相互交错在一起，形成了菌丝体(mycelium)。菌丝直径一般为 3～10 μm，与酵母细胞直径类似，但比细菌和放线菌的细胞约粗 10 倍。

霉菌菌丝细胞的构造与酵母菌十分相似。菌丝最外层为厚实、坚韧的细胞壁，其内有细胞膜，膜内空间充满细胞质。细胞核、线粒体、核糖体、内质网、液泡等与酵母菌相同。构成霉菌细胞壁的成分按物理形态可分为两大类：一类为纤维状物质，如纤维素和几丁质，赋予细胞壁坚韧的机械性能。在低等霉菌里细胞壁的多糖主要是纤维素，在高等霉菌里细胞壁的多糖主要是几丁质；另一类为无定形物质，如蛋白质、葡聚糖和甘露聚糖，混填在纤维状物质构成的网内或网外，充实细胞壁的结构。

霉菌的菌丝有两类：一类菌丝中无横隔，整个菌丝为长管状单细胞，含有多个细胞核。其生长过程只表现为菌丝的延长和细胞核的裂殖增多以及细胞质的增加，如根霉、毛霉、犁头霉等的菌丝属于此种形式(图 2-9A)。另一类菌丝有横隔，菌丝由横隔膜分隔成成串多细胞，每个细胞内含有一个或多个细胞核。有些菌丝，从外观看虽然像多细胞，但横隔膜上有小孔，使细胞质和细胞核可以自由流通，而且每个细胞的功能也都相同，如青霉、曲霉、白地霉等的菌丝均属此类（图 2-9B）。

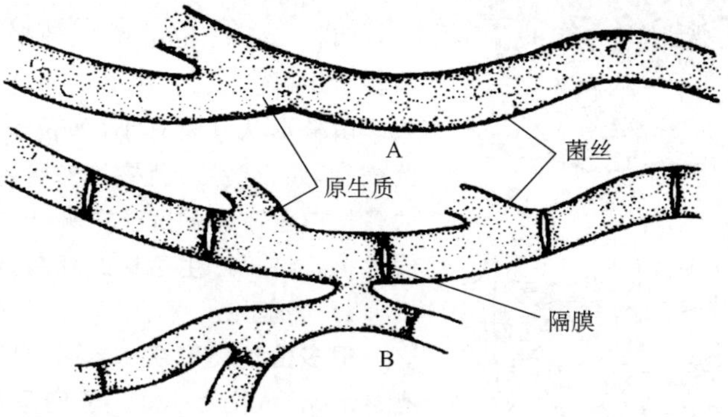

图 2-9　霉菌的菌丝

A. 无隔菌丝；B. 有隔菌丝

霉菌菌丝在生理功能上有一定程度的分化。在固体培养基上，部分菌丝伸入培养基内吸收养料，称为营养菌丝；另一部分则向空中生长，称为气生菌丝。有的气生菌丝发育到一定阶段，分化成繁殖菌丝（图 2-10）。

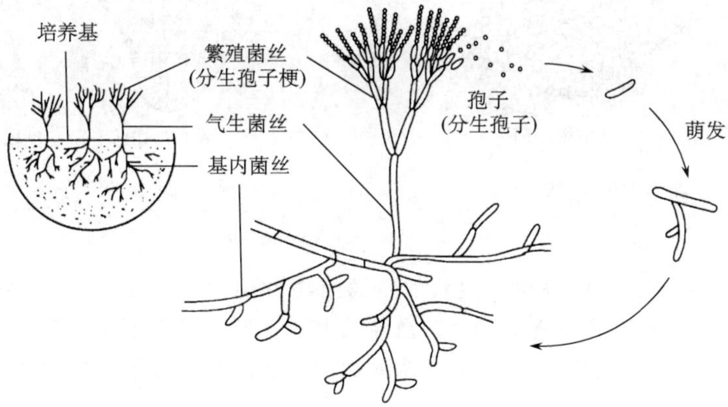

图 2-10　霉菌的营养菌丝、气生菌丝和繁殖菌丝

3. 霉菌菌丝的变态

不同的真菌在长期进化中，对各自所处的环境条件产生了高度的适应性，其营养菌丝体和气生菌丝体的形态与功能发生了明显变化，形成了各种特化的构造。

1）假根和匍匐菌丝

假根（rhizoid）是根霉属真菌匍匐菌丝与固体基质接触处分化出来的根状结构，具有固着和吸取营养的功能。

匍匐菌丝（stolon）又称匍匐枝，是一些真菌在固体基质上形成的与表面平行并具有延伸功能的菌丝，最典型的是根霉的匍匐枝。

2）吸器

专性寄生真菌（锈菌、霜霉和白粉菌等）从菌丝旁侧生出拳头状或手指状的突起，能伸入到寄

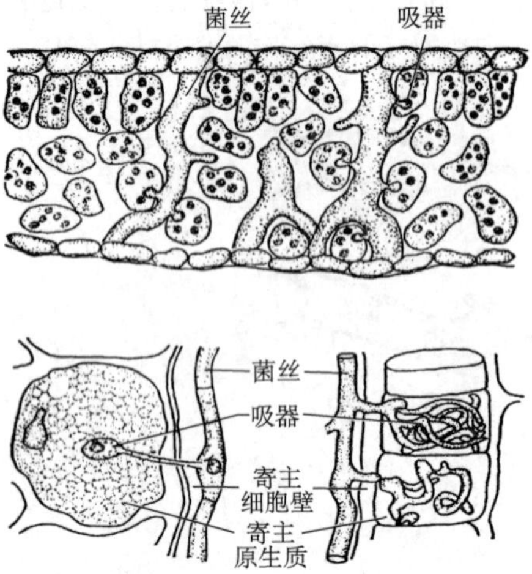

图 2-11 三种吸器类型

主细胞内吸取养料，而菌丝本身并不进入寄主细胞，这种结构叫吸器(haustorium)(图 2-11)。

3) 菌核

菌核(sclerotium)是一种形状、大小不一的休眠菌丝组织(图 2-12)，在不良环境条件下可存活数年之久。菌核形状有大有小，如茯苓(形如小孩头)，油菜菌核(形如鼠粪)。菌核的外层色深、坚硬，内层疏松，大多呈白色。有的菌核中夹杂有少量植物组织，称为假菌核。许多产生菌核的真菌是植物病原菌。

4) 子座

很多菌丝集聚在一起形成比较疏松的组织，叫子座(stroma)(图 2-13)。子座呈垫状、壳状或其他形状，在子座内外可形成繁殖器官。

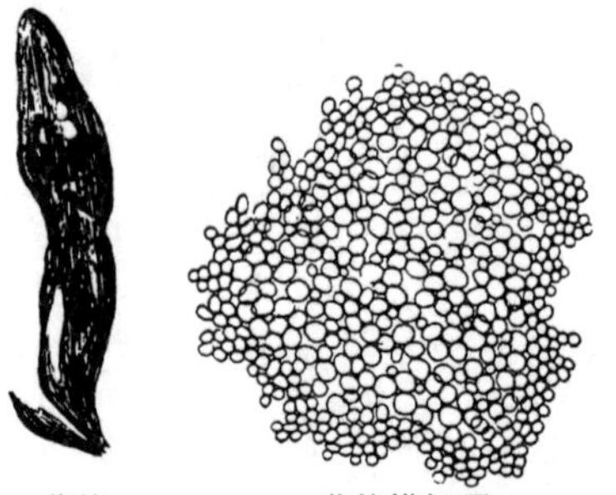

图 2-12 菌核

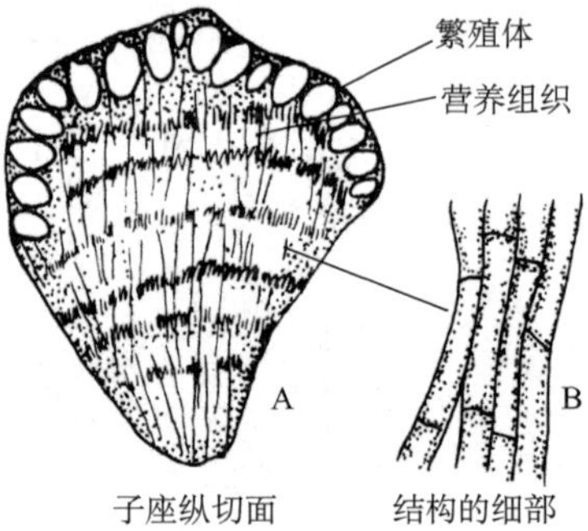

图 2-13 子座

5) 菌索

大量菌丝平行集聚并高度分化成根状的特殊组织称菌索(rhizomorph)。菌索周围有外皮，尖端是生长点，多生在地下或树皮下，根状，白色或其他颜色。菌索有助于霉菌迅速运送物质和蔓延侵染的功能，在不适宜的环境条件下呈休眠状态。多种伞菌都有菌索(图 2-14)。

6) 附着胞

许多寄生于植物的真菌在其芽管或老菌丝顶端会发生膨大，分泌黏状物，借以牢固地黏附在宿主的表面，称为附着胞(appressorium)(图 2-15)。

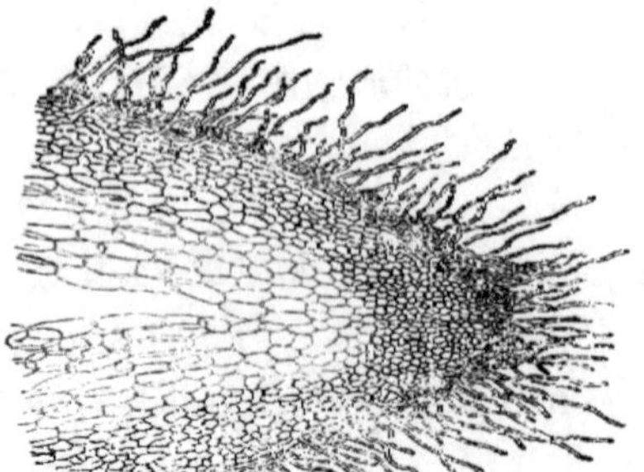
图 2-14 菌索

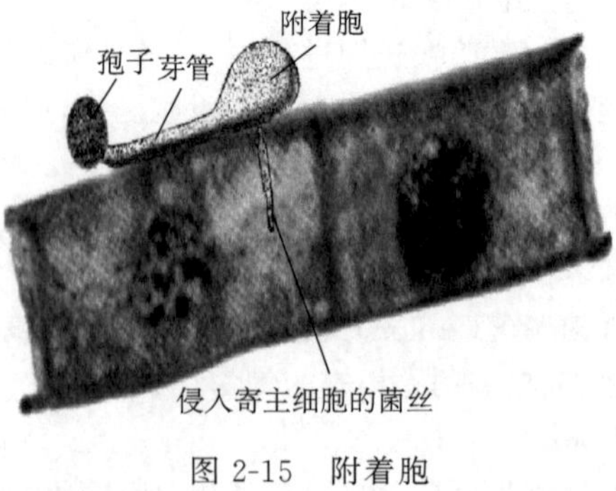

图 2-15 附着胞

7）菌环和菌网

捕虫类真菌常由菌丝分枝组成环状或网状组织来捕捉线虫类原生动物，然后从菌环（ring）或菌网（net）生出菌丝侵入线虫体内吸收养料（图 2-16）。

8）附着枝

若干寄生真菌由菌丝细胞生出 1 或 2 个细胞的短枝，将菌丝附着于宿主体上，称为附着枝（hyphopodium）（图 2-17）。

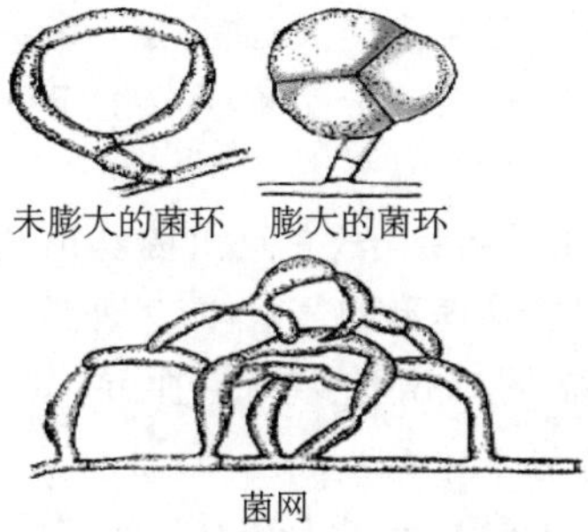

图 2-16　菌环和菌网

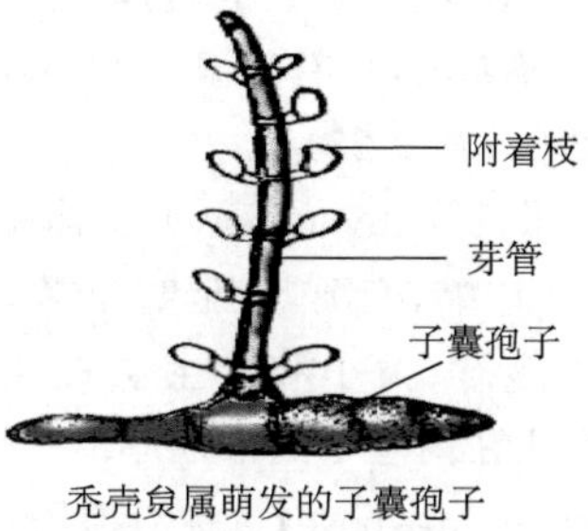

图 2-17　附着枝

4．霉菌的繁殖方式

霉菌具有很强的繁殖能力，除了菌丝断片可以生长成新的菌丝体外，繁殖方式多种多样，主要是通过无性繁殖或有性繁殖来完成生命的传递。无性繁殖是指不经过两性细胞结合而直接由菌丝分化形成孢子的过程，所产生的孢子叫无性孢子（asexual spore）。有性繁殖则是经过不同性别细胞的结合、经质配、核配、减数分裂形成孢子的过程，而产生的孢子叫有性孢子（sexual spore）。霉菌孢子的形态和产孢子器官的特征是分类的主要依据。

- 繁殖方式
  - 菌丝片段（液体）
  - 孢子
    - 无性孢子
      - 厚垣孢子
      - 节孢子
      - 孢囊孢子
      - 分生孢子
      - 游动孢子
    - 有性孢子
      - 卵孢子
      - 接合孢子
      - 子囊孢子

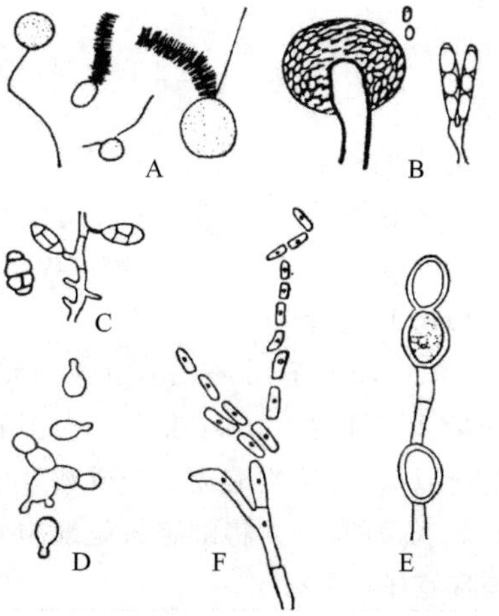

图 2-18　霉菌的无性孢子类型

A. 游动孢子；B. 孢囊孢子；C. 分生孢子；D. 芽孢子；E. 节孢子；F. 厚垣孢子

1）无性孢子

霉菌的无性繁殖主要是通过产生无性孢子的方式来实现的。常见的无性孢子有：孢囊孢子、分生孢子、厚垣孢子、节孢子和游动孢子等（图 2-18）。

（1）孢囊孢子（sporangiospore）又称孢子囊孢子，是一种内生孢子，为藻状菌纲的毛霉、根霉、犁头霉等所具有。其形成过程：菌丝发育到一定阶段，气生菌丝的顶端细胞膨大成圆形、椭圆形或梨形孢子囊，然后膨大部分与菌丝间形成隔膜，囊内原生质形成许多原生质小团（每个小团内包含 1 或 2 个核），每一小团的周围形成一层壁，将原生质包围起来，形成孢囊孢子。孢子囊成熟后破裂，散出孢囊孢子。该孢子遇适宜环境发芽，形成菌丝体。孢囊孢子有两种类型，一种为生有鞭毛、能游动的叫游动孢子(zoospore)，如鞭毛菌亚门中的绵霉属；另一种是不生鞭毛、不能游动的叫静孢子或不动孢子(aplanospore)，如接合菌亚门中的根霉属(图 2-25)。

(2) 分生孢子(conidiophore conidium)是一种外生孢子，是霉菌中最常见的一类无性孢子。分生孢子由菌丝顶端或分生孢子梗出芽或缢缩形成，其形状、大小、颜色、结构以及着生方式因菌种不同而异，如红曲霉属(*Monascus*)和交链孢霉属(*Alternaria*)等真菌，其分生孢子着生在菌丝或其分枝的顶端，单生、成链或成簇，具有无明显分化的分生孢子梗；曲霉属(*Aspergillus*)和青霉属(*Penicillium*)等真菌，具有明显分化的分生孢子梗，它们的分生孢子着生于分生孢子梗的顶端，壁较厚(图 2-26、图 2-27)。

(3) 厚垣孢子(chlamydospore) 又称厚壁孢子，是外生孢子，它是由菌丝顶端或中间的个别细胞膨大，原生质浓缩，变圆，细胞壁加厚形成的球形或纺锤形的休眠体，对外界环境有较强抵抗力。厚垣孢子的形态、大小和产生位置各种各样，常因霉菌种类不同而异，如总状毛霉(*Mucorracemosus*)往往在菌丝中间形成厚垣孢子(图 2-19)。

(4) 节孢子(arthrospore)也称粉孢子，是白地霉(*Geotrichum Candidum*)等少数种类所产生的一种外生孢子，由菌丝中间形成许多横隔顺次断裂而成，孢子形态多为圆柱形(图 2-20)。

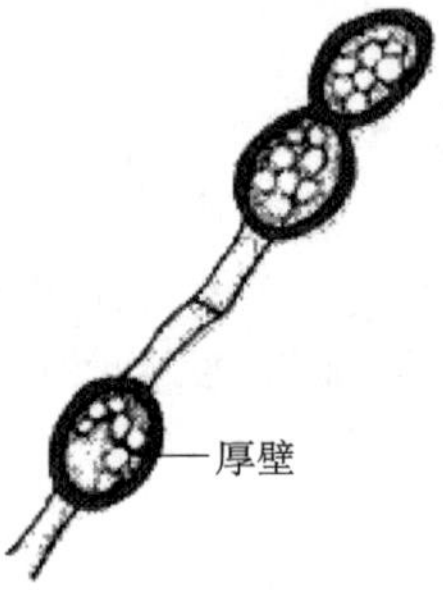

图 2-19　厚垣孢子

图 2-20　节孢子

2) 有性孢子

在霉菌中，有性繁殖不及无性繁殖普遍，仅发生于特定条件下，一般培养基上不常出现。真菌的有性结合是较为复杂的过程，它们的发生需要种种条件。霉菌的有性孢子主要有：卵孢子、接合孢子、子囊孢子。

(1) 卵孢子(oospore)由两个大小形状不同的配子囊结合后发育而成的有性孢子。其小型配子囊称为雄器(antheridium)，大型的配子囊称为藏卵器(archegonium)。藏卵器中原生质与雄器配合以前，往往收缩成一个或数个原生质小团，即卵球。雄器与藏卵器接触后，雄器生出一根小管刺入藏卵器，并将细胞核与细胞质输入到卵球内。受精后的卵球生出外壁，发育成双倍体的厚壁卵孢子(图 2-21)。

(2) 接合孢子(zygospore) 是由菌丝生出形态相同或略有不同的配子囊接合而成(图 2-22)。当两个邻近的菌丝相遇时，各自向对方生长出极短的侧枝，称为原配子囊(progametangium)。两个原配子囊接触后，各自的顶端膨大，并形成横隔，融成一个细胞，称为配子囊(gametangium)。相接触的两个配子囊之间的横隔消失，细胞质和细胞核互相配合，同时外部形成厚壁，即为接合孢子。接合孢子主要分布在接合菌类中，如高大毛霉(*Mucor mucedo*)和黑根霉(*Rhizopus stolonifer*)产生的有性孢子为接合孢子。

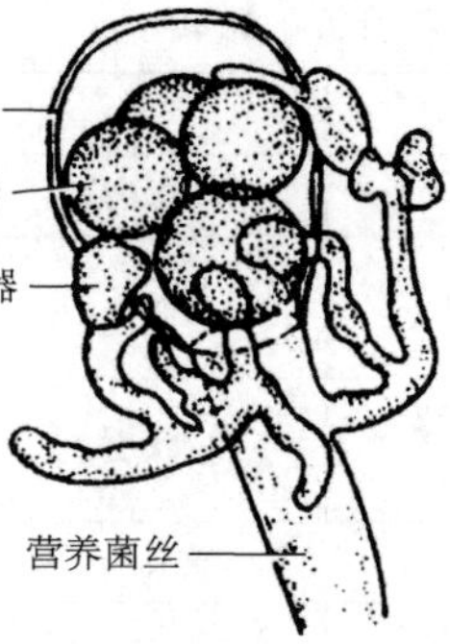

图 2-21　藏卵器、雄器及卵孢子

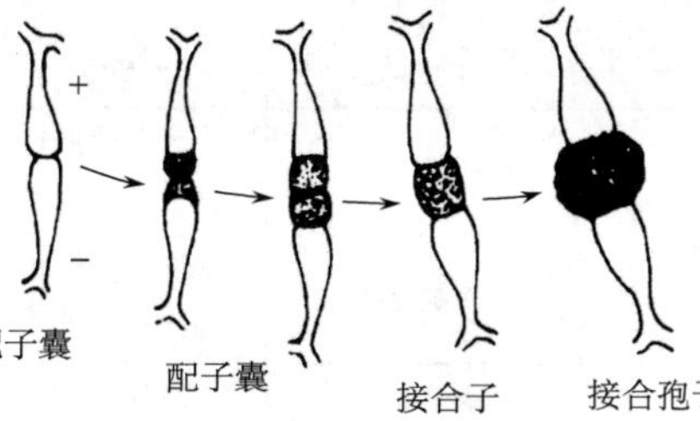

图 2-22　根霉接合孢子的发育过程

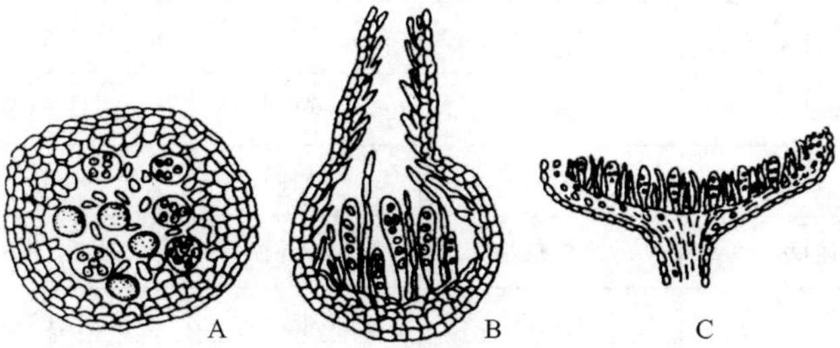

图 2-23　子囊果的类型

A. 闭囊壳；B. 子囊壳；C. 子囊盘

(3) 子囊孢子(ascospore) 产生于子囊中。子囊是一种囊状结构，圆球形、棒形或圆筒形，还有的为长方形。一个子囊内通常含有 2～8 个孢子。一般真菌产生子囊孢子过程相当复杂，但是酵母菌有性过程产生的子囊孢子相对简单。大多数子囊包在由很多菌丝聚集而形成的特殊的子囊果(ascocarp)中。子囊果的形态有三种类型(图 2-23)，第一种为完全封闭的圆球形，称为闭囊壳(cleistothecium)；第二种为烧瓶状，有孔，称为子囊壳(perithecium)；第三种呈盘状，称为子囊盘(apothecium)。子囊孢子、子囊及子囊果的形态、大小、质地和颜色等随菌种而异，在分类上有重要意义。

5. 霉菌的菌落特征

由于霉菌的细胞呈丝状，在固体培养基上生长时形成营养菌丝和气生菌丝，气生菌丝间无毛细管水，所以霉菌的菌落与细菌和酵母菌不同，与放线菌接近。但霉菌的菌落形态较大，质地比放线菌疏松，外观干燥，不透明，呈现或紧或松的蛛网状、绒毛状或棉絮状。菌落与培养基连接较紧密，不易挑取。菌落正反面的颜色及边缘与中心的颜色常不一致。菌落正反面颜色呈现明显差别，其原因是由于气生菌丝分化出来的子实体和孢子的颜色往往比深入在固体基质内的营养菌丝的颜色深；菌落中心气生菌丝的生理年龄大于菌落边缘的气生菌丝，其发育分化和成熟度较高，颜色较深，形成菌落中心与边缘气生菌丝在颜色与形态结构上的明显差异。

菌落特征是鉴定各类微生物的重要形态学指标，在实验室研究和生产实践中有重要的意义。现将细菌、放线菌、酵母菌和霉菌这四大类微生物的细胞和菌落形态等特征作一比较(表 2-2)。

表 2-2　四大类微生物的细胞形态和菌落特征的比较

菌落特征＼微生物类别			单细胞微生物		丝状微生物	
			细菌	酵母菌	放线菌	霉菌
主要特征	细胞	形态特征	小而均匀、个别有芽孢	大而分化	细而均匀	粗而分化
		相互关系	单个分散或按一定方式排列	单个分散或假丝状	丝状交织	丝状交织
	菌落	含水情况	很湿或较湿	较湿	干燥或较干燥	干燥
		外观特征	小而突起或大而平坦	大而突起	小而紧密	大而疏松或大而致密
参考特征	菌落透明度		透明或稍透明	稍透明	不透明	不透明
	菌落与培养基结合度		不结合	不结合	牢固结合	较牢固结合
	菌落的颜色		多样	单调	十分多样	十分多样
	菌落正反面颜色差别		相同	相同	一般不同	一般不同
	细胞生长速度		一般很快	较快	慢	一般较快
	气味		一般有臭味	多带酒香	常有泥腥味	霉味

6. 常见的霉菌

1) 根霉

根霉(*Rhizopus* sp.)的菌丝无隔膜、有分枝和假根，营养菌丝体上产生匍匐枝，匍匐枝的节间形成特有的假根，从假根处向上丛生直立、不分枝的孢囊梗，顶端膨大形成圆形的孢子囊，囊内产生孢囊孢子。孢子囊内囊轴明显，球形或近球形，囊轴基部与梗相连处有囊托(图 2-24)。

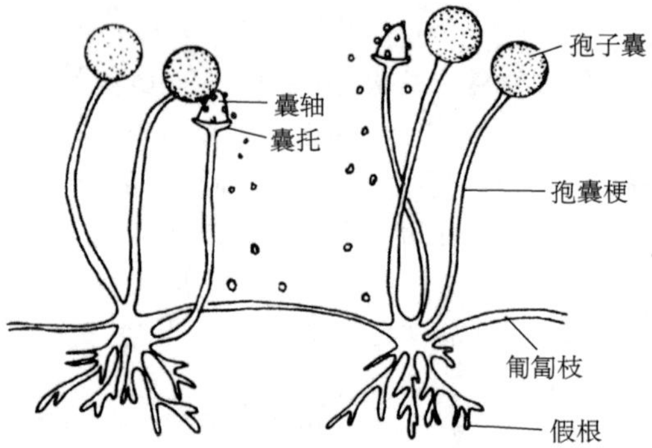

图 2-24　根霉的形态和构造

根霉在自然界分布很广，用途广泛，其淀粉酶活性很强，是酿造工业中常用糖化菌。我国最早利用根霉糖化淀粉(即阿明诺法)生产酒精。根霉能生产延胡索酸、乳酸等有机酸，还能产生芳香性的酯类物质。根霉亦是转化甾族化合物的重要菌类。与人类关系密切的根霉主要有黑根霉、华根霉和米根霉。

2) 毛霉

毛霉(*Mucor* sp.)又叫黑霉、长毛霉。菌丝为无隔膜的单细胞，多核，以孢囊孢子和接合孢子繁殖。毛霉的菌丝体在基质上或基质内能广泛蔓延，无假根和匍匐枝，孢囊梗直接由菌丝体生出，一般单生，分枝较少或不分枝。分枝顶端都有膨大的孢子囊，囊轴与孢囊梗相连处无囊托。孢囊孢子成熟后，孢子囊壁破裂，孢囊孢子分散开来(图 2-25)。毛霉菌丝初期白色，后灰白色至黑色，这说明孢子囊大量成熟。

毛霉在土壤、粪便、禾草及空气等环境中存在。在高温、高湿度以及通风不良的条件下生长良好。毛霉的用途很广，常出现在酒药中，能糖化淀粉并能生成少量乙醇，产生蛋白酶，有分解大豆蛋白的能力，我国多用来做豆腐乳、豆豉。许多毛霉能产生草酸、乳酸、琥珀酸及甘油等，有的毛霉能产生脂肪酶、果胶酶、凝乳酶等。常用的毛霉主要有鲁氏毛霉和总状毛霉。

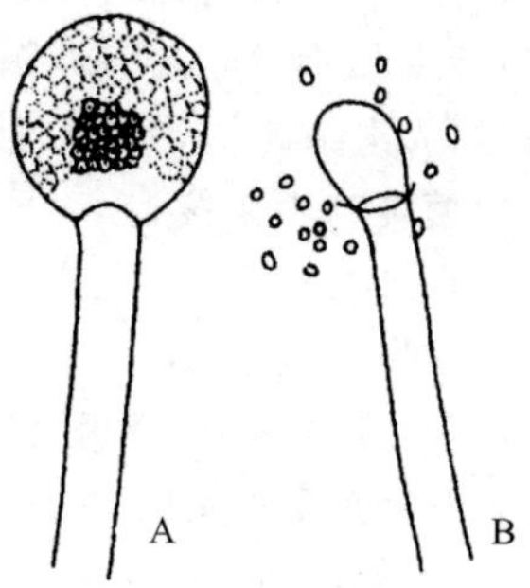

图 2-25　高大毛霉的孢子囊和孢囊孢子

A. 孢子囊梗和幼年孢子囊；B. 孢子囊破裂后露出囊轴和孢囊孢子

3）曲霉

曲霉（*Aspergillus* sp.）是一种典型的丝状菌，属多细胞，菌丝有隔膜。营养菌丝大多匍匐生长，没有假根。曲霉的菌丝体通常无色，成熟时渐变为浅黄色至褐色。从特化了的菌丝细胞（足细胞）上形成分生孢子梗，顶端膨大形成顶囊，顶囊有棍棒形、椭圆形、半球形或球形。顶囊表面生辐射状小梗，小梗单层或双层，小梗顶端的分生孢子串生。分生孢子具各种形状、颜色和纹饰。由顶囊、小梗以及分生孢子构成分生孢子头（图 2-26）。曲霉仅有少数种具有有性阶段，产生闭囊壳，内生子囊和子囊孢子。

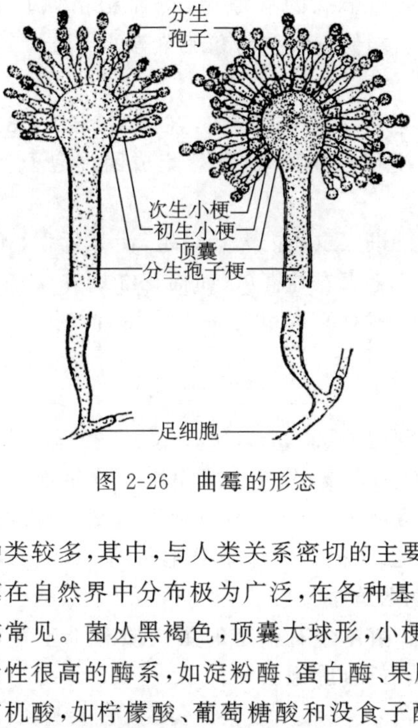

图 2-26　曲霉的形态

图 2-27　青霉的形态

曲霉种类较多，其中，与人类关系密切的主要有黑曲霉和黄曲霉。

黑曲霉在自然界中分布极为广泛，在各种基质上普遍存在，能引起水分较高的粮食霉变，其他材料上亦常见。菌丛黑褐色，顶囊大球形，小梗双层，自顶囊全面着生，分生孢子球形。黑曲霉具有多种活性很高的酶系，如淀粉酶、蛋白酶、果胶酶、纤维素酶和葡萄糖氧化酶等。黑曲霉还能产生多种有机酸，如柠檬酸、葡萄糖酸和没食子酸等。工业生产中广泛使用的黑曲霉有邬氏曲霉、甘薯曲霉、宇佐美曲霉等。

黄曲霉菌群中主要是米曲霉和黄曲霉。米曲霉具有较强的蛋白质分解能力，同时也具有糖化活性，很早就被用于酱油和酱类生产上。黄曲霉产生的液化型淀粉酶较黑曲霉强，蛋白质分解能力仅次于米曲霉，并且它还能分解 DNA 产生核苷酸。但黄曲霉菌中的某些菌株是使粮食发霉的优势菌，特别是在花生等食品上容易形成，并产生黄曲霉毒素。黄曲霉毒素是一种很强的致癌物质，能引起人、家禽、家畜中毒以致死亡，我国现已停止使用产黄曲霉毒素的菌种。

4）青霉

青霉（*Penicillium* sp.）属多细胞，营养菌丝体无色、淡色或具鲜明颜色。菌丝有横隔，分生孢子梗亦有横隔，光滑或粗糙。基部无足细胞，顶端不形成膨大的顶囊，其分生孢子梗经过多次分枝，产生几轮对称或不对称的小梗，形如扫帚，称为帚状体(图 2-27)。分生孢子球形、椭圆形或短柱形，光滑或粗糙，大部分生长时呈蓝绿色。有少数种产生闭囊壳，内形成子囊和子囊孢子，亦有少数菌种产生菌核。

青霉的孢子耐热性较强，菌体繁殖温度较低，酒石酸、苹果酸、柠檬酸等饮料中常用的酸味剂又是它喜爱的碳源，因而常常引起这些制品的霉变。青霉能产生多种酶类及有机酸，在工业生产上主要用于生产青霉素，并用以生产葡萄糖氧化酶或葡萄糖酸、柠檬酸和抗坏血酸。发酵青霉素的菌丝废料含有丰富的蛋白质、矿物质和 B 类维生素，可作家畜家禽的饲料。该菌还可用作霉腐试验菌。

5) 赤霉菌

赤霉菌(*Gibberella* sp.)多寄生于植物体内，菌丝在寄主体内蔓延生长，在其寄主表面产生大量白色或粉红色的分生孢子。分生孢子产生于菌丝尖端形成的多级双叉分枝的孢子梗上。分生孢子分大小两种，大的为镰刀形，小的卵圆形。分子孢子萌发形成新的菌丝体。有性繁殖时形成子囊孢子，子囊中有 8 个子囊孢子，子囊着生于子囊壳内。赤霉菌在固体培养上可形成白色、较紧密的绒毛状菌落。

赤霉菌多为植物致病菌，如藤仓赤霉是水稻恶苗病的病原菌，可使稻苗疯长。但其代谢物——赤霉素，俗称“九二〇”，是植物生长刺激剂，能促进农作物和蔬菜等的生长。

6) 白僵菌

白僵菌(*Beauveria* sp.)的菌丝无色透明，具隔膜，有分枝，较细，直径 1.5～2 μm。以分生孢子进行无性繁殖，分生孢子着生在多次分叉的分生孢子梗顶端，并聚集成团。孢子为球状，直径 2～2.5 μm。液体培养则形成圆柱形芽生孢子。

白僵菌的孢子在昆虫体上萌发后，可穿过体壁进入虫体内大量繁殖，使其死亡，死虫僵直，呈白茸毛状，故将该菌称为白僵菌。它已广泛应用于杀灭农林害虫(如棉花红蜘蛛、松毛虫、玉米螟等)，是治虫效果最好的生物农药之一。但是白僵菌对家蚕也有杀害作用，同时还产生毒素，对动、植物有毒害作用。

7) 脉孢菌

子囊孢子表面有纵形花纹，形如叶脉，故称脉孢菌(*Neurospora* sp.)。菌丝无色透明，有隔膜，多核，具分枝，蔓延迅速。分生孢子梗直立，双叉分枝，分枝上成串生长分生孢子。分生孢子卵圆形，一般呈红色、粉红色，常在面包等淀粉性食物上生长，俗称红色面包霉。有性过程通过异宗接合产生子囊和子囊孢子，子囊黑色、棒状，内生 8 枚长圆形子囊孢子，孢子在子囊中顺序排列。在一般情况下，进行无性繁殖，很少进行有性繁殖。

脉孢菌是研究遗传学和生化途径的好材料。菌体含有丰富的蛋白质和维生素，可作饲料。有的可造成食物腐烂。常见的种类有粗糙脉孢菌、好食脉孢菌等。

三、蕈菌

蕈菌(mushroom)又称伞菌，也是一个通俗名称，通常是指那些能形成大型肉质子实体的真菌，包括大多数担子菌类和极少数的子囊菌类。从外表来看，蕈菌不像微生物，因此过去一直是植物学的研究对象，但从其进化历史、细胞构造、早期发育特点、各种生物学特性和研究方法等多方面来考察，都可证明它们与其他典型的微生物——显微真菌完全一致。事实上，若将其大型子实体理解为一般真菌菌落在陆生条件下的特化与高度发展形式，则蕈菌就与其他真菌无异了。

蕈菌广泛分布于地球各处，在森林落叶地带更为丰富。它们与人类的关系密切，其中，可供食用的种类就有 2000 多种，目前已利用的食用菌约有 400 种，其中，约 50 种已能进行人工栽培，如常见的双孢蘑菇、木耳、银耳、香菇、平菇、草菇、金针菇和竹荪等；新品种有杏鲍菇、珍香红菇、柳松菇、茶树菇、阿魏菇和真姬菇等；还有许多种可供药用，例如，灵芝、云芝和猴头等；少数有毒或引起木材朽烂的种类则对人类有害。

1. 菌丝体

菌丝体是菇菌的营养器官，它是菇菌的主体。菌丝体是由无数纤细的菌丝组成。它在基质中蔓延生长，摄取水分、无机和有机营养物质，一边吸取基质中的养分，一边繁殖向四周扩展，并在一定季节、一定的发育阶段产生繁殖器官——子实体(fruiting body)。如果条件合适，它就可以无止境地生活下去。食用菌菌丝可分为：第一次菌丝又称初级菌丝、单核菌丝，每个细胞中只含有一个细胞核。初级菌丝不会产生子实体。单枚菌丝发育到一定阶段，两个单核菌丝体的细胞质融合在一起，变成双核细胞。这也称二次菌丝或双核菌丝、次生菌丝或异核菌丝。双核细胞内含有两个遗传性不同的细胞核，在菌丝细胞横隔膜上方有布扣状的锁状联合，有产子实体的能力。第三次菌丝又称结实性双核菌丝或三生菌丝，它已不是散生的、无组织的双核菌丝，而是有一定结构，形成菇耳子实体的双核菌丝。在某个阶段发育有多枚菌丝。通常，菌丝较细的食用菌(如香菇、黑木耳)，双核菌丝有锁状联合；菌丝较粗的食用菌(如蘑菇、草菇)，双核菌丝上就没有锁状联合。

锁状联合的形成过程极为巧妙：当双核菌丝尖端细胞分裂时，在两个细胞核之间菌丝侧生一个钩状短枝，一个核进入短枝内，另一个核留在菌丝内。两个核同时进行一次有丝分裂，形成4个核。分裂后短枝中的一个子核退回到菌丝尖端。此时，钩状短枝向后弯曲生长接触到菌丝壁，形成拱桥形。菌丝中分裂后的两个核之一趋向前端，同时拱桥正下方两核之间产生一个横隔。短枝尖端与菌丝壁接触处细胞壁溶解，短枝中的一个核回到菌丝中生长尖端后面的一个细胞内，并生出另一个横隔将这个菌丝细胞与短枝隔开，最终在菌丝上就增加了一个双核细胞(图 2-28)。

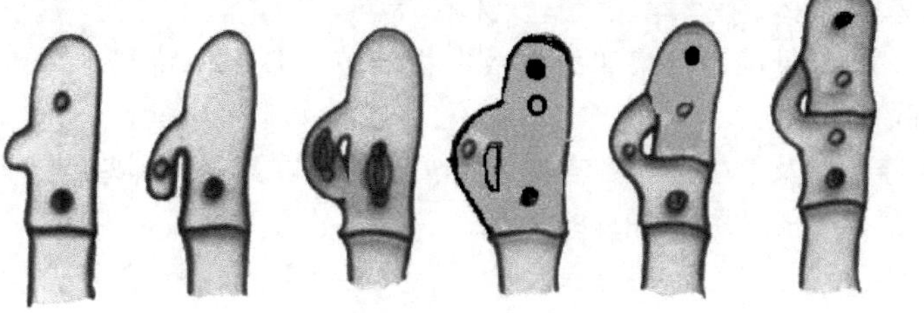

图 2-28　蕈菌锁状联合示意图

2. 子实体

蕈菌菌丝生长发育的后期，形成的大型肉质的繁殖器官，一般由菌盖、菌柄和菌丝体三部分组成。菌丝生长后期，即生理成熟阶段，菌丝体局部膨大，而成为许多小瘤状的菌蕾，或叫子实体原基。原基中菌丝细胞迅速生长，体积逐渐增大，并不断分化发育，形成菌柄和菌盖。在菌盖下方也逐渐分化出菌褶，菌褶上形成子实层。子实体这部分是人们食用的，也是食用菌的繁殖器官，只有在特定的季节里才会出现，而且寿命长短不一，有些种类甚至能活几周。常见伞菌的子实体，是由菌盖、菌褶、菌柄和其他附属物组成的(图 2-29)。这种附属物生长在菌柄上，即菌环和菌托。但有的种类既有菌环，又有菌托，有

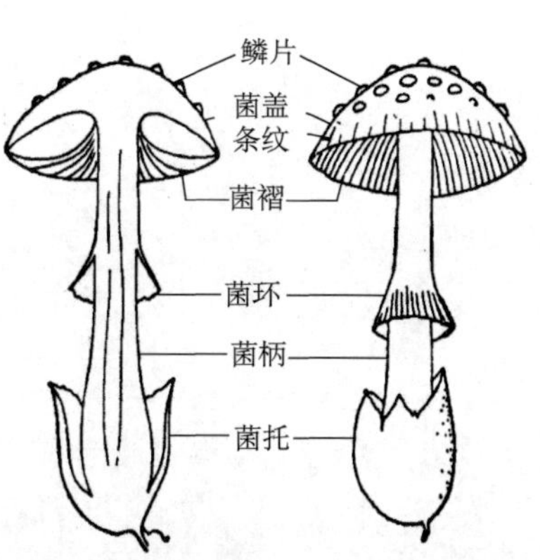

图 2-29　蕈菌子实体的结构

的种类则两者皆无。菌环生于菌柄上，菌托生于菌柄基部。

本章小结

真核微生物的细胞较大，构造复杂，具有核膜、核仁，存在线粒体或叶绿体等多种细胞器，在细胞结构和功能等方面与原核微生物有显著的差别。真核微生物主要包括真菌、显微藻类和原生动物。酵母菌是单细胞真核微生物，与人类的关系非常密切，细胞结构包括细胞壁、细胞膜、细胞质、细胞核以及细胞器等。繁殖方式可分为两大类：无性繁殖和有性繁殖。无性繁殖包括芽殖和裂殖；有性繁殖主要是产生子囊孢子。根据酵母菌无性与有性繁殖交替中的不同特点，可把酵母菌的生活史分成三种类型。霉菌是丝状真菌，细胞构造和酵母菌相似。菌丝有的有隔膜，有的无隔膜。菌丝可分为营养菌丝、气生菌丝和繁殖菌丝，还可以形成各种特化的构造。无性繁殖主要是产生孢囊孢子、分生孢子、厚垣孢子、节孢子等；有性孢子主要有：卵孢子、接合孢子、子囊孢子。霉菌与人类的关系密切，许多种类可以生产有用的代谢产物，也有不少种类是动植物的病原菌，常见的霉菌有曲霉、青霉、根霉和毛霉等。蕈菌是能形成大型肉质子实体的真菌，主要属于担子菌类。蕈菌的种类很多，与人类的关系密切，很多种类可以食用称为食用菌，食用菌在我国很多地方都有栽培，是我国一些地区经济发展的一条重要渠道。

复习思考题

1. 试解释真菌、酵母菌、霉菌和蕈菌。
2. 简述真菌与人类的关系。
3. 简述酵母菌的一般构造及酿酒酵母的生活史，分析其生活史的特点。
4. 解释：菌丝、菌丝体、菌丝球、真菌丝、芽痕、蒂痕。
5. 细菌、放线菌、酵母菌和霉菌四大类微生物的菌落各有何特点？为何有这些特点？掌握这些知识有何实践意义？
6. 霉菌的营养菌丝及气生菌丝各有何特点？它们可以分化出哪些特殊构造？
7. 试比较真菌孢子的种类和各自的特点。

第三章 病　毒

病毒(virus)是非细胞形态的介于生命与非生命形式之间的特殊物质,是微生物的重要组成部分,是生物中最小的生命实体。它们结构组成简单,病毒粒体中仅含有一种核酸(DNA或RNA)及蛋白质。它们具有专性寄生性,必须在活细胞中才能增殖;但在细胞外又能以非生命的结晶形式长期存活。病毒能引起人类、动物和植物的各类疾病,控制困难,威胁人类的生存。病毒是研究生命活动最简单的模型,为近代研究生物大分子结构及其功能、基因组高效表达与调控及认识生命现象提供了有力工具。病毒学已成为人们认识生命本质,发展国民经济和保证人畜健康而必须深入研究的重点学科。

第一节 病毒的发现与特性

一、病毒的发现

病毒发现之前,人类就有病毒病及预防病毒病的记载。中国从公元十世纪宋真宗时代就有接种人痘预防天花的记载。17世纪,荷兰的种植者用嫁接法使郁金香感染病毒而开出美丽的碎色花朵;1796年英国医生琴纳(Jenner)发明了牛痘苗预防天花;1885年巴斯德(Pasteur)首创了狂犬病疫苗。考古发现在古埃及石刻浮雕中一个主要人像就带有患过引起跛足的脊髓灰质炎的标记(图3-1A)。

A　　B　　C

图3-1　埃及浮雕(A)、伊万诺夫斯基(B)和贝杰林克(C)

烟草花叶病毒(TMV)是人类发现的第一个病毒。1859年斯威腾(van Swieten)是最初描述烟草花叶病症状的人。1886年德国人麦尔(Adolf Mayer)描述烟草的花叶病为*Mosaikkrankheit*,并证明这种病是可以传染的。1892年俄国的伊万诺夫斯基(Ivanowski)(图3-1B)不但重复了麦尔的试验,而且发现其病原能通过细菌所不能通过的过滤器,可是他本人并没有意识到这一现象的重要意义。直到1898年荷兰的一位细菌学家贝杰林克(Beijerinck)(图3-1C)重复和肯定了伊万诺夫斯基的结果并且证明显微镜下看不到病原物,用培养细菌的方法也培养不出来,但它能扩散到凝胶中。他将该侵染因子称为比细菌还小的"*contagium vivum fluidum*"(拉丁文:传染性的活的流质),并使用新术语"virus"区别于细菌。我国微生物学家俞大绂先生最初直译为"威罗斯",后来改为"病毒"即能致病的毒物。这是认识病毒的开端,以后相继发现许多人类、植物和动物的疾病是由病毒引起的，称这些致病因子为“filterable viruses”（滤过性病毒）。

二、病毒的特点和定义

随着电子显微镜和现代生物技术的发展与应用，病毒的本质越来越清楚，概括病毒的主要特点有：①个体微小，缺乏细胞结构，大多数可通过细菌滤器，必须用电镜才能看见；②主要化学组成仅有核酸和蛋白质，且只含一种类型核酸（DNA 或 RNA）作为遗传信息载体；③缺乏完整的酶和能量代谢系统，宿主细胞内专性寄生；④以复制和装配的方式繁殖，没有生长；⑤在体外存在无生命的大分子形式，并能保持侵染性；⑥具有受体连结蛋白（receptor binding protein），与敏感细胞表面的病毒受体连结，进而感染细胞；⑦对一般抗生素不敏感，对干扰素敏感。由此可见，病毒的生命存在形式有两重性：既具有无生命的化学大分子属性，又有生物的基本特征；既有细胞外感染性颗粒形式，又具有细胞内繁殖的基因形式；另外，某些病毒有化学结晶型和非结晶型的两种形式。

自病毒发现之时起，病毒学者就试图给“病毒”一个准确的定义。随着新病毒的发现和病毒性质的研究，尤其是结构更简单的亚病毒因子（subviral agent）的发现，病毒的概念不断地变化与发展，迄今为止仍没有定论。综上所述，结合前人的结论，我们可以概括地把病毒定义为：病毒是一套（一个或数个 DNA 或 RNA）核酸模板分子，裸露或包裹在由蛋白质或脂蛋白组成的一个或一个以上保护性的衣壳中，只能在适当的寄主细胞内完成自身的复制。

第二节　病毒研究的基本方法

一、病毒的培养

病毒是活细胞内严格寄生的，不能在人工培养基上培养，只能采取连同寄主一块培养的二元培养法。主要有寄主接种法、鸡胚培养法或细胞培养法，而且还必须根据不同病毒的寄主范围、嗜组织性等因素进行选择，才能得到满意的结果。

1. 寄主接种法

分离的标本接种于实验寄主的种类和接种途径主要取决于病毒寄主范围和组织嗜性，同时还应考虑操作、培养及结果判定的简便。

噬菌体标本可接种于生长在培养液或培养基平板中的细菌培养物，感染后培养液由混浊变清亮，而平板成为残迹平板。

植物病毒标本可接种于敏感植物叶片，产生系统侵染或坏死斑。

动物病毒标本可接种于敏感动物的特定部位，嗜神经病毒接种于动物脑内，嗜呼吸道病毒接种于动物鼻腔，嗜皮肤病毒接种于动物皮下或皮内。常用动物有小白鼠、大白鼠、地鼠、家兔和猴子等。接种病毒后，隔离饲养，每日观察动物发病情况，根据动物出现的症状，初步确定是否有病毒增殖。

2. 鸡胚培养法

不同的病毒可选择不同日龄的鸡胚和不同的接种途径，如痘病毒宜接种于 10～12d 的鸡胚绒毛尿囊膜上，鸡新城疫病毒宜接种在 10d 尿囊腔和羊膜腔内，虫媒病毒宜接种于 5d 卵黄囊，继续培养观察。

3. 细胞培养法

用机械方法或胰蛋白酶等方法将离体的活组织分散成单个的细胞，在平皿中制成贴壁的单层细胞，然后铺上动物病毒悬液进行培养。由于细胞培养方法简单，条件易控制，对病毒敏感性高，无抗体等病毒抑制物影响，所以是多数动物病毒培养最常用的方法。大多数动物病毒感染敏感细胞培养物都能引起显微表现的改变，即产生致细胞病变效应(cytopathic effect，CPE)。植物病毒也可以采用细胞培养。

二、病毒的纯化

在病毒学基础研究如病毒鉴定、分类、结构、物化性质与分子生物学及实际应用如制造疫苗、筛选治疗药物与基因治疗等方面都离不开纯化的病毒。由于病毒只能活细胞内培养，因此必须用一定的方法除去病毒制备样品中混杂的细胞或组织成分、培养基成分、可能污染的其他微生物与杂质，得到纯净的有活性的病毒样品，这就是病毒的纯化(purification of virus)。不同病毒纯化方法不一样，即使同一病毒在不同寄主系统繁殖纯化方法也可能不同，但根据病毒核蛋白性质，基本原理是一致的。

1. 病毒的释放和抽提

病毒提纯的第一步是设法破碎感病的寄主细胞，如用手研磨、反复冻融、电动搅拌器或超声波振荡器破坏亚细胞结构，释放病毒。提取缓冲液要根据病毒粒子等电点来选择最稳定、溶解度最大的种类和 pH，一般选择磷酸缓冲液或乙酸缓冲液。为防止毒粒聚集变性，提取液常加入非离子去垢剂(non-ionic detergent)，如 Tween-80 或低浓度尿素(0.5 mol/L)。有时为减少植物细胞酚氧化酶及酚类化合物影响，还要加入些还原剂如巯基乙醇(mercaptoethanol)或二硫苏糖醇(DTT)及螯合剂 EDTA 等。

2. 病毒抽提液的分级纯化

细胞破碎后，提取液是毒粒与解体细胞的亚细胞器和碎片的复杂混合物，利用病毒和寄主细胞的理化性质的区别，如大小、形状、密度、表面电荷等，把病毒分级纯化，减少寄主细胞物质的污染。

1) 清除较大的细胞器

提取液中较大的细胞组分如细胞核、线粒体、叶绿体与细胞壁等，可通过 5～15 min 的低速离心(1000～10 000 *g*)即能清除。

2) 去除寄主蛋白质

低速离心后，还有可溶性小分子如糖类、盐类和氨基酸等，以及介于沉降物与小分子之间的多种蛋白质和内质网小碎片等，这是病毒纯化中最难的一步。常用方法有四种：①沉淀法，用各种沉淀剂来沉淀，把病毒与寄主杂蛋白分离。例如，无机盐如硫酸铵的盐析作用(salt out)和亲水性好的有机溶剂乙醇和丙酮沉淀病毒，聚乙二醇(PEG)也是很好的沉淀剂；②离心法，由于大多数毒粒在某种介质内的沉降速度与寄主组分有差别，使用离心法可有效纯化病毒。低速离心后获得的澄清提取液可利用超高速(75 000～150 000 *g*)的差速离心法(differential centrifugation)和密度梯度离心(density gradient centrifugation)进一步纯化浓缩；③凝胶色谱法(gel chromatography)，利用分子大小和扩散速率来区分它们的方法，也叫分子筛色谱(molecular sieve chromatography)；④电泳(electrophoresis)，利用提取液组分表面电荷密度的差别，产生不同的电泳迁移率来纯化病毒。

三、病毒的感染力测定

感染力的测定(assay of infectivity)是对病毒活性的测量，定量的测定病毒活性又称滴定(titration)。与寄主产生特异性反应所用最小的病毒数量叫感染单位(infectious unit，IU)，每单位体积中所含感染单位的数量称病毒的效价或滴度(titer),以 IU/ml 来表示,如感染某寄主所需最小病毒是 0.1 ml 稀释至 10^{-6} 的病毒悬浮液,其效价为:$1/(10^{-1}\times10^{-6})=10^{7}$。

1. 噬菌(蚀)斑技术

噬菌体和动物病毒的滴定方法是计算病毒在铺满的菌苔或动物单层细胞上产生的噬菌斑或蚀斑数(plaque),以噬菌斑或蚀斑形成单位(plaque-forming unit,pfu)表示(图 3-2)。噬菌斑是某种经稀释的病毒悬液分别与敏感菌悬液及半固体琼脂培养基(1%琼脂)混匀后,倒入含较高浓度琼脂培养基(2%琼脂)的平板上,经培养一段时间后,在菌苔上产生一个个圆形局部透明的区域,即噬菌斑,这种测定噬菌体效价的方法叫双层平板法(two layer plating method)。蚀斑是某些动物病毒在单层细胞中培养并加以染色处理,由于对细胞裂解而形成的肉眼可见的局部病损区域,即蚀斑或空斑。如果是肿瘤病毒,细胞不裂解,而是增生堆积形成病灶(focus)。例如,接种 0.1 ml病毒悬浮液的单层细胞上出现 20 个蚀斑,则每毫升病毒悬浮液的 pfu 是 200。植物病毒常计算在寄主单个叶片上的枯斑(local lesion),即一些植物病毒在敏感植物茎、叶等组织上形成一个个褪绿或坏死的斑块。噬菌(蚀)斑或枯斑数在一定病毒稀释度范围内与病毒量成正比线性关系。

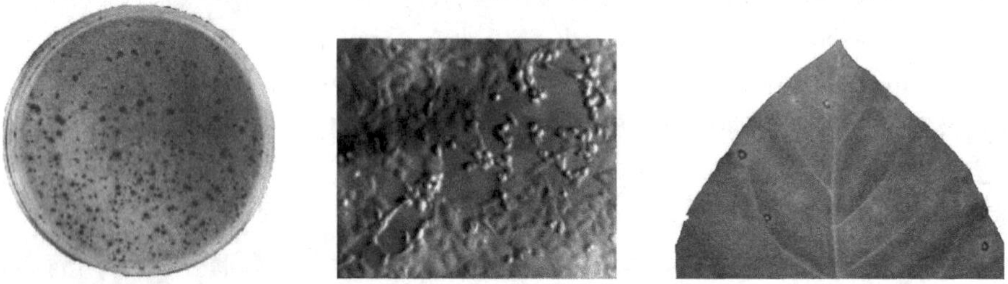

A　　B　　C

图 3-2　嗜菌斑(A)、蚀斑(B)和枯斑(C)

2. 红细胞吸附法

有些病毒如流感病毒、天花病毒等感染寄主细胞后能吸附于红细胞表面而产生凝集的血凝现象(hemagglutination)。因此可利用红细胞吸附法(erythrocyte adsorption)对受感染的单层细胞进行定位和效价测定。方法是:用红细胞悬浮液覆盖在单层细胞上,经一定时间后洗脱游离的血细胞,受病毒感染的单层细胞有凝集、固定红细胞的能力,从而被"染色"识别出。

3. 稀释终点法

有些病毒不能形成蚀斑或枯斑,则只能用稀释终点法(dilution end-point),即取等体积的经梯度稀释的病毒系列悬浮液分别接种敏感寄主,以半数群体出现感染反应的病毒剂量确定病毒样品的效价,称半数效应剂量。如使半数宿主细胞死亡的病毒剂量称半致死剂量(50% lethal dose,LD_{50});使半数宿主细胞发生感染的病毒剂量称半数感染剂量(50% infective dose,ID_{50});使半数组织培养物发生感染,产生细胞病变效应的病毒剂量称半数组织培养感染剂量(50% tissue culture infective dose,$TCID_{50}$)。

第三节 病毒的形态结构及化学组成

一、病毒的形态与大小

病毒的形态是指病毒在繁殖过程中产生完整、成熟的病毒颗粒，其形态多种多样，一般呈球状、杆状、丝状和蝌蚪形，也有卵圆形、砖形和弹状等。如腺病毒为球状，烟草花叶病毒为杆状，T偶数噬菌体为蝌蚪形，痘病毒为砖形，狂犬病毒为弹状(图 3-3)。

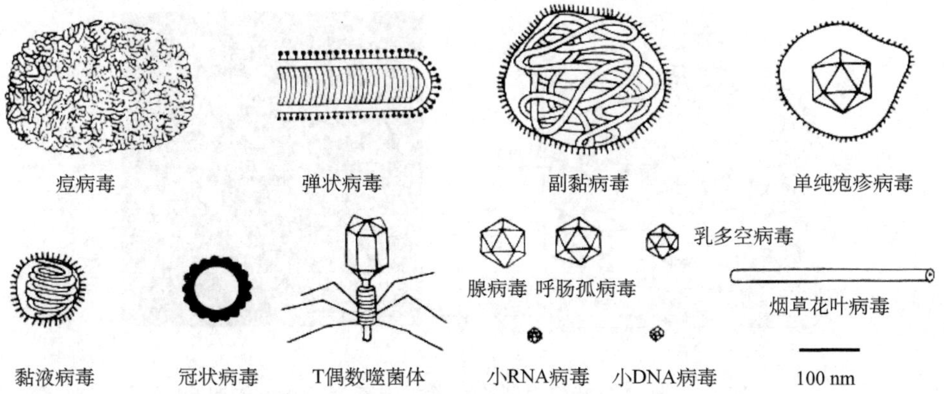

图 3-3 常见病毒的不同形态和大小

病毒十分微小，只能在电镜下才能看到。不同类型的病毒大小差异很大，成熟的病毒通常用纳米(nm)表示，较大病毒直径在(300～450) nm×(170～260) nm(如痘病毒)，较小的病毒直径仅有 18～20 nm(如玉米线条病毒)。

二、病毒的结构

1. 病毒的基本结构

病毒是非细胞结构，成熟的、结构完整的和有侵染性的单个病毒称病毒粒子或毒粒(virion)，其基本成分是核酸和蛋白质。核酸位于毒粒的中心，构成它的核心(core)或基因组(genome)；蛋白质包围在核心的周围，形成了衣壳或壳体(capsid)。衣壳由许多在电镜下可辨认的蛋白质亚基簇——衣壳粒(capsomere)构成，是毒粒的主要支架结构和抗原，有保护核酸等作用。核心和衣壳合称核衣壳(nucleocapsid)，是大多数病毒的基本结构(图 3-4)。有些病毒(如流感病毒)，在核衣壳外还具有含蛋白质的类脂双层膜，称为包膜(envelope)。有的包膜上还有被称为刺突(spike)的附属物。具有包膜的病毒称为包膜病毒(enveloped virus)，无包膜，只有核衣壳结构的病毒称裸露病毒(naked virus)。

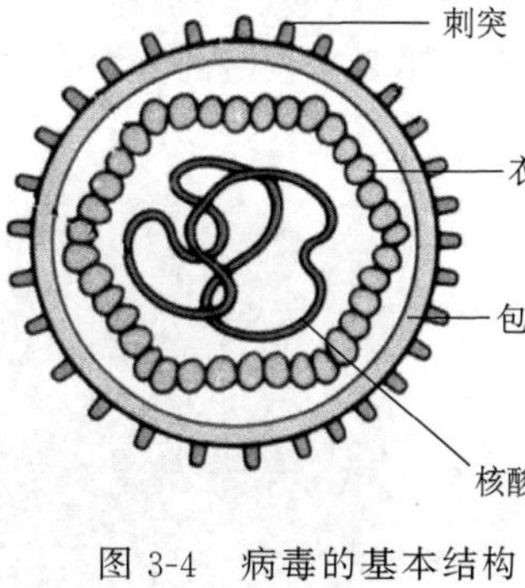

图 3-4 病毒的基本结构

2. 病毒衣壳的对称结构

由于物理学原因和相对简单的几何学原理，衣壳粒构成衣壳主要取螺旋对称(helical symmetry)和二十面体对称(icosahedral symmetry)两种基本结构,此外,兼有这两种的对称称双对称(binary symmetry)。

1) 螺旋对称的衣壳

衣壳粒有规律地沿中心轴呈螺旋排列,形成高度有序、对称的稳定结构,即螺旋对称的衣壳。烟草花叶病毒是该对称的典型代表,毒粒全长 300 nm,直径 15 nm,由 2130 个皮鞋状衣壳粒逆时针方向排列呈 130 个螺旋,每螺旋长 2.3 nm,有 16.33 个亚基(图 3-5)。病毒的核酸位于轴中心以相等的螺距盘绕于蛋白衣壳内。

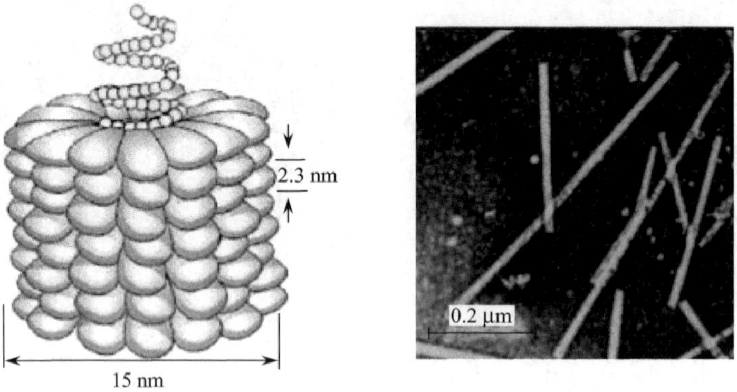

图 3-5 烟草花叶病毒螺旋对称衣壳示意图与电镜照片

2) 二十面体对称的衣壳

衣壳粒沿三条互相垂直的轴有规律地排列呈立体对称的正二十面体,称二十面体对称的衣壳。衣壳粒一般由 5 个或 6 个蛋白亚基聚集而成,因称五聚体(pentamer)或六聚体(hexamer)。因为位于顶角的五聚体和位于棱和边上的六聚体各与 5 个和 6 个其他的衣壳粒相邻,所以又分别称为五邻体(penton)和六邻体(hexon)。腺病毒是典型的二十面体,它有 12 个角、20 个面和 30 条棱,由 252 个衣壳粒组成,包括 12 个角上的 12 个五邻体和 20 个面上的 240 个六邻体(图 3-6)。病毒核酸盘绕折叠在衣壳中有限空间内,但核酸对于二十面体衣壳的形成并非必需,因为常发现不具有核酸的空衣壳存在。

图 3-6 腺病毒二十面体对称衣壳示意图与电镜照片

3）双对称的衣壳

有些病毒兼有螺旋对称和二十面体对称的衣壳，称为双对称的衣壳。具有双对称结构的典型例子是有尾噬菌体（tailed phage），头部为包含核酸的二十面体对称的衣壳，尾部为螺旋对称的衣壳（图 3-7）。

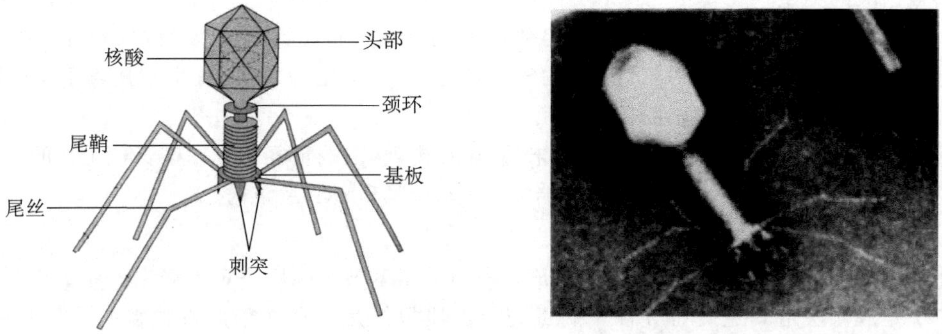

图 3-7　T_4 噬菌体双对称衣壳示意图与电镜照片

3．毒粒的结构类型

根据病毒粒子有无包膜及衣壳的对称形式，可以将其分为 4 种主要结构类型：裸露的螺旋对称毒粒、裸露的二十面体毒粒、有包膜的螺旋毒粒和有包膜的二十面体毒粒（图 3-8）。还有少数病毒如有尾噬菌体、痘病毒等结构更复杂，不能包括在这些结构类型之内。

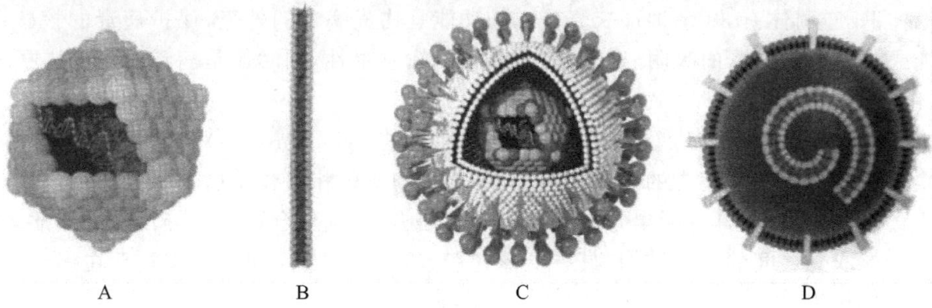

图 3-8　毒粒主要结构类型及其组成示意图（沈萍，2006）

A. 裸露的二十面体病毒；B. 裸露的螺旋病毒；C. 有包膜的二十面体病毒；D. 有包膜的螺旋病毒

三、病毒的化学组成及功能

病毒的基本化学组成是核酸和蛋白质。有包膜的病毒和某些无包膜的病毒除核酸和蛋白质外，还含有脂类和糖类。有的病毒还含有聚胺类化合物，无机阳离子等组分。

1．病毒的核酸

核酸是病毒的遗传物质，是病毒增殖、遗传变异和感染的物质基础。一种病毒的病毒颗粒只含有一种核酸，DNA 或者 RNA。除反转录病毒基因组为二倍体外，其他病毒的基因组都为单倍体。多数病毒仅含一个核酸分子，少数病毒含 2 个或 2 个以上的核酸分子，而且各个分子担负不同遗传信息，共同构成病毒的基因组，分别被包成不同的毒粒，这些病毒 RNA 被称为双组分基因组(bipartite genome)、三组分基因组(tripartite genome)或多组分基因组(multipartite genome),如烟草脆裂病毒(双组分)、黄瓜花叶病毒(三组分)和苜蓿花叶病毒(四组分)。另外,还有分段基因组(segmented genome),也是多组分基因组类型,基因组分成多个核酸片段,只是多个核酸片段包被在外形大小均一的一种毒粒中,如流感病毒有 8 段 RNA(图 3-22)。

病毒核酸的类型存在单链 DNA(ssDNA)、双链 DNA(dsDNA)、单链 RNA(ssRNA)和双链 RNA(dsRNA)4 种。除 dsRNA 外,其他各类核酸均有线状和环状形式。单链核酸有正链(+)和负链(−)之分,碱基序列与 mRNA 一致的定为正链,互补的定为负链;有个别病毒 RNA 是双义(ambisense)的,即部分为正极性,部分为负极性。

病毒核酸结构特征也很丰富,如黏性末端、循环排列、末端重复等。一些真核生物的 RNA 基因组有 5′端的帽子结构和 vpg 结构及 3′端的 poly(A)尾和 tRNA 结构。

2. *病毒的蛋白质*

蛋白质是病毒的另一类主要成分,组成蛋白质的氨基酸及顺序决定着病毒株系的差异,表现在免疫决定簇则决定其免疫特异性。病毒的蛋白质根据是否存在于病毒颗粒中分为结构蛋白(structure protein)和非结构蛋白(non-structure protein)。结构蛋白指构成一个形态成熟的有感染性的病毒颗粒所必需的蛋白质,包括衣壳蛋白、包膜蛋白和毒粒酶等;非结构蛋白指由病毒基因组编码的,在病毒复制或基因表达调控过程中具有一定功能,但不结合于病毒颗粒中的蛋白质。这里主要介绍结构蛋白。

1) 衣壳蛋白

衣壳蛋白是构成病毒衣壳结构的蛋白质,由一条或多条多肽链折叠形成的蛋白质亚基,是构成衣壳的最小单位。有的病毒仅有一种蛋白,如烟草花叶病毒;大多数含有多种蛋白,如流感病毒有 10 种,T4 噬菌体有 30 余种。衣壳蛋白的功能是构成病毒的外壳,保护病毒的核酸;无包膜病毒的衣壳蛋白参与病毒的吸附、进入,决定病毒的宿主嗜性,同时还是病毒的表面抗原。

2) 包膜蛋白

构成病毒包膜结构的病毒蛋白质,包括包膜糖蛋白(glycoprotein)和基质蛋白(matrix protein)两类。包膜糖蛋白是病毒的主要表面抗原,与细胞受体相互作用启动病毒感染发生,有些还介导病毒的进入,还可能具有凝集脊椎动物红血球细胞、细胞融合以及酶等活性。基质蛋白构成膜脂双层与核衣壳之间的亚膜结构,具有支撑包膜、维持病毒结构的作用,并且在病毒以芽生方式释放中发挥作用。

3) 毒粒酶

毒粒酶根据功能大致分为两类:一是参与病毒进入、释放等过程的酶,如 T4 噬菌体的溶菌酶;一是参与病毒的大分子合成的酶,如反转录病毒的反转录酶。

3. *病毒的脂质*

许多病毒包膜内存在有脂类化合物,如磷脂、脂肪酸、甘油三酸脂和胆固醇等。这些脂类几乎都是由病毒粒子在细胞内成熟,在细胞膜处以芽生方式释放,直接从寄主细胞膜上得到。病毒脂类存在与病毒的吸附和侵入有关。

4. *病毒的糖类*

除病毒的核酸中所含戊糖外,有的病毒还含有少量的糖类,为核糖或脱氧核糖和磷酸组成的核酸骨架。有的包膜病毒中糖类以寡糖侧链的形式与蛋白质结合形成包膜糖蛋白。

5. *其他组成*

在某些动物、植物病毒中存在多胺类如丁二胺、亚精胺、精胺等有机阳离子与金属阳离子,它们大都结合于病毒核酸，对核酸的构型有一定影响。在某些病毒的病毒体中，还发现有其他的小分子量组分，如 ATP，为噬菌体尾鞘收缩提供能量。

四、病毒包涵体

包涵体(inclusion body)是某些细胞在感染病毒后，出现于细胞质或细胞核内的，在光镜下可见的，大小、形态和数量不等的小体。包涵体多为圆形、卵圆形或不定形。包涵体性质上属于蛋白质，可以是病毒粒子的聚集体，如昆虫核型多角体病毒、质型多角体病毒的包涵体和腺病毒的包涵体；也可以是病毒结构蛋白与感染有关的蛋白质等病毒组分的聚集体，如人类巨细胞病毒的致密体(dense body)等。由于不同病毒包涵体的大小、形状、组分以及存在于宿主细胞中的部位均不同(图 3-9)，所以包涵体可作为病毒的快速鉴别和某些病毒疾病的辅助诊断指标。例如，烟草花叶病毒与马铃薯 Y 病毒的形态极其相似，但它们的包涵体形态截然不同，前者为三角形，后者为矩形；狂犬病毒在病犬大脑海马角、小脑、延及的神经细胞的细胞质内形成嗜酸性圆形或卵圆形的内基氏小体(Negri)，可用 Seller 染色法染色镜检。

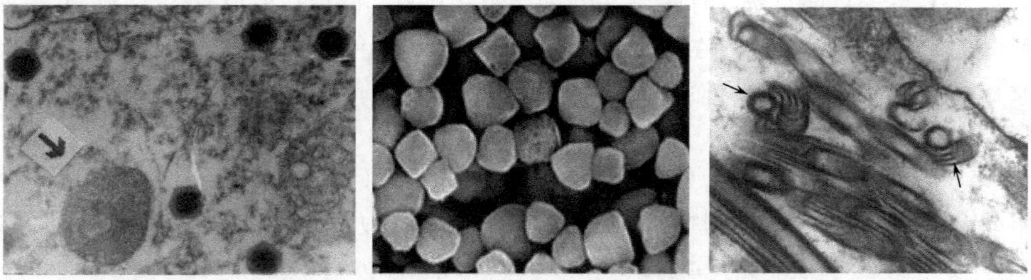

A　　B　　C

图 3-9　不同种类病毒包涵体的电镜照片(箭头所示)

A. 动物病毒；B. 昆虫病毒；C. 植物病毒

第四节　病毒的分类与命名

一、病毒的分类系统

病毒分类(taxonomy of virus)最初根据病毒的寄主将病毒分为动物病毒、植物病毒和细菌病毒三大类，并沿用至今，但不能反映病毒的本质特性。随着病毒研究技术进步，病毒的分类朝着自然系统方向发展。病毒分类依据有：①核酸的类型、结构与相对分子量；②病毒脂类、糖类、结构蛋白和非结构蛋白的特征；③病毒形状和大小；④病毒的形态结构；⑤病毒对化学和物理因子的敏感性；⑥血清学性质与其抗原的关系；⑦病毒在细胞培养上的特性；⑧流行病学特点。国际病毒分类委员会(International Committee on Taxonomy of Viruses，ICTV)于 2005 年 7 月发表了最新的病毒分类第八次报告。报告中，将目前 ICTV 所承认的 5450 多个病毒归属为 3 个目、73 个科、11 个亚科、289 个属、1950 多个种。概括为 dsDNA 病毒、ssDNA 病毒、DNA 和 RNA 反转录病毒、dsRNA 病毒、(－)ssRNA 病毒、(＋)ssRNA 病毒和亚病毒感染因子七大类，在亚病毒感染因子下设类病毒、卫星病毒、卫星核酸和朊病毒。

二、病毒的命名规则

病毒的命名(nomencalture of virus)过去不够统一，有些病毒是以宿主、病理特点、致病症状、病毒颗粒形态进行命名,有些病毒是以地名和人名进行命名,还有些病毒是以字母和数字命名。为了力求分类和命名的统一,1996 年 8 月 ICTV 在第 10 届国际病毒大会上还对原有的病毒分类和命名规则作了进一步的修订,提出了 38 条新的病毒命名规则,以后又批准了 43 条新的病毒分类和命名规则。国际病毒分类系统采用目(order)、科(family)、属(genus)、种(species)。

1. 病毒种的定义和命名

病毒"种"是指构成一个复制谱系(replicating lineage)、占据一个特定小生境(ecological niche)、具有多个分类特征(polythetic)的病毒。这就是说病毒种的分类和命名不是单纯由某一个分类特征、而是由多原则分类特征决定的,包括病毒的基因组组成,病毒颗粒形态结构、生理生化特性和血清学性质等;而病毒种的一个复制谱系则强调了病毒种的系统进化特性,即现今所有的病毒种可能起源于共同的病毒祖先;病毒种所占有的小生境是指某种病毒的特定生物学特性、地理分布、宿主范围、媒介的嗜亲性、致病机理等。病毒种的命名由几个有实际意义的词组成,但不是单独以宿主名加"virus"构成,当 ICTV 下属委员会不能肯定一个新的病毒种的分类地位时,新的病毒种可以作为暂定种列在适宜的属和科中;在不考虑病毒属和科的情况下,病毒种名与病毒株一起,均应有明确的含义;如果数字和字母已经用于某一特定病毒种的命名,数字、字母或其组合可作为病毒种的形容词,现在已知的细菌病毒种名就是由数字和字母组成的,这些细菌病毒通常没有太大的表型上的差异,而且感染相同或相似的宿主;植物病毒种的命名,一般是由宿主名加症状名和"virus"构成。

2. 病毒属的命名

病毒属是一群具有某些共同特征的种。其属名的词尾为"virus",但在设立一个新的病毒属时必须有一个同时被承认的代表种(type species)。

3. 病毒科的命名

病毒科是一群具有某些共同特征的属。科名的词尾为"viridae","科"下面可以设立或不设立亚科。亚科名的词尾为"virinae"。

4. 病毒目的命名

病毒目是一群具有某些共同特征的科,目名的词尾为"virales"。一般而言,病毒颗粒的形态、基因组组成、复制方式、病毒结构蛋白和非结构蛋白的数量和大小,往往都可以作为病毒科、属命名的依据,而病毒目的命名则与病毒基因组的核酸类型、基因组的单双链、反转录过程和病毒基因组的极性有关。此外,病毒颗粒的形态结构和转录策略也可以用作病毒目命名的根据。

5. 亚病毒感染因子的命名

有关病毒分类的规则也适用于类病毒(viroid)分类。类病毒种的词尾是"viroid",属的词尾为"-viroid",亚科的词尾是"-viroinae"(只用于需要这一分类阶元时),科的词尾是"-viroidae"。逆转座子(retrotransposon)在分类和命名中被考虑作为病毒。卫星和朊病毒不是按病毒分类,而是采用任意分类(arbitrary classification),并且这种任意分类对专门领域的研究工作者是有用的。

三、病毒名称的书写规则

在病毒分类系统中所采用的病毒目、科、亚科和属均用斜体字书写或打印,目、科、亚科和属名的第一个字母要大写。1998 年 3 月 ICTV 在第 27 次常务会上,对病毒种名的书写规则又重新作了修订,提出了所有的病毒种名用斜体,第一个词的首字母要大写,其他词除专有名词外首字母一般不大写，同时还规定暂定种（tentative species）不用斜体，第一个字母采用大写。

第五节　病毒的增殖

病毒由于缺乏细胞器和完整的酶系统，不能单独进行物质代谢，必须在易感的活细胞中寄生，由宿主细胞提供病毒合成的原料、能量和场所。病毒的增殖（virus multiplication）是病毒感染宿主细胞后，在病毒核酸（基因组）控制下合成病毒的核酸与蛋白质等成分，然后在宿主细胞的细胞质或核内装配成病毒颗粒，再以各种方式释放到细胞内，感染其他细胞，这种增殖的方式又称为病毒的复制（viral replication）。

一、病毒复制的一般过程

病毒复制的整个过程叫做复制周期（replication cycle），大致可分为连续的五个阶段：吸附、侵入与脱壳、病毒大分子的合成、装配和释放。不同病毒的增殖过程在细节上有所差异。

1. 吸附

吸附（adsorption）是指病毒以其表面的特殊结构与宿主细胞的病毒受体发生特异性结合的过程，这是发生感染的第一步。病毒与细胞最初是因静电和结构互补性而结合的，是可逆的、不稳定的。如果病毒的表面蛋白能与细胞表面的受体形成结构互补的结合，就使病毒不可逆地吸附于细胞表面。病毒吸附蛋白（viral attachment protein，VAP）是病毒表面的结构蛋白，它能特异性识别宿主细胞上的病毒受体并与之结合。如T偶数噬菌体的尾丝蛋白，有包膜的流感病毒表面的血凝素糖蛋白，无包膜的腺病毒的二十面体上的五邻纤维蛋白。病毒受体（viral receptor）是宿主细胞的表面成分，能够被病毒吸附蛋白特异性识别并与之结合，介导病毒侵入。多数动物病毒的受体是脂双层膜间的糖蛋白，也有的是糖脂或唾液酸寡糖苷，如单纯疱疹病毒的受体是硫酸乙酰肝素蛋白聚糖，狂犬病毒的受体是细胞表面的乙酰胆碱受体。大多数噬菌体的细胞受体在细菌的细胞壁上，如T3、T4和T7噬菌体吸附的特异性受体是脂多糖；T2和T6噬菌体的受体为脂蛋白；T5的受体兼有蛋白质和脂多糖；沙门氏菌的X噬菌体吸附在细菌的鞭毛上。植物病毒迄今尚未发现有特异性细胞受体。吸附作用受许多内外因素的影响，如细胞代谢抑制剂、酶类、脂溶剂、抗体，以及温度、pH、离子浓度等。

2. 侵入与脱壳

侵入（penetration）是指病毒或其一部分进入宿主细胞的过程。侵入的方式因病毒或宿主细胞种类的不同而异。

有伸缩尾的噬菌体采取注射的方式，如T偶数噬菌体吸附于宿主细胞后，尾丝收缩使尾管触及细胞壁，尾管端携带的溶菌酶溶解局部细胞壁的肽聚糖。接着通过尾鞘收缩将尾管推出并将头部核酸迅速注入细胞内，其蛋白质衣壳留在菌体外（图3-10）。

动物病毒侵入宿主细胞有3种方式（图3-11）：①膜融合，病毒包膜与宿主细胞膜融合，将病毒的内部组分释放到细胞质中，如流感病毒；②利用细胞的胞吞作用（endocytosis），多数病毒按此方式侵入；③完整病毒穿过细胞膜的移位（translocation）方式，如腺病毒。

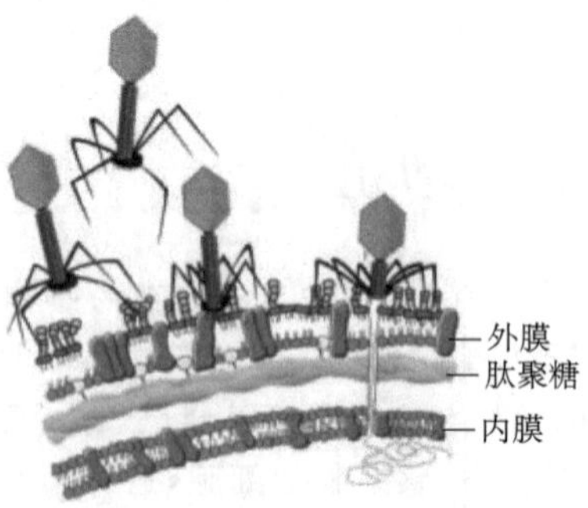

图 3-10　T4 噬菌体的吸附和侵入

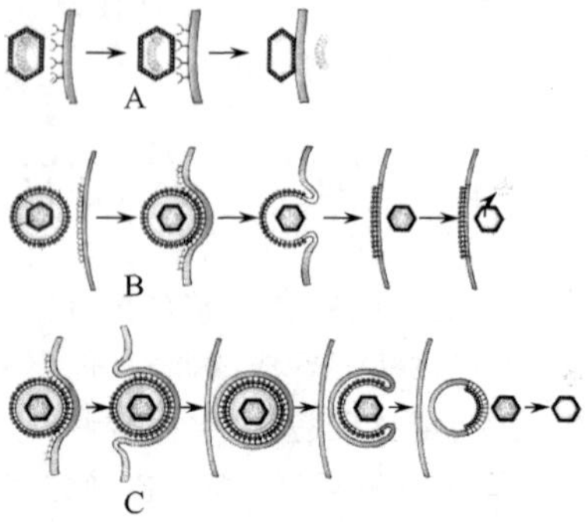

图 3-11　动物病毒 3 种侵入方式
A 直接侵入;B 膜融合;C 胞吞

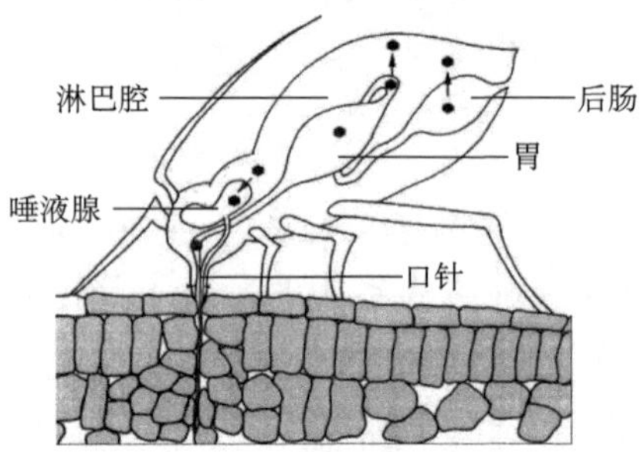

图 3-12　植物病毒的介体传播

植物有角质化或蜡质化的表皮和坚韧的细胞壁，所以植物病毒一般无主动侵入细胞的能力，其侵入通常是由自然或人为的机械损伤形成的表面微伤口或借助昆虫的口器感染(图 3-12)，并通过胞间连丝、导管和筛管在细胞间乃至整个植株中扩散。

脱壳(uncoating)是病毒侵入后，病毒的包膜和/或衣壳被除去而释放出病毒核酸的过程。脱壳的部位和方式随病毒种类的不同而异。大多数病毒在侵入时就已在宿主细胞表面完成，如 T 偶数噬菌体；有的病毒则需在宿主细胞内脱壳，如痘病毒需在吞噬泡中溶酶体酶的作用下部分脱壳，然后启动病毒基因部分表达出脱壳酶，在脱壳酶作用下完全脱壳。有关植物病毒的脱壳尚缺乏了解。

3. 病毒大分子的合成

病毒大分子的合成指病毒在宿主细胞内合成病毒蛋白质，并复制核酸的过程。同时为了保证合成的蛋白质在病毒的生命活动周期中准确发挥功能，病毒基因组的转录和表达具有严格的时序性，发生在病毒核酸复制以前的转录称早期转录(early transcription)，所转录的基因称早期基因，编码的早期蛋白是参与病毒核酸复制以及参与抑制宿主大分子合成的蛋白质。在核酸复制开始或复制后进行的转录，称为晚期转录(late transcription)，所转录的基因称晚期基因，编码的晚期蛋白主要是构成病毒的结构蛋白。因此可将合成过程可分为三个连续的阶段：①病毒早期基因的表达；②病毒基因组的复制；③病毒晚期基因的表达。

1) 病毒核酸的复制和转录

根据病毒核酸的类型以及复制、转录方式的不同可分为 6 类：

(1) (±)dsDNA 病毒　和其他生物的 dsDNA 一样，通过半保留复制方式复制子代 DNA，以(－)DNA 为模板转录出 mRNA。

(2) (＋)ssDNA 病毒　先通过半保留复制方式合成 dsDNA，再以(－)DNA 为模板合成(＋)ssDNA 和转录出 mRNA。

(3) (±)dsRNA 病毒　以(－)RNA 作为模板复制出(＋)RNA，即 mRNA。再以(±)dsRNA 的(＋)RNA 作为模板复制出(－)RNA。

(4)(＋)ssRNA 病毒　(＋)RNA 可直接作为 mRNA 翻译成蛋白,又可以作为模板复制出(－)RNA,再以(－)RNA 复制出子代(＋)RNA。

(5)(－)ssRNA 病毒　先以(－)RNA 作为模板复制出(＋)RNA,即 mRNA,由(＋)RNA 翻译出 RNA 复制酶,在此酶作用下,由(＋)RNA 复制出子代(－)RNA。

(6)反转录病毒　该病毒为(＋)RNA,在反转录酶的作用下,由(＋)RNA 合成(－)DNA,形成(＋)RNA/(－)DNA 中间体,再将(＋)RNA 水解,形成(－)DNA。以(－)DNA 合成(＋)DNA,形成(±)dsDNA。(±)dsDNA 可以整合到宿主 DNA 上形成前病毒(provirus),随宿主 DNA 复制而复制,也可以在宿主 RNA 聚合酶Ⅱ作用下,以(－)DNA 合成出(＋)RNA。

2)病毒蛋白质的合成

病毒合成出 mRNA,就可以把 mRNA 转移到细胞的核糖体上进行转译,合成病毒蛋白质。若是 RNA 病毒,其 RNA 正链可直接作为 mRNA 进行蛋白质的合成。病毒早期转译的蛋白质,主要是参与病毒核酸复制及转录,以及改变或抑制宿主细胞的正常代谢的功能性蛋白质。晚期转译的蛋白质种类较多,其中主要是构成子代病毒粒的结构蛋白质。

4.装配

装配(assembly)就是在病毒感染的细胞内,将分别合成的病毒核酸和蛋白质组装为成熟病毒粒子的过程。装配的方式有两种:一种是自发的自我装配方式,如烟草花叶病毒;另一种是指导装配,在病毒衣壳装配时有病毒基因组编码的非结构蛋白参加,如脚手架蛋白,或是具有蛋白水解切割作用。

1)噬菌体的装配

T4 噬菌体装配过程(图 3-13)较复杂,主要步骤有:DNA 分子的缩合,通过衣壳包裹 DNA 而形成完整的头部,尾丝和尾部的其他"部件"独立装配完成,头部和尾部相结合后,最后装上尾丝。图 3-13 表示 T 偶数噬菌体的装配模式。

2)动物病毒的装配

无包膜的动物病毒组装成核衣壳即为成熟的病毒体,有包膜的动物病毒一般在核内或细胞质内组装成核衣壳,然后以出芽形式释放时再包上宿主细胞核膜或质膜后,成为成熟病毒(图 3-14)。

3)植物病毒的装配

TMV 等杆状病毒是先初装成许多双层盘,然后因 RNA 嵌入和 pH 降低等因素而变成双圈螺旋,最后由它聚合成完整的杆状病毒(图 3-15)。球状病毒则是靠一种非专一的离子相互作用而进行的自体装配体系来完成的。它们的核酸能催化蛋白亚基的聚合和装配,并决定其准确的二十面体对称的球状外形。

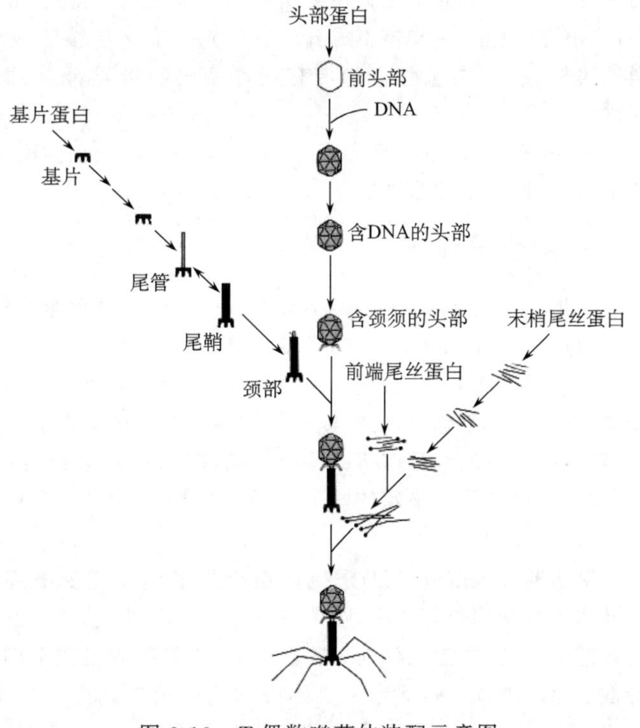

图 3-13　T 偶数噬菌体装配示意图

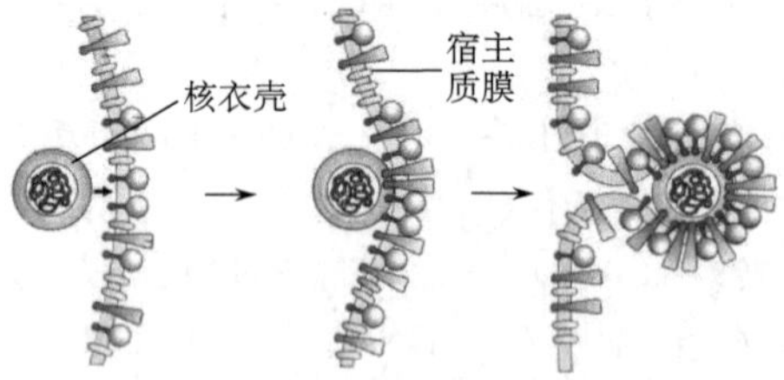

图 3-14　包膜病毒装配示意图

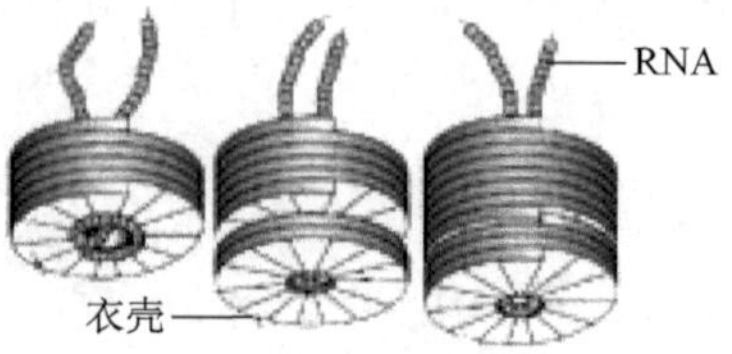

图 3-15　TMV 装配示意图

5. 释放

释放(release)是指病毒粒子从被感染的细胞内转移到外界的过程。主要有两种方式:破胞释放和芽生释放。

1) 破胞释放

无包膜病毒在细胞内装配完成后,借助自身的降解宿主细胞壁或细胞膜的酶,如噬菌体的溶菌酶和脂肪酶、流感病毒包膜刺突的神经氨酸酶等裂解宿主细胞,子代病毒便一起释放到胞外,宿主细胞死亡。

2) 芽生释放

有包膜的病毒在宿主细胞内合成衣壳蛋白时,还合成包膜蛋白,经添加糖残基修饰成糖蛋白,转移到核膜、细胞膜上,取代宿主细胞的膜蛋白。宿主核膜或细胞膜上有该病毒特异糖蛋白的部位,便是出芽的位置。在细胞质内装配的病毒,出芽时包上一层质膜成分。若在核内装配的病毒,出芽时包上一层核膜成分。有的先包上一层核膜成分,后又包上一层质膜成分,其包膜由两层膜构成,两层包膜上均带有病毒编码的特异蛋白、血凝素、神经氨酸酶等,宿主细胞并不死亡。

有些病毒如巨细胞病毒,往往通过胞间连丝或细胞融合方式,从感染细胞直接进入另一正常细胞,很少释放于细胞外。

二、一步生长曲线

一步生长曲线(one-step growth curve)是研究病毒复制的一个经典实验,最初为研究噬菌体复制而建立,现已推广到动物病毒及植物病毒复制的研究中。具体操作是将适量病毒接种于高浓度敏感细胞培养物,待病毒吸附后,高倍稀释病毒细胞培养物或以抗病毒血清处理病毒细胞培养物,以建立同步感染,定时取样测定培养物中的病毒效价,以感染时间为横坐标,病毒的效价为纵坐标,绘制出的病毒增殖的特征曲线,即为一步生长曲线。一步生长曲线分为潜伏期、裂解期和平稳期,反映病毒增殖的两个特征性参数:潜伏期和裂解量(图 3-16)。

1. 潜伏期

潜伏期(latent period)是指病毒吸附于细胞到受染细胞释放出子代病毒所需的最短时间。不同病毒潜伏期长短不一,噬菌体一般为几分钟,动物病毒和植物病毒以小时或天计。人为裂解病毒感染细胞,在潜伏期前一阶段,受侵染细胞内检测不到感染性病毒,而在后一阶段,感染性病毒数量急剧增加。自病毒在受感染细胞内消失到细胞内出现新的感染性病毒的时间为隐蔽期(eclipse period)。不同病毒隐蔽期长短不同,如 DNA 动物病毒的隐蔽期为 5～20 h,RNA 动物病毒为 2～10 h。

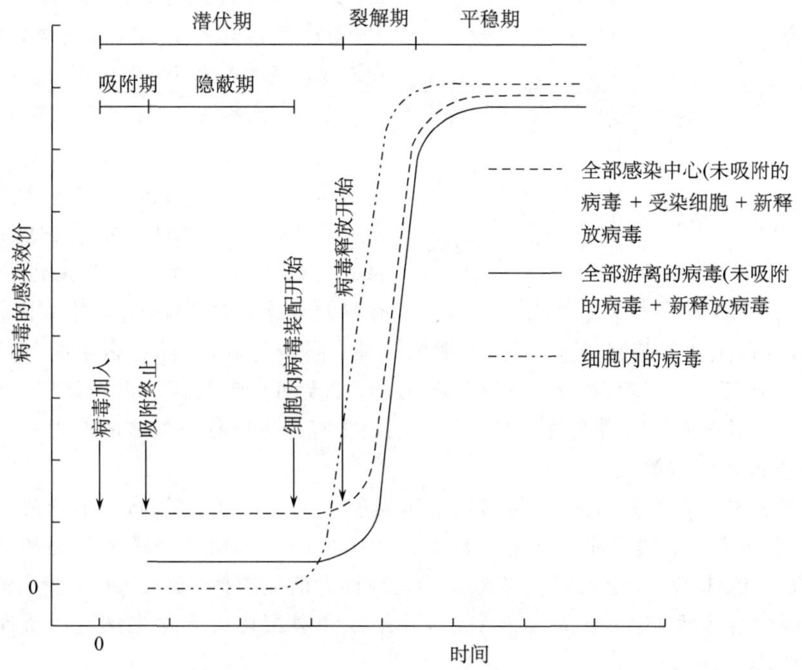

图 3-16　病毒复制的一步生长曲线

2. 裂解期

在潜伏期后，病毒效价急剧增加，这是新合成的病毒核酸和蛋白质装配成大量病毒粒子，并释放的结果。潜伏期后宿主细胞裂解释放出大量子代病毒的时期称为裂解期(rise phase)。

3. 平稳期

裂解期末，受感染细胞将子代病毒粒子全部释放出来，病毒效价稳定在最高处的时期，称为平稳期(plateau phase)。裂解量(burst size)是指每个受感染细胞产生的子代病毒粒子的平均数目，其值等于平稳期受感染细胞释放的全部子代病毒粒子数除以潜伏期受染细胞的数目，即平稳期病毒效价与潜伏期病毒效价之比。裂解量取决于病毒和宿主细胞。不同病毒有不同的裂解量，噬菌体的裂解量一般几十到几百个，而植物病毒和动物病毒可达几百到几万个。

第六节　病毒的主要类群

病毒根据其宿主范围可分为噬菌体、动物病毒、植物病毒和昆虫病毒等常见的几大类群，另外还有亚病毒因子，现分别对这几大类病毒的特点及与人类实践关系给予简介。

一、噬菌体

噬菌体(phage，bacteriophage)是原核微生物的病毒，包括噬细菌体 (bacteriophage)、噬放线菌体 (actinophage) 和噬蓝细菌体 (cyanophage)等，它们广泛存在于自然界。

1. 噬菌体的形态结构

在电子显微镜下观察噬菌体有三种基本形态：蝌蚪形、球形和丝状，从结构来看又可分为六种不同的类型：①A 型，dsDNA，蝌蚪状，收缩性长尾；②B 型，dsDNA，非收缩性长尾；③C 型，ds-

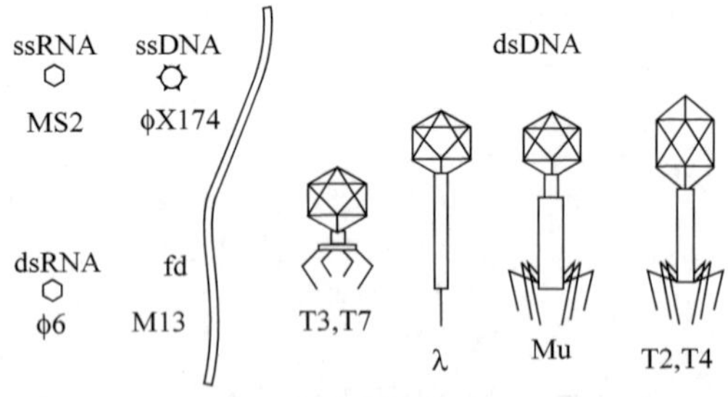

图 3-17　噬菌体的基本形态和相对大小

DNA，非收缩性短尾；④D 型，ssDNA，球状，无尾；⑤E 型，ssRNA，球状，无尾，小顶衣壳粒；⑥F 型，ssDNA，丝状，无头尾(图 3-17)。

2. 烈性噬菌体与温和噬菌体

根据噬菌体与宿主细胞的关系可分为烈性噬菌体（virulent phage）和温和性噬菌体（temperate phage）。凡侵入宿主细胞后，能在细胞内进行繁殖，产生大量子代病毒粒子导致细胞裂解的噬菌体称烈性噬菌体。而侵入细胞后，将 DNA 整合到宿主菌的基因组上，与宿主细胞 DNA 同步复制，并随着宿主细胞的生长繁殖而传下去，一般情况下不引起宿主细胞裂解的噬菌体，称温和性噬菌体。但在偶尔的情况下，如遇到环境诱变物甚至在无外源诱变物情况下可自发地具有产生成熟噬菌体的能力。

1）温和噬菌体的溶源性

温和性噬菌体侵染宿主细胞后，与宿主细胞染色体 DNA 同步复制，但不合成自己的蛋白质壳体，因此宿主细胞不裂解而能继续生长繁殖。大肠杆菌 λ 噬菌体就是属于温和性噬菌体。整合在宿主细胞染色体 DNA 上的温和噬菌体的基因称为前噬菌体（prophage）。人们把含有前噬菌体的细菌称为溶源菌（lysogenic bacteria），并把温和噬菌体侵入宿主细胞后所产生的这些特性称为溶源性(lysogeny)。

2）溶源菌的特性

（1）遗传性：整合到宿主细菌中的前噬菌体在细胞分裂时随宿主基因组一起复制，代代相传。

（2）裂解：在某些情况下，少量细胞的原噬菌体可离开染色体进入增殖周期，并引起宿主细胞裂解，这种现象称为溶源性细菌的自发裂解(spontaneous lysis)。这种自发裂解的频率很低，例如，大肠杆菌溶源性品系的自发裂解频率为 $10^{-5}\sim10^{-2}$。用某些适量理化因子，如紫外线、诱变剂和丝裂霉素 C 等处理溶源性细菌，都能诱发溶源细胞大量裂解，释放出噬菌体的粒子。这种经诱导因子处理的高频率裂解称为诱发裂解(inductive lysis)。

（3）免疫性：溶源菌对赋予其溶源性的噬菌体及其相关的噬菌体呈现一种特异的免疫现象。例如，含有原噬菌体的溶源性细胞，对于噬菌体的毒性突变株有免疫性。

（4）复愈：溶源性细菌有时消失了其中的原噬菌体，变成了非溶源细胞，这时既不发生自发裂解，也不发生诱发裂解，称为溶源细胞的复愈(cure)或非溶源化，这样的菌株称为复愈菌株(curing strain)。

（5）溶源性转变：溶源性细菌除具有产生噬菌体的潜力和对相关噬菌体的免疫性外，有时还同时伴有某些其他性状的改变，这种其他性状的改变称为溶源性转变(lysogenic conversion)。例如，白喉棒状杆菌产生白喉毒素是因为前噬菌体带有毒素蛋白的结构基因；肉毒梭菌的毒素、金黄色葡萄球菌某些溶血素、激酶的产生都与溶源性有关；沙门氏菌、痢疾杆菌等抗原结构和血清型也与溶源性有关。噬菌体与宿主菌细胞之间的关系如图 3-18 所示。

3. 噬菌体与发酵工业

噬菌体对发酵工业的危害很大，发酵液若受噬菌体污染，轻则引起发酵周期延长、发酵液变清和发酵产物难以形成，重则引起倒罐、停产等严重后果，应严加防范。如果发现噬菌体污染，应尽快提取产品，使用抗噬菌体药物抑制，筛选使用抗性菌株等措施补救。此外，发酵工业用的菌株要避免使用溶源菌。

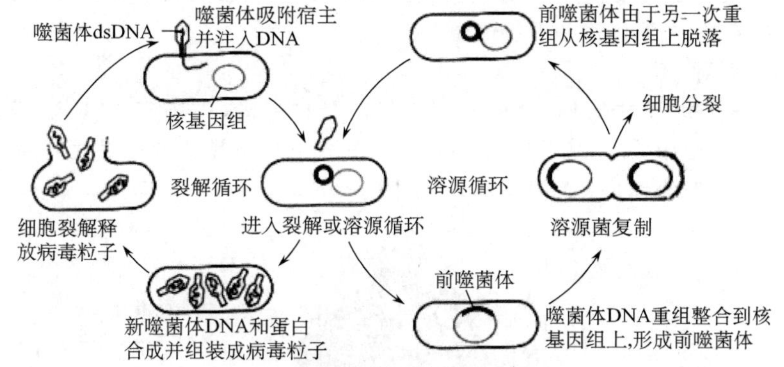

图 3-18　噬菌体的裂解性循环和溶源性循环

二、动物病毒

动物病毒包括脊椎动物病毒和无脊椎动物病毒即昆虫病毒。

1. 脊椎动物病毒

脊椎动物病毒大多呈球状,含有单链或双链的 DNA 或 RNA 。有些是有包膜的,有些无包膜(裸露的),大小差异很大。脊椎动物病毒可引起许多人类疾病如流行性感冒、肝炎、疱疹、流行性乙型脑炎、狂犬病、艾滋病、肿瘤、严重急性呼吸系统综合征、手足口病等。畜、禽等动物的病毒病也极其普遍,如猪瘟、猪蓝耳病、牛瘟、口蹄疫、鸡瘟、鸡新城疫、禽流感等。许多病毒可以同时感染人类和动物,如冠状病毒和禽流感病毒,危害严重。下面介绍近些年流行的引起人类严重疾病的几种病毒。

1）人免疫缺陷病毒

在人类的病毒病中,最严重的是 1981 年 1 月首先在美国发现的引起艾滋病即获得性免疫缺陷综合征(acquired immune deficiency syndrome ,AIDS)的病毒即人类免疫缺陷病毒(*human immunodeficiency virus*, HIV),属于反转录病毒科(*Retroviridae*)慢病毒属。

HIV 病毒呈球形,直径 100～120 nm ,核心内含有 RNA 和酶(反转录酶、整合酶、蛋白酶)。病毒壳体由两种蛋白组成,核心蛋白(P24)和核壳蛋白 (P17) 。病毒壳体外包围着包膜,包膜系双层脂质蛋白膜,其中,嵌有 gp41 和 gp120 两种糖蛋白分别组成刺突和跨膜蛋白。其结构见图 3-19 。

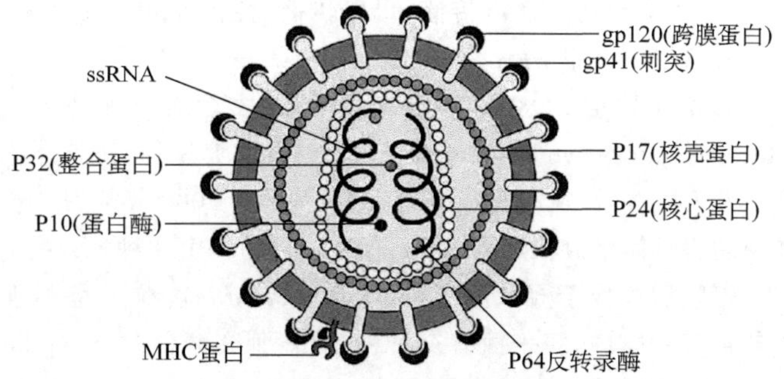

图 3-19　HIV 的结构模式图

当 HIV 病毒进入寄主细胞后,其反转录酶利用病毒的 RNA 作为模板,反转录相应的 DNA 分子。然后 DNA 转移到细胞核,并整合到染色体上,以此作为病毒复制的基地。HIV 病毒的寄主细胞通常是 T 淋巴细胞,这种白细胞在调节免疫系统上起主要作用,一旦受到 HIV 病毒的侵染和破坏,就会引起人体免疫功能的丧失。

HIV 病毒主要通过血液和分泌物(精液、乳汁等),并经黏膜表面和皮肤的破损处进入体内。传播方式包括性传播、血液传播和母婴传播。

2) 乙型肝炎病毒

乙型肝炎是一种世界性疾病,全世界有 4 亿乙肝携带者,中国有 1.3 亿。乙型肝炎病毒(*Hepatitis* B,HBV)感染后,造成肝损伤,还会进一步发展成肝硬化或原发性肝癌。乙肝病毒有 3 种形态:大球形颗粒、小球形颗粒和管状颗粒(图 3-20)。

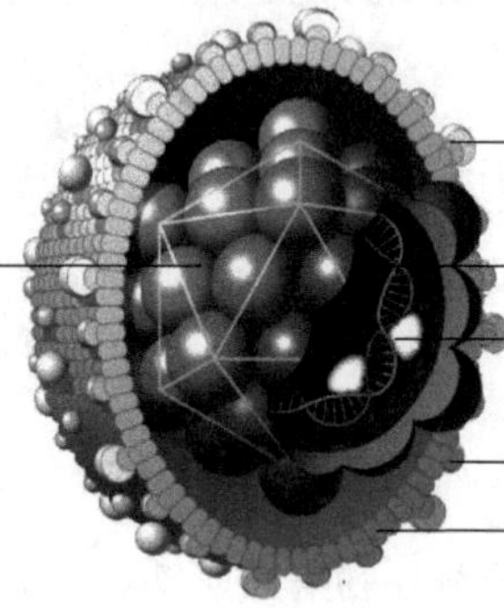

图 3-20 HBV 的结构模式图

HBV 属于嗜肝 DNA 病毒科(*Hepadnaviridae*),完整的乙肝病毒颗粒,即大球形颗粒又叫 Dane 颗粒,直径 42 nm。包膜表面有大、中、小三种蛋白,称 S 抗原、前 S1 抗原和前 S2 抗原,统称为乙肝表面抗原(HBsAg);包膜内为直径 28 nm 的核衣壳,衣壳蛋白是 C 蛋白,称为乙肝核心抗原(HBcAg);另外还有一种与衣壳有关的可溶性抗原,称作乙肝病毒 e 抗原(HBeAg)。

HBV 基因组为环状有缺口的双链 DNA,大小为 3.2 kb,上面结合 DNA 聚合酶。两条链长短不一,长链完整恒定,为负链;短链是正链,长度可变,是长链的 50%~80%。病毒感染肝细胞后,半环状短链以长链为模板,在 DNA 聚合酶作用下,最终形成完全双链环状结构,进而折叠成螺旋,把这种 DNA 称为共价闭合环状 DNA(cccDNA),以此进行基因组复制和转录。cccDNA 在肝细胞里非常稳定,难以清除。

HBV 主要通过血液传播、母婴传播、性传播和密切接触传播。

3) SARS 冠状病毒

2002 年秋至 2003 年末,在全世界 20 多个国家和地区爆发严重急性呼吸系统综合征(severe acute respiratory syndrome,SARS),当时称非典型肺炎,其症状主要表现为发烧、干咳、呼吸急促、头疼及低氧血等,严重时呼吸衰竭,致人死亡。2003 年 4 月 16 日,联合国卫生组织确认引起非典型肺炎的病原体是冠状病毒(*Coronaviruses*)的一个变种,命名为 SARS 冠状病毒(SARS CoV)。

冠状病毒属于冠状病毒科(*Coronaviridae*),粒子呈不规则形状,直径 60~220 nm。病毒粒子外包着脂肪膜,膜表面有三种糖蛋白:刺突糖蛋白(S,spike protein,是受体结合位点、溶细胞作用和主要抗原位点);小包膜糖蛋白(E,envelope protein,较小,与包膜结合的蛋白);膜糖蛋白(M,membrane protein,负责营养物质的跨膜运输、新生病毒出芽释放与病毒外包膜的形成)。少数种类还有血凝素脂酶糖蛋白(HE 蛋白,haemaglutinin-esterase)(图 3-21)。冠状病毒的核酸为非节段单链(+)RNA,长 27~31 kb,是 RNA 病毒中最长的 RNA 核酸链。冠状病毒的 RNA 和 RNA 之间重组率非常高,病毒易变异,使其抗原性发生了变化,结果是导致原有疫苗失效,免疫失败。

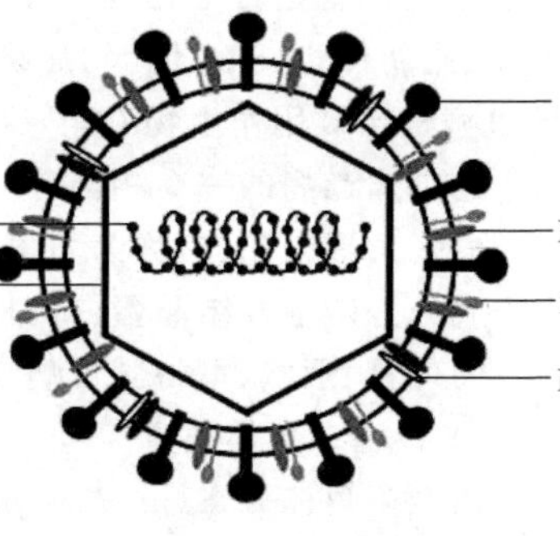

图 3-21　SARS CoV 的结构模式图

冠状病毒成熟粒子中,并不存在 RNA 病毒复制所需的 RNA 聚合酶(viral RNA polymerase),它进入宿主细胞后,直接以病毒基因组 RNA 为翻译模板,表达出病毒 RNA 聚合酶。再利用这个酶完成负链亚基因组 RNA(sub-genomic RNA)的转录合成、各种结构蛋白 mRNA 的合成,以及病毒基因组 RNA 的复制。病毒颗粒主要分布在胞质的内质网池、胞质空泡内和细胞外,多聚集成堆。感染病毒的细胞可见内质网扩张,线粒体肿胀、嵴溶解,细胞核染色质凝聚,边集。

冠状病毒通过呼吸道分泌物排出体外,经口液、喷嚏、接触传染,并通过空气飞沫传播,感染高峰在秋冬和早春。病毒对热敏感,紫外线、来苏水、0.1%过氧乙酸及 1%克辽林等都可在短时间内将病毒杀死。

4) 禽流感病毒

高致病性禽流感近些年在东南亚及我国部分地区暴发流行,引致养禽业巨大损失,并危及人类健康。引致高致病性禽流感的病原体是禽流感病毒(*Avian influenza virus*,AIV),一种分节段的 RNA 病毒,在分类上属于正黏病毒科(*Orthomyxoviridae*),甲型流感病毒属(*Influenza virus* A)。甲型流感病毒是马、猪、貂、海豹、鲸、禽及人的病原,流感病毒的血凝素(H)及神经氨酸酶(N)是两个最为重要的分类指标,甲型流感病毒可分为 15 个 H 型及 9 个 N 型,自 1983 年以来未再发现新的亚型。又可根据病毒的宿主、地理来源、毒株号及分离年代进一步分类命名,例如:甲型流感病毒/马/布拉格/1/56(H_7N_7),马流感病毒 1 型原型;甲型流感病毒/香港/156/97(H_5N_1),几乎所有 15 个 H 与 9 个 N 的组合都在禽类发现,特别是 H_5N_1、H_5N_2 及 H_7N_1、H_7N_7 可致鸡、火鸡的所谓"高致病性禽流感"。最近国内外由 H_5N_1 亚型引起的禽流感即为高致病性禽流感,其发病率和死亡率都很高,危害巨大。

禽流感病毒多为丝状。基因组为线状负股单股 RNA,分 8 个节段,各个节段一端形成环,由核衣壳蛋白包裹。纤突糖蛋白有两种,一种为棒状的血凝素蛋白(H),由同源三聚体组成;另一种为蘑菇状的神经氨酸酶蛋白(N),由同源四聚体组成(图 3-22)。

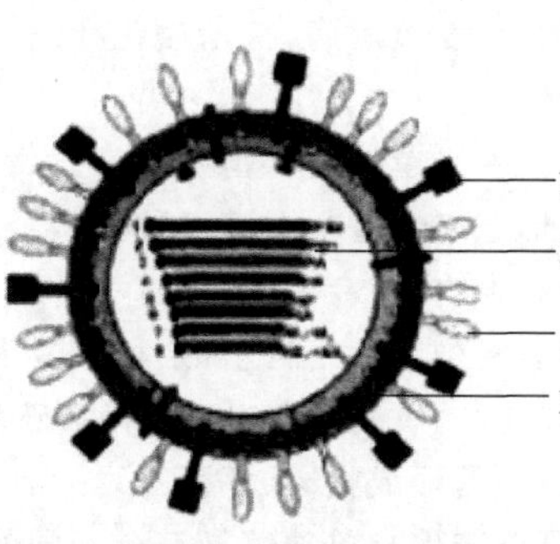

图 3-22　AIV 的结构模式图

禽流感病毒以空气传播为主,随着病禽的流动,污染空气通过呼吸道感染,污染环境也可通过接触感染。

2. 无脊椎动物病毒

昆虫病毒属于无脊椎动物病毒,主要以鳞翅

目的昆虫病毒为主，其次为双翅目、膜翅目和鞘翅目。在自然界中有些昆虫病毒可通过口器感染昆虫的各种组织细胞，如真皮、肠上皮、脂肪体、血和淋巴等，症状一般表现为停止取食、肠道发生麻痹或引起败血症而死亡。目前昆虫病毒已被用作生物农药，成为害虫综合防治中重要手段。

昆虫病毒病的一个相当普遍的特点是在被感染的动物细胞中形成多角形包涵体，称为多角体(polyhedron)(图 3-23)。包涵体的成分是碱溶性结晶蛋白。根据包涵体的有无及包涵体在细胞中的位置、形状、可将昆虫病毒分为 4 种。

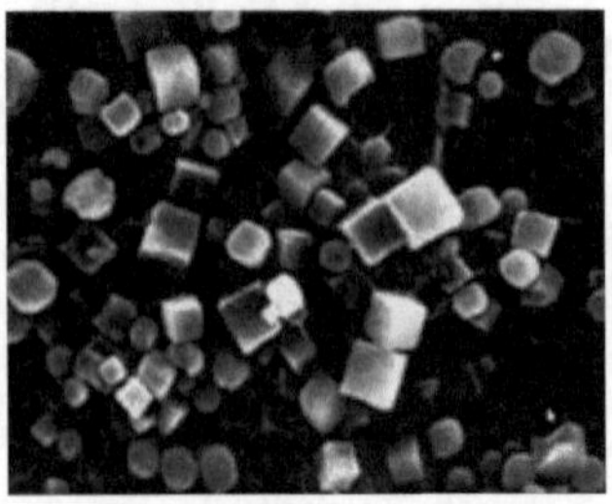

图 3-23　昆虫病毒的多角体

1）核型多角体病毒

核型多角体病毒(*nuclear polyhedrosis virus*，NPV) 粒子呈杆状，被包在呈多面体的包涵体内，位于宿主细胞核内。蚕多角体病毒就是一个典型。幼虫经注射或饲喂被侵染后几天，在大部分组织的细胞核中就出现小的包涵体，核内染色质消失，细胞最终死亡。有些核型多角体病毒则是黏虫、水稻色蛾、斜纹夜蛾等农业害虫的天敌，有些已用于生物防治。

2）质型多角体病毒

质型多角体病毒 (*cytoplasmic polyhedrosis virus*，CPV)包涵体位于细胞质内，球状。质型多角体病毒有的感染枯叶蛾、松针黄毒蛾、黄地老虎等，主要在昆虫肠道中增殖。昆虫感染后不取食，饥饿而萎缩。用质型多角体病毒防治松毛虫有很好的效果。

3）颗粒体病毒(*granulosis virus*，GV)

包涵体呈圆形、椭圆形颗粒状。如云杉卷叶蛾颗粒体病毒、菜粉蝶颗粒体病毒等。包涵体内只含一个病毒颗粒，偶有两个。主要感染鳞翅目昆虫的真皮、脂肪组织及血细胞等。昆虫吞食后停止进食，血液变成乳白色而死亡。我国已制成菜粉蝶颗粒体病毒剂用于生物防治。

4）无包涵体病毒

病毒粒子球状，不形成包涵体。宿主范围广泛，除昆虫纲外，还存在于蜘蛛纲、甲壳纲等，如沼泽大蚊虹色病毒、家蚕软化病病毒、柑橘红蜘蛛病毒、蟹瘫痪病病毒。用无包涵体病毒防治柑橘红蜘蛛较有效。

三、植物病毒

植物病毒病种类繁多，绝大多数种子植物均能发生病毒病。禾本科、豆科、十字花科、葫芦科和蔷薇科的植物受害较重，感染病毒的种类也较多，致使很多重要经济作物遭受严重损失。例如，水稻矮缩病、小麦黄矮病、玉米矮花叶病、烟草花叶病、蕃茄丛矮病、马铃薯退化病和瓜类病毒病等。

植物病毒大多是单链或双链 RNA 病毒，极少数是 DNA 病毒，如花椰菜病毒和双生病毒。从病毒粒子的形态来看基本上有三种类型：杆状、线状和球状。有些植物病毒也具囊膜。植物病毒也是严格寄生生物，但专一性不强，一种病毒往往能寄生在不同的科、属、种的植物上。例如，烟草花叶病毒能侵染十几个科、百余种草本和木本植物。病毒侵染植物后可使植物表现出三类症状：一是引起花叶、黄化和红化，因病毒破坏了叶绿体或使之不能形成叶绿素；二是使植物矮化、丛簇、畸形；三是形成枯斑、坏死等。一种植物可同时感染两种以上的病毒。两种以上病毒混合感染，有时可以产生与单独感染完全不同的症状，如马铃薯 X 病毒单独感染发生轻微花叶，Y 病毒单独感染在有些品种上引起枯斑；而 X 病毒和 Y 病毒同时感染时，则使马铃薯发生显著的皱缩花叶症状。

植物病毒没有专门的侵入机制，主要通过昆虫作为媒介进行传播。其中，半翅目刺吸式口器的昆虫如蚜虫、叶蝉和飞虱等是重要传播者。有的病毒则是通过带病植株的汁液接触无病植株伤口而感染；有的则是通过嫁接传染。感染的病毒可以经胞间连丝在细胞间移动，也可在维管束系统长距离扩散。

四、亚病毒因子

亚病毒因子(subviral agent)包括类病毒、卫星病毒、卫星核酸和朊病毒。在亚病毒因子中，仅有类病毒和朊病毒能独立复制，卫星病毒与卫星核酸必须依赖辅助病毒进行复制。

1. 类病毒

1971 年，美国学者 Diener 及其同事首次报道了马铃薯纺锤块茎病(potato spindle tuber disease)，发现其病原并不是病毒，而是一种游离的小分子 RNA ，从而提出了一个新的概念—类病毒 (viroid) 。在这个概念提出之前，人们一直认为，由蛋白质和核酸两种生物聚合体构成的体系，是原始的生命体系，从未怀疑病毒是复杂生命体系的最低极限。

类病毒(viroid)指没有被蛋白质外壳包被的单链共价闭合环状的小 RNA 分子，能寄生于植物并致病，在其体内自我复制。类病毒基因组小，分子量为 80～125 kDa。目前已测序的类病毒变异株有 100 多个，其 RNA 分子呈棒状结构，由一些碱基配对的双链区和不配对的单链环状区相间排列而成。除个别类病毒外，类病毒 RNA 有 5 个相似的结构功能区，即中心保守区、致病区、可变区、右端区和左端区。类病毒通常包含 240～400 个核苷酸，如马铃薯纺锤块茎类病毒(*potato spindle tuber viroid*, PSTVd) 是由 359 个核苷酸单位组成的一个共价闭合环状 RNA 分子，长 50～70 nm(图 3-24)。

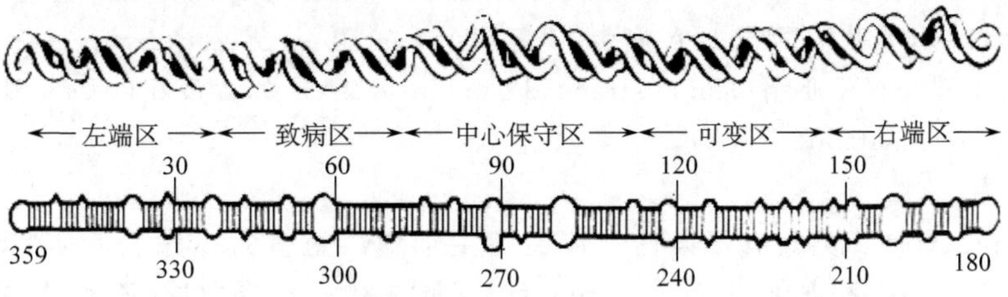

图 3-24 马铃薯纺锤块茎类病毒 RNA 分子的结构示意图

所有的类病毒 RNA 没有 mRNA 活性，不编码任何多肽，它的复制是借助寄主的 RNA 聚合酶Ⅱ的催化，进行滚环式复制产生聚合体，在细胞核中进行的 RNA 到 RNA 的直接转录。

根据类病毒 RNA 结构和复制类型，可分为两个科：马铃薯纺锤块茎类病毒科(*Pospiviroidae*)和鳄梨日斑类病毒科(*Avsunviroidae*)。前者 RNA 有中心保守区，聚合体裂解不是核酶机制的自我裂解，复制类型为非对称型，如 PSTVd 和啤酒花矮化类病毒(*hop stunt viroid*，HSVd)；后者无中心保守区，聚合体裂解是核酶机制的自我裂解，为对称型复制，如鳄梨日斑类病毒(*avocado sunblotch viroid*，ASBVd)和桃潜隐花叶类病毒(*peach latent mosaic viroid*，PLMVd)。

所有的类病毒均能通过机械损伤的途径来传播，经耕作工具接触的机械传播是在自然界中传播这种病害的主要途径。有的类病毒，如 PSTVd 还可经种子和花粉直接传播。类病毒病与病毒病在症状上没有明显的区别，病毒病大多数典型症状也可以由类病毒引起。类病毒感染后有较长的潜伏期，并呈持续性感染。不同的类病毒具有不同的宿主范围。如对 PSTVd 敏感的寄主植物就数以百计，除茄科外，还有紫草科、桔梗科、石竹科、菊科等。柑橘裂皮类病毒 (*citrus exo-*

cortis viroid, CEVd) 的寄主范围比 PSTVd 要窄些,但也可侵染蜜柑科,菊科,茄科,葫芦科等 50 种植物。

类病毒的发现,是 20 世纪下半叶生物学上的重要事件,开阔了病毒学的视野,它为进一步研究植物中可能存在的类病毒病开辟了一个新的方向。

2. *卫星病毒*

卫星病毒(satellite virus)是一类基因组缺损,需要依赖辅助病毒的基因才能复制表达,完成增殖的亚病毒因子。如烟草坏死卫星病毒(*tobacco necrosis satellite virus*),基因组只编码自己的外壳蛋白,没有 RNA 复制酶基因,单独存在不能复制,必须有烟草坏死病毒(TNV)的存在,但与辅助病毒无血清学关系。现卫星病毒按寄主不同分两个亚组:一是蜜蜂慢性麻痹病毒相关的卫星病毒(*chronic bee-paralysis associated satellite virus*),辅助病毒是蜜蜂慢性麻痹病毒(CBPV);二是烟草坏死卫星病毒,此亚组还有烟草花叶卫星病毒(*robacco mosaic satellite virus*)和玉米白条花叶卫星病毒(*maize white line mosaic satellite virus*)等。

3. *卫星核酸*(satellite nucleic acid)

1960 年,在提纯烟草环斑病毒(*tobacco ringspot virus*, TRSV)时发现和 TRSV 的 RNA 一同包被的还有一些小分子 RNA,由几百个核苷酸组成,单独存在无侵染性,不编码任何蛋白,也不复制。只有辅助病毒 TRSV 存在时,才能借助其复制酶复制,利用其外壳蛋白来包被。序列分析表明 TRSV-RNA 与其卫星 RNA 无同源性。研究较多的还有黄瓜花叶病毒(*cucumber mosaic virus*, CMV),除 CMV 的 $RNA_{1\text{-}4}$ 外毒粒中还有相对分子质量极小的 RNA_5,卫星 RNA 的存在可能会干扰辅助病毒的复制使病毒危害减轻,但有的却能加重。现卫星核酸分为 3 个亚组:①单链卫星 DNA 亚组(single stranded satellite DNA),如番茄卷叶病毒卫星 DNA(*tomato leaf curl virus* satellite DNA);②双链卫星 RNA 亚组(double stranded satellite RNA),如啤酒酵母 L-A 病毒 M 卫星(M satellites of *saccharomyces cerevisiae virus* L-A);③单链卫星 RNA 亚组(single stranded satellite RNA),如黄瓜花叶病毒卫星 RNA(*cucumber mosaic virus* satellite RNA)。

4. *朊病毒*

朊病毒(prion)是一类具有侵染性并能在宿主细胞内繁殖的小分子无免疫性疏水蛋白。1982 年 S. B. Prusiner 发现羊瘙痒病(scrapie)的病原体是一种蛋白质,不含核酸,命名为 prion,意即 proteinnaceous infection only,译为蛋白质感染因子或朊病毒,Prusiner 因此项发现更新了医学感染的概念,获 1997 年的诺贝尔生理与医学奖。羊得了这种病就会浑身发痒,不断在坚硬物质上搓擦身体,最后死亡,它是一类传染性海绵状脑病(transmissible spongiform encephalopathies, TSE)。疯牛病,即牛海绵状脑病(bovine spongiform encephalopathy, BSE)也属于此类疾病,发现于 1986 年。同类型的 prion 也会使鹿、貂及猴子患病,人类也具有类似的疾病。已知的人类 prion 疾病主要有克-雅氏病(Creutzfeldt-Jakob disease, CJD)、GSS 综合征(Gerstmann-Straussler Scheinker disease)、克鲁病(Kuru)和致死性家族性失眠症(fatal familial insomnia, FFI)等。

prion 是一种结构变异的蛋白质,对高温和蛋白酶均具有较强的抵抗力。它能转变细胞内的此类正常的蛋白 PrP^c(cellular prion protein),使 PrP^c 发生结构变异,变为具有致病作用的 PrP^{Sc}(scrapie-associated prion protein)。PrP^c 存在于神经元、神经胶质细胞和其他一些细胞,属于糖磷脂酰肌醇锚定蛋白,集中在膜上的脂筏中,对蛋白酶和高温敏感,可能和细胞信号转导有关。PrP^{Sc} 与 PrP^c 的一级结构相似,分子量 33~37 kD_a。纯化的 prion 经傅里叶变换红外光谱分析,发现 PrP^c 的高级结构中具有 43%的 α 螺旋,极少的 β 折叠(3%),而 PrP^{Sc} 具有 34%α 螺旋,43%

的β折叠(图 3-25)。

目前对蛋白质感染因子的增殖方式有两种解释,一是重折叠模型(refolding model),认为 PrP^{Sc}分子起分子伴侣(molecular chaperone)的作用,能与 PrP^{c} 分子相结合,诱使 PrP^{c} 转变成 PrP^{Sc},从而形成了 PrP^{Sc}二聚体,于是一个 PrP^{Sc}分子就变成了 2 个 PrP^{Sc}分子,如此倍增不已。另一种解释是晶种模型(seeding model),认为 PrP^{c} 分子本身有向 PrP^{Sc}转变的倾向(一种平衡反应),PrP^{Sc}能像晶种一样,稳定 PrP^{c} 的构象,形成淀粉样蛋白沉淀,然后碎裂后又变成新的晶种。

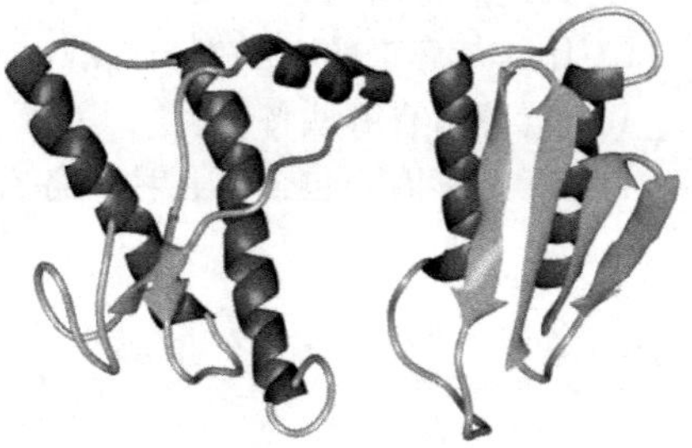

图 3-25 PrP^{c}(A)和 PrP^{Sc}(B)的结构模型

目前,除了许多哺乳动物发现朊病毒外,在真菌中也发现了此类感染因子,如 URE3-1 朊毒。对于朊病毒引起的疾病,目前尚没有有效的治疗措施。这类蛋白具有很强的抵抗力,对抗生素和消毒剂不敏感,是继癌症、艾滋病之后的对人类提出的又一大挑战。

本章小结

病毒是非细胞形态的介于生命与非生命形式之间的特殊物质,是生物中最小的生命实体。它们结构组成简单,病毒粒中仅含有一种核酸(DNA 或 RNA)及蛋白质,具有专性寄生性。病毒的生命存在形式有两重性。

病毒粒子的基本结构是核衣壳,衣壳体的基本对称形式是螺旋对称和二十面体对称,有的病毒衣壳外还有包膜。病毒粒子的基本化学组成是核酸和蛋白质。核酸是遗传物质,核酸有 ssDNA、dsDNA、ssRNA 和 dsRNA 4 种类型,除 dsRNA 外,各类核酸均有线状和环状形式,单链核酸有正链、负链和双义之分。病毒结构蛋白包括衣壳蛋白、包膜蛋白和毒粒酶等。某些病毒有包涵体结构。

病毒增殖的方式为复制。病毒复制周期可分为吸附、侵入与脱壳、病毒大分子的合成、装配和释放等阶段。不同病毒的形态结构、基因组核酸类型和结构特征各不相同,因此它们各具不同的复制策略。

病毒根据其宿主范围可分为噬菌体、动物病毒、植物病毒和昆虫病毒等常见的几大类群,另外还有包括类病毒、卫星病毒、卫星核酸和朊病毒在内的亚病毒因子。

复习思考题

1. 解释名词:二元培养法,细胞病变效应,病毒感染单位,病毒效价,毒粒,五邻体和六邻体,多组分基因组和分段基因组,结构蛋白和非结构蛋白,包涵体,病毒种,病毒吸附蛋白和病毒受体,烈性噬菌体和温和噬菌体,溶源性转变,多角体。
2. 什么是病毒?有何主要特点?
3. 病毒培养的方法有哪些?
4. 什么是噬菌斑、蚀斑、感染病灶和枯斑?
5. 绘图表示病毒的基本结构。
6. 病毒衣壳有哪些对称结构?举例说明。
7. 试述病毒的化学组成及功能。

8. 试述病毒增殖的一般过程。

9. 什么是病毒的一步生长曲线？它可分为几个时期？各有何特点？

10. 溶源菌有哪些特性？

11. 亚病毒因子包含哪几种？各有何特点？

第四章　微生物的营养和培养基

营养(nutrition)是指生物体从外部环境中摄取对其生命活动必需的能量和物质，以满足正常生长和繁殖需要的一种最基本的生理功能。所以，营养是生命活动的起始点，它为一切生命活动提供了必需的物质基础。有了营养，才可以进一步进行代谢、生长和繁殖，并可能为人们提供种种有益的代谢产物和特殊的服务。微生物营养是微生物生理学的重要研究领域。营养物(nutrient)指具有营养功能的物质，在微生物学中，营养物还包括非常规物质形式的光辐射能在内。微生物的营养物可为它们的正常生命活动提供结构物质、能量、代谢调节物质和必要的生理环境。

第一节　微生物的营养要求

构成微生物细胞的物质基础是各种化学元素，不论从元素水平或营养要素水平来分析，微生物的营养要求与高等动植物十分接近。在元素水平上都需 20 种左右，且以碳、氢、氧、氮、硫、磷 6 种元素为主。这些元素主要以无机物和有机物的形式被微生物利用，也有小部分以分子态的气体形式被微生物利用。根据营养物质在机体中的生理功能的不同，可将营养物质分为碳源、氮源、能源、生长因子、无机盐和水六大类。

一、碳源

微生物细胞含碳量约占干重的 50%，故除水分外，碳源是需要量最大的营养物。一切能满足微生物生长繁殖所需碳元素的营养物称为碳源(carbon source)。碳源物质在细胞内经过机体的一系列复杂的化学变化后可成为微生物自身的细胞物质(如糖、脂、蛋白质等)和代谢产物，或为机体提供维持生命活动所需的能源。

能被微生物用作碳源的物质种类极其广泛。简单的无机碳化物(CO_2，$NaHCO_3$ 和 $CaCO_3$)、比较复杂的有机物(糖及其衍生物、烃类、醇、羧酸、脂肪酸、氨基酸和核苷酸)、比较复杂的大分子有机物(淀粉、纤维素、蛋白质、脂肪、核酸等)，乃至复杂的天然含碳物质，甚至像二甲苯、酚等有毒含碳物质都可作为微生物的碳源。根据碳源是有机碳还是无机碳，可将微生物分为自养微生物和异养微生物两类。自养型微生物能以 CO_2 作为主要碳源或唯一碳源来合成各种物质。异养型微生物的碳源是有机碳化物，碳源同时也作为能源物质。微生物利用碳源物质具有选择性，糖类(葡萄糖、果糖、乳糖、淀粉、糊精等)是微生物最广泛利用的碳源，醇、有机酸和脂类的利用次于糖类。糖类中单糖优于双糖，己糖优于戊糖；葡萄糖、蔗糖通常作为培养微生物的主要碳源；在多糖中，淀粉可以为大多数微生物所利用，纤维素能为少数微生物所利用，纯多糖则优于琼脂等杂多糖；微生物对不同糖类的利用也有差别。例如，在以葡萄糖和半乳糖为碳源的培养基中，大肠杆菌首先利用葡萄糖，然后利用半乳糖，前者称为大肠杆菌的速效碳源，后者称为迟效碳源。

实验室内常用的碳源主要有葡萄糖、蔗糖、淀粉、甘露醇、有机酸等。工业发酵利用的碳源主要是糖类物质如单糖、饴糖、糖蜜、淀粉(玉米粉、甘薯粉、野生植物淀粉)、米糠、麸皮等。为了解决工业发酵用粮与人们食用粮、饲料用粮的矛盾，已开展代粮发酵的研究，以自然界中含量丰富的纤维素作为碳源物质来培养微生物。

不同微生物利用碳源物质的范围也不同，有的能广泛地利用不同类型的碳源物质，而有些微生物可利用的碳源物质则比较少，例如，假单胞菌属中的洋葱假单胞菌（*Pseudomonas cepacia*）可利用多达 90 种以上的碳源物质，而一些甲基营养型微生物只能利用甲醇或甲烷等一碳化合物作为碳源物质。

二、氮源

氮是构成重要生命物质蛋白质和核酸等的主要元素，氮占细胞干重的 12%～15%，氮是微生物细胞需要量仅次于碳的元素。凡能提供微生物生长繁殖所需氮元素的营养物称为氮源（nitrogen source）。能被微生物利用作为氮源的物质十分广泛，可分为无机氮源和有机氮源，前者包括分子态氮、氨、铵盐和硝酸盐等无机含氮化合物，后者包括尿素、氨基酸、嘌呤和嘧啶等有机含氮化合物。

铵盐是微生物最常用的氮源，NH_4^+ 被微生物细胞吸收后可直接被利用。微生物吸收利用硝酸盐的能力较强，但 NO_3^- 被吸收后需进一步还原成 NH_4^+ 后再被微生物利用。只有少数固氮微生物（固氮菌、根瘤菌、蓝细菌等）能利用分子态氮（N_2）作为氮源。许多腐生型细菌、肠道菌、动植物致病菌可利用铵盐或硝酸盐作为氮源，例如，大肠杆菌、产气肠杆菌、枯草芽孢杆菌、铜绿假单胞菌等均可利用硫酸铵和硝酸铵作为氮源，放线菌可以利用硝酸钾作为氮源，霉菌可以利用硝酸钠作为氮源。以 $(NH_4)_2SO_4$ 等铵盐为氮源培养微生物时，由于 NH_4^+ 被吸收，会导致培养基 pH 下降，因而将其称为生理酸性盐；以硝酸盐（如 KNO_3）为氮源培养微生物时，由于 NO_3^- 被吸收，会导致培养基 pH 上升，因而将其称为生理碱性盐。为避免培养基 pH 变化对微生物生长造成不利影响，需要在培养基中加入缓冲物质。

许多微生物既可以利用无机含氮化合物作为氮源，也可以利用有机含氮化合物作为氮源。常用的蛋白质类氮源包括牛肉膏、蛋白胨、胰酪蛋白、酵母膏、鱼粉、蚕蛹粉、豆饼粉、花生饼粉、玉米浆等。微生物对这类氮源的利用具有选择性，例如，土霉素生产菌利用玉米浆的速度比利用黄豆饼粉和花生饼粉的速度快。这是因为玉米浆中的氮源主要以较易吸收的蛋白质降解产物形式存在，而降解产物中的氨基酸可以通过转氨作用直接被微生物利用，而黄豆饼粉和花生饼粉中的氮源主要以蛋白质的形式存在，需进一步降解成小分子的肽和氨基酸后才能被菌体吸收利用，因而微生物对其利用的速度较慢。因此玉米浆为速效氮源，有利于菌体生长；黄豆饼粉和花生饼粉为迟效氮源，有利于代谢产物的形成。在土霉素发酵生产中往往将两者按一定比例添加，以控制菌体生长时期和积累代谢产物时期的协调，达到提高土霉素产量的目的。

另外，从微生物所能利用的氮源种类来看，存在着一个明显的界限：一部分微生物是不需要利用氨基酸作氮源的，它们能把尿素、铵盐、硝酸盐甚至分子态氮等简单氮源自行合成所需要的一切氨基酸，因而被称为“氨基酸自养型生物”（amino acid autotrophs）；反之，凡需要从外界吸收现成的氨基酸作氮源的微生物，就是“氨基酸异养型生物”（amino acid heterotrophs）。所有的动物和大量的异养微生物属于氨基酸异养型生物，而所有的绿色植物和不少微生物属于氨基酸自养型生物。人类和大量直接或间接地为人类服务的动物都需要外界提供现成的氨基酸和蛋白质，而这些营养成分往往在它们的食物或饲料中含量较少。因此进一步探索利用氨基酸自养型微生物，让它们将人或动物无法利用的廉价氮源，包括尿素、铵盐、硝酸盐或氮气等转化成菌体蛋白（SCP 或食用菌等）或含氮的代谢产物（谷氨酸等氨基酸），以丰富人类的营养和扩大食物资源，具有特别重要的意义。

三、能源

能为微生物生命活动提供最初能量来源的营养物或辐射能，称为能源（energy source）。对异养微生物来说，其碳源同时又兼作能源，因此碳源又称双功能营养物（difunctional nutrient）。自养型微生物的碳源和能源分别来自不同物质。当自养微生物把 CO_2 还原成为糖类时，需要能量。光能自养型微生物，如蓝细菌利用光能。化能自养微生物的能源十分独特，它们都是一些还原态的无机物质，例如，NH_4^+、NO_2^-、S、H_2S、H_2 和 Fe^{2+} 等，化能自养型微生物能利用这些无机物氧化放出的化学能。化能自养型微生物都是一些原核生物，包括亚硝酸细菌、硝酸细菌、硫化细菌、硫细菌、氢细菌和铁细菌等。由于化能自养型微生物的存在，使人们扩大了对生物圈能源的认识，改变了以往认为生物界只是直接或间接利用太阳能的旧观念。

能源谱
- 化学物质（化能营养型）
  - 有机物：化能异养微生物的能源（同碳源）
  - 无机物：化能自养微生物的能源（不同于碳源）
- 辐射能（光能营养型）：光能自养和光能异养微生物的能源

四、生长因子

生长因子（growth factor）通常指那些微生物生长所必需而且需要量很小，但微生物自身不能合成或合成量不足以满足机体生长需要的有机化合物。各种不同的微生物需要的生长因子的种类和数量是不同的。广义的生长因子除了维生素外，还包括碱基、卟啉及其衍生物、甾醇、胺类、C_4～C_6 的分支或直链脂肪酸，有时还包括氨基酸营养缺陷突变株所需要的氨基酸在内；而狭义的生长因子一般仅指维生素。生长因子的主要功能是提供微生物细胞的重要化学物质（蛋白质、核酸和脂质）、辅因子（辅酶和辅基）的组分和参与代谢。大多数维生素是辅酶或辅基的成分。能提供生长因子的天然物质有酵母膏、蛋白胨、麦芽汁、玉米浆、动植物组织或细胞浸液以及微生物生长环境的提取液等。

生长因子虽属一类重要营养要素，但它与碳源、氮源和能源有所区别，即并非任一微生物都需要外界为它提供生长因子。根据对生长因子的需要与否，可把微生物分成 3 种类型。

生长因子自养型微生物（auxoautotroph）：这类微生物能自行合成、不需要从外界吸收任何生长因子，多数真菌、放线菌和不少细菌都属于该类。

生长因子异养型微生物（auxoheterotroph）：这类微生物丧失了合成生长因子的能力，或者合成生长因子的能力极其有限，因此需要从外界吸收多种生长因子才能维持正常生长。例如，一般的乳酸菌都需要多种维生素；许多微生物及其营养缺陷突变株需要碱基；流感嗜血杆菌（*Haemophilus influenzae*）需要卟啉及其衍生物；支原体常需要甾醇；副溶血嗜血杆菌（*Haemophilus parahaemolyticus*）需要胺类；一些瘤胃微生物需要 C_4～C_6 分支或直链脂肪酸；某些厌氧菌如产黑素拟杆菌（*Bacteroides melaninogenicus*）需要维生素 K 和氯高铁血红素等等。在各种色谱分析方法还未普及前，生长因子异养型的微生物如乳酸菌等曾被用于维生素等生长因子的生物测定中。

生长因子过量合成的微生物：少数微生物在其代谢活动中，能合成并大量分泌某些维生素等生长因子，因此，可作为有关维生素的生产菌种。例如，可用阿舒假囊酵母（*Eremothecium ashbya*）或棉阿舒囊霉（*Ashbya gossypii*）生产维生素 B_2；可用谢氏丙酸杆菌（*Propionibacterium shermanii*）、链霉菌（*Streptomyces* sp.）和产甲烷菌生产维生素 B_{12} 等。

五、无机盐

无机盐（mineral salts）或矿质元素主要可为微生物提供除碳、氮源以外的各种重要元素。无机盐是微生物生长必不可少的一类营养物质，它们在机体中的生理功能主要是作为酶活性中心的组成部分(或使酶活化)、维持生物大分子和细胞结构的稳定性、调节并维持细胞的渗透压平衡、控制细胞的氧化还原电位和作为某些微生物生长的能源物质等。微生物生长所需的无机盐一般有磷酸盐、硫酸盐、氯化物以及含有钠、钾、钙、镁、铁等金属元素的化合物。

凡生长所需浓度在 10^{-3}～10^{-4} mol/L 的元素,可称为大量元素(macroelement),如 P、S、K、Mg、Ca、Na 和 Fe 等;凡所需浓度在 10^{-6}～10^{-8} mol/L 的元素,则称微量元素(microelement),如 Cu、Zn、Mn、Mo,Co 和 Ni、Sn、Se 等。微量元素一般参与酶的组成或使酶活化。如果微生物在生长过程中缺乏微量元素,会导致细胞生理活性降低甚至生长停止。由于不同微生物对营养物质的需求不尽相同,微量元素这个概念也是相对的。

在配制微生物培养基时,对大量元素来说,只要加入相应化学试剂即可,但其中首选的应是 K_2HPO_4 和 $MgSO_4$,因为它们可同时提供 4 种需要量最大的元素。微量元素通常混杂在天然有机物、无机化学试剂、自来水、蒸馏水、普通玻璃器皿中,故除非做特别精密的营养、代谢研究,一般没有必要专门添加。值得注意的是,许多微量元素是重金属,如果过量,就会对机体产生毒害作用,因此有必要将培养基中微量元素的量控制在正常范围内,并注意各种微量元素之间保持恰当比例。

六、水

水是微生物营养中不可缺少的一种物质。这并不是因为水本身是营养物质,而是因为水是微生物细胞的主要化学组成;水是营养物质和代谢产物的良好溶剂,营养物质与代谢产物都是通过溶解和分散在水中进出细胞的;水是细胞中各种生化反应的介质,并参与多种生化反应;水的比热高、汽化热高、又是热的良好导体,能有效地吸收代谢过程中产生的热并及时地将热迅速散发出体外,从而有效地控制细胞内的温度;水还能维持蛋白质、核酸等生物大分子稳定的天然构象。

水以自由水和结合水两种形式存在。结合水没有流动性和溶解力,所以微生物不能利用。微生物生长环境中水的有效性常以水活度(water activity,α_W)表示,水活度是指在一定的温度和压力条件下,溶液的蒸气压与同样条件下纯水蒸气压之比。纯水 α_W 为 1,溶液中的溶质越多,α_W 越小。微生物一般在 α_W 为 0.6～0.99 的条件下生长,α_W 过低,则微生物生长的迟缓期延长,生长速率变小。不同微生物生长的最适 α_W 不同。一般而言,细菌生长最适 α_W 较酵母菌和霉菌高,而嗜盐菌生长的最适 α_W 则较低。

第二节 微生物的营养类型

微生物营养类型(nutritional type)的划分方法很多,但通常是根据它们对能源、氢供体和基本碳源的需要来区分的,这样可分为 4 大营养类型(表 4-1)。

表 4-1 微生物的营养类型

营养类型	能源	氢供体	基本碳源	实例
光能无机营养型(光能自养型)	光	无机物	CO_2	蓝细菌,紫硫细菌,绿硫细菌,藻类
光能有机营养型(光能异养型)	光	有机物	CO_2 及简单有机物	红螺菌科的细菌(即紫色非硫细菌)

续表

营养类型	能源	氢供体	基本碳源	实例
化能无机营养型（化能自养型）	无机物*	无机物	CO_2	硝化细菌，硫化细菌，铁细菌，氢细菌，硫磺细菌等
化能有机营养型（化能异养型）	有机物	有机物	有机物	绝大多数细菌和全部真菌

* NH_4^+，NO_2^-，S，H_2S，H_2，Fe^{2+}等。

一、光能无机营养型

光能无机营养型(photolithoautotrophy)又称光能自养型。这类微生物利用光能为能源，以CO_2为唯一碳源或主要碳源，还原CO_2的供氢体是还原态无机化合物(H_2O、H_2S、$Na_2S_2O_3$等)。它们可以在完全无机的环境中生长。蓝细菌、绿硫细菌、紫硫细菌等属于这种营养类型。

蓝细菌含叶绿素，其光合作用与绿色植物一样，在以水为氢供体，同化CO_2并释放O_2：

$$H_2O + CO_2 \xrightarrow[\text{叶绿素}]{\text{光能}} [CH_2O] + O_2$$

绿硫细菌和紫硫细菌含菌绿素，在严格厌氧的条件下，以H_2S和$Na_2S_2O_3$等还原态硫化物为氢供体，进行不放氧的光合作用，将光能转变成化学能，供机体直接利用。利用H_2S生长的反应式为

$$2H_2S + CO_2 \xrightarrow[\text{菌绿素}]{\text{光能}} [CH_2O] + H_2O + 2S\downarrow$$

产生的元素硫或是积累在胞内，或是分泌到胞外。

二、光能有机营养型

光能有机营养型(photoorganoheterotrophy)又称光能异养型。这类微生物以光为能源，具有光合色素，需要简单有机物(甲酸、乙酸、丁酸、甲醇、异丙醇、丙酮酸和乳酸)作为碳源和供氢体。它们也能利用CO_2，但不能作为唯一碳源，所以不同于利用CO_2作为唯一碳源的自养型。一些紫色非硫细菌具有利用甲醇作为唯一碳源进行光合生长的能力。它们在厌氧条件下利用甲醇生长，必须要有CO_2固定，此时的反应式为

$$2CH_3OH + CO_2 \longrightarrow 3[CH_2O] + H_2O$$

三、化能无机营养型

化能无机营养型(chemolithoautotrophy)又称化能自养型。这类微生物利用无机物氧化放出的化学能作为能源，以CO_2或碳酸盐作为唯一碳源或主要碳源。常见的化能自养微生物有硫化细菌、硝化细菌、氢细菌和铁细菌等。它们分别以硫、还原态硫化物、氨、亚硝酸、氢、Fe^{2+}作为能源和供氢体，使CO_2还原成细胞物质。这类微生物广泛分布于土壤和水域，在自然界的物质循环中起重要作用。

例如，硫细菌通常以H_2S、S、$S_2O_3^{2-}$等还原态无机硫化物氧化获得能量，其反应式为

$$H_2S + 2O_2 \longrightarrow SO_4^{2-} + 2H^+$$

$$2S + 2H_2O + 3O_2 \longrightarrow 2SO_4^{2-} + 4H^+$$

$$S_2O_3^{2-} + H_2O + 2O_2 \longrightarrow 2SO_4^{2-} + 2H^+$$

硫细菌等从还原态无机硫化合物的氧化作用中得到能量与还原力，从而将 CO_2 合成细胞物质，所以是好氧化能自养型。产甲烷菌大多数能自养生活，它们以 H_2 作为能源和氢供体，以 CO_2 作为碳源生长，属厌氧化能自养细菌，其反应式为：

$$CO_2 + 4H^+ \longrightarrow CH_4 + 2H_2O$$

四、化能有机营养型

化能有机营养型(chemoorganoheterotrophy)又称化能异养型。这类微生物以有机物为能源，碳源和供氢体也是有机化合物。所以对于化能异养微生物来说，有机碳化合物是兼有能源和碳源功能的双功能营养物。自然界中的微生物大多数属于此类。

在化能有机营养型微生物中，根据它们所利用的有机物的特性和栖息场所，可分成腐生和寄生两种类型。其中腐生微生物利用无生命活性的有机物作为碳源和能源。而寄生微生物则是寄生在活的细胞内，从寄主体内汲取营养物质。除此以外还存在既可以腐生又可以寄生的中间类型，称为兼性腐生或兼性寄生。寄生菌和兼性寄生菌大多是有害微生物，可引起人、畜、禽、农作物的病害。

应当注意，上述营养类型的划分不是绝对的，在自养型和异养型之间，光能型和化能型之间，都存在中间过渡类型，它们在不同条件生长时，往往可以相互转变。例如，红螺菌在有光和厌养的条件下为光能营养型；而在黑暗与有氧的条件下，则利用有机物氧化产生的能量进行异养生活。又如氢细菌，在缺乏有机质的环境中，利用氢氧化产生的能量将 CO_2 还原成细胞物质，营自养生活；当环境中存在有机物时，它们便直接利用有机物营异养生活。

第三节 营养物质进入细胞的方式

营养物质只有进入细胞后才能被微生物利用。微生物细胞的渗透屏障主要有细胞膜、细胞壁、荚膜和黏液层组成。荚膜和黏液层结构疏松，对营养物质的吸收影响较小。细胞壁只对大颗粒物质起阻挡作用，在物质进出细胞中作用不大。细胞膜由于具有高度选择通透性而在营养物质进入与代谢产物排出的过程中起着十分重要的作用。

细胞膜具有磷脂双分子层结构，一般来说，物质的脂溶程度越高，越容易透过细胞膜。另外，物质的通透性也与物质的大小有关，气体(O_2 和 CO_2)和小分子物质(乙醇)比较容易透过细胞膜。水虽然不溶于脂，但由于它分子小，不带电以及水分子的双极性结构，所以也能迅速透过细胞膜。而大分子营养物质如淀粉、蛋白质、脂肪、核酸等必须经相应的胞外酶水解成小分子后，才能被微生物细胞吸收。糖类、氨基酸、核苷酸及许多细胞代谢产物都是非脂溶性的，原则上，它们很难透过细胞膜，但是，在膜转运蛋白的辅助下，这些物质照样可以进出细胞。细胞膜运输营养物质的方式主要有 4 种，即单纯扩散、促进扩散、主动运输和基团转移。

一、单纯扩散

单纯扩散(simple diffusion)又称被动运送(passive transport)或自由扩散，是物质非特异性地透过细胞膜上的含水小孔从浓度较高的一侧被动地或自由地向浓度较低一侧扩散的过程，这是物质进出细胞的最简单方式。物质在扩散过程中，既不与膜上的各类分子发生反应，自身结构也不发生改变。其驱动力是细胞膜两侧的浓度差，即浓度梯度。一旦细胞膜两侧的物质浓度梯度消失，单纯扩散就达到一个动态平衡(图 4-1)。

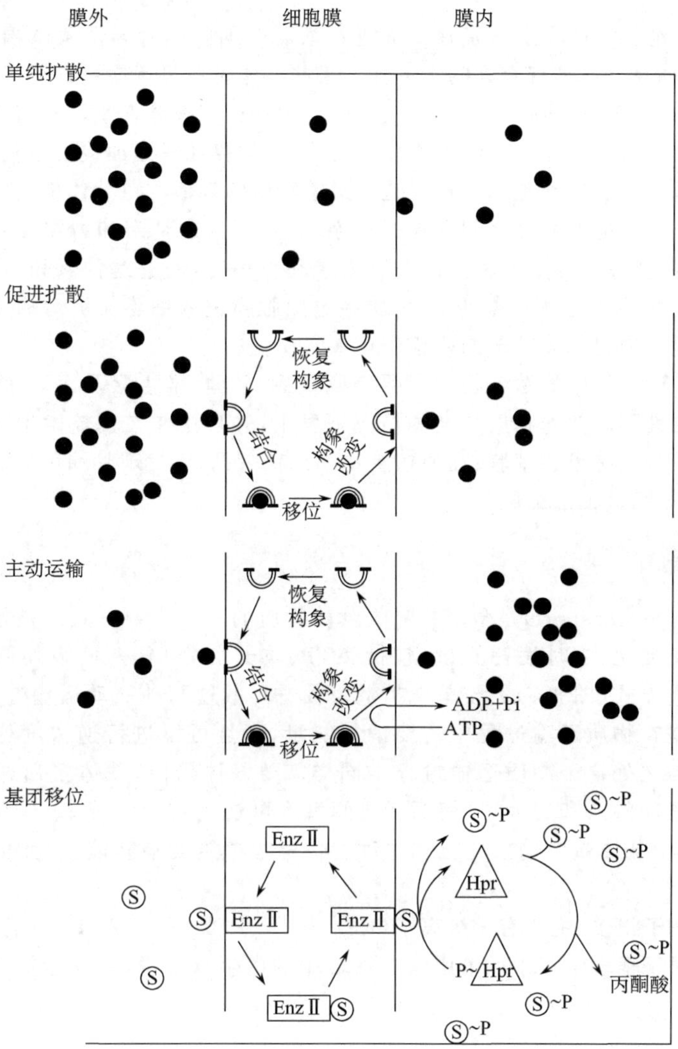

图 4-1　营养物质进入细胞的 4 种方式

单纯扩散不是微生物细胞获取营养物质的主要方式。因为细胞不能通过这种方式来吸收所必需的营养物质，也不能逆浓度梯度吸收所需要的物质，扩散速度又慢。细胞膜上含水小孔的大小和形状对被扩散的物质分子大小有一定的选择性。通过这种方式运送的物质种类不多，主要是水、O_2、CO_2、乙醇和某些氨基酸分子。

二、促进扩散

促进扩散(facilitated diffusion)又称协助扩散，是指物质借助于细胞膜上的特异性载体蛋白(carrier protein)的协助，顺浓度梯度进入细胞的方式(图 4-1)。载体蛋白有时被称作渗透酶(permease)、移位酶(translocase)或移位蛋白(translocator protein)，一般通过诱导产生。与单纯扩散一样，促进扩散也是一种被动的物质跨膜运输方式，在这个过程中不消耗能量，参与运输的物质本身的分子结构不发生变化，不能进行逆浓度梯度运输，运输速率与膜内外物质的浓度差成正比。

促进扩散与单纯扩散的主要区别在于促进扩散需要细胞膜特异性载体蛋白的参与，而且每种载体只运输相应的物质，具有较高的专一性。某些载体蛋白只运输一种分子，如葡萄糖载体蛋白只转运葡萄糖；大多数载体蛋白只转运一类分子，如转运芳香族氨基酸的载体蛋白不转运其他氨基酸。载体蛋白本身在运输前后不发生化学变化，它的存在只是加快了运输过程，并不改变该物质在膜内外形成的动态平衡状态。再有是被运输物质的类似物对载体蛋白的促进扩散有抑制作用。被运输物质与相应的载体之间存在一种亲和力，而且这种亲和力在细胞膜内外的大小不同，当物质与相应载体在胞外亲和力大而在胞内亲和力小时，通过这种亲和力的大小变化，使物质与载体发生可逆性的结合与分离，导致物质穿过细胞膜进入细胞。被运输物质与载体蛋白之间亲和力大小变化是通过载体分子的构象变化来实现。

通过促进扩散进入细胞的营养物质主要有氨基酸、单糖、维生素及无机盐等，这种特异性的扩散通常在微生物处于高营养物质浓度的情况下发生，并且主要在真核微生物中存在，例如，葡萄糖通过促进扩散进入酵母菌细胞；在原核生物中比较少见，但发现甘油可通过促进扩散进入沙门氏菌、志贺氏菌等肠道细菌细胞。

三、主动运输

主动运输（active transport）是微生物吸收营养物质的一种主要方式。是指通过细胞膜上特异性载体蛋白构象变化，同时消耗能量（包括 ATP、质子动势[①]等），使膜外低浓度物质进入膜内的一种物质运输方式（图 4-1）。与单纯扩散及促进扩散这两种被动运输方式相比，主动运输的一个重要特点是在物质运输过程中需要消耗能量，而且可以进行逆浓度梯度运输。主动运输与促进扩散类似之处在于物质运输过程中同样需要载体蛋白，载体蛋白通过构象变化而改变与被运输物质之间的亲和力大小，使两者之间发生可逆性结合与分离，从而完成相应物质的跨膜运输，区别在于载体蛋白构象变化在主动运输过程中需要消耗能量，而促进扩散中不需要消耗能量。

主动运输的例子很多，主要有无机离子（K^+、SO_4^{2-}、PO_4^{3-}）、一些糖类（乳糖、葡萄糖）、氨基酸和有机酸等。对于很多生存于低浓度营养环境中的微生物来说，主动运输是影响其生存的重要营养吸收方式。

四、基团移位

基团移位（group translocation）是另一种类型的主动运输，既需要特异性载体蛋白参与又需要消耗能量，与主动运输的不同之处在于它有一个复杂的运输系统来完成物质的运输，而且物质在运输过程中发生了化学变化。基团移位主要存在于厌氧型和兼性厌氧型细菌中，主要用于运送各种糖及糖的衍生物（葡萄糖、果糖、乳糖、麦芽糖、甘露糖和 *N*-乙酰葡糖胺等）、核苷酸、丁酸、腺呤、嘧啶等物质。目前尚未在好氧型细菌及真核生物中发现这种运输方式。

在研究 *E. coli* 对葡萄糖和金黄色葡萄球菌对乳糖的吸收过程中，发现这些糖进入细胞后以磷酸糖的形式存在于细胞质中，表明这些糖在运输过程中发生了磷酸化作用，其中的磷酸基团来源于胞内的磷酸烯醇式丙酮酸（PEP），因此基团移位又称为磷酸烯醇式丙酮酸-磷酸糖转移酶运输系统（PTS），简称磷酸转移酶系统（phosphotransferase system）（图 4-1）。此系统由酶Ⅰ、酶Ⅱ、

---

① 质子动势又称质子动力（proton motive force，Pmf），指因细胞膜外表面聚集质子而引起的膜两侧电位差。

酶Ⅲ、一种热稳定蛋白(heat-stable carrier protein,HPr)等几种不同蛋白组成。HPr是一种低分子量的可溶性蛋白,结合在细胞膜上。酶Ⅰ是一种可溶性细胞质蛋白。HPr和酶Ⅰ均无底物特异性,主要起能量传递作用。酶Ⅲ和酶Ⅱ对糖有特异性,酶Ⅲ只在少数几种细菌中发现。酶Ⅱ是一类结合在膜上的特异性酶,为诱导酶,对特定的糖起作用。PTS系统的能量供体是磷酸烯醇式丙酮酸。该系统通过以下步骤转运葡萄糖:

热稳定蛋白的激活:磷酸烯醇式丙酮酸(PEP)的磷酸基团通过酶Ⅰ的作用把HPr激活:

$$\text{PEP} + \text{HPr} \xrightarrow{\text{E I}} \text{Pyr(丙酮酸)} + \text{P} \sim \text{HPr}$$

糖经磷酸化后进入细胞:细胞膜外的糖分子先与细胞膜外表面上的底物特异膜蛋白——酶Ⅱ结合,接着糖分子被磷酸化并进入细胞。

$$\text{P} \sim \text{HPr} + \text{葡萄糖} \xrightarrow{\text{E II}} \text{6-磷酸葡萄糖} + \text{HPr}$$

由于细胞膜对大多数磷酸化的化合物具有高度的不渗透性,磷酸糖一旦生成,就不能再渗透出细胞,因而便在细胞内积累起来。

有关这4种运输方式的比较可见图4-1。

第四节　培　养　基

培养基(medium,复数为media)是指人工配制的、适合微生物生长繁殖或积累代谢产物的营养基质。配制好培养基是科学研究、发酵生产微生物制品等的工作基础。由于微生物种类、营养类型以及工作目的的多样性,故培养基的配方和种类很多,但是培养基的制备还是有章可循的。

一、配制培养基的基本原则

1. 目的明确

在配制培养基前,首先要明确培养目的,要培养什么样的微生物?是为了得到菌体还是代谢产物?是用作实验室研究还是发酵生产?是进行一般研究还是作精密的生理、生化或遗传学研究?是用作"种子"培养基还是发酵培养基?根据不同的目的,配制不同的培养基。不同的微生物有不同的营养要求。

培养细菌、放线菌、酵母菌和霉菌的培养基是不同的(见本章培养基种类一节)。

自养微生物有较强的合成能力,能以简单的无机物(如CO_2和无机盐)合成糖、脂类、蛋白质、核酸、维生素等复杂的有机物。因此,培养自养微生物的培养基应由简单的无机物组成。

异养微生物的合成能力弱,不能以CO_2作为唯一碳源,因此培养异养微生物的培养基需要含有有机物。有的异养微生物需要多种生长因子,可以采用天然有机物为其提供生长因子。

实验室中作一般培养时,常用营养丰富、取材与制备均较方便的天然培养基。进行精细的代谢或遗传等研究时,则必须用合成培养基。在发酵工业生产中,选择原料时,既要考虑满足微生物的营养要求,还须选择来源广泛的廉价粗料。种子培养基和发酵培养基都是发酵生产用的培养基。种子培养基是为了获得大量优良菌体而制备的培养基,则培养基的营养成分宜丰富些,尤其是含氮量应高些,以利于微生物的生长和繁殖,此外还应加入能使菌种适应以后发酵条件的基质。发酵培养基是使生产菌生长良好并能积累大量代谢产物的培养基。如果生产含碳量较高的代谢产物,如有机酸时,培养基所用原料的含碳量应高些,如生产柠檬酸时用山芋粉作原料。而生产氨基酸等含氮量高的代谢产物时,要增加氮源比例,如谷氨酸发酵培养基中除了含有水解淀粉或大量糖分外,还有尿素和玉米浆。在有些代谢产物的生产中还要加入作为它们组成部分的元素或前体物质,如生产维生素 B_{12}时要加入钴盐,在金霉素生产中要加入氯化物,生产氨苄青霉素时要加入前体物质苯乙酸。通常菌体的数量与代谢产物的积累量成正比。为了获得较多的代谢产物,必须先培养大量的菌体。例如,酒精发酵生产中,在菌体生长阶段要供应充足的氮源,而在乙醇积累阶段,则要减少氮源供应,以限制菌体过量生长,降低葡萄糖的消耗,提高乙醇产率。

2. 营养协调

培养基应含有微生物生长所需要的一切营养物质,但更重要的是培养基中营养物质浓度和配比要合适。营养物质浓度过低时不能满足微生物正常生长所需,浓度过高时则可能对微生物生长起抑制作用,例如,高浓度糖类物质、无机盐、重金属离子等不仅不能维持和促进微生物的生长,反而起到抑菌或杀菌的作用。另外,培养基中各营养物质之间的浓度配比也直接影响微生物的生长繁殖和代谢产物的形成和积累,其中碳氮比(C/N)的影响较大。碳氮比一般指培养基中元素碳与元素氮的物质的量的比值,有时也指培养基中还原糖与粗蛋白的含量之比。一般情况下,微生物将 1 份碳组成细胞物质,大约需要 4 份碳作能源。碳源不足菌体易早衰。氮源不足,菌体生长缓慢。氮源过量,菌体生长过旺,不利于积累代谢产物。不同微生物需要不同的营养物质配比。一般情况下,霉菌需要 C/N 比较高的培养基,适宜在富含淀粉的培养基上生长;细菌(尤其是动物病原菌)和酵母菌需 C/N 比较低的培养基,要求有较丰富的氮源物质。

在微生物发酵生产中,营养物质的配比直接影响发酵产量。如在谷氨酸发酵生产中,培养基碳氮比为 4∶1 时,菌体大量繁殖,谷氨酸积累少;当培养基碳氮比为 3∶1 时,菌体繁殖受到抑制,谷氨酸产量则大量增加。在抗生素发酵生产中,可通过调节培养基中速效氮(或速效碳)与迟效氮(或迟效碳)之比来控制菌体生长与抗生素合成。使用矿质元素时,各离子间的比例要适当,避免单盐离子浓度过高产生的毒害作用。一种氨基酸含量过高,会导致氨基酸不平衡,抑制其他氨基酸的吸收。因此添加生长因子必须比例适当,以保证微生物对各生长因子的平衡吸收。

3. 理化适宜

指培养基的 pH、渗透压、水活度和氧化还原势等物理化学条件较为适宜。配制培养基时应将这些因素控制在适宜的范围内。

(1) pH　各类微生物要求的 pH 不同,如细菌为 7.0～8.0,放线菌为 7.5～8.5,酵母菌为 3.8～6.0,霉菌为 4.0～5.8,藻类为 6.0～7.0,原生动物为 6.0～8.0。但对某一具体微生物来说,其生长的最适 pH 范围常可大大突破上述界限,其中,一些嗜极菌(extremophile)更为突出(详见第八章)。

由于微生物在生长代谢过程中要消耗营养物质,积累代谢产物,因而引起培养基的 pH 改变,如不及时调节,就会抑制其自身生长或(和)代谢产物积累。因此为了维持培养基 pH 的相对稳定,通常在培养基中加 pH 缓冲剂。常用的缓冲剂是一氢或二氢磷酸盐(如 K_2HPO_4 和 KH_2PO_4)组成的混合物。K_2HPO_4溶液呈碱性,KH_2PO_4溶液呈酸性,两种物质的等量混合溶液的 pH 为 6.8。当培养基中酸性物质积累导致 H^+ 浓度增加时,H^+ 与弱碱性盐结合形成弱酸性化合物,培养基 pH 不会过度降低;如果培养基中 OH^- 浓度增加,OH^- 则与弱酸性盐结合形成弱碱性化合物,培养基 pH 不会过度升高。

$$K_2HPO_4 + H^+ \longrightarrow KH_2PO_4 + K^+$$

$$KH_2PO_4 + K^+ + OH^- \longrightarrow K_2HPO_4 + H_2O$$

但 K_2HPO_4/KH_2PO_4缓冲系统只能在一定的 pH 范围(pH 6.4～7.2)内起调节作用。有些微生物,如乳酸菌能大量产酸,上述缓冲系统就难以起到缓冲作用,此时可以在培养基中添加难溶的碳酸盐（如 $CaCO_3$）来进行调节，$CaCO_3$ 难溶于水，故将它加到培养基中时，并不会提高培养基的 pH。但它可以不断中和微生物产生的酸，同时释放出 CO_2，将培养基 pH 控制在一定范围内。因为 $CaCO_3$ 既不溶于水又是沉淀性的，故配制培养基时很难使它分布均匀，为方便起见，有时可用 $NaHCO_3$ 来调节。

在培养基中还存在一些天然的缓冲系统，如氨基酸、肽、蛋白质都属于两性电解质，也可以起到缓冲剂的作用。这种通过培养基内在成分所起的调节作用，可称作 pH 的内源调节。有时，微生物的活动产生大量的酸或碱，使用缓冲剂和碳酸盐不足以解决问题，就需要在培养过程中不断添加酸或碱来调节（外源调节）。

（2）渗透压　与微生物细胞渗透压（osmotic pressure）相等的等渗溶液最适宜微生物的生长，高渗溶液则会使细胞发生质壁分离，而低渗溶液则会使细胞吸水膨胀，形成很高的膨压，对各种缺壁细胞，例如，原生质体、球状体或支原体来说，则是致命的。当然，微生物在其长期进化过程中，已进化出一套高度适应渗透压的特性，一般培养基的渗透压都是合适的，但培养嗜盐微生物和嗜渗微生物时需要添加 NaCl 或蔗糖来提高培养基的渗透压。

（3）氧化还原势（redox potential）　又称氧化还原电位，是量度某氧化还原系统中还原剂释放电子或氧化剂接受电子趋势的一种指标。氧化还原势一般以 E_h 表示，它是指以氢电极为标准时某氧化还原系统的电极电位值，单位是 V（伏）或 mV（毫伏）。

各种微生物对其培养基的氧化还原势的要求也不同。一般好氧微生物生长的 E_h 值为 +0.3～0.4V；而厌氧菌只能在 +0.1V 以下的环境中生长；兼性厌氧微生物在 +0.1V 以上时进行好氧呼吸，在 +0.1V 以下时则进行发酵产能。E_h 与氧分压和 pH 有关，也受某些代谢产物的影响。好氧微生物必须保证氧的供应，这在大规模发酵生产中尤为重要，需要采用专门的通气措施。培养厌氧微生物时，则应除去空气中的氧，此外还应在培养基中加入适量的还原剂，如巯基乙酸、抗坏血酸（Vc）、硫化钠、半胱氨酸、铁屑、谷胱甘肽或庖肉（瘦牛肉粒）等，以降低它的氧化还原势。发酵生产中常采用深层静置发酵法创造厌氧条件。

测定氧化还原势值除用电位计外，还可使用化学指示剂，如刃天青（resazurin）等。刃天青在无氧条件下呈无色（E_h 相当于 −40 mV）；在有氧条件下，其颜色与溶液的 pH 有关，一般在中性时呈紫色，碱性时呈蓝色，酸性时为红色；在微含氧溶液中，则呈现粉红色。

4. 经济节约

在配制培养基时还应遵循经济节约的原则，应尽量利用廉价且易于获得的原料作为培养基成分。尤其是在发酵工业生产中，培养基用量很大，更应注意这一点，以降低生产成本。例如，废糖蜜（制糖工业中含有蔗糖的废液）、乳清废液（乳制品工业中含有乳糖的废液）、豆制品工业废液、造纸废液（造纸工业中含有戊糖、己糖和短小纤维的亚硫酸纸浆）、各种发酵废液及酒糟、酱渣等发酵废物，和大量的农副产品如麸皮、米糠、豆饼、花生饼等都可作为发酵工业培养基的良好原料。在保证微生物的生长与积累代谢产物的前提下，实施"以粗代精，以野代家，以废代好，以简代繁，以烃代粮，以纤代糖，以氮代朊和以国产代进口"的原则。

5. 灭菌处理

为了避免杂菌污染，必须对培养基及时进行灭菌处理，通常采用高压蒸汽灭菌。一般培养基用 1.05 kg/cm^2（121.3℃），维持 15～30 min，即可彻底灭菌。长时间的高温灭菌会破坏某些不耐热的物质，如使糖类物质形成氨基糖、焦糖，因此含糖培养基常在 0.56 kg/cm^2（112.6℃）灭菌 15～30 min。某些对糖类要求更高的培养基，可先将糖过滤除菌或间歇灭菌，再与其他已灭菌的成分混合。长时间的高温灭菌还会使磷酸盐、碳酸盐与某些阳离子（如钙、镁、铁）结合形成难溶性化合物而产生沉淀。为了防止沉淀的发生，可将这些物质分别灭菌，冷却后再混合；也可在培养基中加入少量螯合剂(如0.01% EDTA),使金属离子形成可溶性络合物以防沉淀的产生。高温蒸汽灭菌也会使培养基pH改变(一般使pH降低),可根据所培养微生物的要求,在培养基灭菌前后加以调整。

二、培养基的种类

培养基的名目繁多、种类各异,可从不同角度进行分类。

1. 根据微生物的种类

根据微生物的种类可分为细菌、放线菌、酵母菌和霉菌培养基。常用的异养型细菌培养基为牛肉膏蛋白胨培养基,常用的自养型细菌培养基是无机的合成培养基,常用的放线菌培养基为高氏一号培养基,常用的酵母菌培养基为麦芽汁培养基,常用霉菌培养基为查氏合成培养基。

2. 根据对培养基成分的了解程度

(1) 天然培养基(complex media, chemically undefined medium) 指利用动、植物组织或微生物体或它们的提取物或粗消化产物制成的培养基。如用牛肉浸汁、酵母浸汁、豆芽汁、马铃薯、麸皮、牛奶、血清等制成的培养基,这类培养基营养成分既复杂又丰富、难以说出其确切化学组成。常用的牛肉膏蛋白胨培养基、麦芽汁培养基等均属于天然培养基。天然培养基的优点是营养丰富、种类多样、配制方便、价格低廉,特别适宜于生产上大规模培养微生物和生产微生物产品;但缺点是所用物质的成分不稳定,因而营养成分难以控制,实验结果的重复性差。因此,这类培养基只适合于一般实验室中的菌种培养、发酵工业中生产菌种的培养和某些发酵产物的生产等。

(2) 组合培养基(chemically defined medium) 又称合成培养基或综合培养基(synthetic medium),是由化学成分完全清楚的物质配制而成的培养基。高氏一号培养基和查氏培养基就属于这种类型。组合培养基的优点是成分精确、重复性强,缺点是成本较高、配制麻烦,微生物生长缓慢。因此,通常仅适用于实验室内做有关微生物营养、代谢、生理生化、遗传育种、菌种鉴定或生物测定等对定量要求较高的研究工作。

(3) 半组合培养基(semi-defined medium) 又称半合成培养基(semi-synthetic medium),指在天然培养基的基础上适当加入已知成分的化合物,或者在合成培养基的基础上添加天然成分的培养基。如培养真菌的马铃薯蔗糖培养基就属于半组合培养基。

3. 根据培养基的物理状态

1) 液体培养基

一类呈液体状态的培养基。液体培养基(liquid medium)组分均匀,微生物能充分接触和利用培养基各部分的养料。它适用于大规模的发酵工业生产和实验室中进行微生物生理代谢等研究工作。

2) 固体培养基(solid medium)

一类外观呈固体状态的培养基。根据固态的性质又可分为:

(1) 固化培养基(solidified medium),常称“固体培养基”,由液体培养基中加入适量凝固剂(gelling agent)而成。例如,在液体培养基加入2%琼脂(agar)或5%~12%明胶(gelatin),就可制成遇热可熔化、冷却后则呈凝固态的用途最广的固化培养基。除琼脂和明胶外,海藻酸胶(alginate)、脱乙酰吉兰糖胶(gelrite)和多聚醇F127(pluronic polyol F127)也可以用作凝固剂,但是,琼脂是最优良的凝固剂。明胶由胶原蛋白制成,是最早使用的凝固剂。由于明胶的凝固点太低,易被许多微生物分解液化,目前已很少用作凝固剂。琼脂又名洋菜,是从红藻(如石花菜)中提炼出来的,其主要成分是硫酸半乳聚糖。琼脂几乎没有营养价值,绝大多数微生物都不能分解液化。琼脂的熔解温度约96℃,凝固温度约40℃,在一般微生物的培养温度下呈固体状态。透明、黏着力强，经过高温灭菌也不被破坏。正是因为琼脂具有这些优良特性，琼脂便取代了明胶，成为制备固体培养基的常用凝固剂。琼脂与明胶两种凝固剂的特性比较见表 4-2。

表 4-2　琼脂与明胶若干特性的比较

	化学成分	营养价值	分解性	融化温度/℃	凝固温度/℃	常用浓度/%	透明度	黏着力	耐加压灭菌	pH
琼脂	聚半乳糖的硫酸酯	无	罕见	～96	～40	1.5～2	高	强	强	微酸
明胶	蛋白质	作氮源	极易	～25	～20	5～12	高	强	弱	酸性

（2）非可逆性固化培养基　指一类一旦凝固后不能再重新融化的固化培养基，如血清培养基或用无机硅胶（silica gel）作凝固剂制成的硅胶平板。前者用于链球菌和奈瑟氏球菌等营养要求苛刻的微生物培养，后者专门用于化能自养微生物的分离和纯化等研究。

（3）天然固态培养基　由天然固态基质直接配制成的培养基，例如，培养真菌用的麸皮、玉米粉、米糠和马铃薯培养基。这些培养基的取材和制备都很方便，所以为生产所常用。

（4）滤膜（membrane filter）　是一种坚韧且带有无数微孔的醋酸纤维薄膜。若把滤膜制成圆片覆盖在营养琼脂或浸有液体培养基的纤维素衬垫上，就形成具有固化培养基性质的培养条件。滤膜主要用于对含菌量很少的水中微生物进行过滤、浓缩，然后揭下滤膜，把它放在含有适当液体培养基的衬垫上培养，待长出菌落后，就可计算单位水样中的实际含菌量。将滤纸条一端插入培养基而另一端露出液面的培养基也具有固体性质。这类培养基用于特殊目的，如滤纸条培养基专门用于纤维素分解菌的分离培养。

固体培养基为微生物生长提供了一个营养面，在营养面生长的微生物可以形成可见的一个一个分离的菌落，所以固体培养基在科学研究和生产实践上用途很广，例如，可用于菌种分离、鉴定、菌落计数、检验杂菌、选种、育种、菌种保藏、生物活性物质的生物测定、获取大量真菌孢子，在食用菌栽培和工业发酵中也常使用。

3）半固体培养基

指在液体培养基中加入少量的凝固剂而配制成的半固体状态培养基，例如，“稀琼脂”（sloppy agar），它们在小型容器倒置时不会流出，但在剧烈振荡后则呈破散状态。一般可在液体培养基中加入 0.5%左右的琼脂制成。半固体培养基（semi-solid medium）常用于细菌的运动特征、趋化性研究，菌种保藏、菌种鉴定和噬菌体的效价测定等。

4）脱水培养基（dehydrated culture medium）

又称脱水商品培养基（dehydrated commercial medium）或预制干燥培养基（prefabricated dried culture medium），指含有除水以外的一切成分的商品培养基，使用时只要加入适量水分并加以灭菌即可，是一类既具有成分精确又有使用方便等优点的现代化培养基。

4. 根据培养基的功能

1）选择性培养基

根据某一种或某一类微生物的特殊营养要求或其对某化学、物理因素的抗性而设计的培养基。选择性培养基（selected medium）具有使混合菌样中的劣势菌变成优势菌的功能，广泛用于菌种筛选等领域。我国人民在 12 世纪的宋代，就已根据红曲霉具有耐酸和耐高温的特性，采用明矾调节酸度和用酸米抑制杂菌的高温培养法，获得了纯度很高的红曲霉，这实际上就是应用选择性培养基的先例；我国民间流传至今的泡菜制作，也是利用选择性培养基和培养法的一个实例。

原始混合试样中数量很少的微生物，如采用常规的平板划线或稀释法进行分离，必难奏效。这时，可根据分离对象对某种营养物有特殊“嗜好”，在培养基中加入该营养物，从而把它制成一种加富性选择培养基(enriched selected medium)，采用了“投其所好”的策略后，就可使原先极少量的筛选对象较其他微生物生长速度快，并逐渐富集而占优势，从而容易分离到该类微生物。另外可利用分离对象对某种抑菌物质所特有的抗性，在筛选的培养基中加入这种抑菌物质，经培养后，使原有试样中对此抑菌物质表现敏感的优势菌的生长大受抑制，而原先处于劣势的分离对象却趁机大量增殖，最终在数量上占优势。通过这种“取其所抗”的办法，也可达到富集培养的目的。这种培养基实为一种抑制性选择培养基(inhibited selected medium)。在实际应用时，所设计的选择性培养基通常都兼有上述两种功能，以充分提高其选择效率。

用于加富的营养物通常是被富集对象专门需要的碳源或氮源，如甘露醇可富集自生固氮菌，纤维素可富集纤维分解菌，石蜡油可富集分解石油的微生物，较浓的糖液可用来富集酵母菌等；用作抑制它种微生物的选择性抑菌剂有染料(结晶紫等)、抗生素、脱氧胆酸钠和叠氮化钠等；用于选择性的理化因素如温度、氧、pH和渗透压等。

2）鉴别性培养基(differential medium)

是根据微生物的代谢特点在普通培养基中添加某种试剂或化学药品，通过培养后的显色反应区别不同微生物的培养基。常用的一些鉴别性培养基见表4-3，其中，最常见的鉴别性培养基是伊红美蓝乳糖培养基，即EMB(eosin methylene blue)培养基。它在饮用水、牛奶的大肠菌群(coliforms)数等细菌学检查和在*E. coli*的遗传学研究工作中有着重要的用途。

表4-3　一些常用的鉴别培养基

培养基名称	加入化学物质	代谢产物	培养基特征性变化	主要用途
伊红美蓝培养基	伊红、美蓝	酸	带金属光泽深紫色菌落	鉴别水中大肠菌群
远藤氏培养基	碱性复红、亚硫酸钠	酸、乙醛	带金属光泽深红色菌落	鉴别水中大肠菌群
酪素培养基	酪素	胞外蛋白酶	蛋白水解圈	鉴别蛋白酶产生菌
明胶培养基	明胶	胞外蛋白酶	明胶液化	鉴别蛋白酶产生菌
油脂培养基	食用油、吐温、中性红指示剂	胞外脂肪酶	由淡红色变成深红色	鉴别脂肪酶产生菌
淀粉培养基	可溶性淀粉	胞外淀粉酶	淀粉水解圈	鉴别淀粉酶产生菌
H_2S试验培养基	乙酸铅	H_2S	产生黑色沉淀	鉴别产H_2S菌株
糖发酵培养基	溴甲酚紫	乳酸、乙酸、丙酸等	由紫色变成黄色	鉴别肠道细菌

EMB培养基中的伊红和美蓝两种苯胺染料可抑制G^+细菌和一些难培养的G^-细菌。伊红是一种红色的酸性染料，美蓝是一种碱性染料。在低酸度下，这两种染料会结合并形成沉淀，起着产酸指示剂的作用。因此，多种肠道细菌会在EMB培养基平板上产生易于用肉眼识别的多种特征性菌落，尤其是*E. coli*，因其能强烈分解乳糖而产生大量混合酸，菌体表面带H^+，故可染上酸性染料伊红，又因伊红与美蓝结合，故菌落便染上深紫色，且从菌落表面的反射光中还可看到绿色金属闪光，其他产酸力弱的肠道菌的菌落也有相应的棕色，现表解如下：

- 试样
  - G^+ 菌:受抑制
  - G^- 菌
    - 能发酵乳糖,产酸
      - 产酸力强,菌落在透射光下呈紫色,反射光下呈绿色金属闪光:大肠杆菌(*E. coli* sp.)
      - 产酸力弱,菌落棕色
        - 肠杆菌(*Enterobacter* sp.)
        - 沙雷氏菌(*Sarratia* sp.)
        - 克雷伯氏菌(*Klebsiella* sp.)
        - 哈夫尼菌(*Hafnia* sp.)
    - 不发酵乳糖,不产酸,菌落无色透明
      - 变形杆菌(*Proteus* sp.)
      - 沙门氏菌(*Salmonella* sp.)
      - 志贺氏菌(*Shigella* sp.)

需要注意的是,上述关于选择性培养基和鉴别性培养基的划分只是人为的、为理解方便而定的理论标准。在实际应用时,这两种功能常常有机地结合在一起,例如,上述EMB培养基除有鉴别不同菌落特征的作用外,同时兼有抑制 G^+ 细菌和促进 G^- 肠道菌生长的作用。

此外,按用途划分的培养基还有分析培养基(assay medium)、还原性培养基(reduced medium)和组织培养物培养基(tissue-culture mediun)等,分析培养基常用于分析某些化学物质(抗生素、维生素)的浓度和微生物的营养要求;还原性培养基专门用于厌氧微生物的培养。组织培养物培养基含有动、植物细胞,用来培养病毒、衣原体、立克次氏体及某些螺旋体等专性活细胞寄生的微生物。尽管如此,有些病毒和立克次氏体至今还不能在人工培养基上生长,需要接种在动植物体内、动植物组织中才能增殖。常用的培养病毒和立克次氏体的动物有小白鼠、家鼠和豚鼠,鸡胚也是培养某些病毒和立克次氏体的良好营养基质,鸡瘟病毒、牛痘病毒、天花病毒、狂犬病毒等十几种病毒也可用鸡胚培养。

本章小结

营养是一切生命活动所需物质之源。学习微生物的营养知识并掌握其中的规律是认识、利用和深入研究微生物的基础。本章简述了微生物的营养要素即碳源、氮源、能源、无机盐、生长因子和水及其生理功能;根据碳源、能源和氢供体的不同,可将微生物分为四大营养类型:光能自养型、光能异养型、化能自养型和化能异养型,大多数微生物属于化能异养型;除原生动物外,其他有细胞构造的微生物,其营养方式都是渗透营养型,微生物通过单纯扩散、促进扩散、主动运输和基团移位等方式从外界环境中不断吸取营养物,其中,主动运输和基团移位可从外界稀溶液中不断吸取自身所需要的重要营养物,因此对微生物的生命活动非常重要。

设计和配制培养基,是微生物学实验室和有关生产实践中的基本环节。设计或选用培养基,应努力遵循目的明确、营养协调、理化适宜和经济节约等原则。培养基的种类很多,可根据对其中营养成分的了解程度、培养基的物理外观、培养基的功能等分类。

复习思考题

1. 试述微生物的6大营养要素及其生理功能。
2. 什么是碳源?什么是氮源?微生物常用的碳源和氮源物质有哪些?
3. 什么是氨基酸自养型微生物?试述其在实践中的重要性。
4. 什么是生长因子?它包括哪几类化合物?生长因子的生理功能有哪些?

5. 什么是自养微生物？它们有几种主要生理类型？举例说明。

6. 试根据碳源、能源和氢供体的不同划分微生物的营养类型，并举例说明。

7. 营养物质进入微生物细胞的方式有哪些？试比较它们的异同。

8. 什么是培养基？制备培养基的原则是什么？

9. 何谓固体培养基？它有何用途？制备固体培养基常用的凝固剂是什么？它有哪些优良特性？

10. 什么是选择性培养基？试举一例并分析其中的原理。

11. 什么是鉴别性培养基？试以 EMB 培养基为例，分析其鉴别作用的原理。

第五章　微生物的新陈代谢

新陈代谢(metabolism)简称代谢，是生物维持生命的动力源泉，是细胞内发生的各种化学反应的总称。代谢主要由分解代谢(catabolism)和合成代谢(anabolism)两个过程组成。分解代谢又称异化作用，是指复杂的有机大分子通过分解代谢酶系的催化产生简单分子、能量(一般为ATP形式存在)和还原力(reducing power，一般以[H]表示)的作用。合成代谢又称同化作用，是指在合成酶系的催化下，由简单小分子、ATP和[H]形式的还原力一起共同合成复杂的生物大分子的过程。某些微生物在代谢过程中除了产生其生命活动所必需的初级代谢产物和能量外，还会产生一些次级代谢产物。一切生物在新陈代谢的本质上既存在高度的统一性，又有明显的多样性。微生物代谢的特点是：①代谢旺盛；②代谢极为多样化；③代谢的严格调节和灵活性。

由于一切生命活动都是耗能反应，因此，能量代谢是一切生物代谢的核心问题。能量代谢的中心任务，是生物体如何把外界环境中的多种形式的最初能源转换成对一切生命活动都能使用的通用能源——ATP。

第一节　微生物的产能代谢

在微生物的物质代谢中，与分解代谢相伴随的蕴含在营养物质中的能量逐步释放与转化的变化被称为产能代谢。微生物可以把有机物、光能和还原态无机物三大类最初能源转化成ATP：

$$\text{最初能源}\begin{cases}\text{有机物}\xrightarrow{\text{化能异养微生物}}\\ \text{还原态无机物}\xrightarrow{\text{化能自养微生物}}\\ \text{日光}\xrightarrow{\text{光能营养微生物}}\end{cases}\text{通用能源(ATP)}$$

微生物细胞内的产能与能量储存、转换和利用主要依赖于氧化还原反应。发生在生物细胞内的氧化还原反应通常被称为生物氧化(biological oxidation)。微生物的产能代谢即是细胞内化学物质经过一系列的氧化还原反应而逐步分解，同时释放能量的生物氧化过程。营养物质分解代谢释放的能量，一部分通过合成ATP等高能化合物而被捕获，另一部分能量以电子与质子的形式转移给一些递能分子如NAD、NADP、FMN、FAD等形成还原力NADH、NADPH、FMNH和FADH，参与生物合成中需要还原力的反应，还有一部分以热的方式释放。另有一部分微生物能捕获光能并将其转化为化学能以提供生命活动所需的能量。

微生物产能代谢具有丰富的多样性，但可归纳为两类途径和三种方式，即发酵、呼吸(含有氧呼吸和无氧呼吸)两类通过营养物分解代谢产生和获得能量的途径，以及通过底物水平磷酸化(substrate level phosphorylation)、氧化磷酸化 (oxidation phosphorylation) 和光合磷酸化 (photo-phosphorylation) 三种化能与光能转换为生物通用能源物质(ATP)的转换方式。

一、化能异养微生物的生物氧化和产能

化能异养微生物的生物氧化，依据受氢过程中最终受氢体性质的不同分为发酵(fermentation)和呼吸(respiration)两种类型。下面以化能异养微生物通常利用的生物氧化基质——葡萄糖为例来加以说明。

1. 发酵

广义的“发酵”是指利用微生物生产有用代谢产物的一种生产方式。狭义的“发酵”指有机物氧化释放的电子未经电子传递链传递，直接交给本身未完全氧化的某种中间产物，同时释放能量并产生各种不同的代谢产物。有机化合物只是部分地被氧化，因此，只释放出一小部分的能量。发酵过程的氧化是与有机物的还原偶联在一起的。被还原的有机物来自于初始发酵的分解代谢，即不需要外界提供电子受体。

1）发酵途径

发酵的种类有很多，可发酵的底物有糖类、有机酸、氨基酸等，其中，以微生物发酵葡萄糖最为重要。生物体内葡萄糖被降解成丙酮酸的过程称为糖酵解(glycolysis)，糖酵解是发酵的基础，主要有四种途径：EMP途径、HMP途径、ED途径和WD途径。另外，还有利用氨基酸发酵产能方式——Stichland反应。

(1) EMP (Embden-Meyerhof pathway)途径　又称糖酵解(glycosis)途径或己糖二磷酸途径(hexose diphosphate pathway)，是绝大多数生物共有的一条主流代谢途径。以1分子葡萄糖为起始底物，历经10步反应，产生2分子ATP，同时生成2分子$NADH_2$和2分子丙酮酸，整个代谢途径分为两个阶段：耗能阶段和产能阶段(图5-1)。

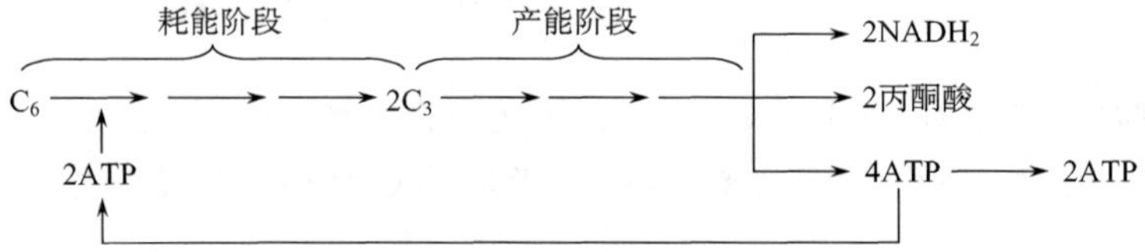

图5-1　EMP途径的简图

C_6为葡萄糖；C_3为3-磷酸甘油醛

EMP途径总反应式为

$$C_6H_{12}O_6 + 2NAD^+ + 2ADP + 2Pi \longrightarrow 2CH_3COCOOH + 2NADH + 2H^+ + 2ATP + 2H_2O$$

EMP途径终产物$2NADH_2$在有氧条件下可经呼吸链的氧化磷酸化反应产生6ATP，而在无氧条件下，则可把丙酮酸还原成乳酸，或把丙酮酸脱羧产物——乙醛还原成乙醇。

EMP途径的产能效率虽然低，但生理功能非常重要：供应ATP能量和$NADH_2$还原力；连接其他几个重要代谢途径的桥梁，如HMP途径、ED途径和TCA等；为生物合成提供多种中间代谢产物；逆向反应可进行多糖合成。从EMP途径与人类生产实践关系来看，与乙醇、乳酸、甘油、丙酮和丁醇等发酵生产关系密切。

绝大多数微生物都有EMP途径，包括大部分厌氧细菌，如梭菌属(*Clostridium*)，螺旋菌属(*Spirillum*)等；兼性好氧细菌，如大肠杆菌(*E. coli*)；以及专性好氧细菌等。

(2) HMP(hexose monophosphate pathway)途径　又称磷酸戊糖途径(pentose phosphate pathway)或支路(shunt)，是循环途径。葡萄糖未经EMP途径和TCA循环而彻底氧化，有6分子葡萄糖以6-磷酸葡萄糖的形式参与，循环1次用去1分子葡萄糖，产生大量$NADPH_2$形式的还原力和多种中间代谢产物(图5-2)。

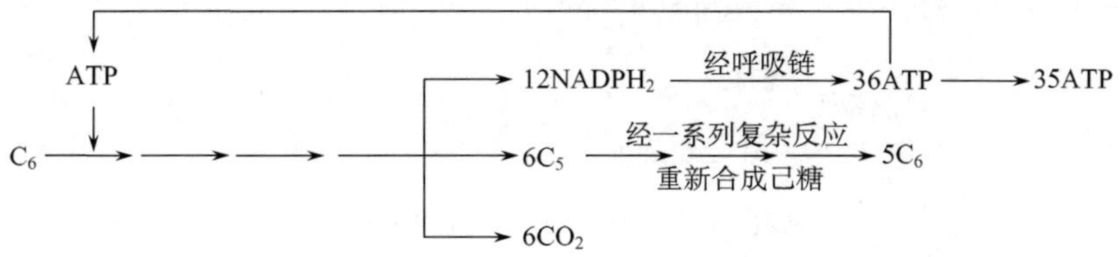

图 5-2　HMP 途径的简图

C_6 为己糖或己糖磷酸；C_5 为 5-磷酸核酮糖

HMP 途径总反应式为

$$6\text{葡萄糖-6-磷酸} + 12NADP^+ + 6H_2O \longrightarrow 5\text{葡萄糖-6-磷酸} + 12NADPH + 12H^+ + 6CO_2 + Pi$$

HMP 途径的生理功能主要有：为生物合成提供多种碳骨架，5-磷酸核糖可以合成嘌呤、嘧啶核苷酸，进一步合成核酸，5-磷酸核糖也是合成辅酶[NAD(P)，FAD(FMN)和 CoA]的原料，4-磷酸赤藓糖是合成芳香族氨基酸的前体；HMP 途径中的 5-磷酸核酮糖可以转化为 1，5-二磷酸核酮糖，在羧化酶催化下固定 CO_2，这对于光能自养菌和化能自养菌具有重要意义；为生物合成提供还原力($NADPH_2$)。从 HMP 途径与生产实践关系来说，通过 HMP 途径可提供许多重要的发酵产物，如核酸、核苷酸、氨基酸、辅酶和乳酸(异型)等。

大多数好氧和兼性厌氧微生物中都具有 HMP 途径，而且在同一种微生物中，EMP 和 HMP 途径常同时存在，单独具有 EMP 或 HMP 途径的微生物较少见。EMP 和 HMP 途径的一些中间产物也能交叉转化和利用，以满足微生物代谢的多种需要。

(3) ED 途径(Entner-Doudoroff pathway)　又称 2-酮-3-脱氧-6-磷酸葡糖酸(KDPG)途径，是恩纳(Entner)和道特洛夫(Doudoroff，1952 年)在研究嗜糖假单胞菌(*Pseudomonas saccharophila*)时发现的。

在这一途径中，6-磷酸葡萄糖先脱氢产生 6-磷酸葡萄糖酸，后在脱水酶和醛缩酶的作用下，生成 1 分子 3-磷酸甘油醛和 1 分子丙酮酸。3-磷酸甘油醛随后进入 EMP 途径转变成丙酮酸。1 分子葡萄糖经 ED 途径最后产生 2 分子丙酮酸，以及净得各 1 分子的 ATP、$NADPH_2$ 和 $NADH_2$。ED 途径见图 5-3。

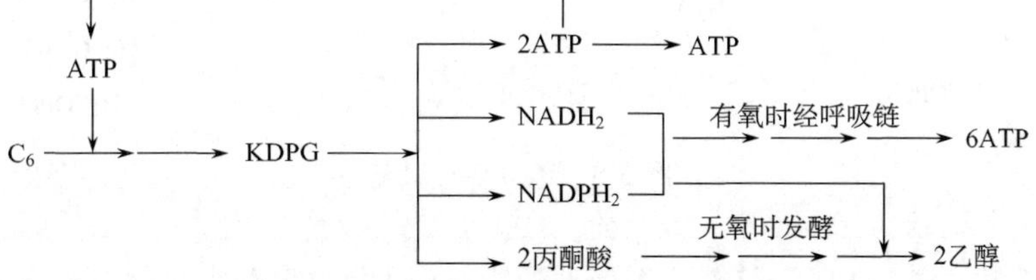

图 5-3　ED 途径的简图

C_6 为葡萄糖，KDPG 为 2-酮-3-脱氧-6-磷酸葡糖酸

ED 途径总反应式为

$$C_6H_{12}O_6 + NADP^+ + 2NAD^+ + ADP + Pi \longrightarrow 2CH_3COCOOH + NADPH + H^+ + NADH + H^+ + ATP$$

有关 ED 途径及关键反应的步骤见图 5-4 和图 5-5。

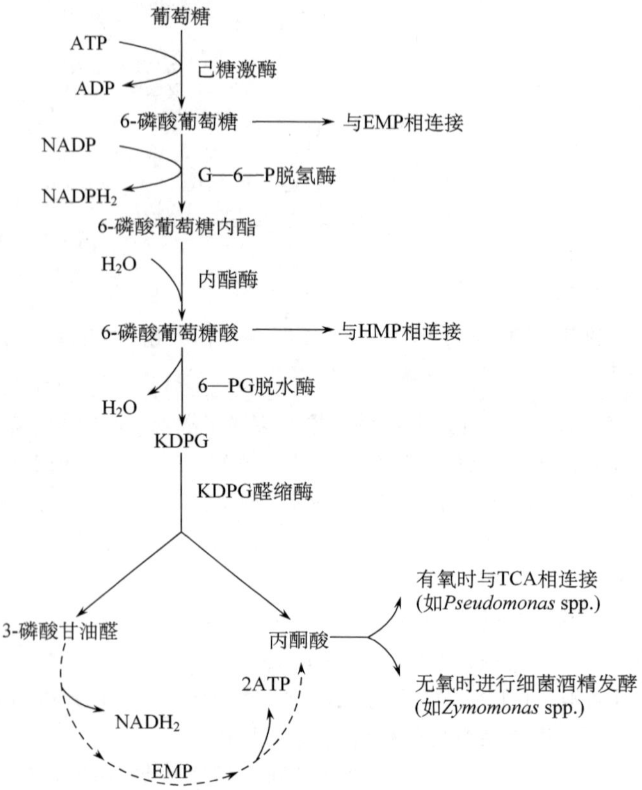

图 5-4　ED 途径的过程及与 EMP、HMP、TCA 的关系

G—6—P 为 6-磷酸葡萄糖；6—PG 为 6-磷酸葡萄糖酸

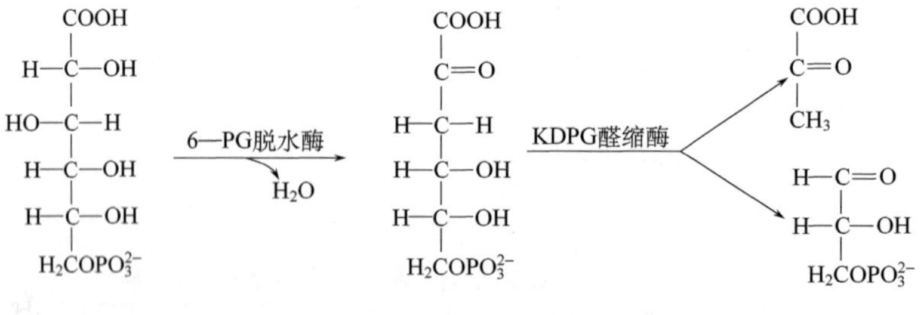

图 5-5　KDPG 的裂解

ED 途径的特点是：2-酮-3-脱氧-6-磷酸葡萄糖酸(KDPG)裂解为丙酮酸和 3-磷酸甘油醛是有别于其他途径的特征性反应；2-酮-3-脱氧-6-磷酸葡萄糖酸醛缩酶是 ED 途径特有的酶；ED 途径中最终产物，即 2 分子丙酮酸，其来历不同：1 分子是由 2-酮-3-脱氧-6-磷酸葡萄糖酸直接裂解产生，另 1 分子是由磷酸甘油醛经 EMP 途径获得，这 2 个丙酮酸的羧基分别来自葡萄糖分子的第一与第四位碳原子；1 mol 葡萄糖经 ED 途径只产生 1 mol ATP，从产能效率言，ED 途径不如 EMP 途径。

ED 途径是少数 EMP 途径不完整的细菌所特有的产能替代途径，可不依赖于 EMP 和 HMP

途径而独立存在，主要分布在革兰氏阴性的假单胞菌属的一些细菌中，如嗜糖假单胞菌(*Pseudomonas saccharophila*)，铜绿假单胞菌(*P. aeruginosa*)，荧光假单胞菌(*P. fluorescens*)和林氏假单胞菌(*P. lindneri*)等，以及运动发酵单胞菌(*Zymomonas mobilis*)和厌氧发酵单胞菌(*Z. anaerobia*)等一些发酵单胞菌中。固氮菌的某些菌株中也存在 ED 途径。

ED 途径产生的丙酮酸对于运动发酵单胞菌这类微好氧菌来说，可脱羧成乙醛，乙醛又可以被 $NADH_2$ 还原为乙醇。这种经 ED 途径发酵生产乙醇的方法称为细菌酒精发酵。细菌酒精发酵现已经用于工业生产，比传统的酵母酒精发酵有许多优点，如代谢速率高，转化率高，菌体少，副产物少，发酵温度高，不用定期供氧等。但缺点是发酵液 pH 较高，易污染，对乙醇耐受力较酵母低。

(4) WD 途径　WD 途径是由沃勃(Warburg)、狄更斯(Dickens)、霍克(Horecker)等人发现的，故称 WD 途径。由于 WD 途径中的特征性酶是磷酸解酮酶(Phosphoketolase)，所以又称磷酸解酮酶途径。根据磷酸解酮酶的不同，把具有磷酸戊糖解酮酶的叫 PK 途径，把具有磷酸己糖解酮酶的叫 HK 途径。

肠膜明串珠菌(*Leuconostoc mesenteroides*)，就是经 HK 途径利用葡萄糖进行异型乳酸发酵，途径中关键反应为 5-磷酸木酮糖裂解为乙酰磷酸和 3-磷酸甘油醛，催化该反应的酶是磷酸戊糖解酮酶，乙酰磷酸进一步生成乙酸，3-磷酸甘油醛转化为乳酸。1 分子葡萄糖生成乳酸、乙醇、CO_2、ATP 和 NADH $+H^+$ 各 1 分子(图 5-6)。

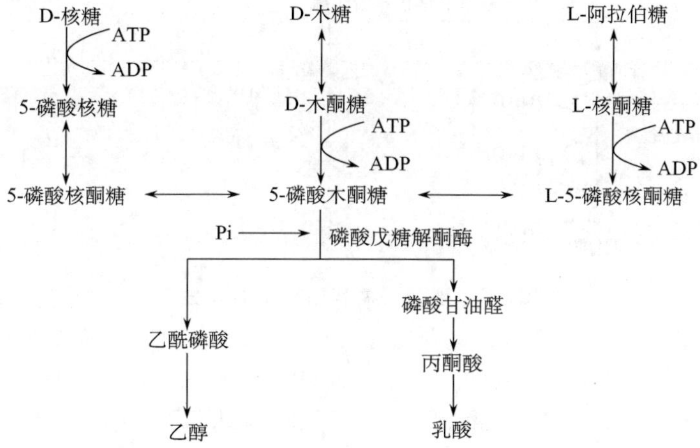

图 5-6　磷酸戊糖解酮酶 (PK)途径

而两歧双歧杆菌(*Bifidobacterium bifidum*)则是利用磷酸己糖解酮酶途径分解葡萄糖产生乙酸和乳酸的。在这条途径中，1 分子 6-磷酸果糖由磷酸己糖解酮酶催化裂解为 4-磷酸赤藓糖和乙酰磷酸；另 1 分子 6-磷酸果糖则与 4-磷酸赤藓糖反应生成 2 分子磷酸戊糖。其中 1 分子 5-磷酸核糖在磷酸戊糖解酮酶的催化下分解成 3-磷酸甘油醛和乙酰磷酸。1 分子葡萄糖经磷酸己糖解酮酶途径生成 1 分子乳酸、1.5 分子乙酸和 2.5 分子 ATP。见图 5-7 磷酸己糖解酮酶 HK 途径。

(5) Stickland 反应　上述 4 条途径均是以糖类为起始底物的代谢途径。而早在 1934 年，L. H. Stickland 发现，某些厌氧梭菌如生孢梭菌(*Clostridium sporogenes*)等，可把一些氨基酸当作碳源、氮源和能源。这种以一种氨基酸作氢供体，另一种氨基酸作为氢受体进行生物氧化并获得能量的独特的产能方式，称为 Stickland 反应。Stickland 反应是经底物水平磷酸化生成 ATP，

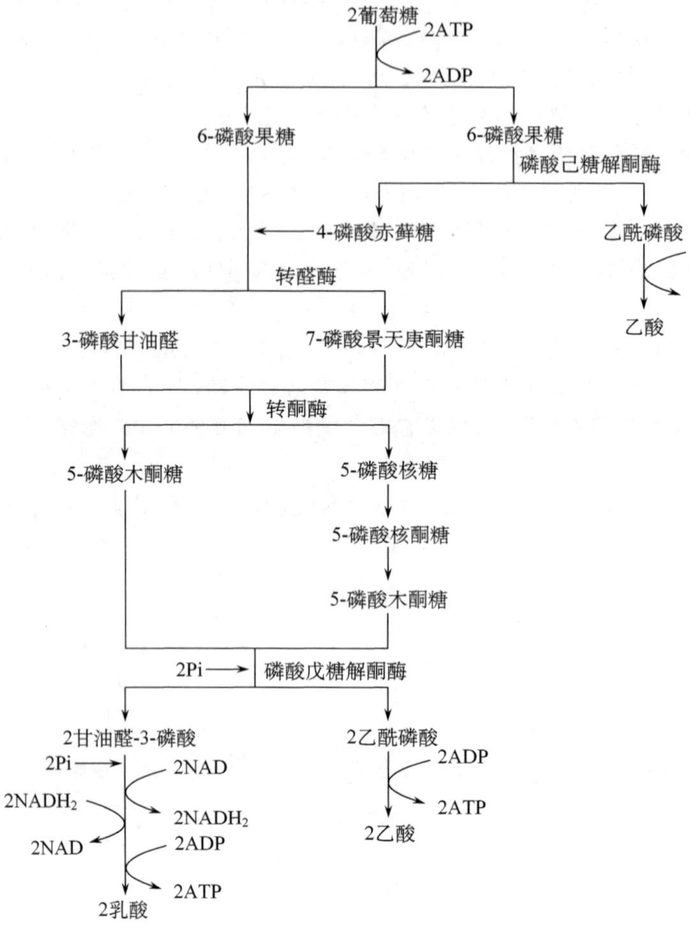

图 5-7　磷酸己糖解酮酶（HK）途径

其产能效率相对较低，1 分子氨基酸仅产 1 分子 ATP。在 Stickland 反应中，作为供氢体的有多种氨基酸，如丙氨酸、亮氨酸、异亮氨酸、缬氨酸、组氨酸、苯丙氨酸、丝氨酸和色氨酸等，作为受氢体的主要有甘氨酸、脯氨酸、羟脯氨酸、色氨酸和精氨酸等。*Clostridium sporogenes* 中以丙氨酸为供氢体和以甘氨酸为受氢体的 Stickland 反应途径见图 5-8。它们的总反应是

$$2\text{丙氨酸}+2\text{甘氨酸}\xrightarrow{ADP\;\rightarrow\;ATP}3\text{乙酸}+3NH_3+CO_2$$

2）发酵途径中的底物水平磷酸化

在发酵途径中，通过底物水平磷酸化（substrate level phosphorylation，SLP）合成 ATP，是营养物质中释放的化学能转换成细胞可利用的自由能的主要方式。底物水平磷酸化是指 ATP 的形成直接由一个代谢中间产物上的高能磷酸基团转移到 ADP 分子上的作用（图 5-9）。

在上述发酵过程中，形成的富能中间产物如磷酸烯醇式丙酮酸、乙酰-CoA 等酰基化合物，通过底物水平磷酸化形成 ATP。底物水平磷酸化既存在于发酵过程中，也存在于呼吸作用过程的某些步骤中。如在 EMP 途径中，1，3-二磷酸甘油酸转变为 3-磷酸甘油酸以及磷酸烯醇式

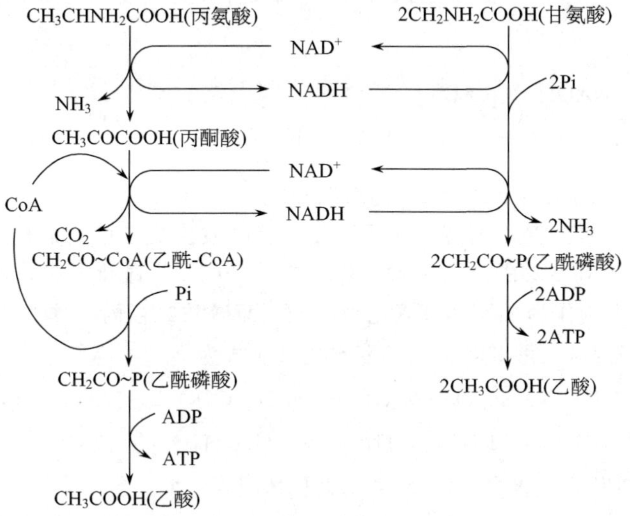

图 5-8　Stickland 反应的机制

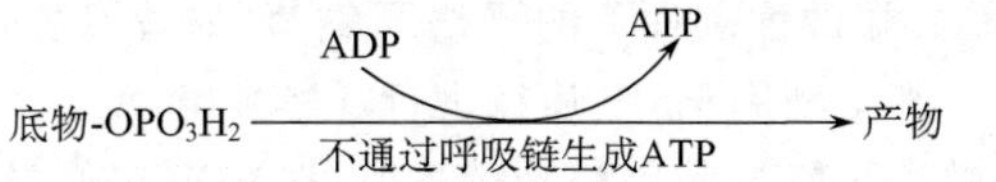

图 5-9　底物水平磷酸化生成 ATP 的反应

丙酮酸转变为丙酮酸的过程中，均通过底物水平磷酸化分别产生 1 分子 ATP。在三羧酸循环中(图 5-14)，琥珀酰辅酶 A 转变为琥珀酸时通过底物水平磷酸化生成 1 分子高能磷酸化合物 GTP。

3) 发酵类型

在葡萄糖转化为丙酮酸后，厌氧微生物和无氧条件下的兼性厌氧微生物可以通过不同的途径将丙酮酸转化为多种发酵产物。根据发酵产物的种类可分为乙醇发酵、乳酸发酵、混合酸和丁二醇发酵、丁酸型发酵、丙酮-丁醇发酵、乙酸发酵以及丙酸发酵等，下面主要介绍与 EMP、HMP、ED 和 WD 途径有关的发酵。

(1) 酵母菌的发酵　酵母菌如酿酒酵母(*Saccharomyces cerevisiae*)利用葡萄糖进行的发酵，可根据不同条件下代谢产物的不同分为三种类型：

Ⅰ型发酵：即酵母的乙醇发酵，又称同型乙醇发酵(homoalcholic fermentation)，发酵产物只有乙醇一种。酵母菌将葡萄糖经 EMP 途径降解生成 2 分子终端产物丙酮酸，丙酮酸脱羧生成乙醛，乙醛作为氢受体使 $NADH_2$ 氧化生成 NAD^+，同时乙醛被还原生成乙醇，这种发酵类型称为酵母的Ⅰ型发酵。

$$CH_3COCOOH \xrightarrow{\ \ \nearrow CO_2\ \ } CH_3CHO \xrightarrow{NADH \searrow\nearrow NAD^+} CH_3CH_2OH$$

在酒精工业上，就是利用酿酒酵母(*S. cerevisiae*)的Ⅰ型发酵，主要以淀粉等碳水化合物降解后的葡萄糖等可发酵性糖为底物生产酒精的。

Ⅱ型发酵：当环境中存在亚硫酸氢钠时，亚硫酸氢钠可与乙醛反应，生成难溶的磺化羟基乙醛，该化合物失去了作为受氢体使 $NADH_2$ 脱氢并氧化的性能，而不能形成乙醇，转而使磷酸二羟丙酮替代乙醛作为受氢体，生成 α-磷酸甘油，α-磷酸甘油进一步水解脱磷酸生成甘油，此称为酵母的Ⅱ型发酵。

$$HOCH_2COCHOHP \xrightarrow{NADH \to NAD^+} HOCH_2CHOHCHOHP \xrightarrow{\to Pi} HOCH_2CHOHCH_2OH$$

这是利用酵母菌工业化生产甘油的“经典”途径。

Ⅲ 型发酵：葡萄糖经 EMP 途径生成丙酮酸，后脱羧生成乙醛，如处于弱碱性环境条件下(pH 7.6)，乙醛因得不到足够的氢而积累，2 个乙醛分子间发生歧化反应，1 分子乙醛作为氧化剂被还原成乙醇，另 1 个则作为还原剂被氧化为乙酸。而磷酸二羟丙酮作为 $NADH_2$ 的氢受体，使 NAD^+ 再生，产物为乙醇、乙酸和甘油。乙醛歧化反应式为

$$CH_3CHO + H_2O + NAD^+ \longrightarrow CH_3COOH + NADH + H^+$$

$$CH_3CHO + NADH + H^+ \longrightarrow CH_3CH_2OH + NAD^+$$

Ⅱ型发酵与Ⅲ型发酵产能较少，一般在非生长情况下才能进行。

(2) 细菌乙醇发酵　不同的细菌进行乙醇发酵时，其发酵途径也各不相同。运动发酵单胞菌(*Zymomonas mobilis*)和厌氧发酵单胞菌(*Z. anaerobia*)是利用 ED 途径分解葡萄糖为丙酮酸，最后生成乙醇；一些生长在极端酸性条件下的严格厌氧菌，如胃八叠球菌(*Sarcina ventriculi*)和肠杆菌(Enterobacteriaceae)则是利用 EMP 途径进行乙醇发酵。

(3) 乳酸发酵　许多微生物能发酵葡萄糖产生乳酸，根据它们发酵产物不同分为同型乳酸发酵(homolactic fermentation)和异型乳酸发酵(heterolactic fermentation)。

同型乳酸发酵是指 1 分子葡萄糖经 EMP 途径生成 2 分子丙酮酸，而后 2 分子丙酮酸被 2 分子 $NADH_2$ 全部还原成 2 分子乳酸。能进行同型乳酸发酵的微生物主要有德氏乳杆菌(*Lactobacillus delbruckii*)、保伐利亚乳杆菌(*L. bavaricus*)、嗜酸乳杆菌(*L. acidophilus*)、植物乳杆菌(*L. plantarum*)、干酪乳杆菌(*L. casei*)、粪肠球菌(*Streptococcus faecalis*)和乳酸乳球菌(*Lactococcus lactis*)等。

异型乳酸发酵是指葡萄糖经发酵后产生乳酸、乙醇(或乙酸)和 CO_2 等多种产物的发酵。肠膜明串珠菌(*Leuconostoc mesenteroides*)、乳脂明串珠菌(*L. cremoris*)、短乳杆菌(*L. brevis*)、发酵乳杆菌(*L. fermentum*)和两歧双歧杆菌(*Bifidobacterium bifidum*)等微生物，由于缺乏 EMP 途径中的醛缩酶和异构酶，因而只能依赖 HMP(或 WD)途径分解葡萄糖。此途径中，葡萄糖分解成 5-磷酸木酮糖，由磷酸戊糖解酮酶催化裂解成乙酰磷酸和 3-磷酸甘油醛，乙酰磷酸经两次还原成为乙醇，3-磷酸甘油醛经丙酮酸转化为乳酸。异型乳酸发酵只净产生 1 分子 ATP，比同型乳酸发酵细菌产能低。

不同的微生物虽然都进行异型乳酸发酵，但其发酵途径和产物仍有不同。如肠膜明串珠菌发酵葡萄糖产物为乳酸、乙醇和 CO_2，发酵核糖产物为乳酸和乙酸(图 5-6)，发酵果糖为乳酸、乙酸、CO_2 和甘露醇；又如两歧双歧杆菌利用 WD 途径把葡萄糖发酵为 2 分子乳酸、3 分子乙酸和 2.5 分子 ATP(图 5-7)。

(4) 混合酸发酵　某些肠杆菌，如埃希氏菌属(*Escherichia*)、沙门氏菌属(*Salmonella*)和志贺氏菌属(*Shigella*)中的一些菌，能通过发酵将 EMP 途径产生的丙酮酸转变成琥珀酸、乳酸、甲酸、乙醇、乙酸、H_2 和 CO_2 等多种代谢产物，由于该代谢产物中有多种有机酸，因此称为混合酸发酵(mixed acid fermentation)。葡萄糖分解成丙酮酸后，由多种酶系将丙酮酸转化成不同产物。乳酸由部分丙酮酸经乳酸脱氢酶催化而来；其余丙酮酸通过丙酮酸-甲酸裂解酶的作用生成甲酸

和乙酰-CoA，其中一部分乙酰-CoA在乙醛脱氢酶和乙醇脱氢酶作用下还原成乙醇，另一部分乙酰-CoA由磷酸转乙酰酶和乙酸激酶催化成乙酸；大肠杆菌和产气杆菌在厌氧条件下合成甲酸氢解酶，催化甲酸裂解成H_2和CO_2，而志贺氏菌没有甲酸氢解酶，只能产酸，不产气，这样就可把大肠杆菌和志贺氏菌区分开。而琥珀酸则由一部分磷酸烯醇式丙酮酸(PEP)经PEP羧化酶与苹果酸脱氢酶还原而来(图5-10)。混合酸发酵时，1分子葡萄糖产生2.5分子ATP。

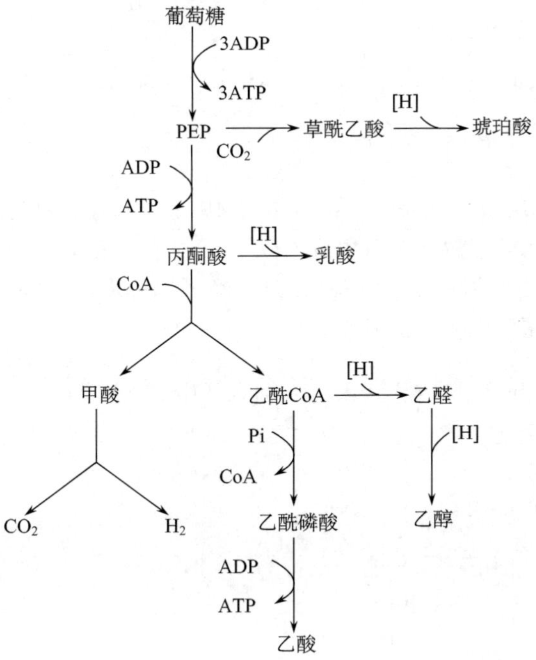

图5-10 混合酸发酵

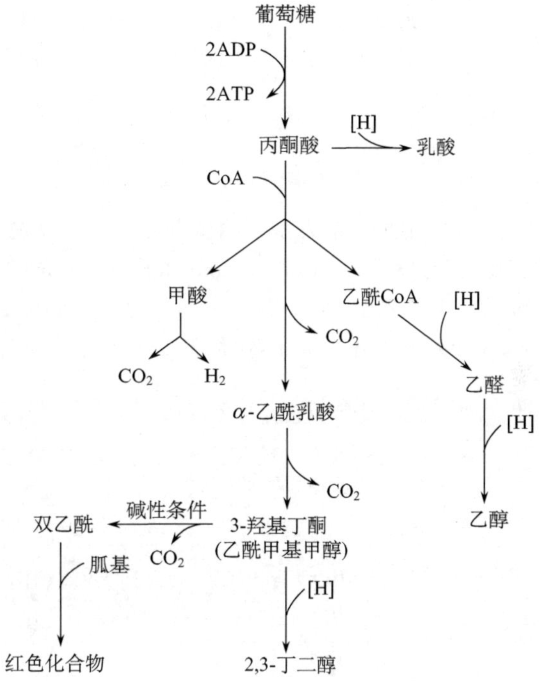

图5-11 2,3-丁二醇发酵及V.P.实验原理

(5) 2，3-丁二醇发酵 肠杆菌属(*Enterobacter*)、沙雷氏菌属(*Serratia*)和欧文氏菌属(*Erwinia*)中的一些细菌，能够发酵葡萄糖产生大量2,3-丁二醇和少量的乳酸、乙醇、H_2和CO_2等多种代谢产物，被称为2，3-丁二醇发酵(butanediol fermentation)。EMP途径产生的丙酮酸通过缩合与脱羧两步反应生成乙酰甲基甲醇(3-羟基丁酮)，然后进一步还原成2,3-丁二醇，1分子葡萄糖产生2分子ATP(图5-11)。

乙酰甲基甲醇在碱性条件下，容易被氧化成双乙酰，双乙酰能与精氨酸的胍基起反应产生红色化合物，这就是分类鉴定中常用的V. P.实验(Voges-Proskauer test)的原理。同样条件下，大肠杆菌不产生2,3-丁二醇发酵，因此大肠杆菌V. P.实验呈阴性，而产气杆菌呈阳性。

另外，产气杆菌产生的2,3-丁二醇发酵是中性的，而大肠杆菌的产物有多种有机酸，发酵液pH很低(<4.2)，所以甲基红实验(methylene red test)结果为大肠杆菌为阳性，而产气杆菌为阴性。

(6) 丁酸发酵 丁酸羧状芽孢杆菌(*Clostridium butyricum*)能够发酵葡萄糖产生丁酸，该过程称为丁酸发酵(Butyric acid fermentation)。EMP途径产生的丙酮酸首先被脱去CO_2生产乙酰-CoA和H_2，乙酰CoA进一步生成乙酰磷酸，乙酰磷酸可与ADP反应生成ATP。同时乙酰CoA能够在缩合后逐步还原成丁酸(图5-12)。1分子葡萄糖产生3分子ATP。

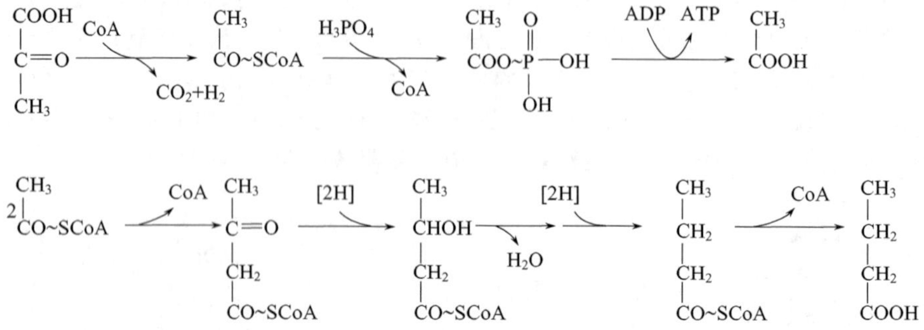

图 5-12　丁酸发酵

(7) 丙酮-丁醇发酵　丙酮丁醇梭菌(*Clostridium acetobutylicum*)在 EMP 途径基础上进行丙酮-丁醇发酵(acetone-butanol fermentation)。丙酮酸脱羧脱氢生成乙酰 CoA,2 分子乙酰 CoA 缩合成乙酰乙酰 CoA,其中一部分脱 CoA、脱羧生产丙酮;而另一部分先后经还原脱水,还原脱 CoA 和第三次还原成丁醇(图 5-13),1 分子葡萄糖产生 2 分子 ATP。

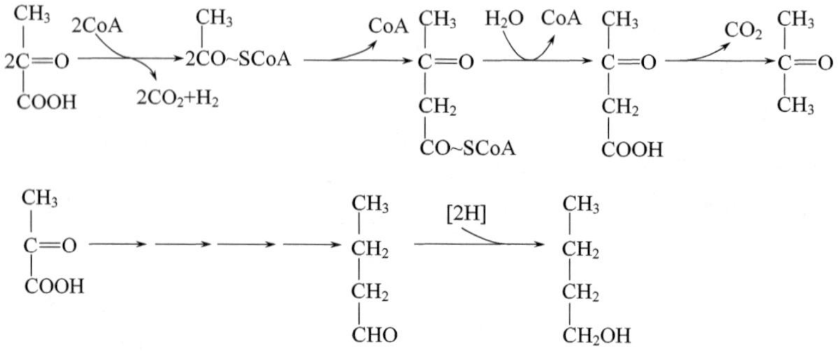

图 5-13　丙酮-丁醇发酵

2. 呼吸

微生物在降解底物时,释放出的电子(氢)通过呼吸链(也称电子传递链)最终传递给外源电子受体 O_2 或氧化型化合物,从而生成 H_2O 或还原型产物并释放能量的过程,称为呼吸或呼吸作用(respiration)。在呼吸过程中通过氧化磷酸化合成 ATP。呼吸与氧化磷酸化是微生物特别是好氧性微生物产能代谢中形成 ATP 的主要途径。在呼吸作用中,NAD、NADP、FAD 和 FMN 等电子载体是呼吸链电子传递的载体。因此,它们在呼吸产能代谢中发挥着更为重要的作用。

呼吸又可根据在呼吸链末端接受电子的是氧还是氧以外的氧化型物质,将它分为有氧呼吸与无氧呼吸两种类型。以分子氧作为最终电子受体的称为有氧呼吸 (aerobic respiration),而以氧以外的外源氧化型化合物作为最终电子受体的称为无氧呼吸 (anoxic respiration)。由于葡萄糖在有氧呼吸中产生的能量要比在发酵中产生的多,所以在有氧条件下,兼性厌氧微生物终止厌氧发酵而转向有氧呼吸,这种呼吸抑制发酵的现象称为巴斯德效应(Pasteur effect)。

呼吸作用与发酵作用的根本区别在于:呼吸作用中,电子载体不是将电子直接传递给底物降解的中间产物,而是交给呼吸链的电子传递系统,在沿呼吸链传递过程中逐步释放出能量并合成 ATP,最终交给最终电子受体。微生物通过呼吸作用能分解的有机物种类繁多,包括糖类、脂肪酸、氨基酸和许多醇类等。

1）有氧呼吸

1 分子葡萄糖在有氧条件下通过有氧呼吸彻底氧化成为 CO_2 和 H_2O 并产生 38 分子 ATP。有氧呼吸由 3 部分组成：葡萄糖首先经 EMP 途径生成 2 分子丙酮酸，产生 2 分子 ATP 和 2 分子 $NADH_2$；丙酮酸氧化脱羧、脱氢并与 CoA 结合生成 2 分子乙酰-CoA 和 2 分子 $NADH_2$；乙酰-CoA 进入三羧酸循环。上述过程中脱的氢（电子）最终交给分子氧生成 H_2O，形成的 10 分子 $NADH_2$ 和 2 分子 $FADH_2$ 进入电子传递链，经氧化磷酸化产生 34 分子 ATP，加上底物水平磷酸化产生的 4 分子 ATP，一共是 38 分子 ATP。由此可见，三羧酸循环和电子传递是有氧呼吸中两个重要的产能环节。

（1）三羧酸循环（tricarboxylic acid cycle，TCA 循环）　葡萄糖经 EMP 途径酵解形成的丙酮酸，在无氧的条件下经发酵转变成不同的发酵产物，如乳酸、乙醇和 CO_2 等，并产生少量能量。但在环境有氧的条件下，细胞行有氧呼吸，丙酮酸先转变为乙酰 CoA（acetyl-coenzymeA，acetyl-CoA），随即进入 TCA 循环，被彻底氧化生成 CO_2 和水，同时释放大量能量（图 5-14）。从 TCA 循环图与电子传递链产能反应（图 5-14 和图 5-16）可见，1 分子丙酮酸经 TCA 循环而被彻底氧化，共释放出 3 分子 CO_2，生成 4 分子的 $NADH_2$ 和 1 分子的 $FADH_2$，通过底物水平磷酸化产生 1 分子的 GTP。因此，1 分子的丙酮酸经有氧呼吸彻底氧化，生成 15 分子 ATP。

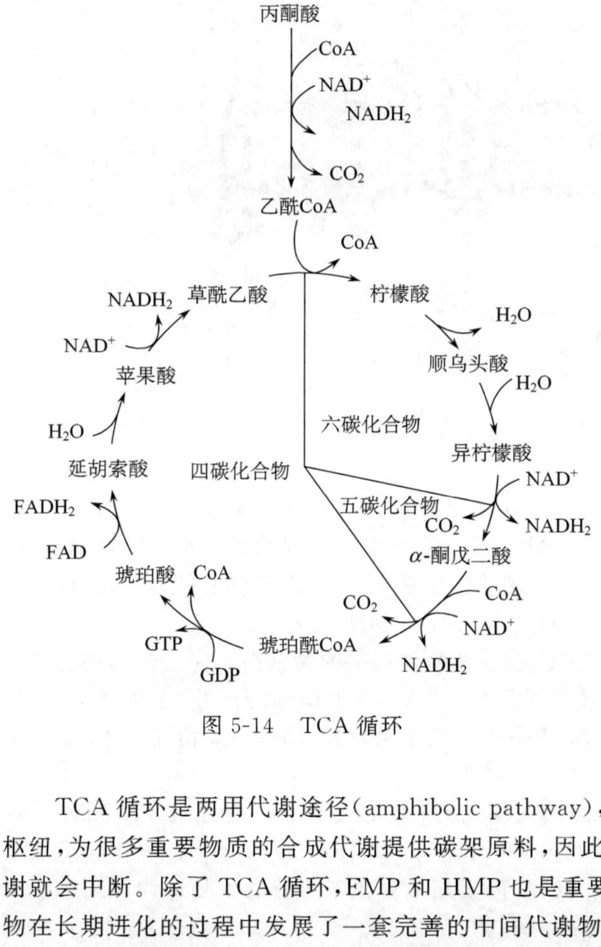

图 5-14　TCA 循环

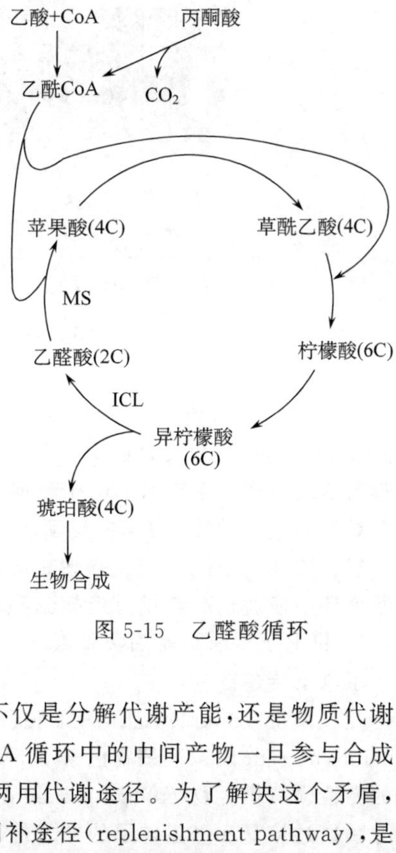

图 5-15　乙醛酸循环

TCA 循环是两用代谢途径（amphibolic pathway），即不仅是分解代谢产能，还是物质代谢的枢纽，为很多重要物质的合成代谢提供碳架原料，因此 TCA 循环中的中间产物一旦参与合成代谢就会中断。除了 TCA 循环，EMP 和 HMP 也是重要的两用代谢途径。为了解决这个矛盾，生物在长期进化的过程中发展了一套完善的中间代谢物的回补途径（replenishment pathway），是指能补充两用代谢途径中因合成代谢而消耗的中间代谢物的反应。回补途径很多，与 TCA 循环有关的一条重要回补途径是乙醛酸循环(glyoxylate cycle,又称 TCA 循环支路)(图 5-15)。

乙醛酸循环中有两个关键酶——异柠檬酸裂合酶(isocitrate lyase,ICL)和苹果酸合成酶(malate synthase,MS)。某些利用乙酸的微生物通过其乙酰-CoA 合成酶转化乙酸为乙酰-CoA。进入乙醛酸循环,合成异柠檬酸,然后在异柠檬酸裂合酶催化下生成乙醛酸和琥珀酸,再在苹果酸合成酶作用下将乙醛酸与乙酰-CoA 合成苹果酸,一次循环可产生 1 分子琥珀酸。

(2) 呼吸链及其组分与分布　呼吸链 (respiratory chain),也称电子传递链(electron transport chain,ETC)是指位于原核生物细胞膜上或真核生物线粒体膜上的、由一系列按氧化还原势由低到高顺序排列的氢(电子)传递体,其功能是把氢(电子)从低氧化还原势的化合物处逐级传递到氧化还原势高的分子氧或其他无机、有机氧化物,并使它们还原。无论原核还是真核微生物,呼吸链的主要组分是类似的,主要由蛋白质复合体组成,大致分为 5 个部分,分别称为 NADH-Q 还原酶(NADH-Q reductase)、琥珀酸-Q 还原酶(succinate-Q reductase)、细胞色素还原酶(cytochrome reductase)、细胞色素氧化酶(cytochrome oxidase)和 ATP 合成酶(adenosine triphosphate synthase)。典型的呼吸链组分及其在链中的排列顺序、电子传递方向见下列流程与图 5-16。此外,还有一些非蛋白的电子载体,如脂溶性醌类等。

NAD(P)-FP(黄素蛋白)-Fe-S(铁硫蛋白)-CoQ(辅酶 Q)-Cytb-Cytc-Cyta-$Cyta_3$

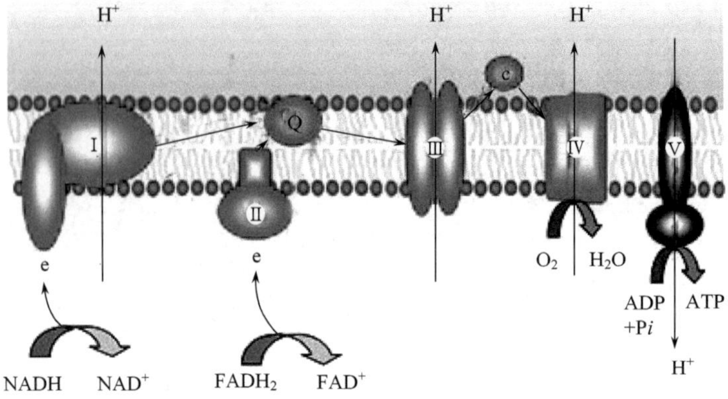

图 5-16　典型的呼吸链及其 5 种复合体

图 5-16 中复合体Ⅰ(complexⅠ)为 NADH-Q 还原酶,又称为 NADH 脱氢酶(NADH dehydrogenase),简称为复合体Ⅰ。FMN、CoQ、NAD 均为 NADH-Q 还原酶的辅酶。NAD 是不与内膜紧密结合而自由扩散的电子传递链组分。此酶的作用是先与 NADH 结合并将 NADH 上的两个高势能电子转移到 FMN 辅酶上,使 NADH 氧化,并使 FMN 还原。

复合体Ⅱ(complexⅡ)是琥珀酸-Q 还原酶,位于线粒体内膜的酶蛋白。完整的酶还包括柠檬酸循环中使琥珀酸氧化为延胡索酸的琥珀酸脱氢酶。$FADH_2$ 为该酶的辅基,在传递电子时,$FADH_2$ 将电子传递给琥珀酸脱氢酶分子的铁-硫蛋白。电子经过铁-硫蛋白又传递给 CoQ 从而进入了电子传递链。

复合体Ⅲ(complex Ⅲ)为细胞色素还原酶,又称辅酶-Q 细胞色素 c 还原酶(coenzyme Q-cytochrome reductase)、细胞色素 bc_1 复合体(cytochrome bc_1 complex)或简称 bc_1 等。除了极少数的专性厌氧微生物(obligate anaerobe)外,细胞色素几乎存在于所有的生物体内。细胞色素还原酶通过接受和送走电子的方式传递高势能的电子。

复合体Ⅳ(complex Ⅳ)为细胞色素氧化酶。细胞色素氧化酶又称为细胞色素 c 氧化酶(cytochrome c oxidase)。其功能是接受细胞色素 c 传过来的电子并最终交给 O_2,经过一系列反应生成 H_2O。

复合体Ⅴ(complex Ⅴ)又称 ATP 合成酶或 H^+-ATP 酶复合物。由 8 种不同亚基组成,相对分子质量是 $8.2\times10^3\sim5.52\times10^4$,它们又分别组成两个蛋白质复合体($F_1$-$F_0$)。$F_1$ 从内膜伸入基质中,突出于膜表面,具有亲水性,酶的催化部位就位于其中。F_0 疏水,嵌入内膜磷脂之中,内有质子通道(图 5-17),它利用呼吸链上复合体Ⅰ、Ⅲ、Ⅳ运行产生的质子能,将 ADP 和 Pi 合成 ATP,也能催化与质子从内膜基质侧向内膜外侧转移相联的 ATP 水解(图 5-17)。

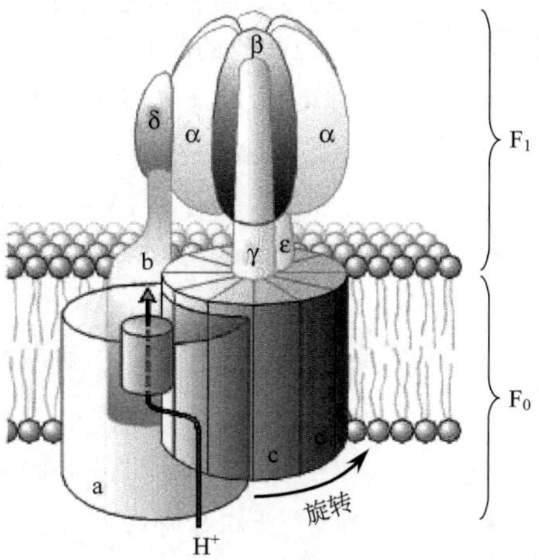

图 5-17 ATP 合成酶结构与 ATP 合成

(3) 电子传递与氧化磷酸化 氧化磷酸化(oxidative phosphorylation)或称电子转移磷酸化(electron transfer phosphorylation, ETP)是指将呼吸链在传递氢(电子)过程中释放的能量与 ADP 磷酸化相偶联产生 ATP 的过程。以 NADH 为起端的电子传递链上,释放自由能的部位有 3 处:由复合体Ⅰ将 NADH 放出的电子经 FMN 传递给 CoQ 的过程是第 1 个 ATP 合成部位;第 2 个部位是复合体Ⅲ,它将电子由 CoQ 传递给细胞色素 c 的过程中合成 ATP;第 3 个 ATP 合成部位是复合体Ⅳ,其将电子从细胞色素 c 传递给氧的过程中合成 ATP。

从图 5-16 可见,$FADH_2$ 氧化释放的电子未经 FMN 而直接交给 CoQ,因为琥珀酸-Q 还原酶将电子从 $FADH_2$ 转移到 CoQ 上的标准氧还电势变化(电势差)所蕴含的自由能不足以合成一个 ATP。故该电子依次继续向细胞色素系统传递至 Cyt c 的过程中才形成 1 个 ATP。因此,凡以 $FADH_2$ 所携带的高势能电子传经呼吸链仅生成 2 个 ATP,而 NADH 所携带的高势能电子传经呼吸链生成 3 个 ATP。故 NADH 提供的电子,其 P/O=3,而 $FADH_2$ 提供的电子,其 P/O=2。

关于氧化磷酸化作用产生 ATP 有三种假说,即:化学偶联假说(chemical coupling hypothesis)、结构偶联假说(conformational coupling hypothesis)和由 Michaell 提出的化学渗透假说(chemiosmotic hypothesis)。其中化学渗透假说已获得相对较多的实验证据支持并为较多学者所认同。

就目前所知,电子传递链上氧化磷酸化合成 ATP 的大致机制是:电子在呼吸链传递产生的自由能,在特定的部位被称为质子泵(proton pump)驱动 H^+ 从基质跨过内膜到达膜间隙的一边,从而形成内膜两边电化学电势差,使基质的 H^+ 浓度低于膜间隙,因而基质形成负电势,而膜间隙形成正电势。这样就形成了电化学梯度即电动势(electromotive force, EMF),此可称为质子动势(protonmotive force, PMF),这种质子动势蕴含的自由能作为动力,驱动位于内膜中的 ATP 合成酶(复合体 V)将 H^+ 从膜间隙一边经质子通道泵回至基质一边,在这一过程中将能量转移给 ADP 与 Pi 合成 ATP,同时降低内膜两边的电化学电势差,并实现 H^+ 的跨膜循环(图 5-16,图5-17)。

2) 无氧呼吸

无氧呼吸(anoxic respiration)也称厌氧呼吸,指在厌氧条件下,某些厌氧和兼性厌氧微生物以外源无机氧化物(少数为有机氧化物)为末端氢(电子)受体时发生的一类产能效率低的特殊呼吸。在无氧呼吸中,作为最终电子受体的物质不是分子氧,而是 NO_3^-、NO_2^-、SO_4^{2-}、$S_2O_3^{2-}$、

CO_2和Fe^{3+}等这类外源无机氧合物。与发酵不同，无氧呼吸也需要细胞色素等电子传递体，并在能量分级释放过程中伴随有氧化磷酸化作用而生成ATP，也能产生较多的能量。但由于部分能量在没有充分释放之前就随电子传递给了最终电子受体，故产生的能量比有氧呼吸少。在无氧呼吸中，作为能源物质的呼吸基质一般是有机物，如葡萄糖、乙酸等，通过无氧呼吸也可被彻底氧化成CO_2，并伴随有ATP的生成。根据呼吸链末端电子受体的不同，可把无氧呼吸分成以下多种类型。

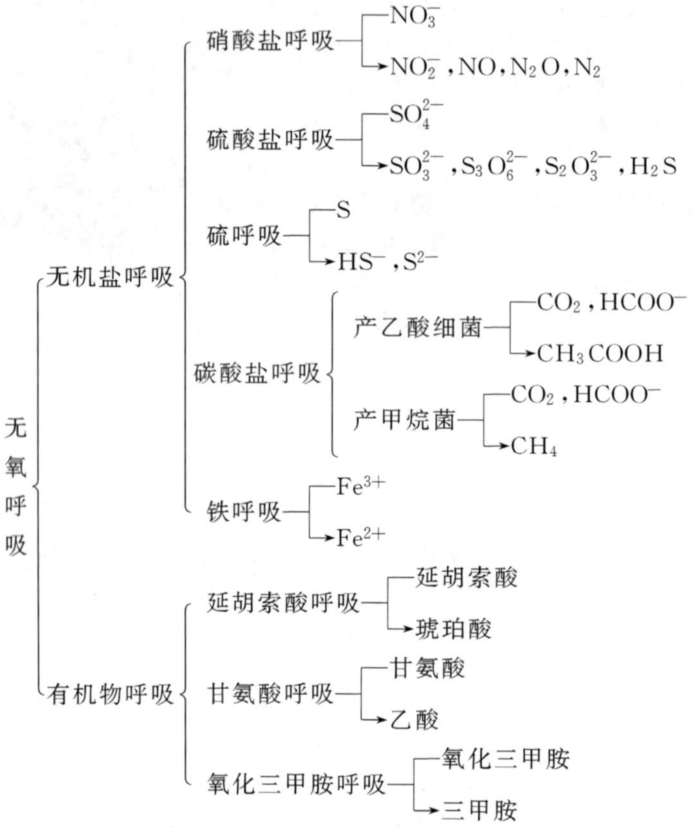

(1) 硝酸盐呼吸(nitrate respiration)　又称反硝化作用(denitrification)或异化性硝酸盐还原作用(dissimilative nitrate reduction)，是指在无氧条件下，某些兼性厌氧微生物利用硝酸盐作为呼吸链的最终氢受体，把它还原成亚硝酸、NO、N_2O直至N_2的过程。

能进行硝酸盐呼吸的都是兼性厌氧细菌——反硝化细菌，例如，地衣芽孢杆菌(*Bacillus licheniformis*)、脱氮副球菌(*Paracoccus denitrificans*)、脱氮硫杆菌(*Thiobacillus denitrificans*)和铜绿假单胞菌(*Pseudomonas aeruginosa*)等。此外还有生丝微菌属(*Hyphomicrobium*)、莫拉氏菌属(*Moraxella*)和螺菌属(*Spirillum*)一些成员。

反硝化作用在农业上是不利的，容易造成氮肥的损失，NO和N_2O还会污染环境。但没有反硝化作用，氮素循环就会中断；此外，它能去除水体中的硝酸盐，减少水体污染和富营养化而保护水生生物。

(2) 硫酸盐呼吸(sulfate respiration)　又称硫酸盐还原(sulfate reduction)，是一类称作硫酸盐还原细菌(或反硫化细菌)的严格厌氧菌在无氧条件下获取能量的方式，其特点是底物脱氢后，经呼吸链传递，最终末端氢受体是硫酸盐。除了硫酸盐外，作为电子受体的还有亚硫酸盐、硫代硫酸盐或其他氧化态硫化合物。硫酸盐呼吸的最终产物是 H_2S。能进行硫酸盐呼吸的严格厌氧菌有脱硫脱硫弧菌(*Desulfovibrio desulfuricans*)、巨大脱硫弧菌(*D. gigas*)和致黑脱硫肠状菌(*Desulfotomaculum nigrificans*)等。

硫酸盐呼吸的产物 H_2S 不仅造成水体和大气污染,还能引起埋于土壤和水底的金属管道与建筑构件的腐蚀。但硫酸盐还原细菌有清除重金属离子和有机物污染的作用;此外,在生态学上有特殊意义,如参与自然界硫循环和促进厌氧环境中有机物质循环等。

(3) 硫呼吸(sulfur respiration) 又称硫还原(sulfur reduction),是以无机硫作为呼吸链的最终氢受体并产生 H_2S 的生物氧化作用。能进行硫呼吸的都是一些兼性或专性厌氧菌,如氧化乙酸脱硫单胞菌(*Desulfuromonas acetoxidans*)。

(4) 碳酸盐呼吸(carbonate respiration) 又称碳酸盐还原(carbonate reduction),这是一类以 CO_2 或碳酸氢盐(HCO_3^-)为呼吸链末端氢受体的无氧呼吸。根据其还原产物不同分为两类:一是产甲烷菌(methanogens,methane-producing bacteria)产生甲烷的碳酸盐呼吸;二是产乙酸细菌产生乙酸的碳酸盐呼吸。它们都是严格专性厌氧菌,在厌氧生态系统中起重要作用。特别是产甲烷菌,作为厌氧生物链中最后一个成员,在自然界沼气形成以及环境保护的厌氧消化中担当重要角色。

(5) 铁呼吸(iron respiration) 在某些厌氧菌和兼性厌氧菌(包括化能异养细菌、化能自养细菌和某些真菌)中发现,其呼吸链末端的氢受体是 Fe^{3+}。

(6) 延胡索酸呼吸(fumarate respiration) 以延胡索酸作为末端氢受体,还原产物是琥珀酸。能进行延胡索酸呼吸的微生物都是一些兼性厌氧菌,如埃希氏菌属(*Escherichia*)、变形杆菌属(*Proteus*)、沙门氏菌属(*Salmonella*)和克氏杆菌属(*Klebsiella*)等肠杆菌;一些厌氧菌如拟杆菌属(*Bacteroides*)、丙酸杆菌属(*Propionibacterium*)和产琥珀酸弧菌(*Vibrio succinogenes*)等也能进行延胡索酸呼吸。

近年来,又发现了几种类似于延胡索酸呼吸的无氧呼吸,它们都以有机氧化物作为无氧条件下呼吸链的末端氢受体,如甘氨酸(还原成乙酸)、二甲基亚砜(DMSO,还原成二甲基硫化物,DMS)和氧化三甲基胺(还原成三甲基胺)等。

二、化能自养微生物的生物氧化和产能

好氧或兼性的化能无机自养型微生物能从无机化合物的氧化中获得能量。它们能以无机物如 NH_4^+、NO_2^-、H_2S、S、H_2 和 Fe^{2+} 等为呼吸基质,把它们作为电子供体,氧为最终电子受体,电子供体被氧化后释放的电子,经过呼吸链和氧化磷酸化合成 ATP,为还原同化 CO_2 提供能量。因此,化能自养菌一般是好氧菌。这类好氧型的化能无机自养型微生物分别属于氢细菌、硫细菌、硝化细菌和铁细菌等。它们广泛分布在土壤和水域中,并对自然界的物质转化起着重要的作用。

化能自养微生物对底物的要求具有严格的专一性,即用作能源的无机物及其代谢途径缺乏统一性。如硝化细菌不能氧化无机硫化物,同样,硫化细菌也不能氧化氨或亚硝酸。

上述各种无机化合物不仅可作为最初的能源供体,而且其中有些底物(如 NH_4^+、H_2S、H_2 等)还可作为质子供体,通过逆呼吸链传递方式形成用于还原 CO_2 的还原力($NADH_2$),但这个过程需要提供能量,是一个消耗 ATP 的反应。

与异养微生物比较,化能自养微生物的能量代谢有以下 3 个主要特点:① 无机底物的氧化直接与呼吸链相偶联。即无机底物由脱氢酶或氧化还原酶催化脱氢或脱电子后,随即进入呼吸链传递,这与异养微生物对葡萄糖等有机底物的氧化要经过多条途径逐级脱氢有明显差异;

② 呼吸链更具多样性，不同的化能自养微生物呼吸链组成与长短往往不一，氢或电子可以从任一组分进入呼吸链；③ 产能效率（即 P/O）一般低于化能异养微生物。

各种无机底物的氧化与呼吸链相偶联的具体位点，取决于被氧化无机底物的氧化还原电位，其氧化后释放的电子进入呼吸链的位置也不一样。上述这些还原态无机物中，除了 H_2 的氧化还原电位比 $NAD^+/NADH$ 相对稍低外，其余都明显高于它。因此，化能自养微生物呼吸链氧化磷酸化效率（P/O 比）比较低。图 5-18 所示的不同氧化还原电位的无机底物进入呼吸链的可能位点。

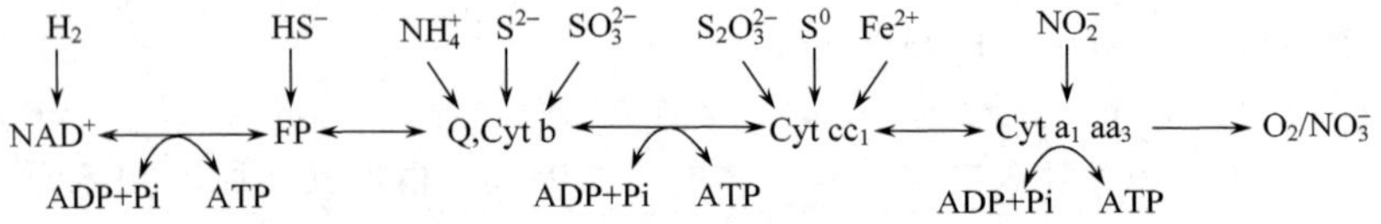

图 5-18　无机底物氧化时氢或电子进入呼吸链的部位

正向传递产生 ATP，逆向传递则消耗 ATP 并产生还原力[H]

1．硝化细菌

能利用还原无机氮化合物进行自养生长的细菌称为硝化细菌（nitrifying bacteria），它又分为两个亚群：亚硝化细菌（nitrosobacteria）（又称氨氧化细菌）和亚硝酸氧化细菌（nitrite-oxidizing bacteria），它们都属于硝化菌科（Nitrobacteraceae）。亚硝化细菌氧化氨成为亚硝酸，再由亚硝酸氧化细菌氧化亚硝酸成为硝酸，很多硝化细菌有非常发达的内膜系统。

亚硝化细菌通过两步反应氧化氨成为亚硝酸：

$$NH_3 + O_2 + NADH + H^+ \longrightarrow NH_2OH + H_2O + NAD^+ \text{（无能量产生）}$$

$$NH_2OH + O_2 \longrightarrow NO_2^- + H_2O + H^+ \text{（产生 1 分子 ATP）}$$

亚硝酸氧化细菌通过一步反应氧化亚硝酸成为硝酸：

$$2NO_2^- + O_2 \longrightarrow 2NO_3^- \text{（产生 1 分子 ATP）}$$

由于 NO_3^- / NO_2^- 对的氧化还原电位太高，所以硝化细菌的产能效率低，生长速度慢，平均代时 10 h 以上。硝化作用是自然界氮素循环中不可缺少的一环。

2．硫细菌

能够利用 H_2S、S 和 $S_2O_3^{2-}$ 等无机化合物进行自然生长的细菌都称为硫细菌（sulfur bacteria）或硫氧化细菌（sulfur-oxidizing bacteria），主要是硫杆菌属（*Thiobacillus*），还有贝日阿托氏菌属（*Beggiatoa*）、发硫菌属（*Thiothrix*）、硫微螺菌属（*Thiomicrospira*）、嗜热丝菌属（*Thermothrix*）和硫化叶菌属（*Sulfolobus*）等。硫细菌分为两个生态类型：生活在中性 pH 的类型（如硫微螺菌属和嗜热丝菌）和生活在酸性 pH 的类型（如氧化硫硫杆菌和氧化亚铁硫杆菌等）。硫杆菌利用 S^{2-} 和 S 产能的反应式为

$$S^{2-} + 2O_2 \longrightarrow SO_4^{2-} + 495.3 \text{ kJ/mol}$$

$$S + \frac{3}{2}O_2 + H_2O \longrightarrow SO_4^{2-} + 2H^+ + 139.8 \text{ kcal}$$

3．氢细菌

一个由各种能利用氢作为能源的细菌组成的生理类群称氢细菌（hydrogen bacteria）或氢氧化细菌（hydrogen oxidizing bacteria），主要有假单胞菌属、产碱杆菌属（*Alcaligenes*）、副球菌属、芽孢杆菌属、黄杆菌属（*Flavobacterium*）、分支杆菌属（*Mycobacterium*）和诺卡氏菌属（*Nocardia*）

等类群的成员。

氢细菌都是兼性化能自养菌，在有氢的条件下利用氢氧化放出能量同化 CO_2 而生长，在无氢的有氧条件下利用有机物（糖、有机酸、氨基酸、嘌呤或嘧啶）为能源生长。氢细菌利用氢产能的反应式为

$$H_2 + \frac{1}{2}O_2 \longrightarrow H_2O + 236.6\ kJ/mol$$

4. 铁细菌

少数能氧化 Fe^{2+} 成为 Fe^{3+} 并产能的细菌称为铁细菌（iron bacteria）或铁氧化细菌（iron-oxidizing bacteria）。铁细菌也是一个生理类群，包括亚铁杆菌属（*Ferrobacillus*）、嘉利翁氏菌属（*Gallionella*）、纤发菌属（*Leptothrix*）、泉发菌属（*Crenothrix*）和球衣菌属（*Sphaerotilus*）等。氧化亚铁硫杆菌（*Thiobacillus ferrooxidans*）和硫化叶菌的一些成员，除了能氧化还原性的硫化物外，还能氧化亚铁离子，所以它们既是硫细菌，也是铁细菌。大多数铁细菌为专性化能自养，且嗜酸性。氧化亚铁硫杆菌氧化铁反应只获得少量能量：

$$2Fe^{2+} + 2H^+ + \frac{1}{2}O_2 \longrightarrow 2Fe^{3+} + H_2O + 46.8\ kJ/mol$$

三、光能营养微生物的产能

光合作用是自然界一个极其重要的生物学过程，其实质是通过光合磷酸化将光能转变成化学能，用于还原 CO_2 合成细胞物质。光能营养微生物（phototrophs），包括了藻类、蓝细菌和紫细菌、绿细菌、嗜盐菌等光合细菌（photosynthetic bacteria）。它们利用光能维持生命，同时也为其他生物（如动物和异养微生物）提供了赖以生存的有机物。

- 光能营养型生物
  - 产氧
    - 真核生物：藻类及其他绿色植物
    - 原核生物：蓝细菌
  - 不产氧
    - 真细菌：光合细菌（厌氧菌）
    - 古细菌：嗜盐菌

1. 光合色素

光合色素是光合生物所特有的色素，是将光能转化为化学能的关键物质。光合色素可分为 3 类：叶绿素（chl）或细菌叶绿素（菌绿素，Bchl）、类胡萝卜素和藻胆素。高等植物和大部分藻类的光合色素是叶绿素 a、b 和类胡萝卜素；在许多藻类中除叶绿素 a、b 外，还有叶绿素 c、d 和藻胆素，如藻红素和藻蓝素；在光合细菌中是细菌叶绿素；在嗜盐菌中则是一种类似视紫红质的色素—11-顺-视黄醛（11-*cis*-retinal）。菌绿素和叶绿素化学结构相似，区别在于侧链基团不同，从而导致光吸收特性有差异（图 5-19）。

所有光合生物都有类胡萝卜素。类胡萝卜素虽然不直接参与光合反应，但它们有捕获光能的作用，能把吸收的光能高效地传给菌绿素（叶绿素）。此外，类胡萝卜素还有两个作用：一是可以作为叶绿素所催化的光氧化反应的淬灭剂，以保护光合结构不受光氧化损伤；二是可能在细胞能量代谢方面起辅助作用。

藻胆素因具有类似胆汁的颜色而得名，其化学结构与叶绿素相似，都含有 4 个吡咯环，但藻胆素没有长链植醇基，也没有镁原子，且 4 个吡咯环是直链的。

2. 光合磷酸化

光合磷酸化（photophosphorylation）：将光能转变为化学能的过程，即当一个叶绿素分子吸收光量子时，叶绿素或菌绿素被激活，导致其释放一个电子而被氧化，释放出的电子在电子传递系

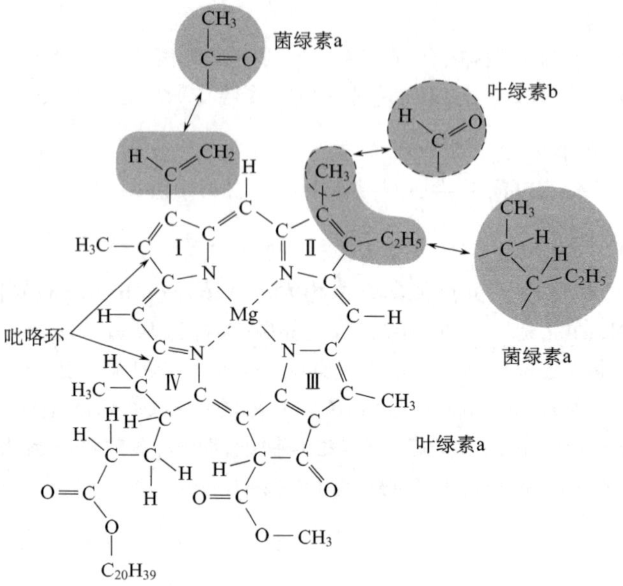

图 5-19　叶绿素和菌绿素的结构比较

统中的传递过程中逐步释放能量，并产生 ATP。光合磷酸化可分为环式和非环式两种。

1）非环式光合磷酸化(non-cyclic photophosphorylatioin)

放 O_2 型光合作用。各种绿色植物、蓝细菌和藻类共有的利用光能产生 ATP 的磷酸化反应。还原 CO_2 的电子来自于水的光解，含叶绿素，有光合系统Ⅰ和光合系统Ⅱ。从图 5-20 可见，在光合系统Ⅱ(PSⅡ)中藻蓝素(phc)和藻红素(phe)吸收光子并把能量传递给异藻蓝素（aphc)，再把能量传递给反应中心叶绿素（P_{680}），由 H_2O 提供电子还原质体醌(PQ)，再经电子传递链，从 Cyt b_{559} 到 Cyt f 至质体蓝素(PC)，电子经 Cyt b_{559} 到 Cyt f 时偶联产生 ATP。低能电子通过 PSⅠ中的叶绿素 a 吸收光能使电子在 P_{700} 处受到激发去还原 Fe-S，再通过可溶性铁氧还蛋白和铁氧还蛋白-$NADP^+$ 还原酶最后传至 $NADP^+$。

产氧型光合作用(绿色植物、蓝细菌)的非环式光合磷酸化，不但产生 ATP，还能形成还原力($NADPH_2$)和释放氧气，其总反应式为：$2NADP^+ + 2ADP + 2Pi + 2H_2O \longrightarrow 2NADP + 2H^+ + 2ATP + O_2$

有的光合细菌虽然只有一个光合系统，但也以非环式光合磷酸化方式合成 ATP，如绿硫细菌和绿色细菌(图 5-21)。从光反应中心释放的高能电子经铁硫蛋白、铁氧还蛋白、黄素蛋白，最后用于还原 NAD^+ 生成 NADH。反应中心的还原依靠外源电子供体，如 S^{2-}、$S_2O_3^{2-}$ 等。

2）环式光合磷酸化(cyclic photophosphorylatioin)

存在于细菌中一种较原始的产能机制，因在光能的驱动下通过电子的循环式传递完成磷酸化产能反应而得名。在这类光合细菌中，光反应中心的叶绿素 P_{870} 被激发，放出的高能电子提供给脱镁菌绿素(bacteriopheophytin，Bph)，然后电子依次通过辅酶 Q、细胞色素 b 和 c_1、铁硫蛋白和细胞色素 c_2 的传递，再返回到带正电荷的 P_{870}，同时驱动 ATP 的合成(图 5-22)。这类光合细菌产生 NADH 的方式也因电子供体而不同，当环境中有 H_2 存在时，H_2 能直接用来产生 NADH；当环境中无 H_2 存在时，像化能无机自养型细菌一样，可利用无机物 H_2S、S 或琥珀酸等提供电子或[H]，借助 ATP 的能量，使电子在电子传递链中逆向流动生成 $NADH_2$。

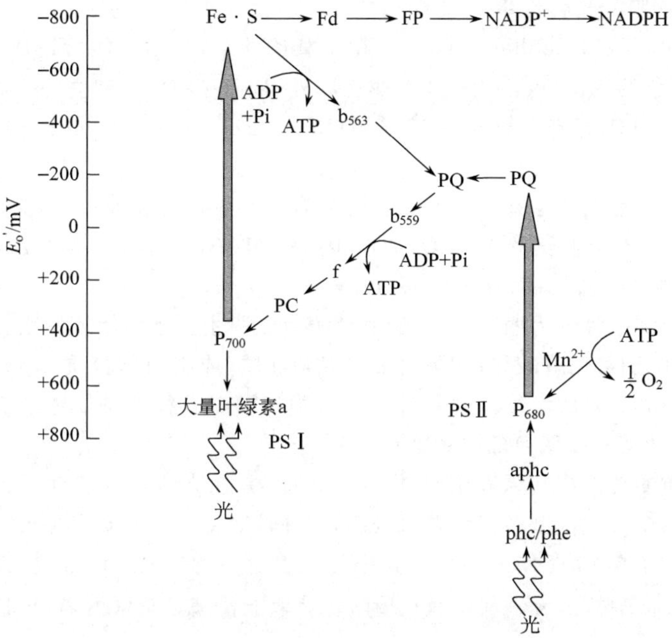

图 5-20　蓝细菌的非环式光合磷酸化系统

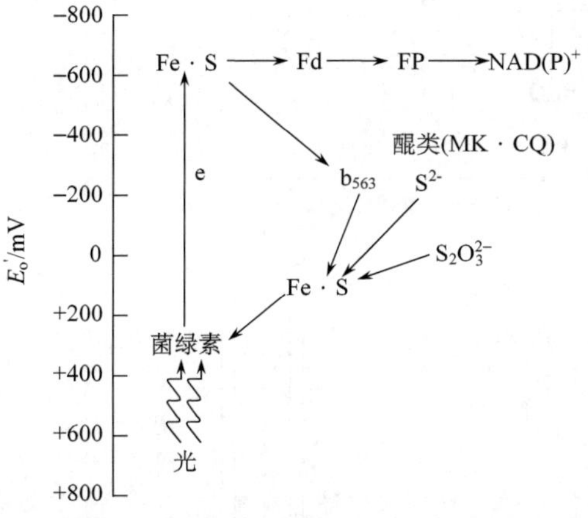

图 5-21　绿色细菌的非环式电子传递途径

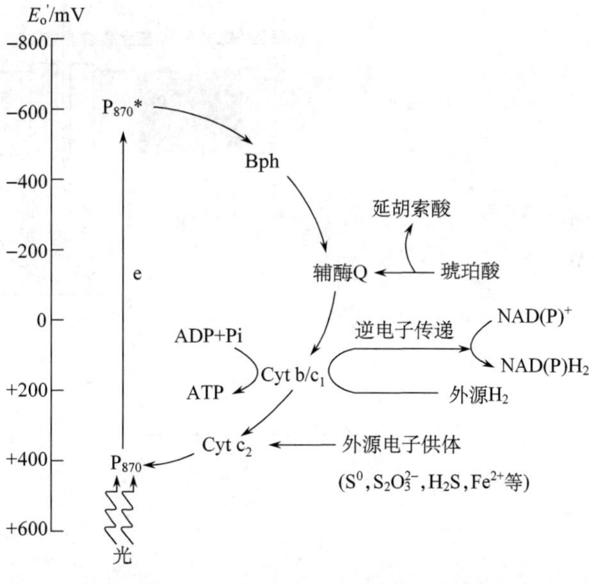

图 5-22　紫色细菌的环式光合磷酸化系统

具有环式光合磷酸化的生物都是原核生物中的光合细菌，它们都是厌氧菌，不放 O_2，分类上被放在红螺菌目(Rhodospirillales)中，如着色菌属(*Chromatium*)、红假单胞菌属(*Rhodopseudomonas*)、红螺菌属(*Rhodospirillum*)、绿菌属(*Chlorobium*)和绿弯菌属(*Chloroflexus*)等。这类细菌细胞内所含有的菌绿素和类胡萝卜素的量和比例不同使菌体呈现红、橙、蓝、绿等不同颜色。这是一群典型的水生细菌，广泛分布于深层淡水和海水中，由于能利用水中有毒的 H_2S 和有机物(脂肪酸、醇类等)，因此可用于污水的净化，所产生的菌体还可以用作饵料、饲料或饲料添加剂等。

3）嗜盐细菌紫膜的光合作用

嗜盐菌（halophile 或 halophilic bacteria）在无氧条件下，利用光能所造成的紫膜蛋白上视黄醛（retinal）辅基构象的变化，可使质子不断驱至膜外，从而在膜两侧建立一个质子动势，再由它来推动 ATP 酶合成 ATP，即光介导的 ATP 合成（light-mediated ATP synthesis），又称紫膜的光合磷酸化（photophosphorylatioin by purple membrane）。这是一种 20 世纪 70 年代才发现的，只在嗜盐菌才有的无叶绿素或菌绿素参与的独特的光合作用。嗜盐菌是一类必须在高盐（3.5～5.0 mol/L NaCl）环境中才能生长的古细菌，如盐生盐杆菌（*Halobacterium holobium*）、盐沼盐杆菌（*H. salinarium*）和红皮盐杆菌（*H. cutibrum*）等。

盐生盐杆菌的细胞膜分为两部分：红膜和紫膜。红膜主要含类胡萝卜素、细胞色素和黄素蛋白的呼吸链载体，用于氧化磷酸化；紫膜由细菌视紫红质（或细菌紫膜质，bacteriorhodopsin）的蛋白（75%）和类脂（25%）组成。细菌视紫红质与人类视网膜上柱状细胞中所含的视紫红质（rhodopsin）十分相似，两者都以紫色的视黄醛作辅基。

细菌视紫红质的功能与叶绿素相似，能吸收光能，并在光量子的驱动下起着质子泵的作用。视黄醛吸收光后由全反式构型转变为顺式构型，这种转变将产生的质子泵出细胞膜外，从而使紫膜内外形成一个质子梯度，驱使 H^+ 通过膜上的 ATP 合成酶进入膜内合成 ATP（图 5-23）。当环境中 O_2 浓度很低时，嗜盐菌无法利用氧化磷酸化获取能量满足正常的需求，这时，若光照条件适

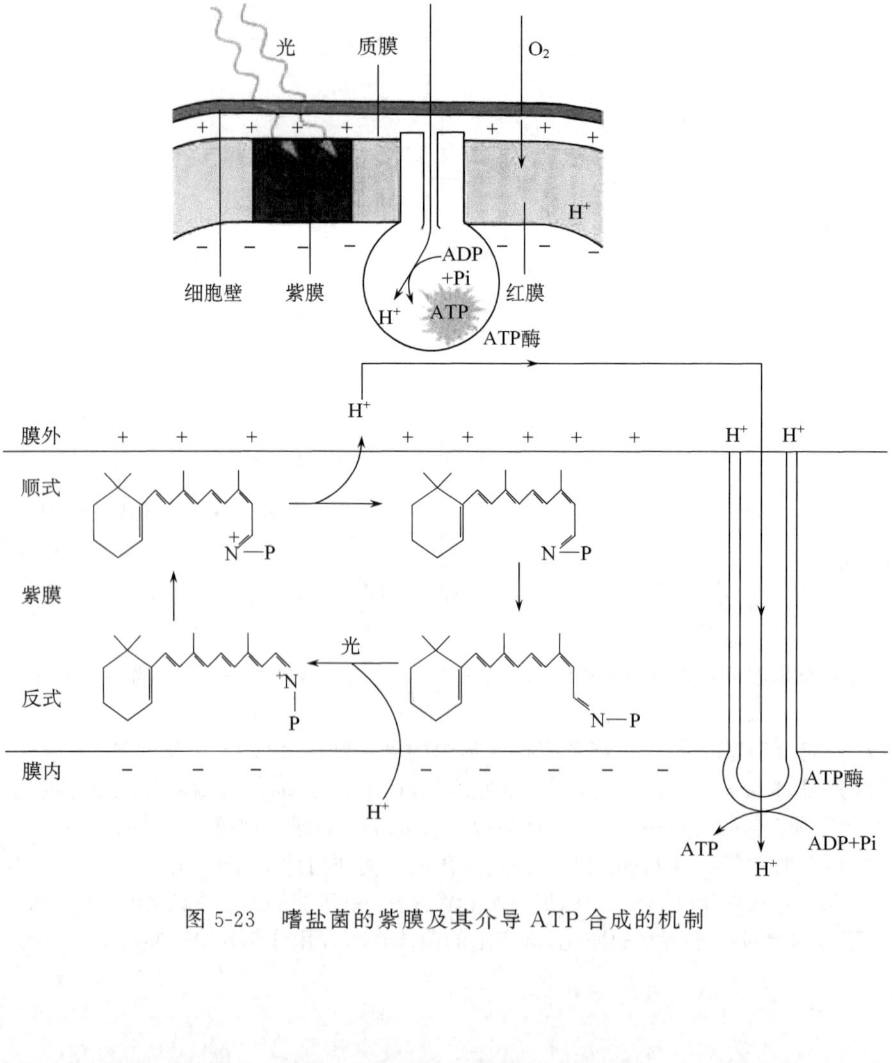

图 5-23　嗜盐菌的紫膜及其介导 ATP 合成的机制

宜，它就能合成紫膜，并利用紫膜的光合作用获得必要的能量。

紫膜光合磷酸化是迄今所知道的最简单的光合磷酸化反应，它的发现使人们对光合作用类型的了解增加了新内容，对其机制的认识也进入了一个更深的层次，其机制的深刻揭示，将是生命科学基础理论中又一重大突破。

第二节　微生物的耗能代谢

微生物从物质氧化或从光能转换过程中获得能量，主要用于营养物质的吸收、细胞物质的合成与代谢产物的合成和分泌、机体的运动、生命的维持，还有一部分能量用于发光与产生热，这都属于微生物的耗能代谢。

一、细胞物质的合成

营养物质的分解与细胞物质的合成是微生物生命活动的两个主要方面。能量、还原力与小分子前体碳架物质是细胞物质合成的三要素。对于一切生物所共有的那些重要物质（糖类、蛋白质、核酸、脂类和维生素等）的合成知识，是生物化学课程的重点内容，请参阅生物化学教材。本节只介绍微生物特有的、有代表性的合成代谢途径，包括自养微生物的 CO_2 固定、生物固氮、细胞壁肽聚糖的合成及微生物次级代谢的合成等。

1. 自养微生物的 CO_2 固定

CO_2 是自养微生物的唯一碳源，异养微生物也能利用 CO_2 作为辅助的碳源。将空气中的 CO_2 同化成细胞物质的过程，称为 CO_2 的固定。至今已经了解的 CO_2 的固定途径有 4 条：卡尔文循环、厌氧乙酰-CoA 途径、逆向 TCA 循环和羟基丙酸途径。

（1）卡尔文循环（Calvin cycle）　又称 Calvin-Benson 循环、Calvin-Bassham 循环、核酮糖二磷酸途径或还原性戊糖磷酸循环。这一循环是光能自养微生物和化能自养微生物固定 CO_2 的主要途径。在光能自养生物中，此反应不需要光，可在黑暗条件下进行，故称暗反应。核酮糖二磷酸羧化酶（ribulose biphosphate carboxylase，简称 RuBisCO）和磷酸核酮糖激酶（phosphoribulokinase）是本途径的两种特有的酶。卡尔文循环的过程分为 3 个阶段（图 5-24）：羧化反应（CO_2 固

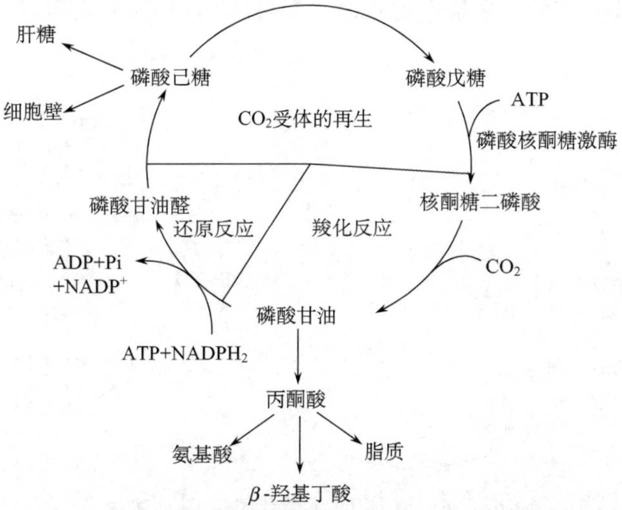

图 5-24　卡尔文循环的 3 个阶段

定）、还原反应（被固定 CO_2 的还原）和 CO_2 受体的再生。每循环一次，可将 6 分子 CO_2 同化产生 2 分子 3-磷酸甘油醛，然后根据需要进一步生成细胞的各种其他成分，其总反应式为

$$6CO_2 + 18ATP + 12NADPH + 12H^+ + 12H_2O \longrightarrow C_6H_{12}O_6 + 18ADP + 12NADP^+ + 18Pi$$

（2）厌氧乙酰-CoA 途径（anaerobic acytyl-CoA pathway）　又称活性乙酸途径（activated acetic acid pathway），是一些产乙酸菌、硫酸盐还原菌和产甲烷菌等化能自养细菌固定 CO_2 的非循环途径（图 5-25）。从图中可以看出，以 H_2 为电子供体，分别把 2 分子 CO_2 还原成乙酸的甲基和羧基，整个反应的关键酶是 CO 脱氢酶，并有四氢叶酸（THF）和维生素 B_{12} 参与，产物为乙酸或丙酮酸。总反应为

$$2CO_2 + 4H_2 \longrightarrow CH_3COOH + 2H_2O$$

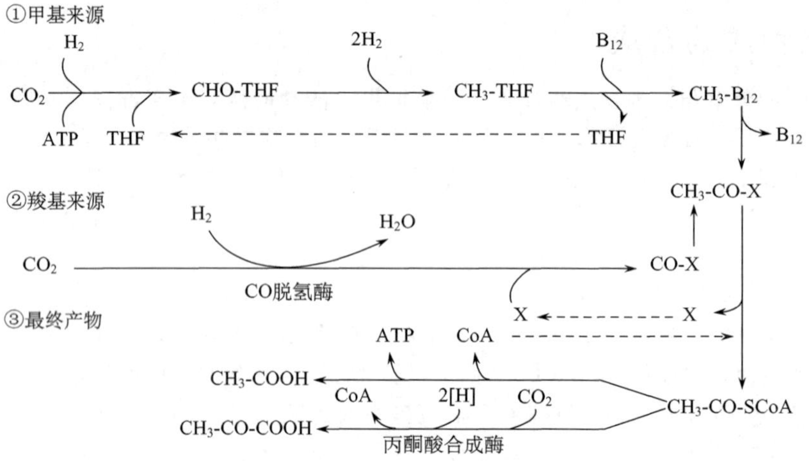

图 5-25　厌氧乙酰-CoA 固定 CO_2 途径

（3）逆向 TCA 循环（reverse TCA cycle）　又称还原性 TCA 循环（reductive TCA cycle），是一些绿色硫细菌如嗜硫代硫酸盐绿菌（*Chlorobium thiosulfatophilum*）固定 CO_2 的方式（图 5-26）。本循环起始于柠檬酸的裂解产物草酰乙酸，以它为 CO_2 的受体，每循环一次，固定 2 分

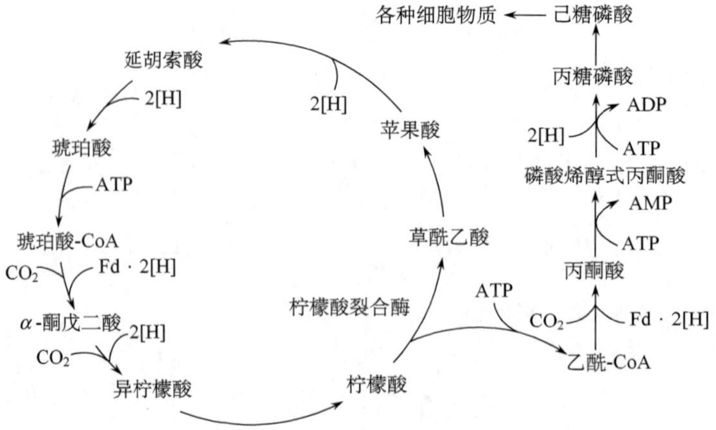

图 5-26　逆向 TCA 循环固定 CO_2 途径

Fd · 2[H]为还原态铁氧还蛋白

子，并还原成各种生物合成用的乙酰-CoA，由它再固定1分子后，进一步形成丙酮酸、丙糖和己糖等原料。逆向的TCA循环多数酶与正向TCA循环相同，只有柠檬酸裂合酶(citrate lyase)是例外，正向的是柠檬酸合酶(citrate synthase)。

(4) 羟基丙酸途径(hydroxypropionate pathway)　少数绿色硫细菌如绿弯菌属(*Chloroflexus*)进行CO_2固定的一种特有机制。以H_2或H_2S为电子供体，把2个CO_2转变为草酰乙酸，总反应是：$2\ CO_2 + 4[H] + 3ATP \longrightarrow$ 草酰乙酸，关键步骤是羟基丙酸的产生。从图5-27可以看出，从乙酰-CoA开始先后经过2次羧化，先形成羟基丙酰-CoA，然后形成甲基丙二酰-CoA，再经分子重排变成苹果酰-CoA，最后裂解成乙酰-CoA和草酰乙酸。其中乙酰-CoA重新进入固定CO_2的反应循环，而乙醛酸则通过丝氨酸或甘氨酸中间代谢物形式为细胞合成提供必要的原料。

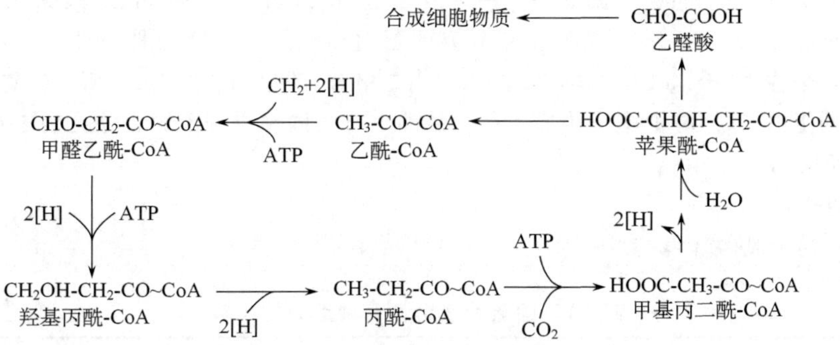

图5-27　CO_2固定的羟基丙酸途径

2. 生物固氮

生物固氮(biological nitrogen fixation)是指常温常压下，固氮生物通过体内固氮酶的催化作用，将大气中游离的分子态N_2还原为NH_3的过程。生物界只有原核生物才具有固氮能力。生物固氮是地球上仅次于光合作用的生物化学反应，它为整个生物圈中一切生物的生存和繁衍提供了不可缺少和可持续供应的还原态氮的源泉。

1) 固氮微生物

根瘤菌属(*Rhizobium*)是荷兰微生物学家M. Beijerink于1886年最早发现的固氮微生物。目前知道的所有固氮微生物(nitrogen-fixing organisms，diazotrophs)都属于原核生物，包括细菌、放线菌和蓝细菌在内的80余属。从其生态类型来分，固氮菌可分以下3类：

(1) 共生固氮菌(symbiotic nitrogen-fixer)　必须与它种生物共生在一起才能进行固氮作用的微生物。如根瘤菌属、慢性根瘤菌属(*Bradyrhizobium*)、弗兰克氏放线菌属(*Frankia*)、鱼腥藻属(*Anabaena*)。

(2) 联合固氮菌(associative nitrogen-fixer)　必须生活在植物根际、叶面或动物肠道等处才能进行固氮的微生物。如植物根际的产脂固氮螺菌(*Azospirillum lipoferum*)和雀稗固氮菌(*Azotobacter paspali*)，叶面的拜叶林克氏菌属(*Beijerinkia*)，动物肠道的肠杆菌属(*Enterobacter*)等。

(3) 自生固氮菌(free-living nitrogen-fixer)　一类不依赖于其他生物共生而独立进行固氮的微生物。如化能自养的氧化亚铁硫细菌(*Thiobacillus ferrooxidans*)，光能营养的蓝细菌、红螺菌，化能异养中好氧的固氮菌属(*Azotobacter*)、厌氧的巴斯德梭菌(*Clostridium pasteurianum*)、兼性厌氧的克雷伯氏菌属(*Klebsiella*)等。

2）固氮机制

自从 1966 年，L. Mortenson 等从固氮菌的细胞抽提液中分离到半纯的固氮酶，固氮的生化和遗传机制才得以解开。

生物固氮反应的 6 要素：

（1）ATP 的供应　由于 N≡N 分子存在 3 个共价键，因此把 1 分子 N_2 还原成 2 分子 NH_3 时需要消耗大量的 ATP[N_2 ：ATP＝1：（18～24）]，这些能量由呼吸、发酵或光合磷酸化作用提供。

（2）还原力[H]及其传递载体　固氮反应需要大量还原力（N_2 ：[H]＝1：8），以 NAD(P)H＋H^+ 的形式提供，其电子载体是铁氧还蛋白（ferredoxin，Fd）或黄素氧还蛋白（flavodoxin，Fld）。

（3）固氮酶（nitrogenase）　固氮酶是一种复合蛋白，由固二氮酶（dinitrogenase）和固二氮酶还原酶（dinitrogenase reductase）两种相互分离的蛋白构成。固二氮酶是一种含铁和钼的蛋白，铁和钼组成一个称为“FeMoCo”的辅助因子，作用是络合、活化和还原 N_2。而固二氮酶还原酶是一种只含铁的蛋白，作用是把电子传递给固二氮酶。有关两种组分不同之处见表 5-1。

（4）还原底物——N_2。

（5）镁离子

（6）严格的厌氧微环境。

表 5-1　固氮酶复合体两种组分的比较

项　目	固二氮酶（组分Ⅰ）	固二氮酶还原酶（组分Ⅱ）
蛋白亚基数	4(2 大 2 小)	2(相同)
相对分子质量	22 万左右	6 万左右
Fe 原子数	30(24～32)	4
不稳定态 S 原子数	28(20～32)	4
Mo 原子数	2	0
Cys 的 SH 基	32～34	12
活性中心	铁钼辅因子（“FeMoCo”）	电子活化中心（Fe_4S_4）
功能	络合、活化和还原 N_2	传递电子到组分Ⅰ上
对 O_2 的敏感性	较敏感	极敏感

固氮酶活力的测定　测定固氮酶活力的方法曾有过粗放的微量凯氏定氮法和繁琐的同位素法等。1966 年，M. J. Dilworth 和 R. Scholhorn 等人分别发表了既灵敏又简便的乙炔还原法（acetylene reduction test）。固氮酶除了能催化 N_2 转化为 NH_3 反应外，还能催化许多反应，如 $C_2H_2 \longrightarrow C_2H_4$；$2H^+ \longrightarrow H_2$；$N_2O \longrightarrow N_2 + H_2O$；$HCN \longrightarrow CH_4 + NH_3 + [CH_3NH_2]$等。其中还原乙炔的反应，灵敏度高，测定简便、设备简单和成本低，只要把样品与乙炔一起保温，然后用气相色谱分析所产生的乙烯就可知酶活力，所以乙炔还原法成了测定固氮酶活力的常规方法。

3）固氮的生化过程

生物固氮的总反应式为

$$N_2 + 8H^+ + 8e + (18 \sim 24)\ ATP \longrightarrow 2NH_3 + H_2 + (18 \sim 24)\ ADP + (18 \sim 24)\ Pi$$

固氮作用的总生化过程如图 5-28A 所示，而固氮过程的细节如图 5-28B 所示。固氮过程可以分为两个阶段。

（1）固氮酶形成阶段　由 Fd 或 Fld 向氧化型固二氮酶还原酶的铁原子提供 1 个电子，使其还原，然后与 ATP-Mg 结合，改变其构象。此时，固二氮酶在“FeMoCo”的 Mo 位点上与 N_2 结合，并与固二氮酶还原酶-Mg-ATP 复合物形成一个 1∶1 复合物，即完整的固氮酶。

（2）固氮阶段　固氮酶分子的 1 个电子从固二氮酶还原酶-Mg-ATP 复合物转移到固二氮酶的铁原子上，再转移给活化的 N_2。固二氮酶还原酶重新变成氧化态，同时水解 ATP 为 ADP＋Pi。通过 6 次上述电子转移，将 1 分子 N_2 还原成 2 分子 NH_3。实际上，还原 1 分子 N_2 有 8 个电子，但理论上只需要 6 个电子，有 2 个电子消耗在产 H_2 上，原因尚不明确。

（3）氨的去路　N_2 分子经固氮酶催化还原成 NH_3 后，与相应的 α-酮酸结合生成各种氨基酸。如由丙酮酸形成丙氨酸，由 α-酮戊二酸形成谷氨酸，由草酰乙酸形成天冬氨酸等。各种氨基酸进一步合成蛋白质及其他有关化合物。

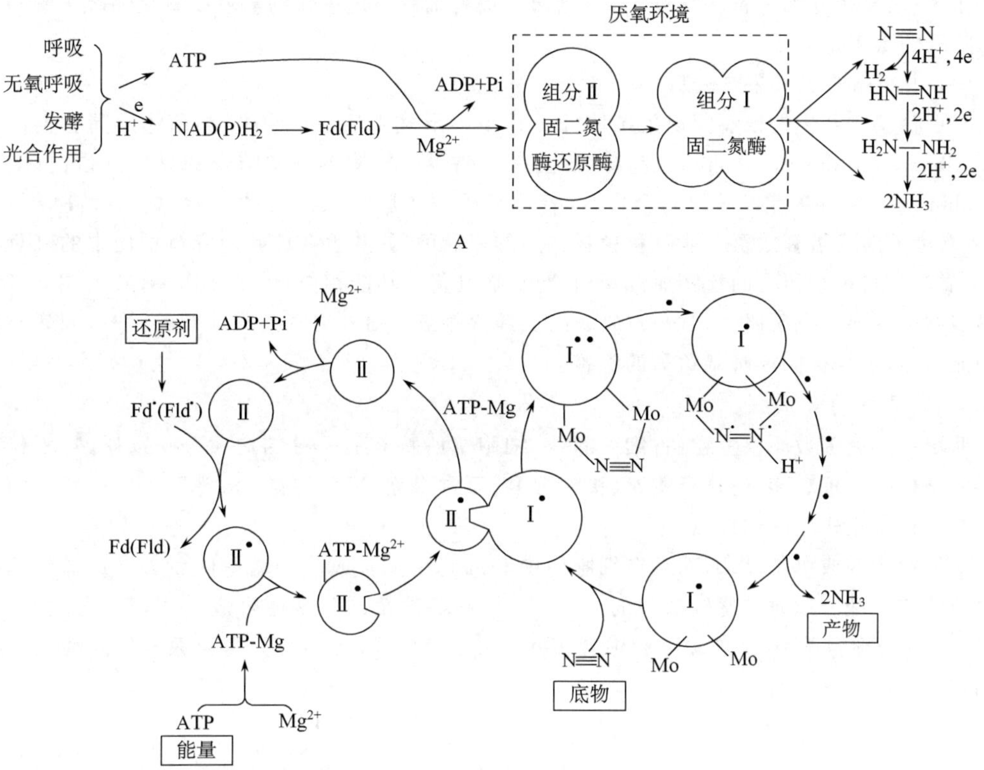

图 5-28　自生固氮菌固氮的生化途径（A）及其细节（B）

4）好氧菌固氮酶防氧保护机制

固氮酶对氧极其敏感，需严格的厌氧环境，而大多数固氮微生物都是好氧菌，生活时自身需要 O_2，因此微生物在长期的进化过程中形成了不同的防 O_2 保护机制。

（1）好氧固氮菌的防氧保护机制：

呼吸保护，固氮菌属的许多细菌以较强的呼吸作用迅速将固氮酶周围的氧消耗掉，使其处于低氧的微环境而免受氧的毒害；

构象保护，当氧分压较大时，某些固氮菌如褐球固氮菌（*A. chroococcum*）能产生一种起构象保护功能的 Fe-S 蛋白质Ⅱ，与固氮酶结合，固氮酶构象发生改变丧失固氮活力，当氧分压降低时，该蛋白与固氮酶分离，使其恢复原有构象和固氮能力。

（2）蓝细菌的防氧保护机制：

分化有异形胞的蓝细菌：异形胞是部分蓝细菌适应有氧条件进行固氮的特殊结构。异形胞体积较大，外围有一层很厚的由糖脂组成的外膜，阻止 O_2 进入；异形胞内只有光合系统Ⅰ，不产 O_2；异形胞内脱氢酶、氢化酶和超氧化物歧化酶活性高，能维持很强的还原态；另外异形胞的呼吸强度比营养细胞高 2 倍，能消耗过多的氧。

无异形胞的蓝细菌：这类蓝细菌没有独特的保护机制，但却有相应的弥补措施。例如，织线蓝细菌属（*Plectomena*），能将固氮作用与光合作用在时间上分开（白天光照下进行光合作用，夜晚黑暗下固氮）；束毛蓝细菌属（*Trichodesmium*）在束状群体中央失去光合系统Ⅱ的细胞中进行固氮作用；而黏球蓝细菌属（*Gloeocapsa*）则通过提高细胞内过氧化物酶或超氧化物歧化酶的活力来解除氧的毒害。

（3）根瘤菌的防氧保护机制：

与豆科植物共生的根瘤菌以类菌体（bacteroids）形式生活在根瘤中，类菌体周围有类菌体周膜（peribacteroid membrane，pbm）包着，膜上有一种能与氧发生可逆结合的豆血红蛋白（leghaemoglobin，lb），它与氧有很强的结合力，起着调节根瘤中膜内氧浓度的功能，氧浓度高时与氧结合，氧浓度低时又可释放氧。非豆科植物共生的根瘤菌（如共生在糙叶山麻黄根瘤中的豇豆根瘤菌）依靠非豆科植物所含的植物血红蛋白（与豆血红蛋白功能相似）免受氧伤害；共生在赤杨和杨梅等植物中的弗兰克氏属（*Frankia*）放线菌在其营养菌丝的末端膨大成球状的泡囊，泡囊与异形胞功能相似，能保护固氮酶避免氧的毒害。

3. 肽聚糖的合成

肽聚糖是大多数原核生物（古细菌除外）细胞壁所特有的一种结构大分子物质，它不仅具有重要的结构和生理功能，还是青霉素、头孢霉素、万古霉素、环丝氨酸（恶唑霉素）、瑞斯托菌素和杆菌肽等抗生素作用的靶位点。

肽聚糖的合成机制复杂，而且在细胞质中和细胞膜上合成肽聚糖单体后必须运送到细胞膜外进行最终装配。以研究比较清楚的 G^+ 金黄色葡萄球菌的肽聚糖合成为例，整个过程大约有 20 步，可分为细胞质中、细胞膜上和细胞膜外合成 3 个阶段（图 5-29），需要尿苷二磷酸（UDP）和细菌萜醇两种载体参与。

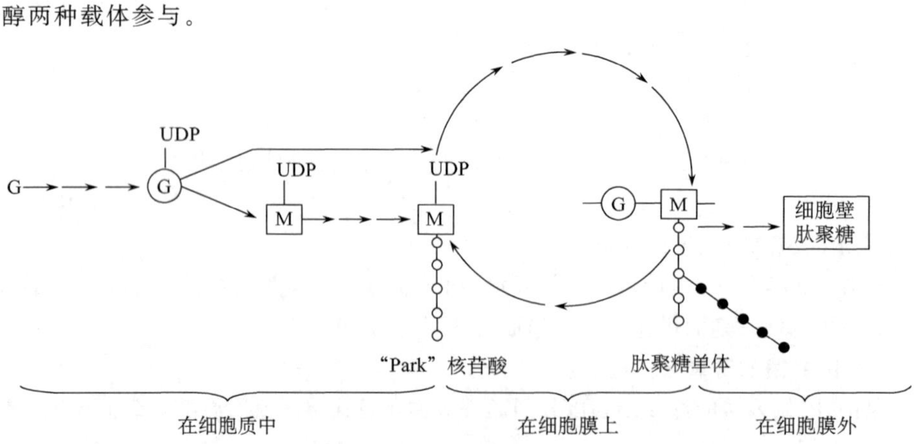

图 5-29 肽聚糖生物合成的 3 阶段及主要中间代谢物

G 为葡萄糖，Ⓖ为 *N*－乙酰葡糖胺，Ⓜ为 *N*-乙酰胞壁酸

1）在细胞质中的合成

（1）由葡萄糖合成 *N*-乙酰葡糖胺和 *N*-乙酰胞壁酸

葡萄糖首先由 ATP 获得磷酸成为 6-磷酸葡萄糖，接着转变为 6-磷酸果糖，并获得 L-谷氨酸提供的氨基形成 6-磷酸葡萄糖胺，又经乙酰化形成 1-磷酸-*N*-乙酰葡萄糖胺，在 UTP 存在时，经焦磷酸化酶催化，形成 *N*-乙酰葡萄糖胺-UDP，再和磷酸烯醇式丙酮酸在 *N*-乙酰葡萄糖胺-UDP 丙酮酸转移酶催化下，合成 *N*-乙酰胞壁酸-UDP。过程如图 5-30 所示。

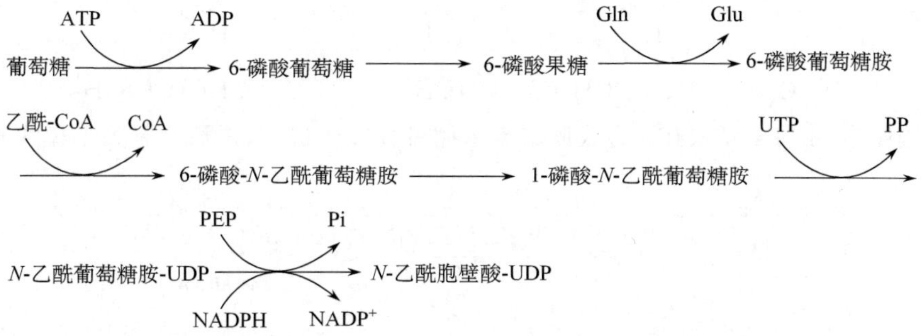

图 5-30 葡萄糖合成 *N*-乙酰葡糖胺和 *N*-乙酰胞壁酸的过程

（2）由 *N*-乙酰胞壁酸合成“Park”核苷酸

“Park”核苷酸即 UDP-*N*-乙酰胞壁酸五肽，它的合成过程共分 4 步，都需要 UDP（尿嘧啶二磷酸）作糖载体；另外，还有合成 *D*-丙氨酰-*D*-丙氨酸的 2 步反应，且它们都可被环丝氨酸所抑制，见图 5-31。

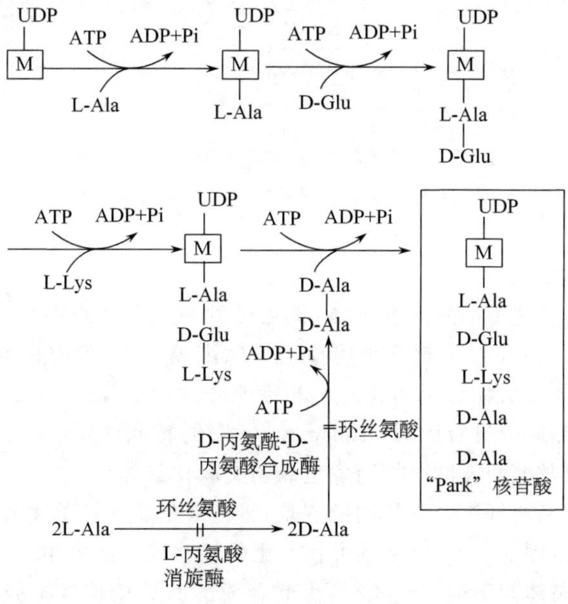

图 5-31 *N*-乙酰胞壁酸合成“Park”核苷酸的过程

在大肠杆菌中，L-Lys 被 meso-DAP 所代替

2）在细胞膜中的合成

由“Park”核苷酸合成肽聚糖单体是在细胞膜上进行的。因细胞膜属疏水性，故要把在细胞质中合成的亲水性分子——“Park”核苷酸掺入细胞膜并进一步接上 *N*-乙酰葡糖胺和甘氨酸五肽桥，最后把肽聚糖单体（双糖肽亚单位）插入细胞膜外的细胞壁生长点处，必须通过一种称作细菌萜醇（bactoprenol）的类脂载体的运送。细菌萜醇是一种含有 11 个异戊二烯单位的 C_{55} 类异戊二烯醇，它可通过 2 个磷酸基与 *N*-乙酰胞壁酸分子连接，使糖的中间代谢物呈现出很强的疏水性，从而能够顺利通过细胞膜到达膜外。细菌萜醇的结构为

$$\begin{array}{c}\mathrm{CH_3}\\ |\\ \mathrm{CH_3C=CHCH_2}\end{array}\left(\begin{array}{c}\mathrm{CH_3}\\ |\\ \mathrm{CH_2C=CHCH_2}\end{array}\right)_9\begin{array}{c}\mathrm{CH_3}\\ |\\ \mathrm{CH_2C=CHCH_2{-}OH}\end{array}$$

在细胞膜中，由“Park”核苷酸合成肽聚糖单体可分 3 步进行，再加上有关步骤共 5 步，其细节见图 5-32。

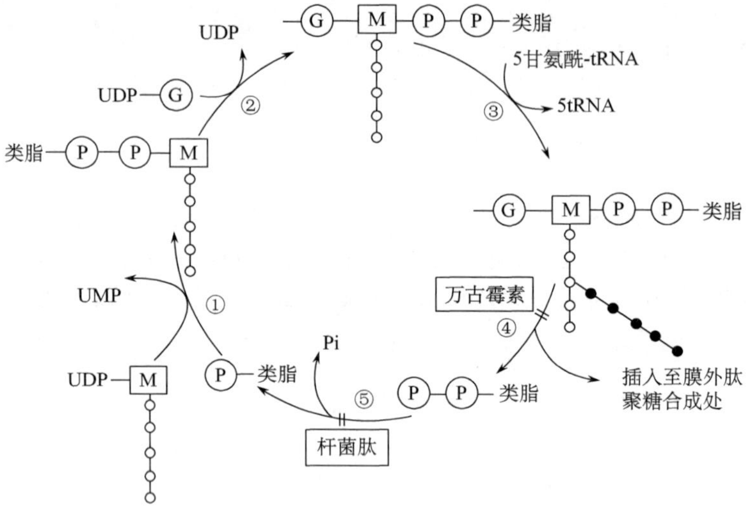

图 5-32　由“Park”核苷酸合成肽聚糖单体

“类脂”即类脂载体，反应④与⑤可分别被万古霉素和杆菌肽所抑制

3）在细胞膜外的合成

从焦磷酸类脂载体上卸下的肽聚糖单体，被运送到细胞膜外正在合成肽聚糖的部位。细胞因分裂产生的自溶素酶（autolysin）解开细胞壁上的肽聚糖网套，原有的肽聚糖分子成为新合成分子的引物，肽聚糖单体与引物分子间先发生转糖基作用（transglycosylation），使多糖链在横向上延伸一个双糖单位，然后通过转肽酶（transpeptidase）的转肽作用（transpeptidation），最终使前后 2 条多糖链之间形成甘氨酸五肽“桥”而发生纵向交联。具体反应见图 5-33。

转肽作用可被青霉素所抑制。其作用机制是：青霉素是肽聚糖单体五肽尾末端的 D-丙氨酰-D-丙氨酸的结构类似物（图 5-34），即两者可相互竞争转肽酶的活力中心。转肽酶与青霉素结合后，使前后 2 个肽聚糖单体间不能形成肽桥，因此合成的肽聚糖缺乏机械强度，形成原生质体或球状体之类的缺壁细菌，极易裂解。青霉素的作用机制是抑制肽聚糖分子中肽桥的合成，因此对于处于生长旺盛阶段的细菌具有明显的抑制作用，而对于生长停滞状态的休止细胞（rest cell）却无抑制作用。

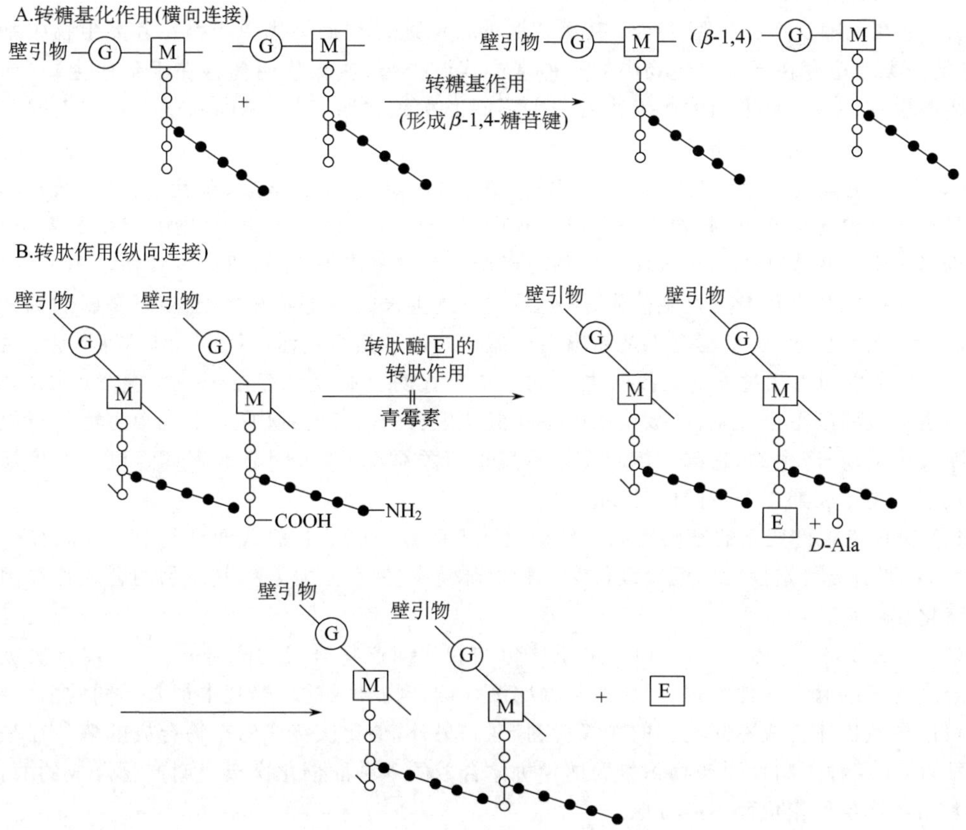

图 5-33　在细胞膜外合成肽聚糖时的转糖基作用和转肽作用

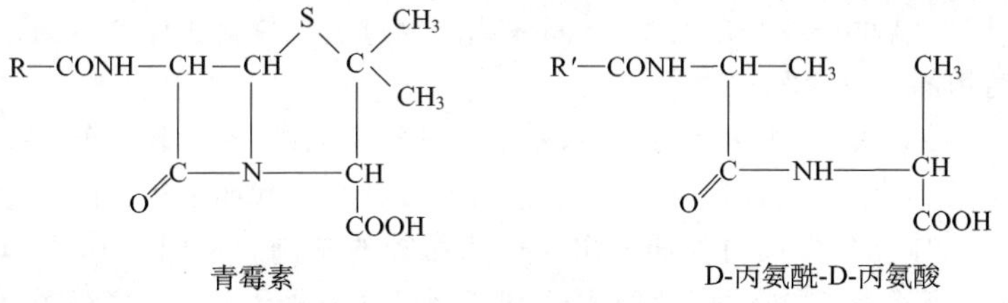

图 5-34　青霉素与 D-丙氨酰-D-丙氨酸的结构

4. 次生代谢物的合成

初级代谢(primary metabolism)是一类与生物生存有关的、涉及产能代谢和耗能代谢的代谢类型,普遍存在于一切生物中。微生物从外界吸收各种营养物质,通过分解代谢和合成代谢,生成维持生命活动所必需的物质和能量的过程,称为初级代谢。次级代谢(secondary metabolism)是相对于初级代谢而提出的一个概念,是指微生物在一定的生长时期,以初级代谢产物为前体,合成一些对微生物的生命活动无明确功能的物质的过程。通过次级代谢合成的产物通常称为次级代谢物(secondary metabolite),大多是分子结构比较复杂的化合物。根据其作用,可将其分为抗生素、色素、激素、生物碱、毒素及维生素等类型。

1）次级代谢与初级代谢的关系

（1）存在范围及产物类型不同　初级代谢的代谢途径和初级代谢产物在各类生物中基本相同，它是一类普遍存在于各类生物中的一种基本代谢类型；次级代谢只存在于某些生物（如植物和某些微生物）中，并且不同的微生物可产生不同的次级代谢产物，相同的微生物在不同条件下可产生不同的次级代谢产物。

（2）对产生者自身的重要性不同　初级代谢产物，如蛋白质、核酸、多糖、脂类等通常都是机体生存必不可少的物质，这些物质的合成过程的某个环节上发生障碍，轻则引起生长停止、重则导致机体发生突变或死亡。次级代谢产物对于产生者本身来说，不是机体生存所必需的物质，即使在次级代谢的某个环节上发生障碍，不会导致机体生长的停止或死亡，至多只是影响机体合成某种次级代谢产物的能力，也有人把超出生理需求的过量初级代谢产物也看作次级代谢产物。

（3）同微生物生长过程的关系明显不同　初级代谢自始至终存在于一切生活的机体中，同机体的生长过程呈平行关系；次级代谢则是在机体生长的一定时期内（通常是微生物的对数生长期末期或稳定期）产生的，它与机体的生长不呈平行关系，一般可明显地表现为机体的生长期和次级代谢产物形成期二个不同的时期。

（4）对环境条件变化的敏感性或遗传稳定性上明显不同　初级代谢产物对环境条件的变化敏感性小（即遗传稳定性大），而次级代谢产物对环境条件变化很敏感，其产物的合成往往因环境条件变化而停止。

（5）相关酶的专一性不同　相对来说催化初级代谢产物合成的酶专一性强，催化次级代谢产物合成的某些酶专一性不强，因此在某种次级代谢产物合成的培养基中加入不同的前体物时，往往可以导致机体合成不同类型的次级代谢产物，另外，催化次级代谢产物合成的酶往往是一些诱导酶，由于某种中间代谢产物积累而诱导机体合成的一种能催化次级代谢产物合成的酶，这些酶通常因环境条件变化而不能合成。

（6）某些机体内存在的两种既有联系又有区别的代谢类型　初级代谢是次级代谢的基础，它可以为次级代谢产物合成提供前体物和所需要的能量；初级代谢产物合成中的关键性中间体也是次级代谢产物合成中的重要中间体物质。而次级代谢则是初级代谢在特定条件下的继续与发展，避免初级代谢过程中某种（或某些）中间体或产物过量积累对机体产生的毒害作用。

2）次生代谢物的合成途径

次生代谢物的种类繁多，化学结构复杂，属于多种类型如内酯、大环内酯、多烯类、多炔类、多肽类、四环类和氨基糖类等，其合成途径十分复杂，但各种初级代谢途径，如糖代谢、脂类代谢、氨基酸代谢及萜烯、甾体化合物代谢等都是次级代谢途径的基础。从图 5-35 可以看出，微生物的次生代谢途径主要有 4 条：①糖代谢延伸途径，由糖类转化、聚合产生的多糖类、糖苷类和核酸类化合物进一步转化形成核苷类、糖苷类和糖衍生物类抗生素；②莽草酸延伸途径，由莽草酸分支途径产生氯霉素等；③氨基酸延伸途径，由各种氨基酸衍生、聚合形成多种含氨基酸的抗生素，如多肽类抗生素、β-内酰胺类抗生素、D-环丝氨酸和杀腺癌菌素等；④乙酸延伸途径，又分为 2 条支路，一是乙酸经缩合后形成聚酮酐，进而合成大环内酯类、四环素类、灰黄霉素类抗生素和黄曲霉素；二是经甲羟戊酸而合成异戊二烯类，进一步合成重要的植物生长激素——赤霉素或真菌毒素——隐杯伞素等。

二、其他耗能代谢

微生物产生的能量主要用于细胞新组分的合成，还有一小部分用于微生物的运动、跨膜运输及生物发光等。

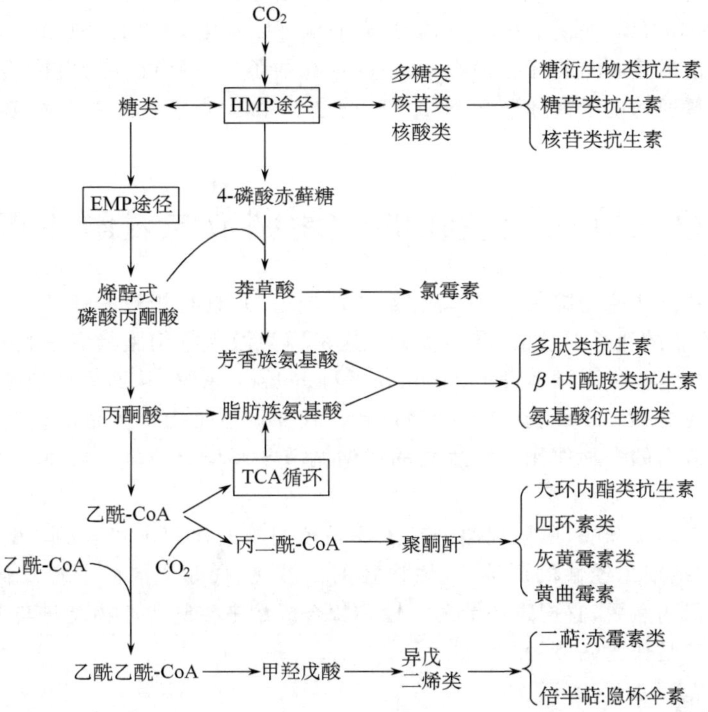

图 5-35 微生物次生代谢物合成途径及与初生代谢途径的关系

1. *运动*

很多细菌是运动的，而且这种独立运动的能力一般是由于其具有特殊的运动结构，如鞭毛等。还有某些细菌可以滑动的方式在固体表面运动，某些水生细菌还可以通过一种称为气囊的细胞结构调节其在水中的位置。大多数可运动的原核生物是利用鞭毛运动的。在真核微生物中，鞭毛和纤毛均有 ATP 酶，水解 ATP 产生自由能，成为运动所需的动力。目前尚未在细菌鞭毛中发现有 ATP 酶。细菌鞭毛转动的能量可能来自细胞内的质子动力，或来自细胞内的 ATP 的水解。

2. *营养物质跨膜运输*

微生物细胞具有很大的表面积，可以很快地、大量地从外界吸收营养物质，满足自身代谢的需要。目前认为营养物质跨膜运输的方式有 4 种：自由扩散、促进扩散、主动运输和膜泡运输。其中，主动运输和膜泡运输需要消耗能量，具体见第四章内容。

3. *生物发光*(bioluminescence)

许多活的生物，包括细菌、真菌和藻类都能发光。尽管它们的发光机制不同，但都包含能量的转移。先形成一种分子的激活态，当这种激活态返回到基态时就发出光来。不同种类的发光细菌的发光机制是相同的，是由特异性的荧光素酶(luciferase，由 α 和 β 两个多肽亚基组成)、还原性的黄素($FMNH_2$)、八碳以上长链脂肪醛(RCHO)、氧分子(O_2)所参与的复杂反应，在 450～490 nm 时发射蓝绿光。

$$FMNH_2 + O_2 + RCHO \xrightarrow{bl} FMN + RCOOH + H_2O + 光$$

反应中，反应底物 $FMNH_2$，RCHO 和产物 FMN 都结合在细菌荧光素酶的 α 多肽亚基的有限区域，β亚基的作用虽然未知，但有的研究者认为β亚基仅仅是为了维持α亚基的活性的构造。研究中还发现，在RCHO缺乏的情况下，荧光素酶也可以催化$FMNH_2$和O_2反应，生成FMN和H_2O_2，但只能发出极其微弱的光。而在RCHO存在的条件下则可以发出持续的、稳定的荧光。由于生物发光与普通的电子传递争夺NADPH的电子，因此当电子传递体系被抑制剂阻断时，发光的强度增大。

第三节 微生物的代谢调节与发酵生产

微生物细胞各种代谢错综复杂，但却相互协调统一，并具有相对的稳定性，无论是分解代谢还是合成代谢，均能做到既不过量，也不缺少。这是因为微生物细胞具有一整套极为灵敏、可塑性强和精确性高的自我代谢调节(regulation of metabolism)系统，从而保证细胞内数以千计的极其复杂的生化反应能准确无误、有条不紊地进行。代谢调节是指微生物的代谢速度和方向按照微生物的需要而改变的一种作用。微生物的代谢调节与环境分不开，当环境改变时，微生物能自动调节其代谢过程。

微生物的代谢离不开酶，所以代谢调节主要是控制酶的作用来实现的。微生物代谢调节的方式很多，主要包括细胞透性的调节、代谢途径的区域化、代谢流向的调控及代谢速度的调控。其中后两种方式最为重要，它通过调节酶活性和酶合成量来控制代谢物流量与方向，因此酶活性和酶合成量的调节是代谢调节的核心。

一、酶活性调节

酶活性调节是指一定数量的酶，通过其分子构象或分子结构的改变来调节其催化反应的速率。酶活性调节的影响因素包括：底物和产物的性质和浓度、压力、pH、离子强度、辅助因子以及其他酶的存在等。酶活性调节是精细而且迅速的一种调节方式，通过酶激活或抑制进行。

1. *酶活性的激活*

酶活性的激活(activation)是指代谢途径中催化后面反应的酶活性被其前面的中间代谢产物(分解代谢时)或前体(合成代谢时)所促进的现象。例如，在分解代谢途径中，粪肠球菌的乳酸脱氢酶活性为果糖-1,6-二磷酸所促进，粗糙脉孢霉(*Neurospora crassa*)的异柠檬酸脱氢酶活性被柠檬酸促进；在合成代谢中，大肠杆菌等合成糖原时，1-磷酸葡萄糖对焦磷酸酶促反应有激活作用。

2. *酶活性的抑制*

酶活性的抑制大多属于反馈抑制(feedback inhibition)，是指生物合成途径的终产物反过来对该途径中的第一个酶(调节酶)活性的抑制作用。当细胞内氨基酸或核苷酸等终产物过量而积累时，累积的终产物反过来抑制该途径中第一个酶的活性，以使整个合成过程减慢或停止，从而避免不必要的养料和能量的浪费。对于无分支代谢途径的调节，反馈抑制通常是在线形的代谢途径中末端产物对催化第一步反应的酶活性有抑制作用；对于有分支代谢途径的调节，反馈抑制又分为同工酶的反馈抑制、协同反馈抑制、累积反馈抑制和顺序反馈抑制4种主要类型。反馈抑制现象在氨基酸或核苷酸的发酵工业中有重要意义。

二、酶合成调节

酶合成的调节是酶合成量的调节，是在遗传水平上发生的，即基因转录和翻译水平上的调节。能否合成某种酶，首先是取决于微生物的内因，即有无合成该酶的基因，另外还取决于微生物的外因，即环境条件。酶合成的调节方式主要有两种类型—诱导和阻遏(induction and repression)。

1. 酶合成的诱导

诱导是酶促分解底物或产物诱使微生物细胞合成分解代谢途径中有关酶的过程。根据酶合成对底物的依赖关系，可分为组成酶(constitutive enzyme)和诱导酶(inducible enzyme)。组成酶为细胞所固有的酶，在相应的基因控制下合成，不依赖底物或底物类似物而存在，如分解葡萄糖的 EMP 途径中有关酶类；诱导酶是细胞在外来底物或底物类似物诱导下合成的，如 β-半乳糖苷酶和青霉素酶等。诱导降解酶合成的物质称为诱导物(inducer)，它常是酶的底物，如诱导 β-半乳糖苷酶或青霉素酶合成的乳糖或青霉素；但在色氨酸分解代谢中酶的分解产物(如犬尿氨酸)也会诱导酶合成。此外，诱导物也可以是难以代谢的底物类似物，如乳糖的结构类似物硫代甲基半乳糖苷(TMG)和异丙基-β-D-硫代半乳糖苷(IPTG)，以及苄基青霉素的结构类似物 2,6-二甲氧基苄基青霉素等。大多数分解代谢酶类是诱导合成的。

诱导有协同诱导与顺序诱导两种。一种诱导物同时或几乎同时诱导产生若干酶的合成称为协同诱导(coordinated induction)，如半乳糖可同时产生半乳糖激酶、转移酶和表异构酶；如乳糖诱导大肠杆菌同时合成 β-半乳糖苷透性酶、β-半乳糖苷酶和半乳糖苷转乙酰酶等与分解乳糖有关的酶。协同诱导使细胞迅速分解底物。顺序诱导是一种诱导物产生一系列酶的现象。例如，荧光假单胞菌(*Pseudomonas fluorescens*)降解芳香族化合物时，苯乙醇酸可协同诱导出分解苯乙醇酸成为苯甲酸的 3 种酶，而苯甲酸又可诱导出苯甲酸氧化酶，催化苯甲酸生成儿茶酚。顺序诱导对底物的转化速度较慢。

一般来说，真核生物的诱导效果不如原核生物，如大肠杆菌的精氨酸酶的诱导水平比原有酶水平高 100 倍，而啤酒酵母的这种差异最多只能达到 1 倍。

2. 酶合成的阻遏

酶合成的阻遏是微生物阻止代谢中酶合成的过程，阻遏酶合成的物质称为阻抑物(repressor)。阻遏主要有终产物阻遏和分解代谢产物阻遏，前者发生于合成途径中，后者则与分解代谢途径有关。

1) 终产物阻遏

由于终产物的过量积累而导致的生物合成途径中酶合成的阻遏称为终产物阻遏(end-product repression)，它常常发生在氨基酸、嘌呤和嘧啶等这些重要物质的生物合成时。在正常情况下，当微生物细胞中的氨基酸、嘌呤和嘧啶过量时，与这些物质合成有关的许多酶就停止合成。例如，过量的精氨酸阻遏了参与生物合成精氨酸的许多酶的合成。终产物阻遏有效地保证了微生物细胞内氨基酸等重要物质维持在适当浓度，不会把有限的能量和养料用于合成那些暂时不需要的酶。

2) 分解代谢产物阻遏

大肠杆菌在含有能分解的两种底物(如葡萄糖和乳糖)的培养基中生长时，首先分解利用葡萄糖，而不分解乳糖。这是因为葡萄糖的分解代谢产物阻遏了分解利用乳糖的有关酶合成的结果。生长在含葡萄糖和山梨醇或葡萄糖和乙酸的培养基中也有类似的情况。这种葡萄糖对分解利用其他底物的有关酶的合成的阻遏作用，称为分解代谢产物阻遏(catabolic repression)，又称葡萄糖效应(glucose effect)。分解代谢产物阻遏导致所谓“二次生长”，即先是利用葡萄糖生长，待葡萄糖耗尽后，再利用另一种底物生长，两次生长中间隔着一个短暂的停滞期。这是因为葡萄糖耗尽后，它的分解代谢产物阻遏作用解除，经过一个短暂的适应期，β-半乳糖苷酶等分解利用乳糖的酶被诱导合成，这时细菌便利用乳糖进行第二次生长。葡萄糖对氨基酸的分解利用也有类似的阻遏作用。

三、代谢调节与发酵生产

微生物代谢由于产生反馈抑制和阻遏作用，一般野生型的菌株用来发酵生产很难累积我们所需要的代谢产物，所以我们必须在代谢途径水平上改变微生物对酶活性与酶合成的调节，使微生物累积更多的为我们所需要的代谢产物。传统的策略是筛选营养缺陷型菌株和抗性突变株来解除反馈调节和阻遏，新的方法是利用以基因工程技术为核心的代谢工程进行代谢调节。

1. 应用营养缺陷型菌株解除正常的反馈调节

1）赖氨酸发酵

赖氨酸是人类的一种必需氨基酸，而且在许多食物中常缺乏，所以作为食品的添加剂对人类的营养具有重要意义。在发酵工业上，以天冬氨酸为原料，通过分支代谢途径可以合成出赖氨酸、苏氨酸和甲硫氨酸。但在正常的代谢过程中，一方面赖氨酸对天冬氨酸激酶（AK）有反馈抑制作用，另一方面，由于天冬氨酸除用于合成赖氨酸外，还要作为合成甲硫氨酸和苏氨酸的原料，因此，在正常细胞内，难以累积较高浓度的赖氨酸（图 5-36）。工业上为了获得赖氨酸高产菌株，选育了谷氨酸棒杆菌（*Corynebacterium glutamicum*）的高丝氨酸缺陷型菌株作为发酵菌种。由于它不能合成高丝氨酸脱氢酶（HSDH），故不能产生甲硫氨酸和苏氨酸，在补给适量高丝氨酸（或甲硫氨酸和苏氨酸）的条件下，可在含较高糖浓度和铵盐的培养基中产生大量的赖氨酸。

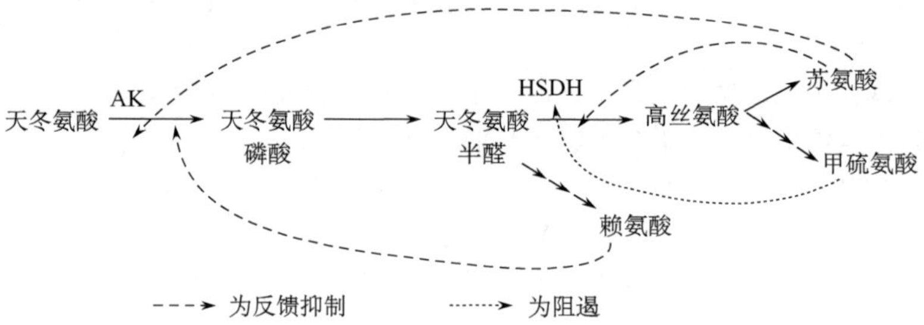

图 5-36　*C. glutamicum* 的代谢调节与赖氨酸生产

2）肌苷酸（IMP）的发酵

肌苷酸是一种药物和助鲜剂，它是腺苷酸合成途径中的代谢中间产物（图 5-37）。只有选育一个发生在 IMP 转化为 AMP 或 GMP 的几步反应中的营养缺陷型菌株，才能累积 IMP。工业上选育了谷氨酸棒杆菌腺苷酸琥珀酸合成酶（ASS）缺失的腺嘌呤缺陷型菌株，如果在培养基中补充少量的 AMP 就可以正常生长并累积 IMP。

2. 应用抗反馈调节的突变株解除反馈调节

抗反馈调节突变株是指一种对反馈抑制不敏感或对阻遏有抗性的组成型菌株，或兼而有之的菌株。因为反馈抑制或阻遏已解除，或同时解除，所以能累积大量末端代谢物。例如，在大肠埃希氏菌中筛选到一个抗苏氨酸结构类似物 α-氨基-β-羟基戊酸突变型，高丝氨酸脱氢酶不再被苏氨酸所抑制，它是一个抗反馈突变型，它的苏氨酸产量是 1.9 g/L。进一步在这突变株筛选异亮氨酸缺陷型，使从苏氨酸到异亮氨酸的途径中断，也减少了异亮氨酸的反馈抑制作用，这一双重突变型的苏氨酸产量提高到 4.7 g/L。进一步再筛选甲硫氨酸缺陷型，解除甲硫氨酸的阻遏作用，这三重突变型的苏氨酸产量提高到 6 g/L 如图 5-38 所示。

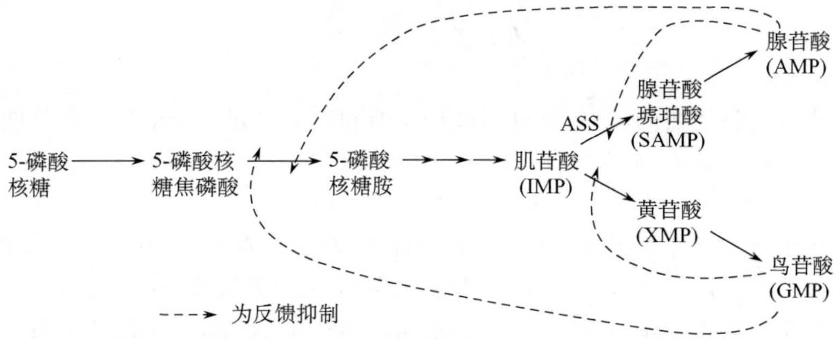

图 5-37　*C. glutamicum* 的 IMP 合成途径与代谢调节

3. 控制细胞膜通透性

细胞膜对于细胞内外物质的运输具有高度选择性。如果细胞内累积的某一代谢产物浓度超过一定限度时，细胞会自然地通过反馈抑制、阻遏限制其进一步合成。在实际研究和生产过程中，可采取生理或遗传学手段，改变细胞膜的通透性，使胞内的代谢产物快速渗漏到细胞外，从而降低细胞内代谢物浓度，解除末端代谢物的反馈抑制和阻遏，便可提高发酵产物的产量。

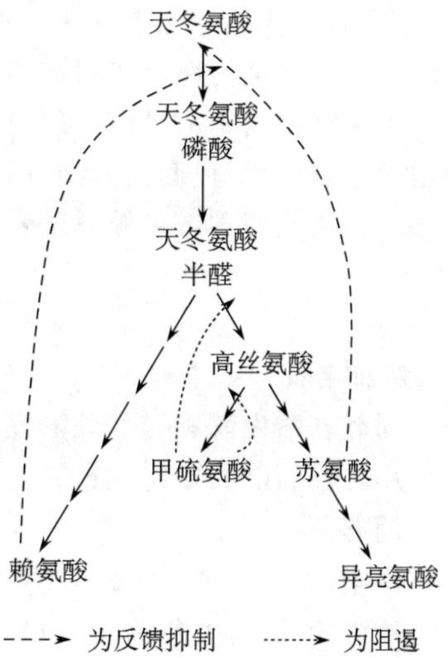

图 5-38　*E. coli* 抗性菌株高产苏氨酸的代谢调节

一般可通过限制与细胞膜成分合成有关的营养因子浓度，使细胞膜的通透性改变。如在谷氨酸发酵生产中，控制培养基中生物素在亚适量浓度，可促使细胞分泌出大量的谷氨酸。研究发现，用 *C. glutamicum* 进行谷氨酸发酵，控制培养基中生物素浓度为 0、2.5 和 10.0 μg/ml 时，发酵液中谷氨酸量分别为 1.0、30.8 和 6.7 mg/ml。因为生物素是乙酰-CoA 羧化酶的辅基，乙酰-CoA 羧化酶是细胞脂肪酸生物合成的关键酶，它可催化乙酰-CoA 的羧化并生成丙二酸单酰-CoA，进而合成细胞膜磷脂的主要成分脂肪酸。人为控制细胞环境中的生物素浓度可改变细胞膜组分，从而使细胞膜通透性改变，增强细胞对谷氨酸的分泌，克服细胞因胞内谷氨酸浓度较高而造成的反馈调节与合成抑制。又可在培养基中加入适量青霉素，抑制细菌细胞壁肽聚糖合成中的转肽酶活性，引起肽聚糖结构中肽桥交联受阻，使细胞壁的结构缺损，有利于代谢产物外渗，也能降低谷氨酸的反馈抑制。采取上述生理学手段，可达到有效提高谷氨酸产率的目的。

筛选细胞膜成分合成缺陷型突变株等，使细胞膜的通透性改变。例如，应用产谷氨酸油酸缺陷型菌株，使细胞膜发生渗漏而提高谷氨酸产量。原因是油酸为一种含有 1 个双键的不饱和脂肪酸（十八碳烯酸），它是细胞膜磷脂的重要脂肪酸。另外，如诱变选育获得的青霉素高产菌株中，有些突变株就是由于改变了细胞膜的通透性，使硫酸盐更易透过细胞膜，提高了胞内硫酸盐浓度，进而促进了青霉素前体物半胱氨酸的合成，增加了合成青霉素的前体物，最终使青霉素的产量有所提高。

本章小结

能量代谢是微生物代谢的核心，可分为产能代谢和耗能代谢。微生物产能代谢可通过发酵、呼吸两类途径产生能量，通过底物水平磷酸化、氧化磷酸化和光合磷酸三种化方式把化能与光能转换为 ATP。

化能异养微生物发酵主要有 EMP、HMP、ED 和 WD 四种途径，发酵产物有乙醇、乳酸、乙酸、丙酸、丁二醇、丁酸、丙酮、丁醇等。呼吸分为有氧呼吸和无氧呼吸。化能自养型微生物能从无机化合物的氧化中获得能量，电子沿呼吸链正向传递产生 ATP，逆向传递则消耗 ATP 并产生还原力[H]，自养型微生物分别属于氢细菌、硫细菌、硝化细菌和铁细菌等。光能营养微生物包括了藻类、蓝细菌和紫细菌、绿细菌、嗜盐菌等光合细菌，光合磷酸化可分为环式和非环式两种。

微生物耗能代谢包括细胞物质的合成、营养物质的吸收、代谢产物的合成和分泌、机体的运动、生命的维持及发光产热等。本章主要介绍了自养微生物的 CO_2 固定、生物固氮、细胞壁肽聚糖的合成及微生物次级代谢产物的合成等。

微生物代谢调节灵敏、可塑性强和精确性高，代谢调节的方式主要包括细胞透性的调节、代谢途径的区域化、代谢流向的调控及代谢速度的调控。酶活性和酶合成量的调节是代谢调节的核心。利用代谢调节可服务于发酵生产。

复习思考题

一、解释名词

同型乳酸发酵和异型乳酸发酵，巴斯德效应，反硝化作用，呼吸链，生物固氮，共生固氮菌，转肽作用，次级代谢，二次生长。

二、简答题

1. 什么是发酵？什么是呼吸？两者根本区别是什么？
2. 微生物利用葡萄糖发酵产能的方式有哪几条？各在微生物的生命活动中起什么重要作用？
3. 试述酵母菌在不同条件下发酵葡萄糖的 3 种类型。
4. 试述混合酸发酵和丁二醇发酵在细菌鉴定上的作用。
5. 举例说明什么是代谢回补途径？
6. 什么是无氧呼吸？试述几种主要的无氧呼吸及其有关细菌与它们的作用。
7. 化能自养细菌能量代谢有什么特点？试述几种主要类群化能自养菌的特点及它们的作用。
8. 什么叫非环式光合磷酸化和环式光合磷酸化？各有什么特点？哪些微生物能分别利用这两种途径？
9. 自养微生物固定 CO_2 的方式有哪些？各有什么特点？
10. 试述生物固氮的机制及必要条件。
11. 试述好氧菌固氮酶防氧保护机制。
12. 试述细菌肽聚糖合成过程。哪些抗生素可抑制其合成？其抑制位点在何部位？
13. 次级代谢和初级代谢有何关系？次级代谢物合成途径有几条？
14. 试述微生物发光的原理。
15. 微生物代谢调节的方式有哪些？代谢调节在发酵生产中有何重要性？举例说明。

第六章　微生物的生长及控制

微生物因个体微小，其生长与高等生物有所不同，包括个体生长和群体生长。微生物的个体生长(growth)是指细胞物质有规律地、不可逆地增加，导致细胞体积扩大的生物学过程。微生物生长到一定阶段，由于细胞结构的复制与重建并通过特定方式产生新的生命个体，即引起生命个体数量增加的生物学过程称为繁殖(reproduction)。在高等生物里，这两个过程可以明显分开，而在低等生物，特别是单细胞生物里，由于个体微小，这两个过程是紧密联系又很难划分，因此谈到微生物的生长往往将两个过程放在一起，也就是在一定时间和条件下细胞数量的增加过程，这时，原有的个体逐渐发展成一个群体，随着群体中各个个体的进一步生长，就引起了这一群体的生长。

第一节　微生物生长的研究方法

对微生物生长情况的测定，对不同的微生物种类和不同的生长状态，有着不同的指标。通常对于处于旺盛期的单细胞微生物，既可测定细胞数目，又可测定细胞质量作指标；对于多细胞微生物(尤其是丝状真菌)，则常以菌丝生长的长度或菌丝的质量为生长指标。由于考虑的角度不同，形成许多微生物生长的测定方法：有的方法直接测定细胞的数目和质量；有的方法通过细胞的组分变化和代谢活动等间接测定细胞的生长。

一、微生物细胞数目的检测方法

1. 显微直接计数法

指用计数板(如血球计数板)在光学显微镜下直接观察细胞并进行计数的方法。此法操作简单、快速，适用于单细胞微生物或丝状微生物所产生的孢子数目的测定，所得结果为包括死细胞在内的总菌数。该方法若不染色需要使用相差显微镜，为了增加观察效果可以将微生物固定染色后在显微镜下选择几个视野计算细胞数量，视野可用镜台测微尺测得直径并计算其面积，从而推算出 1 cm^2 总面积中所含的细胞数目。若使用特殊染料作活菌染色后(例如，用美蓝液对酵母染色，其活细胞为无色，而死细胞则为蓝色)可分别计出死活细胞的数目。细菌经吖啶橙染色后在紫外光显微镜下可观察到活细胞发出橙色荧光，而死细胞则发出绿色荧光，因而可作活菌和总菌计数。

2. 活菌计数法

是通过测定样品在培养基上形成的菌落数来间接确定其活菌数的方法，计数依据是在稀释情况下一个菌落由一个活细胞繁殖形成，又称平板菌落计数法(colony-counting method)。

可用浇注平板(pour plate)或涂布平板(spread plate)等方法进行。将被测菌体稀释到一定浓度，要求细胞充分分散成单个细胞，取一定体积的稀释菌液与合适的固体培养基在其凝固前均匀混合，或涂布于已凝固的固体培养基平板上，经保温培养后，固体培养基上可形成肉眼可见的菌落，即一个菌落代表一个细胞，即菌落形成单位(colony forming unit，cfu)，根据每皿上形成的cfu数乘上稀释度就可以推算出菌样的含菌数。

平板菌落计数法是教学、科研、食品检验中最常用的一种活菌计数法，它适用于测定水、土壤、食品、化妆品及其他材料的活菌测定。平板菌落计数法可以测出样品中的活菌数量，同时该方法较灵敏，即使样品中活菌数很少也能测出，另外不同微生物的菌落具有不同的形态特征，所以在同一培养皿内对不同微生物进行计数。但是此法也有不少缺点，比较麻烦，在操作时有较高的技术和熟练度要求。目前国外已经研制出多种微型、快速、商品化的用于菌落计数的小型纸片或密封琼脂板。其主要原理是利用加在培养基中的活菌指示剂 TTC(2,3,5-氯化三苯基四氮唑)，可使菌落在很微小时就染成易于辨认的玫瑰红色。

二、微生物生物量的测定方法

测定生物量的方法很多，适用于所有微生物的测定。

1. 湿重法

将微生物培养液离心，收集细胞沉淀物，然后称重。

2. 干重法

将离心得到的细胞沉淀物置于100～105℃的烘箱中干燥过夜至水分去除，然后再称重。

3. 比浊法

细菌培养物在其生长过程中，由于原生质含量的增加，会引起培养物混浊度的增高。在一定浓度范围内，悬液中细胞的数量与透光量成反比，与光吸收值成正比。因此利用分光光度计在450～650 nm 的某一波长可以测定培养物的光吸收值来确定细胞量。比浊法测定微生物生物量的方法优点是简单、快捷，可以连续测定，不破坏样品等，因而被广泛用作生长速率的测定以及发酵生产过程中监测菌体生长情况。由于单细胞生物在一定范围内光吸收值的大小与液体中细胞数目和细胞质量成正比，因而可以配合显微镜直接计数或平板菌落活菌计数方法制作标准曲线进行换算得到溶液中细胞数量。

4. 生理指标法

与微生物生长量相平行的生理指标很多，可根据实验目的和条件适当选用。例如，一般微生物细胞的含氮量比较稳定，故可用凯氏定氮法等测其总氮量，再乘以系数 6.25 即为粗蛋白含量。蛋白质含量越高，说明菌体数和细胞物质量越高。另外，有很多其他生理指标，例如，DNA、总碳、总磷、RNA、ATP、DAP(二氨基庚二酸)等含量的测定也可以确定生物量。

三、丝状微生物菌丝长度测定法

对于丝状微生物，特别是丝状真菌，通常是通过测定菌丝的长度变化来反映它们的生长速率。主要方法有以下几种。

1. 培养基表面菌体生长速率测定法

将真菌接种在琼脂平皿的中央，定时测定菌落的直径或面积。对生长快的真菌，每隔 24 h 测定一次，对生长缓慢的真菌可数天测定一次，直到菌落覆盖整个平皿为止。由此可绘制出生长曲线。该法的缺点是没有反映菌丝的纵向生长，即对菌落的厚度和深入培养基内的菌丝计算，另外接种量也会影响结果。

2. 培养料中菌体生长速率测定法

主要测定一定时间内在固体培养料(如栽培食用菌的棉子壳麸皮培养料)中菌丝体向前延伸的距离。

3. 单个菌丝顶端生长速率测定法

可以利用湿室培养法对丝状微生物进行培养，定时将湿室中的培养有微生物的载玻片置于显微镜下，借助目镜测微尺测定一定时间内单个菌丝的伸长长度。

四、微生物的同步生长与同步培养方法

在微生物生长的研究中，常常需要了解单个细胞在生长的不同阶段所发生的生理生化变化，以便搞清微生物个体生长的规律。这就需要使被研究的微生物群体处于相同的生长阶段。这种能使培养物中所有的微生物细胞都处于相同的生长阶段的培养方法称为同步培养法(synchronous culture)。而同步生长(synchronous growth)是指这种在培养物中所有微生物细胞都处于同一生长阶段，并都能同时分裂的生长方式。

获得微生物同步生长的方法主要有两类：①环境条件诱导法：采用物理或化学因子使微生物细胞生长进行到某个阶段而停止下来，使先到该阶段的微生物细胞不能进入下一个阶段，待全部群体细胞都到达该生长阶段后，再除去该因子，使全部群体细胞同时进入下一个生长阶段，达到诱导微生物细胞同步生长的目的。例如，用氯霉素抑制细菌蛋白质合成；细菌芽孢诱导发芽；藻类细胞的光照、黑暗控制；用EDTA或离子载体处理酵母菌；以及短期热休克(40℃)法等。②机械筛选法：利用处于同一生长阶段细胞的体积、大小的相同性，用过滤法、密度梯度离心法或膜洗脱法收集同步生长的细胞。

需要指出的是，由于同步群体内细胞个体之间的差异，1或2代之后，群体内的各个细胞个体就会因为生长周期的代时差异而处于不同的生长阶段，再次出现非同步生长。

第二节　微生物的生长规律

一、微生物的个体生长

单细胞微生物的个体生长表现为细胞基本成分的协调合成和细胞体积的增加，细胞生长到一定时期就分裂成两个子细胞。多细胞微生物的个体生长反映在个体的细胞数目和每个细胞内物质含量两个方面的增加。从一个新产生的子细胞开始，经过生长和一次细胞分裂而形成新一代子细胞的过程称为细胞周期(cell growth cycle)。

1. 细菌细胞的生长

细菌细胞的生长是指新生的细胞长大以及最后分裂为两个子细胞的过程，这样一个过程表现为二分裂的过程。原核生物的细胞周期一般较短，阶段划分不如真核生物明显，可分为DNA复制前的准备期(I)、DNA复制期(R)和细胞分裂期(D)共3个时期。原核生物一旦DNA复制结束，便立即进行细胞分裂。对于某一种原核细胞来说，在3个时期当中，I期变化较大，它随着细胞生长时的营养条件而变化。I期有时为零，而R期与D期相对稳定。例如，大肠杆菌在37℃培养时，R期为40 min，D期为20 min。当细胞周期大于R期与D期之和时，I期可以表现出来；当细胞生长周期等于或者小于这两个时期之和时，都没有I期，后者说明R期提前进行，这时细菌的DNA第1次复制还没有结束，第2次复制又在新复制出的DNA上开始了。迅速生长的细菌染色体有2个以上复制点，而且拟核分裂后，细菌并不立即分裂，所以每个细胞中可以见到2～4个拟核。

在细胞分裂过程中，必然包含有细胞壁合成的过程，所以由肽聚糖合成新的细胞壁及形成横隔壁是细胞生长周期中细胞的一个显著现象。细胞壁是细胞外的一种“硬”性结构。细胞在生长过程中，细胞壁只有通过扩增，才能使细胞体积扩大。在细胞壁扩增过程中，细胞壁在什么位点扩增，以及它们如何扩增是两个主要问题。研究结果表明：杆菌在生长过程中，新合成的肽聚糖

在细胞壁中是新老细胞壁呈间隔分布，新合成的肽聚糖不是在一个位点而是在多个位点插入；而球菌在生长过程中，新合成的肽聚糖是固定在赤道板附近插入，导致新老细胞壁能明显分开，原来的细胞壁被推向两端。

2. 酵母细胞的生长

酵母菌细胞的生长表现为细胞体积的连续增加并在一定的间隔时间发生核和细胞的分裂，这样一个完整的生长过程就是酵母菌的细胞周期。酵母菌细胞的分裂有芽殖（主要形式）和裂殖（如粟酒裂殖酵母）两种（见第二章）。以酿酒酵母为例，酵母菌的细胞周期可分为 4 个时期：G_1、S、G_2 和 M 期。S 和 M 分别是指 DNA 合成期和有丝分裂期；G_1 和 G_2 期分别是指 S 和 M 期之间的间隙期。由于在 G_2 期细胞分裂还没有开始，但 DNA 的复制已经完成，因而 G_2 期的 DNA 量是 G_1 期的 2 倍。在 G_1 期的后期有一个"起始点"，当细胞经过"起始点"后，就可以顺利通过随后的几个时期，完成细胞周期。环境因素，如交配信息素或不良营养条件都不能阻止细胞随后发生分裂。"起始点"之后是由几个半独立途径所组成，如 DNA 复制、芽的形成和纺锤体的形成等。经过"起始点"的细胞很明显出现较小的芽和较短的有丝纺锤体。细胞周期的限速步骤是细胞的生长和蛋白质的合成，即细胞只有达到了一定的体积后才能通过"起始点"，缓慢生长的细胞需要相对较长的代时，额外的细胞周期时间主要消耗在"起始点"之前的 G_1 期。子细胞比母细胞小，因而 G_1 期也较长。

3. 丝状真菌菌丝的生长

丝状真菌的营养菌丝的生长主要以极性的顶端生长方式进行。菌丝顶端呈半椭圆形。原生质在菌丝细胞内部呈区域化的极性分布。最初的几个微米区域为最顶端区域，只充满着丰富的微泡囊；内质网和线粒体等从顶端 3～6 μm 以后的亚顶端区域开始出现，微泡囊散布在其间及其原生质周缘；核只是在距顶端 40～100 μm 之后的成熟区才开始出现。菌丝生长所需的蛋白质、脂肪和糖类主要在亚顶端区域合成，新生的微泡囊由内质网（或高尔基体）分泌产生，内含有细胞壁合成所需的前体物质，分泌的微泡囊从亚顶端移向最顶端，当与细胞膜融合时，泡囊膜被补充为新生的细胞膜，微泡囊内含的细胞壁前体物质释放出来在细胞壁和细胞膜间隙处聚合，成为新生的黏滞可塑的细胞壁，导致菌丝顶端向前延伸，原先最顶端的细胞壁和细胞膜被推向后部，原先的细胞壁在被推向后部的过程中因多糖分子之间发生交联而硬化。在新的菌丝分枝处，坚硬的细胞壁可由于水解酶的作用而重新变得可塑，使新的分枝形成。

二、微生物的群体生长

1. 单细胞微生物的典型生长曲线

定量描述液体培养基中微生物群体生长规律的曲线称为生长曲线（growth curve）。单细胞微生物的生长和繁殖所导致的群体生长，即表现为细胞数目的增加。把一定量的细菌或酵母菌，接种于恒容积的液体培养基中，在适宜的温度下培养时，它的生长过程具有一定的规律性。如果以培养时间为横坐标，单细胞增长数目的对数（生长速度）为纵坐标，所绘制的曲线就是单细胞微生物生长曲线。生长曲线反映了典型的微生物群体生长过程（即从生长开始到全部死亡）的规律。

根据微生物的生长速率常数（growth rate constant），即每小时分裂次数（R）的不同，一般可把典型生长曲线粗分为延滞期、指数期、稳定期和衰亡期等 4 个时期（图 6-1）。

1）延迟期

又称停滞期、调整期或适应期。延迟期（lag phase）指少量单细胞微生物接种到新鲜培养液中后，在开始培养的一段时间内，因代谢系统适应新环境的需要，细胞数目没有增加的一段时间。

此期细胞重新调整其大分子与小分子物质的组成，包括酶和细胞结构成分，因而又称调整期或适应期。该期的特点：①生长速率常数几乎等于零；②菌体内含物明显增加，细胞个体体积增加，尤其是杆菌可长成丝状，如巨大芽孢杆菌（*Bacillus megaterium*）在接种时细胞仅长 3.4 μm，而培养至 3 h 时，其长为 9.1 μm，至 5.5 h 时，竟可长达 19.8 μm；③细胞内 RNA 尤其是 rRNA 含量增高，原生质呈嗜碱性；④菌体的代谢机能非常活跃，产生特异性的酶、辅酶及某些中间代谢产物以适应环境的变化；⑤对外界不良条件（如 NaCl 溶液浓度、温度和抗生素等化学药物）的反应敏感，抵抗力较弱。

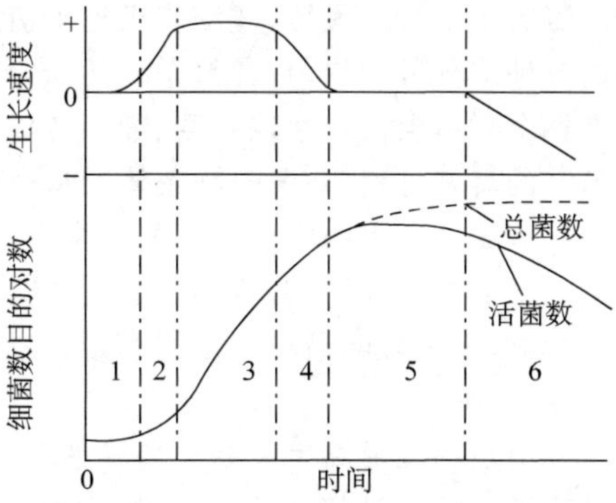

图 6-1　单细胞微生物的生长曲线

1、2. 延迟期；3、4. 对数生长期；5. 稳定期；6. 衰亡期

影响延迟期长短的因素很多，除菌种外主要有三方面：①菌种的菌龄：菌龄即接种物或种子（inoculum，复数 inocula）的群体生长年龄，亦即它处在生长曲线上的哪个阶段用来作为种子。这是指群体的生理年龄。实验证明，如果以对数期的“种子”接种，则子代培养的适应期就短，如果以稳定期的“种子”接种，则适应期就相对较长。②接种量：接种量的大小明显影响适应期的长短。一般说来，接种量大，则适应期短，反之则长。因此在发酵工业上，为缩短不利于提高发酵效率的适应期，一般采用 1/10 的接种量。③培养基成分：接种到营养丰富的天然培养基中的微生物要比接种到营养单调的合成培养基中的适应期短。新接种的培养基与菌种的原培养基越接近，适应期就越短。所以，在发酵生产中，常使发酵培养基的成分与种子培养基的成分尽量接近。

产生延迟期的原因，认为是微生物接种到一个新的环境，细胞中一时还缺乏分解或催化有关底物的酶，或是缺乏充足的中间代谢物。为产生诱导酶或合成有关的中间代谢物，就需要有一段适应期。

2）指数期

在生长曲线中，紧接着延滞期之后，细菌细胞适应了新环境后，以最快速度生长，细胞数目以几何级数增加，这一时期称为对数生长期，又称指数生长期（exponential phase）。在这一时期细胞增长数目即以 1→2→4→8…或表示为 $2^1 \rightarrow 2^2 \rightarrow 2^3 \rightarrow 2^4 \cdots 2^n$ 的速度增加，其中，指数 n 代表细胞分裂的世代数目。

在对数期，根据细胞增加的总数可以计算出细胞分裂一次所需要的时间——代时（generation time，又称世代时间、以 G 表示），单位时间内繁殖的代数——生长速率（以 R 表示）。原生质增加一倍所需的时间称为倍增时间（doubling time）。

设对数期 t_1 时刻的菌数为 N_1，由于二分裂值，所以经过 n 次分裂后，t_2 时刻的菌数为 $N_2 = N_1 \cdot 2^n$，即 $\lg N_2 = \lg N_1 + n\lg 2$

因此繁殖代数：$n = \dfrac{\lg N_2 - \lg N_1}{\lg 2}$

代时为 $G = \dfrac{t_2 - t_1}{n}$

生长速率常数：$R = \dfrac{n}{t_2 - t_1}$

对数期的特点：①生长速率常数 R 最大，因而细胞每分裂一次所需的代时 G 或原生质增加一倍所需的倍增时间最短；②细胞进行平衡生长，细胞生长粗壮、整齐、大小比较一致、生活力强，菌体内各种成分最为均匀；③酶系统活跃，代谢旺盛，对理化因素影响敏感。该时期的微生物因其具有整个群体生理特性较一致、细胞各成分平衡增长和生长速率恒定等优点，故用作代谢、生理等研究的良好材料，是增殖噬菌体的最适宿主，也是发酵工业中用作种子的最佳材料。

影响指数期微生物增代时间的因素很多，主要有：①菌种；②营养成分；③营养物浓度：在营养物浓度很低的情况下，营养物的浓度才会影响生长速率，随着营养物浓度的逐步增高，生长速率不受影响，而只影响最终的菌体总量；④培养温度。

3）稳定期

又称恒定期或最高生长期。随着细胞的不断生长繁殖，培养基中营养物质逐渐消耗，代谢产物逐渐积累，pH 等环境变化，使得细胞的生长速率逐渐下降直至零，此时细胞的繁殖速度和死亡速度相等，细胞总数达到最高点并维持稳定，此时期称为稳定期（stationary phase）或平衡期。稳定期细胞的特点：①生长速率 R 常数等于 0；②菌体产量达到最高点；③细胞开始储存糖原、异染颗粒和脂肪等储藏物；④多数芽孢杆菌在这时开始形成芽孢；⑤有的微生物在稳定期时还开始以初生代谢产物（primary metabolites）合成抗生素等次生代谢产物（secondary metabolites）。所以次生代谢产物又称稳定期产物（idiolites）。在发酵工业中许多发酵产品主要在此阶段形成和积累，此时亦是对连续培养技术的设计和研究的重要时期。单细胞微生物的生长期还可以有另外一种分类，即以指数期为主的菌体生长期（trophophase）和以稳定期为主的代谢产物合成期（idiophase）。

稳定期到来的原因主要是：①营养物尤其是生长限制因子的耗尽；②营养物质比例失调，如 C/N 不合适等；③酸、碱、毒素或 H_2O_2 等有害代谢产物的积累；④pH、氧化还原电势等物化条件越来越不适宜等。

4）衰亡期

细胞经过稳定期后，培养基中营养成分逐渐耗尽，代谢产物大量积累，代谢过程中的有毒物亦逐步积累，环境的 pH 及氧化还原电位等条件越来越不适合细胞的生长，此时菌体死亡速度大于新生的速度，即整个群体呈负生长，活细胞数明显下降，此时期就进入了细胞衰亡期（decline phase 或 death phase）。这时，细胞形态多样，例如，会产生很多膨大、不规则的退化形态，出现空泡，内含物减少；有的细胞因蛋白酶活力增强或溶菌酶作用而发生自溶（autolysis）；有的会产生次生代谢物，如抗生素、色素等；在芽孢杆菌中，芽孢释放往往也发生在这一时期。

产生衰亡期的原因主要是外界环境对继续生长越来越不利，从而引起细胞内的分解代谢大大超过合成代谢，继而导致菌体死亡。

以上是单细胞微生物（如细菌和酵母）正常生长经过的各个生长期。需要指出的是，单细胞微生物生长曲线的不同时期反映的是群体而不是单个细胞的生长规律。认识和掌握微生物的生长曲线有重要意义。例如，发酵工业上要设法缩短菌体生长的延滞期，延长对数生长期，以便在最短时间内获得最大产量；对菌种进行革兰氏染色鉴定要采用对数期细胞，此时革兰氏阳性反应最典型；工业上生产食用酵母，要在稳定期收集菌体，因此时菌体数目最大。

2. 丝状微生物的群体生长

丝状微生物包括具分枝的原核生物放线菌和真核生物丝状真菌。这类微生物在液体培养基中虽然也可以均匀分布的菌丝悬浮液的方式生长（丝状生长），但大多数情况下是以分散的沉淀物方式在发酵液中出现（沉淀生长），沉淀物形态从松散的絮状沉淀到堆积紧密的菌丝球不等。切开菌丝球，里面可散发着酒味，说明氧气不能穿过中心，发酵过程已经在内部发生。当菌丝球表面或间隙进行活跃生长时，其内部可能已经产生了自发水解作用。接种体积的大小、接种物是否凝集以及菌丝体是否易于断裂等因素的综合作用决定着丝状微生物是丝状生长还是沉淀生长。丝状微生物通常以单位时间内微生物细胞的物质量(干重)的变化来表示。丝状微生物在液体培养基中的生长方式在工业生产中很重要,因为它影响着发酵过程的通气性、生长速率、搅拌能耗及菌丝体与发酵液的分离难易等。

丝状微生物的生长曲线没有明显的对数生长期,特别在工业发酵过程中一般只经过三个阶段:①生长停滞期:即孢子萌发或菌丝长出芽体;②迅速生长期:菌丝长出枝,形成菌丝体,菌丝质量迅速增加,由于它不是单细胞繁殖,因此没有对数生长期;③衰亡期:菌丝体质量下降,出现空泡及自溶现象。

由此可见,微生物生长曲线是描述微生物在一定环境中进行生长、繁殖和死亡的规律的实验曲线。这条生长曲线可作为生长状态的研究指标,又可以作为控制发酵生产的理论依据。

三、微生物的连续培养

1. 分批培养和连续培养

连续培养(continuous culture)又称开放培养(open culture),是相对于前述的绘制典型生长曲线所采用的分批培养(batch culture)或密闭培养(closed culture)而言的。所谓分批培养是指将微生物置于一定容积的培养基中,经过培养生长,最后一次收获的培养方式。通过对微生物生长曲线的分析可知,在分批培养中,培养基一次加入,不予补充,不再更换,随着微生物活跃生长,培养基中营养物质被逐渐消耗,代谢废物逐渐积累产生毒害作用,必然会使生长速率下降并最终停止生长,导致衰亡期的到来。为了防止上述情况发生,人们发明了连续培养的方法。所谓连续培养就是在一个恒定容积的流动系统中培养微生物,一方面以一定速率不断加入新的培养基,另一方面又以相同的速率流出培养物(菌体和代谢产物),以使培养系统中的细胞数量和营养状态保持恒定。这种通过一定方式使容器中的营养物达到动态平衡,其中的微生物长期保持在指数期的平衡生长状态和恒定生长速率上的微生物生长方式称为连续生长(continuous growth)。连续培养方法的出现,不仅可以为微生物学研究工作提供一定生理状态的实验材料,而且可以提高发酵工业的生产效益和自动化水平,是当前发酵工业的发展方向。

2. 连续培养类型

连续培养按照控制方式分主要有恒浊器和恒化器,按照培养器串连级数分有单级连续培养器和多级连续培养器。

(1) 恒浊器(turbidostat)(图 6-2A):这是一种根据培养器内微生物的生长密度,并借光电控制系统来控制培养液流速,以取得菌体密度高、生长速度恒定的微生物细胞的连续培养器。在该系统中,当培养基的流速低于微生物生长速度时,菌体密度增高,这时通过光电控制系统的调节,可促使培养液流速加快,反之亦然,并以此达到恒密度的目的。在恒浊器中的微生物始终能以最高生长速率进行生长,并可在允许范围内控制不同的菌体密度。在生产实践上,为了获得大量菌体或与菌体生长相平行的某些代谢产物(如乳酸、乙醇)时,都可以利用恒浊器类型的连续发酵器。

(2) 恒化器(chemostat)(图 6-2B):是一种设法使培养液的流速保持不变,并使微生物始终在低于其最高生长速率的条件下进行生长繁殖的连续培养装置。这种方法是通过控制某一营养物的浓度,使其始终成为生长限制因子的条件下达到的,因此是一种外控制式的连续培养装置。在恒化器中,一方面菌体密度会随着时间的增长而增高,另一方面,限制因子的浓度又会随着时间的增长而降低,两者相互作用的结果,出现微生物的生长速率正好与恒速流入的新鲜培养基流速相平衡。这样既可获得一定生长速率的均一菌体,又可获得低于最高菌体产量,却能保持稳定菌体密度的菌体。恒化器中的群体的细胞密度不是由稀释率决定的，而是由进入到培养容器中的限制性营养物质的浓度决定的。恒化器主要用于实验室进行与生长速率相关的各种科学理论研究。

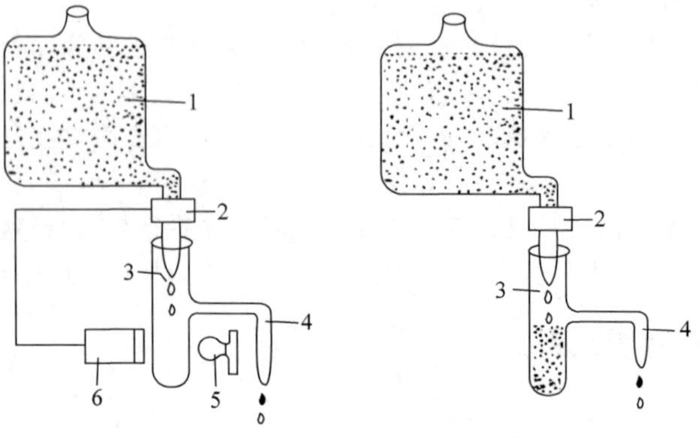

图 6-2　连续培养装置示意图

A. 恒浊培养系统；B. 恒化培养系统

1. 盛无菌培养基的容器；2. 控制流速阀；3. 培养室；4. 排出管；5. 光源；6. 光电池

（3）单级连续培养器（one-step continuous fermentor）和多级连续培养器（multi-step continuous fermentor）：若某微生物代谢产物的产生速率与菌体生长速率相平行，就可采用单级恒浊式连续培养器来进行研究或生产。但若要生产的产物与菌体生长不平行，就需要根据产物产生规律设计与其相适应的多级连续培养装置。例如，在用丙酮丁醇梭菌（*Clostridium acetobutylicum*）生产丙酮丁醇时，由于前期以生产菌体为主，后期以产物生成为主，而两个阶段所需的培养条件不同，因此就要设计两级发酵罐串连起来进行连续培养。第一级发酵罐保持 37℃，pH 4.3，培养液的稀释率为 0.125/h，第二级发酵罐温度为 33℃，pH 4.3，稀释率为 0.04/h。这样两级设计不仅所得溶剂的产量高，效益好，而且可在一年多时间内连续运行。

四、微生物的高密度培养

高密度培养（high cell-density culture，HCDC）也称高密度发酵，是指微生物在液体培养中细胞群体密度超过常规培养 10 倍以上时的生长状态或培养技术。现代高密度培养技术主要是在用基因工程菌生产多肽类药物的实践中逐步发展起来的。大肠杆菌作为基因工程菌在生产各种多肽类药物中具有极其重要的地位，例如，利用转基因技术将多种对人体具有重要作用的多肽类基因（如人生长激素、胰岛素、白细胞介素和人干扰素等）转入大肠杆菌细胞中，利用大肠杆菌的快速生长并进行高密度培养快速大量生产这些贵重药物。在理想条件下，大肠杆菌的理论高密度值可达 200 g（湿重）/L，甚至有人认为可达 400 g/L。这样，大大有助于基因工程产品生产成本的降低以及分离提纯等。

要想获得高密度培养可以考虑通过多种方法实现：①通过选择最佳培养基成分和各成分的含量。对菌株进行培养基配方，特别是微量元素以及 C/N 实验，摸索出最佳的有助于产物形成的培养基配方；②补料，一般采用逐量流加的方式对葡萄糖等一些营养物质进行补料添加，以避免高密度培养时由于供氧不足导致过量葡萄糖的“葡萄糖效应”造成生长受抑制；③提高溶解氧浓度，随着容器中微生物细胞密度的增加，溶液中的溶解氧就会成为重要限制性因子，因此可以通入纯氧或加压氧去培养微生物就可以大大提高高密度培养水平;④防止有害代谢产物的生成,通过选用天然培养基、降低培养基的 pH、以甘油代替葡萄糖等多种方式降低因大肠杆菌发酵葡萄糖产生乙酸而对自身的生长代谢产生抑制作用。

第三节 环境因素对微生物生长的影响

微生物的生长代谢与周围环境有着密切的关系:一方面,微生物需要从环境中摄入生长和繁殖所必需的营养物质,并在一定环境条件下生存,环境条件的变化会引起微生物的形态、生理、生长、繁殖特征的变化。另一方面,微生物也通过向环境中排泄代谢产物,适应甚至改变着环境。影响微生物生长的因素很多,主要包括培养基条件(见"培养基"一节)和环境条件,环境条件主要包括物理、化学和生物因素。影响微生物生长的物理因素很多,例如,温度、干燥、渗透压、辐射、表面张力等;影响微生物生长的化学因素也很多,例如,pH、氧气等;另外,其他生物与微生物之间的共生、捕食等关系也直接影响着微生物的生长,有关这部分内容将在第八章"微生物生态"一章中讲述。限于篇幅,这里以温度、pH 和氧气为例阐述环境中的物理和化学因素对微生物生长的影响。

一、温度

由于微生物的生命活动是由一系列极其复杂的生物化学反应组成的,而这些反应受温度的影响极为明显,只有在一定温度范围内才能正常进行,因此,温度是影响微生物生长的最重要的环境因素之一。温度主要通过影响微生物细胞膜的流动性和生物大分子的活性来影响微生物的生命活动。一方面随着温度的升高细胞中生物化学反应速率加快,生长速率提高,另一方面细胞中重要组分——蛋白质、核酸等细胞组分对较高温度敏感,当温度上升到一定程度时可能发生不可逆变性,对机体产生不利影响,甚至导致细胞死亡。

所以各种微生物生长都有三种基本温度:最低生长温度、最适生长温度、最高生长温度,这就是微生物的生长温度三基点(three cardinal point)。

最低生长温度是指微生物能进行生长繁殖的最低温度限度。当微生物处于最低生长温度时,新陈代谢降到极低的程度。若温度再低,则微生物的生命活动停止,但除少数对低温敏感的微生物会很快死亡外,多数微生物其活力仍然存在,当温度升高时又恢复其正常的生命活动。故低温的作用主要是抑菌,而不能运用低温手段来杀死大多数微生物。由于低温对微生物生长有抑制作用,故广泛用于保藏食品和菌种。

最适生长温度是指微生物生长繁殖速度最快的温度。不同微生物的最适生长温度不一样。对同一种微生物来说,最适生长温度并非一切生理过程的最适温度,即最适温度并不等于生长得率最高时的培养温度,也不等于发酵速率或积累代谢产物最高时的培养温度,更不等于积累某一代谢产物最高时的培养温度。

最高生长温度是指微生物生长繁殖的最高温度界限。在此温度下,微生物细胞易于衰老和死亡,高于此温度,微生物不可能生长。微生物所能适应的最高生长温度与其细胞内酶的性质有关。

不同微生物生长的温度上限不同,如果超过了最高生长温度则会导致微生物死亡。这种致死微生物的最低温度界限称为致死温度。在一定温度下,杀死某种微生物所需的最短时间称为致死时间。致死温度与处理时间有关。在一定温度下处理的时间越长,死亡率越高。不同微生物的致死温度可能不同。

微生物的抗热性与很多因素有关。一般说来，老龄的比幼龄的更耐热，原核生物耐热能力比真核生物强，非光合生物比光合生物强，构造简单的比构造复杂的强。在富含蛋白质的培养基上生长的细菌有较强的抗热能力。

多数细菌的营养细胞和病毒，在50～60℃条件下10 min可致死；嗜热脂肪芽孢杆菌的抗热性很强，121℃经12 min才能致死；少数动物病毒也具有较强的抗热性，如脊髓灰质炎病毒在75℃条件下30 min才致死；噬菌体比其宿主细胞耐热，一般在65～80℃失活。放线菌和霉菌的孢子比营养细胞耐热，76～80℃条件下10 min才能被杀死。细菌的芽孢抗热性最强，通常100℃以上处理相当长时间才能致死，因此各种灭菌技术是以杀死细菌芽孢为标准而制定的。

总体来说，微生物的生长温度范围很广，可在10～95℃条件下生长，但是特定的某种微生物只能在一定的温度范围内生长。根据最适生长温度的不同可将微生物分为三类：嗜冷微生物、嗜温微生物和嗜热微生物(表6-1)。嗜冷微生物和嗜热微生物都属于极端环境微生物，将在第八章“微生物生态”中详述。

表6-1　微生物的生长温度类型

微生物类群		最低生长温度/℃	最适生长温度/℃	最高生长温度/℃	分布区域
嗜热微生物		25～45	50～60	70～95	温泉、堆肥、土壤
超嗜热微生物			80以上	100以上	热泉、火山口等
嗜温微生物	室温型	10～20	25～30	40～45	腐生环境
	体温型	10～20	37～40	40～45	寄生环境
嗜冷微生物	专性嗜冷型	－12	5～15	15～20	地球两极
	兼性嗜冷型	－5～0	10～20	25～30	海洋、冷泉、冷藏食品

自然界绝大多数微生物属于嗜温微生物。它们又可分为室温型和体温型。室温型微生物适于在20～25℃条件下生长，如土壤微生物、植物病原微生物。体温型微生物多为人或温血动物病原菌。它们的最适生长温度与其宿主体温相近，在35～45℃，生长极限温度在40～45℃，人体寄生菌的最适生长温度为37℃左右。

有研究认为，嗜温型微生物之所以不能在低于10℃的温度条件下生长，可能与蛋白质的合成和反馈抑制有关，低于10℃时，蛋白质的合成过程不能启动。另外，10℃以下的低温使很多酶对反馈非常敏感。

不同微生物的温度上限一般有以下规律：原核生物高于真核生物；在原核生物中，古菌高于细菌；非光能营养细菌高于光能营养细菌；单细胞生物高于多细胞生物，构造简单的低等生物高于构造复杂的高等生物。

二、pH

环境中的pH对微生物生命活动的影响很大，主要原因是：引起细胞膜的通透性和膜结构稳定性的变化，从而影响微生物对营养物质的吸收；影响代谢过程中酶的活性；改变营养物离子化程度及有害物质的毒性。

微生物生长过程中机体内发生的绝大多数的反应是酶促反应，而酶促反应都有一个最适pH范围，在此范围内只要条件适合，酶促反应速率最高，微生物生长速率最大，因此微生物生长也有一个最适生长的pH范围。绝大多数微生物的生长pH都在5～9。除此之外，与温度对微生物的影响类似，每种微生物还有其生存最低pH和最高pH。不同微生物对环境pH适应的范围也不同。

大多数细菌、单细胞藻类和原生动物生存的最适 pH 为 6.5～7.5，在 pH4～10 也可以生长；放线菌一般在碱性即 pH7.5～8.0 条件下最适宜；而酵母菌、霉菌适应于 5.0～6.0 的偏酸性环境。通常自然界的 pH 为 5.0～9.0，适合大多数微生物的生长。少数微生物可在低于 pH2 和高于 pH10 的极端环境中生长。

微生物根据最适生长 pH 的不同，可分为嗜酸性微生物、嗜中性微生物和嗜碱性微生物。能够在 pH4.5 以下环境中生长的微生物称为嗜酸微生物。真菌比细菌更耐酸，很多真菌最适 pH 为 5.0 甚至更低，有的种类甚至可在 pH2.0 条件下很好生长。生长环境的 pH 范围是 pH5.4～8.5 的微生物称为嗜中性微生物。引起人类疾病的大多数微生物属于嗜中性微生物。最适生长在 pH9.0 以上的微生物，称为嗜碱菌；嗜碱菌中，有些菌在 pH 中性或以下不能生长，称为专性嗜碱菌（obligate alkaliphile），而有些菌在 pH 中性或以下也可以生长，称为兼性嗜碱菌（facultive alkaliphile）。而那些能在高 pH 下生长，但最适生长 pH 并不在碱性 pH 范围的微生物称为耐碱菌（alkalitolerant）。嗜酸性微生物和嗜碱性微生物属于极端环境微生物，将在第八章“微生物生态”中详述。

各种微生物在基质中生长，由于代谢作用而引起物质的转化，从而改变基质的氢离子浓度，这就是通常遇到的培养基的原始 pH 在培养微生物过程中会发生改变的原因，其中，可能发生的反应有以下几种（图 6-3）：

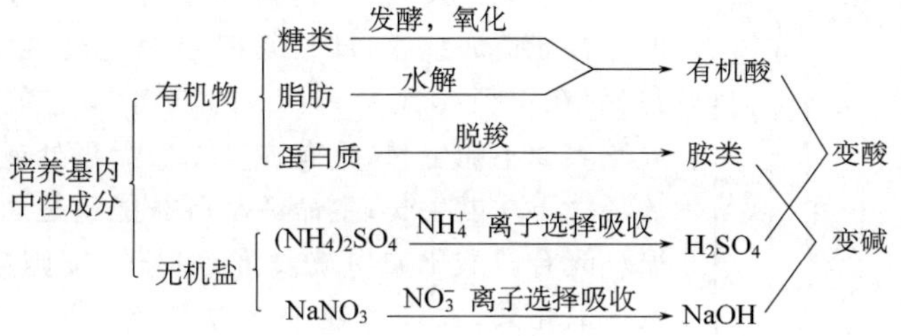

图 6-3　培养基成分的 pH 改变示意图

在一般培养过程中，上述变酸与变碱两种过程往往以前者占优势，因此，随着培养时间的延长，一般培养基会变得较酸。因此，在培养微生物的过程中，如何及时调节合适的 pH 就成了发酵生产中的一项重要措施。

同一种微生物在不同的生长阶段和不同生理生化过程中，对 pH 也有不同的要求，这对发酵生产中的 pH 控制尤为重要。例如，黑曲霉在 pH2～2.5 有利于产柠檬酸，在 pH2.5～6.5 以菌体生长为主，而在 pH7 时，则以合成草酸为主。又如，丙酮丁醇梭菌在 pH 为 5.5～7.0 时，以菌体生长繁殖为主，pH 为 4.3～5.3 时才进行丙酮和丁醇发酵。因此，在发酵过程中，根据不同的目的，常采用变动 pH 的方法，以提高生产效率。

三、氧气

氧对微生物的生命活动有着极其重要的影响。大气中按照体积计算氧占 1/5，但同时地球上还存在很多缺氧的环境，例如，水底污泥、沼泽地、水田、堆肥、动物肠道等，这些环境中同样存在着种类繁多的微生物。根据微生物适合生长的环境将其分为好氧微生物（aerobe）和厌氧性微生物（anaerobe）。

1. 好氧性微生物

好氧微生物又可以分为专性好氧性微生物（obligate aerobe 或 strict aerobe）、兼性好氧性微生物(facultative aerobe)和微好氧微生物(microaerophilic bacteria)。

(1) 专性好氧微生物:必须在有氧条件下生长,有完整的呼吸链,以氧气为最终电子受体,细胞内含超氧化物歧化酶(SOD)和过氧化氢酶。多数细菌和大多数真菌属于专性好氧微生物。

(2) 兼性好氧微生物:又称兼性厌氧菌(facultative anaerobe),在有氧和无氧的条件下都能生长,但在这两种情况下代谢途径并不相同,它在有氧的时候进行有氧呼吸,在无氧的情况下进行酵解或无氧呼吸,其产物也各不相同,例如,谷氨酸发酵时,通气量充足产谷氨酸,通气量不足则产生乳酸或琥珀酸。许多酵母菌和细菌属于兼性好氧微生物,如酵母菌、肠杆菌科的细菌等。

(3) 微好氧微生物:只能在较低的氧分压下生活,一些氢单胞菌属(*Hydrogenomonas*)、发酵单胞菌属(*Zymononas*)和弯曲菌属(*Campylobacter*)的种及霍乱弧菌(*Vibrio cholerae*)属于这一类。

2. 厌氧性微生物

厌氧微生物又分为耐氧微生物(aerotolerant anaerobe)和专性厌氧微生物(anaerobe)。

(1) 耐氧微生物:不能利用氧气,但氧气的存在对它们无害,它们没有呼吸链,只能通过酵解或底物水平磷酸化获取能量,细胞内存在 SOD 和过氧化物酶,但缺乏过氧化氢酶。多数乳酸菌都是耐氧性微生物,例如,乳酸乳杆菌(*Lactobacillus lactis*)、肠膜明串珠菌(*Leuconostoc mesenteroides*)、乳链球菌(*Streptococcus lactis*)以及粪肠球菌(*Enterobacter faecalis*)等。

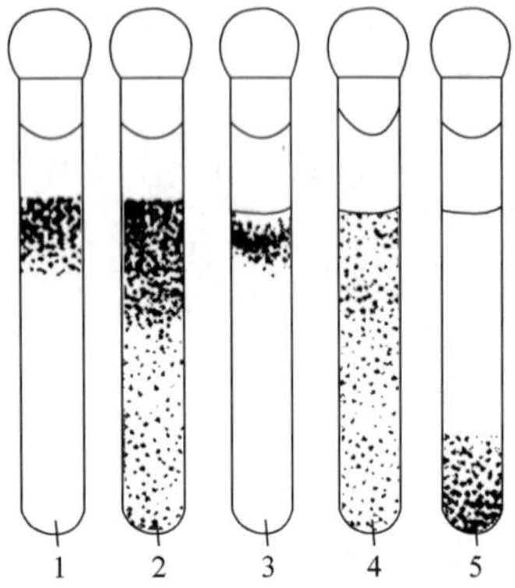

图 6-4 不同微生物在半固体培养基中的生长状态

1. 好氧菌;2. 兼性好氧菌;3. 微好氧菌;4. 耐氧菌;5. 厌氧菌

(2) 专性厌氧微生物:不能利用氧气,氧气的存在对它们的生存能造成损害,即使短时接触空气,生长也会被抑制甚至致死;在空气或含 10% CO_2 的空气中,它们在固体或半固体培养基表面不能生长,只有在其深层无氧处或在低氧化还原电势的环境下才能生长;生命活动所需能量是通过发酵、无氧呼吸、循环光合磷酸化或甲烷发酵等提供;细胞内缺乏 SOD 和细胞色素氧化酶,大多数还缺乏过氧化氢酶。常见的菌有梭菌属(*Clostridium*)、拟杆菌属(*Bacteroides*)、梭杆菌属(*Fusobacterium*)、双歧杆菌属(*Bifidobacterium*)以及多种光合细菌和产甲烷菌属(*Methanogenium*)。

以上五类微生物在深层半固体培养基中的生长特性有较大的差异(图 6-4)。

关于厌氧微生物氧毒害机制比较广为接受的是 1971 年 J. M. McCord 和 I. Fridovich 提出的关于专性厌氧生活的超氧化物歧化酶(SOD)学说。在氧还原成水的过程中,可形成某些有毒的中间产物,例如,过氧化氢(H_2O_2)、超氧阴离子(O_2^- ·)和羟自由基(OH·)等。超氧化物歧化酶可以将 O_2^- ·转化为 O_2 和 H_2O_2,后者可以被过氧化氢酶转化为水和氧。凡严格厌氧菌无 SOD 活力,一般也无过氧化氢酶活力,因而死于 O_2^- ·和 H_2O_2 的毒害,这类微生物必然只能进行专性厌氧生活;所有具有细胞色素系统的好氧菌都有 SOD 和过氧化氢酶;耐氧性厌氧菌不含细胞色素系统,但具有 SOD 活力而无过氧化氢酶活力。

第四节 微生物生长的控制

微生物的生存与外界环境有着密切的关系。当环境条件适宜时,微生物生长繁殖;环境条件不适宜时,微生物的代谢改变,其生长繁殖受到抑制甚至死亡。在工农业生产和人类生活中,微生物的生长繁殖有其有益的方面，同时也可能产生危害，例如，食品和工农业产品的霉腐变质；实验室中微生物或动植物组织、细胞纯培养物的污染；培养基或生化试剂的染菌；微生物工业发酵中的杂菌污染；以及人体和动、植物受病原微生物的感染而患各种传染病等。对环境中的有害微生物必须采取有效措施来杀灭或抑制它们。由于需要和目的不同，对微生物生长控制的要求和采用的方法有很大不同，因而产生的效果也不同。

控制有害微生物的措施主要有以下几种：

（1）灭菌（sterilization）是指采用某种强烈的理化因素杀死物体中所有微生物的措施，包括病原微生物和非病原微生物。灭菌后的物体不再有可存活的微生物。例如，高温灭菌、辐射灭菌等。灭菌实质上可分为杀菌和溶菌两种，前者指菌体虽死，但形体尚存；后者则指菌体被杀死后，其细胞发生自溶、裂解等消失的现象。

（2）消毒（disinfection）是指利用某种较温和的方法以杀死、消除或降低材料或物体上的病原微生物，使之不引起疾病的方法，它可以起到防止感染或传播的作用。例如，一些常用的对皮肤、水果、饮用水进行药剂消毒的方法；对啤酒、牛奶、果汁和酱油等进行消毒处理的巴氏消毒法等等。具有消毒作用的化学物质称为消毒剂，一般消毒剂在常用浓度下只能杀死微生物的营养体，对芽孢则无杀灭作用。

（3）防腐（antisepsis）是指在某些化学物质或物理因子作用下，能防止或抑制微生物生长繁殖但又未完全致死微生物的一种措施，它能防止食物腐败或防止其他物质霉变，这是一种抑菌作用。例如，日常生活中以干燥、低温、高渗（如盐腌或糖渍）、高酸（如泡菜中乳酸菌产生大量乳酸而达到抑制杂菌和防霉腐目的）、高醇（白酒或黄酒保存食品）、加防腐剂等方法防腐。

（4）化疗（chemotherapy）即化学治疗，是指利用具有高度选择毒力（即对病原菌具有高度毒力而对其宿主基本无毒）的化学物质来抑制宿主体内病原微生物的生长繁殖，借以达到治疗该宿主传染病的一种措施。用于化学治疗目的的化学物质称化学治疗剂（chemotherapeutant），包括磺胺类等化学合成药物、抗生素、生物药物素和若干中草药有效成分等。

4 个概念的特点和比较（表 6-2）。

表 6-2　灭菌、消毒、防腐、化疗的比较

比较项目	灭菌	消毒	化疗	防腐
处理因素	强理、化因素	理、化因素	化学治疗剂	理、化因素
处理对象	任何物体内外	生物体表、酒、乳等	宿主体内	有机质物体内外
微生物类型	一切微生物	有关病原菌	有关病原菌	一切微生物
对微生物作用	彻底杀灭	杀死或抑制	抑制或杀死	抑制或杀死
实例	加压蒸气灭菌、辐射灭菌、化学杀菌剂	70%酒精消毒、巴氏消毒法	磺胺药、抗生素、生物药物素	冷藏、干燥、糖渍、盐腌、缺氧、化学防腐剂

任何杀死或抑制微生物生长的方法都可以达到控制微生物生长的目的，包括物理和化学方法。

一、微生物生长控制的物理方法

许多物理方法可以抑制或杀灭微生物，包括加热、低温、干燥、辐射、过滤等。这些在控制微生物生长方面有着广泛的应用。

1. 高温

微生物细胞的蛋白质、核酸等大分子物质对高温非常敏感。当环境温度超过微生物的最高生长温度，将会引起微生物死亡，所以，加热是最有效的控制微生物的物理因素。不同微生物的最高生长温度不同，不同生长阶段的微生物抗热性也不同，因此根据不同对象，通过控制处理的温度和时间达到灭菌或消毒的目的。常见的高温灭菌或消毒方法主要有干热和湿热两大类。

- 高温灭菌
  - 干热灭菌法
    - 火焰灼烧法
    - 烘箱内热空气灭菌法
  - 湿热灭菌（消毒）法
    - 常压下
      - 巴氏消毒法
        - LTH 法
        - HTST 法
      - 煮沸消毒法
      - 间歇灭菌法
    - 加压下
      - 常规加压灭菌法
      - 连续加压灭菌法

1）干热灭菌法

干热灭菌时，由于干热导致微生物细胞膜破坏、蛋白质变性、原生质干燥而死亡。干热灭菌法（dry heat sterilization）主要有两种：①灼烧（incineration 或 combustion）是一种最彻底的干热灭菌法，破坏力很强，主要用于接种环、接种针、一些金属小工具及试管口的灭菌以及带病原菌的材料、动物尸体的烧毁等。②烘箱热空气干热灭菌是指在烘箱 150～170℃下维持 1～2 h，达到彻底灭菌（包括芽孢）的目的，主要用于金属器械、洗净的玻璃器皿等的灭菌。

2）湿热灭菌法

湿热灭菌法（moist heat sterilization）是指用 100℃以上的加压蒸气进行灭菌。在相同温度和相同操作时间下，湿热灭菌要比干热灭菌更有效，这是因为：①水蒸气具有更强的穿透力，能更有效地杀灭微生物（表 6-3）；②水蒸气存在潜热，当蒸气液化为水时可放出大量热量，故可迅速提高灭菌物品的温度，缩短灭菌时间；③蛋白质的含水量与其凝固温度成反比，因此湿热更易将蛋白质的氢键打断，使其发生变性凝固。湿热灭菌因为具有以上优点，所以被广泛应用于培养基和发酵设备的灭菌。多数细菌和真菌的营养细胞在 60℃左右处理 5～10 min 后即可杀死，酵母菌和真菌的孢子稍耐热些，要用 80℃以上的温度处理才能杀死，而细菌的芽孢最耐热，一般要在 120℃下处理 15min 才能杀死。

表 6-3　干热与湿热空气对不同细菌的致死时间比较

细菌种类	干热 90℃	90℃，相对湿度分别为		细菌种类	干热 90℃	90℃，相对湿度分别为	
		20%	80%			20%	80%
白喉棒杆菌	24 h	2 h	2 min	伤寒杆菌	3 h	2 h	2 min
痢疾杆菌	3 h	2 h	2 min	葡萄球菌	8 h	3 h	2 min

常用的湿热灭菌法有下列几种：

（1）巴氏消毒法（pasteurization）此法最早由法国微生物学家巴斯德采用。常用于牛奶、啤酒、果酒、酱油、醋与食品等不能进行高温灭菌的液体的一种消毒方法，其主要目的是杀死其中无芽孢的病原菌，而又不影响食品的营养和风味。巴氏消毒法是一种中温消毒法，具体的处理温度和时间各不相同，一般在 60～85℃下处理 15 s 至 30 min。具体的方法可分两类：第一类是经典的低温维持法（low temperature holding method，LTH），将待消毒的物品，在 60～62℃加热

30 min或70℃加热15 min,例如,在63℃下保持30 min可进行牛奶消毒;另一类是高温瞬时法(high temperature short time或flush point,HTST),消毒时只需将待消毒物品如牛奶在71.6℃保持15 s。近年来,由于设备的改良,尤其是采用流动连续操作系统(图6-5)后,巴氏消毒法逐渐演化成一种采用更高温度、更短时间的灭菌方法,即超高温巴斯德灭菌法,让牛奶等液体食品停留在140℃左右(如137℃或143℃)的温度下保持3~4 s,急剧冷却至75℃,然后经均质化后冷却至20℃。这种方法能达到灭菌的目的,而且处理后的牛奶等饮料可存放长达6个月。

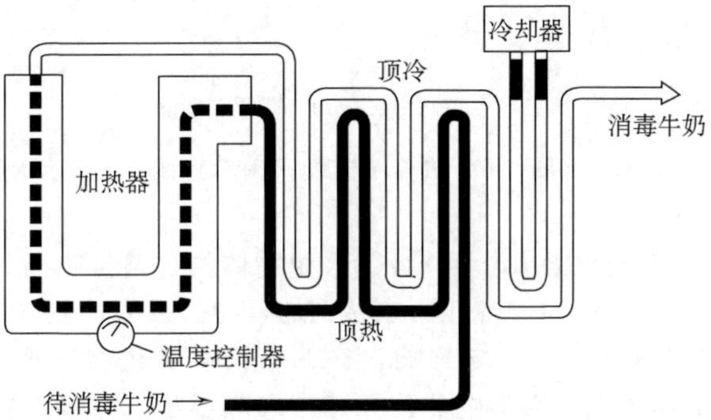

图6-5 高温瞬间巴斯德消毒法的操作流程图

(2) 煮沸消毒法 该法是将物品在水中煮沸100℃维持15 min以上进行杀菌。可杀死细菌和真菌的营养细胞,但不能杀死全部细菌芽孢和真菌孢子,可以杀死某些病毒。延长煮沸时间或在水中加入1%Na_2CO_3或2%~5%石炭酸可增加消毒效力。本法仅是消毒方法,方便易行,应用范围较广,常用于注射器、解剖用具以及家庭中餐具、衣物和饮用水等的消毒。

(3) 间歇灭菌法(fractional sterilization或tyndallization)又称丁达尔灭菌法或分段灭菌法。具体做法是将物品放在80~100℃下煮沸15~60 min,以杀死其中所有微生物的营养体,然后置室温或37℃下保温过夜,诱导其中的芽孢发芽,第二天再以同法煮沸和保温过夜,如此连续重复该过程3次以上,即可在较低温度下达到彻底灭菌的效果。例如,培养硫细菌的含硫培养基采用此法灭菌可保证培养基内所含元素硫在99~100℃下保持正常结晶形,若用121℃加压法灭菌,就会引起硫的融化。该法适用于不耐高温的培养基、药液、酶制剂等的灭菌,但操作较麻烦,时间也较长。

(4) 常规加压灭菌法(normal autoclaving):也称高压蒸汽灭菌法。该法利用提高压力使水的沸点升高,以提高水蒸汽的温度,更加有效杀灭微生物。高压蒸汽灭菌锅有卧式和立式两种形式,根据需要大小不等,有些还有自动控制系统。灭菌通常在0.1013 MPa下(水蒸气温度达121℃)处理物品15~20 min,可以杀死抗热性很强的细菌芽孢,破坏病毒核酸结构。有时为了防止培养基内葡萄糖等成分的破坏,也可采用在较低温度(115℃,即0.07 MPa)下维持35 min的方法。本法操作简便、效果可靠,是目前应用最广、最有效的灭菌方法。加压灭菌法适用于一切微生物学实验室、医疗保健机构或发酵工厂中对培养基及多种器材、物料的灭菌。

(5) 连续加压灭菌法(continuous autoclaving):在发酵行业中也称"连消法",此法只在大规模的发酵工厂中作培养基灭菌用。其主要操作原理是让培养基在发酵罐外连续不断地进行快速加热、维持和冷却,然后才进入发酵罐。培养基一般加热至135~140℃维持5~15 s。其优点是:①因采用高温瞬时灭菌,故既可杀灭微生物,又可最大限度减少营养成分的破坏,从而提高了原料的利用率,例如,在抗生素发酵中,它比以往的"实罐灭菌"(120℃,30 min)提高产量5%~

10%；②由于总的灭菌时间较分批灭菌法明显减少，所以缩短了发酵罐的占用周期，从而提高了它的利用率；③由于蒸气负荷均匀，故提高了锅炉的利用率；④适宜于自动化操作；⑤降低了操作人员的劳动强度。典型的培养基的连续灭菌的流程见图 6-6。

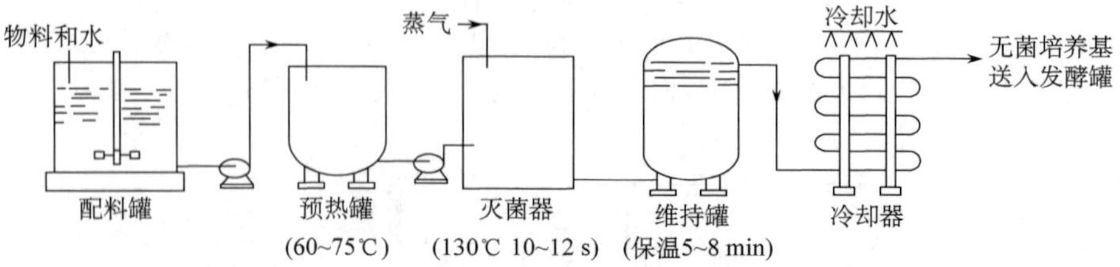

图 6-6　培养基连续灭菌示意图

在应用加压蒸气灭菌时应注意几个问题：①灭菌物体的含菌量越高，所需的灭菌时间越长；②灭菌锅是靠蒸气的温度而不是单纯靠压力来达到的，因此，灭菌时必须先排尽灭菌锅内的冷空气；③灭菌对象的 pH 对灭菌效果有一定影响，当 pH<6 时，微生物易死亡，pH 在 6.0～8.0 时，不易死亡；④灭菌对象的体积大小因影响热传导速率和热容量，故会明显影响灭菌效果，大容量培养基灭菌时必须注意延长灭菌时间；⑤由于季节或灭菌体积大小会影响加热与散热速度，即灭菌锅的“上磅”或“下磅”时间，应注意适当调节；⑥高温，尤其是长时间的高温会对培养基中的多种成分带来破坏或不利影响，甚至导致培养基颜色变化，因此可采取一些特殊的加热灭菌方法，例如，含糖培养基灭菌时可以将糖液与其他成分分别灭菌后再混合；一些易被破坏的成分还可以采用低压灭菌或间歇灭菌、过滤除菌等方法。

2. 辐射灭菌

辐射灭菌是利用电磁辐射产生的电磁波杀死大多数物质上的微生物的一种有效方法。用于灭菌的电磁波有微波、紫外线、红外线、可见光、X 射线和 γ 射线等。这些射线都以相同的速度传播，但波长不等，对微生物作用也各不相同。最常用的辐射灭菌有 2 种：紫外线和电离辐射。

1）紫外线

紫外光是日光的一部分，波长在 100～400 nm，其中，254 nm 波长的紫外光对微生物最具杀伤力。当微生物被照射时，细胞的 DNA 吸收能量，形成胸腺嘧啶二聚体，此时腺嘌呤无法正确配对，从而干扰 DNA 的复制和蛋白质的合成，造成微生物的死亡，若照射剂量或时间不足时，可能引起微生物变异。

不同的微生物或微生物的不同生理状态对紫外线的抵抗力是不同的。一般说来，革兰氏阴性菌对紫外线是最为敏感，革兰氏阳性菌次之。营养细胞对紫外线的抵抗力弱于芽孢。酵母菌在对数生长期对紫外线的抵抗力最强，而在长期缺氧的情况下抵抗力最弱。

紫外线的穿透力很弱，易被固形物吸收，不能透过普通玻璃和纸张。因此只适用于表面消毒和空气、水的消毒。实际应用时，可以根据 $1W/m^3$ 来计算剂量。若以面积来计算，30W 紫外灯用于 15 m^2 房间照射 20～30 min 即可杀死空气中的微生物，因此紫外线灭菌广泛应用于微生物化验室、医院、公共场所的空气消毒。

当空气中湿度超过 55%～60%时，紫外线的杀菌效果迅速下降。另外必须防止紫外线对人体的直接照射，以免损伤皮肤和眼结膜。紫外线可能诱导产生环境中的有害变化而间接影响微生物生长，如使空气中产生臭氧，水中产生过氧化氢，培养基中产生有机的过氧化物等。

2）电离辐射

控制微生物生长所用的电离辐射主要是使用 X 射线和 γ 射线，其波长比紫外线短 6～7 倍，但每个光子的能量是紫外光的10 000倍,因此具有很强的杀菌能力。这些射线对物质有很强的穿透力和杀菌作用,它们能使被照射的物质产生电离作用,所以称电离辐射。

3. 过滤除菌

高压蒸气灭菌可以除去液体培养基中的微生物,但对于空气和不耐热的液体培养基的灭菌是不适宜的,为此设计了一个过滤除菌的方法。过滤除菌有三种类型。一种最早使用的是在一个容器的两层滤板中间填充棉花、玻璃纤维或石棉,灭菌后空气通过它就可以达到除菌的目的。为了缩小这种滤器的体积,后来改进为在两层滤板之间放入多层滤纸,灭菌后使用也可以达到除菌的作用,这种除菌方式主要用于发酵工业。第二种是膜滤器(图6-7),这是目前通常使用的一种方法。膜滤器采用微孔滤膜作材料,通常由醋酸纤维素或硝酸纤维素制成的比较坚韧的具有微孔(0.025～25 μm)的膜。当含有微生物的液体通过微孔滤膜时,大于滤膜孔径的微生物不能通过滤膜而被阻拦在膜上,与通过的滤液分离开来。微孔滤膜具有孔径小价格低,可高压灭菌、不易阻塞、滤速快、可处理大容量的液体等优点。但当滤膜孔径小于0.22 μm时易引起孔阻塞,且过滤除菌无法滤除病毒、噬菌体和支原体。第三种是核孔滤器,它是由核辐射出来的很薄的聚碳酸胶片再经化学蚀刻而制成。辐射使胶片局部破坏,化学蚀刻使被破坏的部位成孔,而孔的大小由蚀刻溶液的强度和蚀刻的时间来控制。溶液通过这种滤器就可以将微生物除去,这种滤器主要用于科学研究。

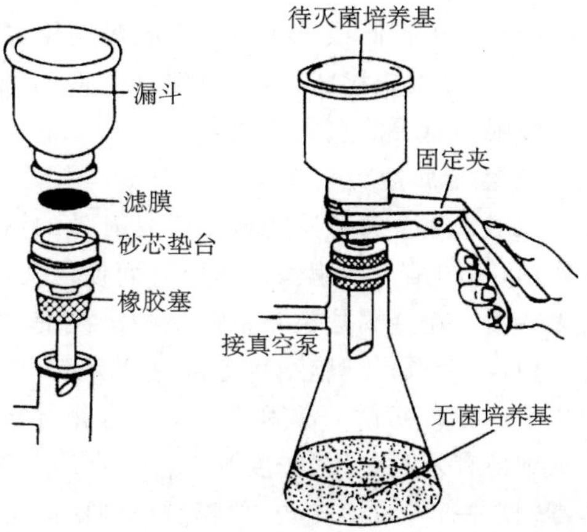

图6-7　膜滤器装置及其过滤除菌示意图

过滤除菌可用于对热敏感液体的除菌,如含有酶或维生素的溶液、血清等。发酵工业上应用的大量无菌空气,也是采用过滤方法获得的,使空气通过铺放多层棉花和活性炭的过滤器或超细玻璃纤维纸,便可滤除空气中的微生物。

4. 干燥和渗透压

水是微生物细胞的重要成分,占生活细胞的90%以上,它参与细胞内的各种生理活动,因此说没有水就没有生命。降低物质的含水量直至干燥,就可以抑制微生物的生长,防止食品、衣物等物质的腐败与霉变。因此干燥是保存各种物质的重要手段之一。

增加渗透压是另一种通过限制微生物可利用水而控制其生长的方法。高渗环境中,水从细胞中流出,使细胞脱水。盐腌制咸肉、糖浸果脯或蜜饯等就是利用这种方法保存食品。

二、微生物生长控制的化学方法

许多化学药剂能抑制或杀死微生物,根据它们的效应,可分为三类:消毒剂、防腐剂和化学治疗剂。

1. 消毒剂和防腐剂

消毒剂(disinfactant)是指可抑制或杀灭微生物,但对人体也可能产生有害作用的化学试剂,主要用于抑制或杀灭物体表面、器械、排泄物和周围环境中的微生物。防腐剂(antiseptic)是指可以抑制微生物生长,但对人体和动物体毒性较低的化学试剂,可用于机体表面,如皮肤、黏膜、伤口等处防止感染,也可用于食品、饮料、药品等的防腐。消毒剂和防腐剂之间的界限不明确,多数化学药剂在高浓度时作为消毒剂,低浓度时作为防腐剂。理想的消毒剂和防腐剂应具有以下特征:杀灭各种类型的微生物,作用迅速,不损伤机体组织或不具毒性作用,其杀菌作用不受有机体的影响、能透过被消毒的物体,易溶于水、与水形成稳定的水溶液或乳化液,当接触热、光或不利的天气条件时不易分解,不损害被消毒的材料,价格低廉,运输方便。

常用的消毒剂有以下几种。

1) 酸、碱类物质

酸和碱可抑制或杀死微生物,其作用原理在于极端酸碱条件可使蛋白质变性。如石灰以1∶4或1∶8配成糊状,消毒排泄物及地面;乙酸加热蒸发可以进行空气消毒;而苯甲酸、山梨酸和丙酸则是重要的食品防腐剂。

2) 重金属盐类

大多数重金属及其化合物都是有效的消毒剂,其中,作用最强的是Hg、Ag和Cu。它们的杀菌作用,有的是与细胞蛋白质结合而使之变性;有的是进入细胞后与酶上的—SH相结合而使酶失去活性。重金属盐类是蛋白质的沉淀剂,能产生抗代谢作用,或者与细胞的主要代谢物发生螯合作用,或者取代细胞结构上的主要元素,使正常的代谢物变成无效的化合物,从而抑制微生物的生长或导致死亡。常用的含汞化合物有升汞($HgCl_2$),(1∶500)~(1∶2000)的升汞溶液对大多数细菌有杀灭作用,浓度为0.1%的升汞常用于人手和器皿的消毒。红汞(汞溴红)也是常用消毒剂之一,可用于皮肤、黏膜及小创伤的消毒。硫酸铜也是广泛使用的消毒剂,对真菌和藻类效果较好,常用于游泳池的消毒;农业上为了杀灭真菌、螨以及防治植物病害,常用硫酸铜与石灰水以适当比例配制成波尔多液,用于苹果、葡萄等果树的喷施。

3) 氧化剂

氧化剂可作用于蛋白质的巯基使蛋白质和酶失活,强氧化剂还可破坏蛋白质的氨基和酚羟基。常用的氧化剂有:高锰酸钾、过氧化氢、卤素。高锰酸钾是一种强氧化剂,0.1%高锰酸钾溶液常用于皮肤、口腔和水果蔬菜消毒,2%~5%的溶液能杀死芽孢。过氧化氢俗称双氧水,是一种活泼的氧化剂,易分解成水和氧。常用浓度为3%的溶液作用于伤口、用具等消毒。在组织细胞中通过触媒催化生成新生氧和水分子,发挥其杀菌作用。也有认为过氧化氢释放水分子,其中的羟基(—OH)强烈吸引某些蛋白质中的氢原子,引起分子重排,导致微生物死亡。过氧化氢的优点是无毒,适用于大多数物品的消毒,缺点是容易因分解而失效。氯是最有效和应用最广泛的化学消毒剂,常用于自来水、游泳池内的水消毒等。消毒剂量一般为0.2~1.0 mg/kg。漂白粉的有效成分是$Ca(ClO)_2$,可用于自来水、某些食品和环境卫生的消毒,其使用浓度为0.5%~5%,缺点是碱性太大。过氧乙酸是一种高效、速效、广谱和无毒的化学杀菌剂,可分解为乙酸、过氧化氢、水和氧。适用于各种塑料、玻璃制品、棉布、人造纤维制品的消毒,也可适用水果蔬菜等的表面消毒。据报道,0.2%~0.5%浓度的过氧乙酸水溶液能在10 min内杀死大肠杆菌。缺点是有一定的刺激性。

4) 有机化合物

有机物杀死微生物一般是通过使细胞蛋白质变性凝固而使微生物机能发生障碍而死亡。用于消毒剂和防腐剂的主要有机化合物有:酚类、醇类、甲醛、表面活性剂等。

(1) 酚类为脂溶性物质,可使细胞膜损伤,凝固菌体蛋白质,造成细胞膜渗漏导致微生物死亡。苯酚俗称石炭酸,是评价其他防腐剂或消毒剂的标准消毒剂。一般情况下对革兰氏阳性菌作用敏感,高浓度时能杀灭革兰氏阴性菌。2%~5%的溶液作为消毒剂用于器械和室内外喷雾消毒及粪便消毒,0.5%的溶液可用于消毒皮肤、桌面及用具等。

来苏尔是甲酚(对甲酚、间甲酚、邻甲酚)与肥皂的混合物,其2%浓度用于皮肤消毒,4%浓度用于器械、地面、排泄物消毒。

(2) 醇类具有较强的杀菌能力。最常用的是乙醇,其杀菌力与浓度有关。70%的乙醇是有效的皮肤消毒剂,杀菌力强,它的杀菌机制是使蛋白质变性和溶解脂肪,使细胞膜破裂。乙醇同时也是强的脱水剂。丙醇、丁醇、戊醇均有更强的杀菌效力,但价格昂贵又不与水混溶;甲醇对组织有毒性,故一般不作为消毒剂。

(3) 醛类的作用主要使蛋白质烷基化,改变酶或蛋白质的活性,使细菌的生长受到抑制或死亡。常用的醛类是甲醛。甲醛是气体,是一种非常有效的杀菌剂,对微生物的营养细胞和孢子同样有效。0.1%～0.2%的甲醛溶液能杀死细菌繁殖体,5%的甲醛溶液能杀死芽孢。40%的水溶液称福尔马林,具有抑菌和杀菌作用。生产中常以2%的甲醛溶液浸泡器械或以10%的溶液熏蒸消毒厂房,但使用时应注意其蒸气具有强烈的刺激性,应用时应注意操作。

(4) 表面活性剂可以破坏菌体细胞膜的结构,造成胞内物质泄漏、蛋白质变性、菌体死亡。肥皂是脂肪酸的钠盐,为常用阴离子表面活性剂,其主要作用是机械性地移去微生物;新洁尔灭是人工合成的季铵盐阳离子表面活性剂,高度稀释时具抑菌作用,稀释度小时具杀菌作用,同时它也有去污作用,是一种有效而无毒的消毒剂,常用于皮肤、器皿及空气的消毒,使用浓度为0.1%～0.25%。

2. 化学治疗剂

化学治疗剂(chemotherapeutant)是指那些能够特异性地作用于某些微生物,特别是病源微生物,直接干扰病原微生物的生长繁殖并可用于治疗感染性疾病的化学药物。它能选择性地作用于病原微生物新陈代谢的某个环节,使其生长受到抑制或致死。但对人体细胞毒性较小,故常用于口服、注射或体外用药。化学治疗剂种类很多,按其性质与作用可分为抗代谢物和抗生素。

1) 抗代谢物

抗代谢物(antimetabolite),又称代谢拮抗物或代谢类似物(metabolite analogue),是指一类在化学结构上与生物体所必需的代谢物很相似,以至可以和特定的酶结合,从而阻碍了酶的功能,干扰了正常代谢活动的化学物质。由于它们具有良好的选择毒性,因此是一类重要的化学治疗剂。

抗代谢物种类很多,如叶酸对抗物(磺酸类药物)、嘌呤对抗物(6-巯基嘌呤)、氨基酸对抗物(5-甲基色氨酸)、吡哆醇对抗物(异烟肼)等。其作用主要有3种:①与正常代谢物共同竞争酶的活性中心,从而使微生物正常代谢所需的重要物质无法正常合成,如磺胺类;②"假冒"正常代谢物,使微生物合成出无正常生理活性的假产物,如8-重氮鸟嘌呤取代鸟嘌呤后而合成的核苷酸就会产生无正常功能的RNA;③某些抗代谢物与某一生化合成途径的终产物结构类似,可通过反馈调节破坏正常代谢调节机制,例如,6-巯基腺嘌呤核苷酸的合成。

磺胺类药物是典型的抗代谢物,迄今为止,已合成过很多磺胺类药物,其中,有代表性的见表6-4,它们都有相同的核心结构。磺胺类药物可以治疗许多传染病,其作用机理较清楚。因为它们的核心结构与细菌的生长因子对氨基苯甲酸(PABA)相似(图6-8),两者有竞争性拮抗作用。许多细菌不能利用外界提供的叶酸,必须利用PABA作为生长因子合成所需要的四氢叶酸(FH_4,THFA)。四氢叶酸是合成代谢中不可缺少的重要辅酶,专门用于转移一碳单位。对氨基苯甲酸可由细菌自身合成,也可从生长介质中获得。而磺胺的存在则可与对氨基苯甲酸竞争性地与二氢叶酸合成酶结合,阻断叶酸的合成,因而可抑制细菌的生长(图6-9)。人类因没有二氢叶酸合成酶等,不能利用外界提供的对氨基苯甲酸合成叶酸,只能从饮食中获得叶酸,因而对磺胺类药物不敏感。

由于磺胺类药物与PABA存在竞争性抑制作用,因此要产生抑菌效果,其浓度必须高于环境中的 PABA 浓度。因此，在伤口、烧伤等 PABA 和二氢叶酸浓度高的部位，就会解除磺胺药的抑菌效果；另外，若存在磺胺的同时，外加一定量的 PABA、二氢蝶酸、二氢叶酸、四氢叶酸或嘌呤、嘧啶、核苷酸、丝氨酸等一碳基转移产物，也可以解除其抑制。磺胺类药物的种类很多，主要有磺胺(sulfanilamide)、磺胺胍(即磺胺脒，sulfaguanidine，SG)、磺胺嘧啶(sulfadiazine，SD)、磺胺甲噁唑(sulfamethoxazole，SMZ)和磺胺二甲嘧啶(sulfamethazine)等。

表 6-4　若干磺胺类药物的分子结构

母体结构	R 基团	名称
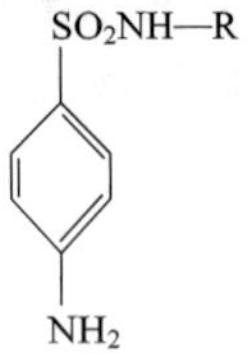	—H	磺胺
	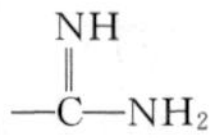	磺胺胍
	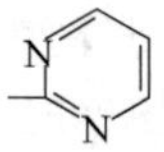	磺胺嘧啶
	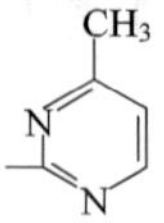	磺胺甲基嘧啶
	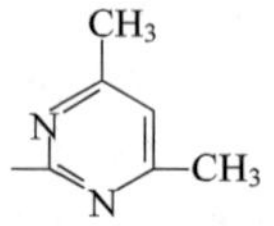	磺胺二甲嘧啶
	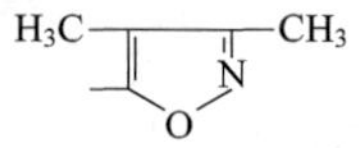	磺胺异　唑

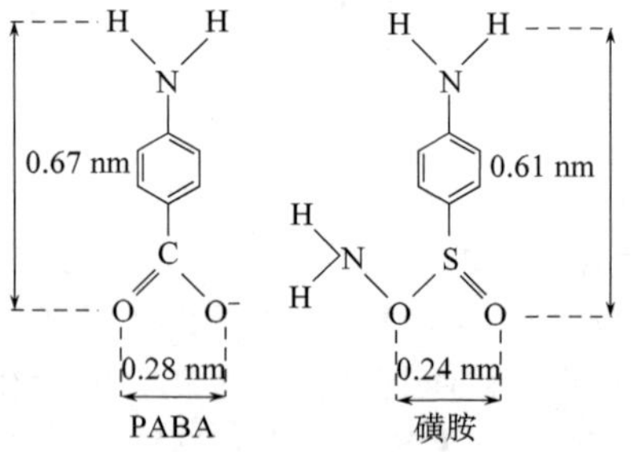

图 6-8　PABA 与磺胺结构的比较

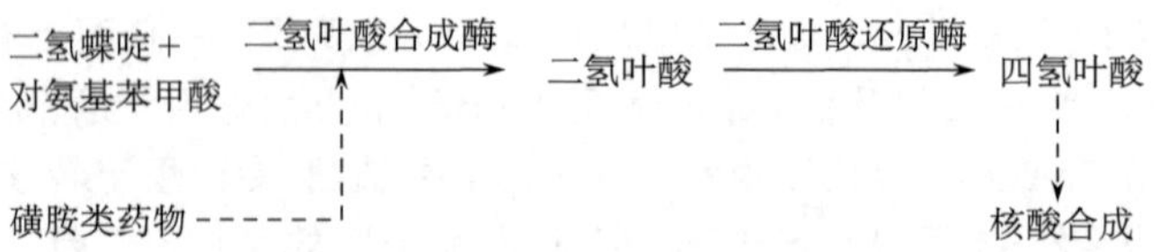

图 6-9　磺胺类药物的作用机制

2）抗生素

抗生素(antibiotic)是微生物或其他生物生命活动过程中产生的一类次级代谢产物或其人工

衍生物，在低浓度下能抑制或影响其他生物的生命活动。抗生素最初是由英国科学家 Fleming 在 20 世纪 20 年代末偶然发现，最初认为仅在微生物中产生，至今其定义和范畴有所发展：首先抗生素产生者不仅是微生物，也包括其他生物；其次，抗生素的抑制对象也早超出微生物的界限，扩大到包括动物的肿瘤细胞、寄生虫、红蜘蛛和螨类等许多生物；第三，随着抗生素研究的发展，抗生素已不局限于仅由生物合成所产生的化学物质，还应包括用生物加上化学和生物化学方法合成的、各种疗效更好的半合成化学物质（它们被称为半合成抗生素）。

抗生素的种类很多，目前已有近万种抗生素和 7000 多种半合成抗生素。其作用机制大致分 4 类：①抑制细胞壁的合成，如青霉素含有 β-内酰胺环，可特异地结合在细菌细胞壁肽聚糖上，抑制细胞壁的合成，因而只作用于细菌特别是肽聚糖成分丰富的革兰氏阳性菌；②改变细胞膜通透性，如多黏菌素可作用于膜磷脂使膜溶解，革兰氏阴性菌细胞膜磷脂特别丰富，所以可特异性地抑制革兰氏阴性菌的生长；③抑制蛋白质的合成，例如，氯霉素是 50S 核糖体亚基的抑制剂，链霉素、四环素、卡那霉素等是 30S 核糖体亚基的抑制剂，因而它们可以特异性地抑制原核生物的蛋白质合成，而对真核生物没有抑制作用；④抑制核酸的合成，例如，利福霉素可特异地结合到与真核细胞明显不同的细菌 RNA 聚合酶上，新生霉素则作用于细菌 DNA 酶，因而抑制细菌生长。一些有代表性抗生素及其作用机制见表 6-5。

表 6-5 若干重要抗生素及其作用机制

名称及类型	作用机制	作用后果
抑制细胞壁合成		
D-环丝氨酸	抑制 L-Ala 变为 D-Ala 的消旋酶	阻止细胞壁上肽尾的合成
万古霉素	抑制糖肽聚合物的伸长	阻止肽聚糖的合成
瑞斯托菌素	抑制糖肽聚合物的伸长	阻止肽聚糖的合成
杆菌肽	抑制糖肽聚合物的伸长	阻止肽聚糖的合成
青霉素	抑制肽尾与肽桥间的转肽作用	阻止糖肽链之间的交联
氨苄青霉素	抑制肽尾与肽桥间的转肽作用	阻止糖肽链之间的交联
头孢菌素	抑制肽尾与肽桥间的转肽作用	阻止糖肽链之间的交联
引起细胞壁降解		
溶葡球菌素	水解肽尾和分解胞壁酸-葡糖胺链	溶解葡萄球菌
干扰细胞膜		
短杆菌酪肽	损害细胞膜，降低呼吸作用	细胞内容物外漏
短杆菌肽	使氧化磷酸化解偶联，与膜结合	细胞内容物外漏
多黏菌素	使细胞膜上的蛋白质释放	细胞内容物外漏
抑制蛋白质合成		
链霉素	与 30S 核糖体结合	促进错译，抑制肽链延伸
新霉素	与 30S 核糖体结合	促进错译，抑制肽链延伸
卡那霉素	与 30S 核糖体结合	促进错译，抑制肽链延伸
四环素	与 30S 核糖体结合	抑制氨基酰-tRNA 与核糖体结合
伊短菌素	与 30S 核糖体结合	抑制氨基酰-tRNA 与核糖体结合
嘌呤霉素	与 50S 核糖体结合	引起不完整肽链的提前释放
氯霉素	与 50S 核糖体结合	抑制氨基酰-tRNA 附着核糖体
红霉素	与 50S 核糖体结合	引起构象改变
林可霉素	与 50S 核糖体结合	阻止肽链形成

续表

名称及类型	作用机制	作用后果
抑制DNA合成		
狭霉素C	抑制黄苷酸氨基酶	因阻止GMP合成而抑制DNA
萘啶酮酸	作用于复制基因	切断DNA合成
灰黄霉素	不清楚	抑制有丝分裂中的纺锤体功能
抑制DNA复制		
丝裂霉素	使DNA的互补链相结合	抑制复制后的分离
抑制RNA转录		
放线菌素D	与DNA中的鸟嘌呤结合	阻止依赖于DNA的RNA合成
抑制RNA合成		
利福平	与RNA聚合酶作用	阻止RNA合成
利福霉素	与RNA聚合酶作用	阻止RNA合成

由于不同微生物对不同抗生素的敏感性不同，抗生素的作用对象就有一定的范围，这种作用范围就称为抗生素的抗菌谱(antibiogram)。如氯霉素、四环素、金霉素、土霉素等因同时能抗革兰氏阳性和阴性菌以及立克次氏体和衣原体，故称广谱型抗生素(broad-spectrum antibiotic)；而只对少数细菌有作用的抗生素称为狭谱抗生素(narrow-spetrum antibiotic)，例如，红霉素、青霉素主要作用于革兰氏阳性菌；链霉素和新霉素以抗革兰氏阴性菌为主，也抗结核分枝杆菌；放线菌酮、两性霉素B、灰黄霉素和制霉菌素对真菌有抑制作用。

抗生素的活力称为效价(titre，titer)，其计量单位用“单位”(unit)表示。抗生素的效价单位就是指微量抗生素有效成分多少的一种计量单位。有的是以抗生素的相当生物活性单位的重量作为单位，如1 μg=1单位(U)，链霉素盐酸盐就是以此来表示的；有的以纯抗生素的活性单位相当的实际重量为1单位而加以折算的，如青霉素单位最初是以能在50 mL肉汤培养基内完全抑制金黄色葡萄球菌生长的最小剂量作为一个单位，后来青霉素纯化后确定这一剂量相当于青霉素钠盐0.5988 μg，因而定0.5988 μg青霉素钠盐为一个青霉素单位。

抗生素应用范围广泛，是临床上治疗微生物感染或抑制肿瘤的常用药物，也是发酵工业中控制杂菌污染的主要药剂。在微生物育种中，抗生素常被用做筛选标记。

3）微生物的抗药性

微生物的抗药性(antibiotic resistance)是指微生物能够抵抗化学药物作用而正常生长的能力。在化学治疗剂刚使用不久，人们就发现某些病源性微生物的抗药性菌株出现。有时，针对某种病源性微生物特别有效的化学治疗剂很快就变得无效，这给临床传染病的治疗带来了极大的困难。目前，人们大量不符合规律地使用抗生素甚至滥用抗生素造成这种微生物抗性菌株产生速度更快，很多感染性疾病的控制越来越困难，给人类健康造成极大威胁。

微生物对化学治疗剂的抗性机制主要有6种：①产生能使药物失去活性的酶，例如，抗青霉素或头孢霉素的菌株可产生β-内酰胺酶(β-lactamase)，从而使这两类抗生素的核心结构中的内酰胺键断裂而丧失活性；②把药物作用的靶位加以修饰和改变，例如，抗链霉素的菌株可因突变使30S核糖体亚单位的P10蛋白组分改变，从而使链霉素不再与之结合；③被阻断的代谢途径发生变异，如有的抗磺酸药物的菌株改变了二氢叶酸合成酶的性质，合成了一种对磺酸药物不敏感的酶，该菌株即使在有磺胺存在的条件下仍能大量合成叶酸正常生长；④使药物不能透过细胞膜，可以通过几种方式变异阻断药物透过细胞膜，包括通过酶的作用把药物改变成易外渗的衍生物、把药物变成不能进入细胞的衍生物、改变细胞膜的透性等,例如,委内瑞拉链霉菌(*Streptomyces venezuelae*)因改变细胞膜的透性而使四环素进入细胞受阻,但易于排出细胞;⑤将进入胞内的药物泵出胞外,例如,抗性菌株可产生某种代谢途径将药物变成衍生物,该药物衍生物外渗速度比该药物渗入速度大;⑥缺乏某类药物作用的结构,如支原体无细胞壁对青霉素不敏感。

本章小结

微生物的生长包括个体生长和群体生长,但由于单细胞微生物个体微小,其个体生长通常不明显,生长和繁殖的过程密不可分,因此,往往表现为个体数目的增加,也就是群体生长。微生物生长的研究方法主要包括单细胞生物数目和生物量的检测以及丝状微生物菌丝长度和生物量的检测,对于单细胞生物群体生长的研究还包括利用同步培养法建立同步生长。

典型生长曲线是指单细胞微生物在密闭状态液体培养基中的群体变化规律,可分为延迟期、对数期、稳定期和衰亡期 4 个过程,研究和应用这些生长规律可以指导科学研究和生产实践,例如,进行连续培养和连续发酵等。

影响微生物生长的因素很多,包括物理、化学和生物因素,其中,最主要的是温度、pH 和氧。微生物对温度的耐受程度存在最低、最适和最高生长温度,即微生物生长的温度三基点。根据微生物最适生长温度高低把微生物分为嗜冷微生物、嗜中温微生物、嗜热微生物以及超嗜热微生物。同样根据微生物对 pH 的要求不同,可以分为嗜酸性微生物、嗜中性微生物和嗜碱性微生物,微生物生长会改变环境的 pH 并导致对自身生长不利的状态。根据微生物对氧需求的不同,可分为好氧微生物和厌氧微生物,好氧微生物根据对氧气需求量大小的不同又包括专性好氧微生物、兼性好氧微生物和微好氧微生物;厌氧微生物根据对厌氧条件苛刻程度不同分耐氧微生物和专性厌氧微生物,对厌氧菌氧毒害机制的解释较公认的是"SOD 学说"。

对微生物生长繁殖的控制主要指与人类生产实践和健康相关的灭菌、消毒、防腐和化学治疗四大措施。控制方法包括物理方法和化学方法。物理方法包括高温、辐射、过滤、干燥和渗透压等,其中,高温是最普遍使用的方法,包括干热灭菌和湿热灭菌。化学方法主要包括消毒剂、防腐剂和化学治疗剂等几大类。其中,化学治疗剂主要用于控制与人类健康密切相关的病源性微生物,包括抗代谢药物和抗生素。这些药物在人类长期与疾病斗争中起到了重大作用。然而微生物由于单细胞。数量大、变异也快,对很多药物产生了抗药性,这给传染性疾病的控制带来了严峻的挑战,但是也推动人们深入研究抗药机制、挖掘新的抗生素资源,推动了生物学理论和医疗实践的不断发展。

复习思考题

一、名词解释

灭菌,消毒,防腐,共生关系,互生关系,寄生关系,拮抗关系,分批培养,纯培养
混菌培养,二元培养,同步培养,连续培养, 恒浊连续培养,恒化连续培养,接种
增殖培养,致死温度,表面张力

二、简答题

1. 单细胞微生物的生长曲线包括哪几个时期,每个时期有何特征?
2. 微生物生长规律在工业生产有何作用?
3. 测定样品中微生物数量的方法有哪些? 显微镜直接计数法和平板菌落计数法有何特点?
4. 影响微生物生命活动的物理因素、化学因素有哪些?

5. 试比较灭菌、消毒、化疗和防腐的异同点。
6. 举例说明什么是共生关系、互生关系、寄生关系和拮抗关系?
7. 影响消毒灭菌的因素有哪些? 它们是如何影响?
8. 理想的消毒剂应具备哪些特性?
9. 常用的灭菌方法有哪些? 常用的消毒方法有哪些?
10. 常用的加热灭菌方法有哪些方法? 各有何特点?
11. 在相同温度下,为什么湿热灭菌比干热灭菌效果好?
12. 连续加压灭菌的优点有哪些?
13. 磺胺类药物的作用机理是什么?
14. 抗生素类药物的作用机理是什么?
15. 什么是分批培养? 什么是连续培养? 它们的优缺点是什么? 应用情况如何?
16. 在微生物实验操作中为什么要时刻强调无菌概念?
17. 请写出细菌的稀释倾注分离法的程序。
18. 如何将杂菌中的细菌分离并加以鉴别。
19. 请叙述微生物的接种方法。
20. 试用磺胺药的作用机理说明为什么化学治疗剂只作用于细菌而对人体没有毒害作用?
21. 试述斜面接种的操作过程。

第七章　微生物遗传

遗传和变异是生命活动的基本特征之一。自然界中各种生物都存在着遗传和变异的现象，微生物也不例外。遗传(heredity)是指亲代与子代相似的现象。生物体所携带的全部基因的总称，称为遗传型(genotype)。具有一定遗传型的个体，在特定的外界环境中，通过生长和发育所表现出的种种形态和生理特征的总和，称为表型(phenotype)。相同遗传型的生物，在不同的外界条件下，会呈现不同的表型，称为饰度(modification)。但饰度并不是真正的变异，因为在这种个体中，其遗传物质并未发生变化。只有遗传性的改变，即生物体遗传物质结构上发生的变化，才称为变异(variation)。遗传和变异与个体所处的环境密不可分。在群体中，自然发生变异的几率极低，但一旦发生后，却是稳定的和可遗传的。遗传和变异是一对既相互独立，又同时并存的矛盾。遗传是相对的，具有保守性，而变异是绝对的，具有可变性，正是这矛盾双方不断斗争，推动了生物不断向前发展。

第一节　遗传变异的物质基础

一、遗传变异的物质基础——核酸

遗传必须有物质基础，即遗传信息必须由某些物质作为携带和传递的载体。微生物由于其一系列极其独特的遗传特性，在现代遗传学、分子生物学和其他生物学基础研究中，成为模式生物(model organism)。1944 年美国洛克菲勒研究所的 Avery 等人以微生物为研究对象进行的实验，以确凿的事实无可辩驳地证实了遗传物质基础是核酸而不是蛋白质，并且随着对 DNA 特性的深入了解，“核酸是遗传的物质基础”这一生物学中的重大理论得以突破。下面分别介绍验证 DNA 和 RNA 是遗传物质基础的经典实验。

1. 细菌的转化实验

1928 年，英国军医 F. Griffith 以肺炎链球菌(*Streptococcus pneumoniae*)为研究对象开始了微生物转化实验(transformation)的研究。*S. pneumoniae* 是一种球形细菌，常成双或成链排列，可使人患肺炎，也可使小鼠患败血症而死亡。它有几种不同菌株，某些菌株可以产生荚膜并形成光滑菌落，这种菌株被称为光滑型菌株(smooth，S 型)，具有致病性；不产生荚膜的菌株形成的菌落是粗糙的，被称为粗糙型菌株(rough，R 型)，不具有致病性。F. Griffith 做了以下三组实验，并对实验结果进行了分析。

第一组　以活小白鼠为受试对象，分别进行以下操作：①活 S 型细菌注入小白鼠；②活 R 型细菌或死 S 型细菌注入小白鼠；③活 R 型细菌和热杀死 S 型细菌注入小白鼠。相应得到如下结果：①小白鼠活；②小白鼠死；③小白鼠死，尸体内分离出活 S 菌。由此得出结论：活 S 型细菌具致病性、热杀死 S 型细菌致病性被破坏、R 型细菌从热杀死 S 型细菌中获得耐高温的转化物质并产生荚膜，成为致病 S 型细菌。

第二组　对肺炎链球菌分别进行以下操作：①加热杀死 S 型细菌后体外培养；②活 R 型细菌体外培养；③活 R 型细菌和加热杀死 S 型细菌混合后体外培养。相应出现不同结果：①S 型细菌不生长；②只分离出 R 型细菌；③同时分离出 R 型细菌和 S 型细菌(10^{-6})。由此得出结论：少部分 R 型细菌从热杀死 S 型细菌获得转化物质并产生荚膜，成为 S 型细菌。

第三组　将活 R 型细菌和 S 型细菌无细胞抽提液混合后体外培养，之后同时分离出 R 型细菌和 S 型细菌，进一步验证了 R 型细菌从 S 型细菌中获得转化物质并产生荚膜，成为 S 型细菌。

以上实验说明，加热杀死的 S 型肺炎链球菌，在其细胞内可能存在一种较耐热的具有遗传转化能力的物质，可以通过某种方式进入 R 型细菌，并使 R 型菌产生荚膜成为致病的 S 型。

1944 年，Avery 和他的合作者 C. M. Macleod、M. J. McCarty 用生物化学方法深入到离体条件下进行转化实验（表 7-1），实验结果充分说明能将 *S. pneumoniae* R 型菌株转化为 S 型菌株的只有 S 型的 DNA，说明 S 型转移给 R 型的是以 DNA 为基础的遗传信息，而该遗传信息可以表达生成荚膜，并产生致病性。之后 Avery 等人将 DNA 不断进行纯化，直到 1949 年，作为转化因子的 DNA 已纯化到所含蛋白质的 0.02%，这时的转化效率反而提高，并且随 DNA 浓度的增加而增加。这些事实有力地说明 DNA 作为遗传信息的载体已不容置疑，这成为 20 世纪生理学与医学上的最重要发现。

表 7-1　Avery 的离体转化实验

对象	实验方法	实验结果
活 R 菌	加 S 菌的 DNA 加 S 菌的 DNA 和 DNA 酶以外的酶	长出 S 菌
	加 S 菌的 DNA 和 DNA 酶 加 S 菌的 RNA 加 S 菌的蛋白质 加 S 菌的荚膜多糖	只长出 R 菌

2. 噬菌体侵染实验

为了证实 T2 噬菌体的 DNA 是遗传物质，1952 年美国噬菌体学家 A. D. Hershey 和 M. Chase 根据 DNA 分子中含有蛋白质所没有的 P 原子、不含蛋白质所含有的 S 原子的原理，采用了 ^{32}P 标记病毒 DNA 和 ^{35}S 标记病毒蛋白质外壳。然后将这两种不同标记的病毒分别感染其宿主大肠杆菌，之后捣碎器处理、使噬菌体空壳脱离；离心使菌体细胞沉淀。结果发现，用含有 ^{35}S 蛋白质的 T2 噬菌体感染大肠杆菌时，大多数放射性活性留在宿主细胞的外边，而用含有 ^{32}P DNA 标记的 T2 噬菌体与宿主细菌混合时，则发现 ^{32}P DNA 注入宿主细胞，并产生噬菌体后代。这些新产生的噬菌体后代的蛋白质外壳组成、形状、大小等特性与留在宿主细胞外面的蛋白质外壳一模一样（图 7-1）。

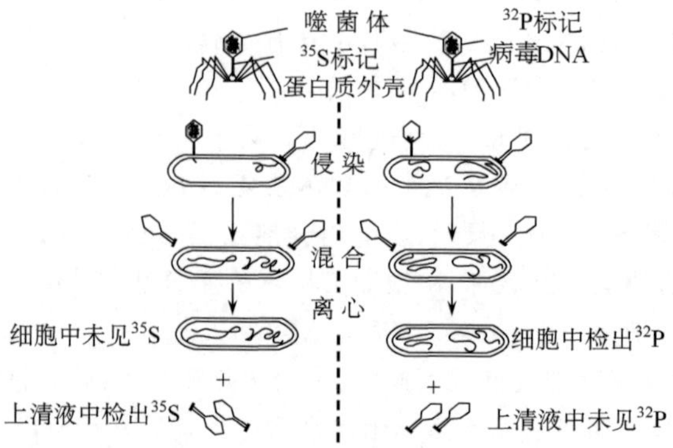

图 7-1　*E. coli* 的噬菌体感染实验

以上实验结果说明，在噬菌体感染过程中，其蛋白质外壳根本未进入宿主细胞（之后的电子显微镜观察也证实了这一点），而进入宿主细胞的DNA具有自我繁殖和装配能力，最终产生一大群既有DNA核心、又有蛋白质外壳的完整子代噬菌体。这就有力地证明，DNA携带有T2噬菌体的全部遗传信息。

3．植物病毒重建实验

1956年，H. Fraenkel-Conrat采用含RNA的烟草花叶病毒（tobacco mosaic virus，TMV）进行了著名的植物病毒重建实验，证明了RNA也是遗传物质。将TMV置于一定浓度的苯酚溶液中振荡处理，使其蛋白质外壳与RNA核心相分离。分离后的RNA在没有蛋白质包裹的情况下，也能感染烟草并使其患典型症状，而且在病斑中还能分离出正常的病毒粒子。在实验中，还选用了另一株与TMV近缘的霍氏车前病毒（HRV）。实验过程见图7-2。

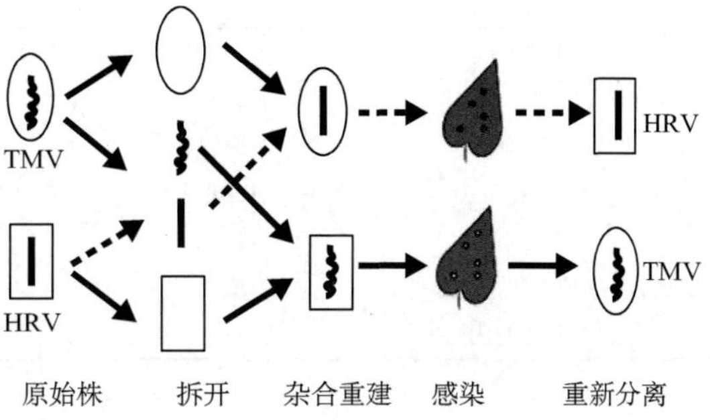

图7-2　植物病毒重建实验示意图
实线和虚线箭头表示遗传物质的去向

植物病毒重建实验充分说明，在RNA病毒中，遗传的物质基础也是核酸，只不过是RNA。

通过这3个具有历史意义的经典实验，一个共同的结论已确信无疑，核酸才是负载遗传信息的真正物质基础。

二、质粒和转座因子

细胞中除染色体以外的遗传因子还包括质粒和转座因子。目前对细菌中的质粒和转座因子研究得比较详细，本部分以细菌为例分别介绍这两种遗传因子。

1．质粒

1）定义及特点

质粒（plasmid）是微生物染色体外或附加于染色体的携带有某种特异性遗传信息的小型共价闭合环状DNA分子，即cccDNA（covalently closed circular DNA），是微生物中染色体外DNA存在的另一形式（表7-2），目前仅发现于原核微生物和真核微生物的酵母菌。但是从细胞中分离的质粒大多数是3种构型，即ccc型、开环型（open circular form，简称OC）和线型（linear form，简称L）。近年来在疏螺旋体、天蓝色链霉菌和酵母菌中又发现线形双链DNA质粒和RNA质粒。

质粒具有独立复制能力，如果其复制与核染色体的复制同步，称为严紧型复制控制（stringent replication control），在这类细胞中，一般只含1或2个质粒。另一类质粒的复制与核染色体的复制不同步，称为松弛型复制控制（relaxed replication control），在这类细胞中，一般含10～15个或更多质粒。质粒相对分子质量一般为10^6～10^8 Da，大小约为1%核基因组。质粒上携带着某些染色体上所没有的基因，与宿主细胞的某些次要特性有关，并非像细胞染色体所携带的遗传信息那样控制关系到其生死存亡的初级代谢及某些次级代谢，所以质粒的消失不会造成菌体死亡。某些细菌中的质粒还具有：①可转移性。即某些质粒可以通过细胞间接合作用或其他途径从供体细胞向受体细胞转移；②可整合性。在某种特定条件下，质粒DNA可以可逆性地整合到宿主细胞染色体上，并可以重新脱离。能整合进染色体而随染色体的复制而复制的质粒又称为附加体（episome）；③可重组性。不同来源的质粒之间、质粒与宿主细胞染色体之间的基因可以发生重组，形成新的重组质粒，从而使宿主细胞具有新的表现性状；④可消除性。经某些理化因素处理如高温、吖啶橙或丝裂霉素C、溴化乙锭、利福平或重金属离子等因素处理时，质粒的复制受到抑制而核染色体的复制仍继续进行，故可使子代细胞中的质粒消失(curing 或 elimination)。消除质粒并不会影响宿主细胞的生存与生命活动，只是宿主细胞失去由质粒携带的遗传信息所控制的某些表现型性状。

表 7-2　大肠杆菌中的染色体 DNA 和三种常见质粒 DNA 的特性比较

特性	染色体	R100-1	ColE Ⅰ	F
表现型	—	抗某些抗生素	产生肠杆菌素 EI	F 性菌毛
相对分子质量($\times 10^6$)/Da	2.7×10^9	55	4.2	62.5
碱基对(4 对)	4.1×10^3	88	6.4	94.5
基因数	4288	90	6	100
长度/μm	1100	28	6	30
每个细胞中的个数	1 或 2	1 或 2	10～15	1 或 2
自我转移能力	—	有	无	有

2) 质粒的主要类型

根据质粒所携带遗传信息表达后的表型特征，可将质粒分类如下：

(1) 抗药性质粒(耐药性质粒，R 因子，resistant plasmid)

携带分解某种抗生素或药物酶系的基因的质粒，可以赋予宿主细胞耐或抗或分解或失活某种抗生素或药物的性能。某些抗性质粒还携带有可以抗重金属如 Te^{6+}、Hg^{2+}、Ag^{+}、Cd^{2+}、As^{3+} 等毒性的基因。有些质粒还具有对紫外线、X 射线具有抗性的基因。多数 R 因子是由相连的 2 个 DNA 片段组成：其一称 RTF 质粒(resistance transfer factor，抗性转移因子)，相对分子质量为 1.1×10^7 Da；它含有调节 DNA 复制和拷贝数的基因及转移基因，有时还有四环素抗性基因(*tet*)。其二为抗性决定质粒(r-determinant)，大小不固定，从几百万直至 1×10^8 Da 以上。其上含有其他抗生素的抗性基因，例如，抗青霉素(*Pen*)、氯霉素(*Cam*)、链霉素(*Str*)、卡那霉素(*Kan*)和磺胺(*Sul*)等基因。

R 因子在细胞内的拷贝数可从 1 或 2 个到几十个，分属严紧型和松弛型复制控制。后者经氯霉素处理后，拷贝数甚至可达到 2000～3000 个。由于 R 因子对多种抗生素有抗性，因此可作为筛选时的理想标记，也可用作基因载体。

(2) 抗生素产生质粒

携带有合成某种抗生素的酶系基因的质粒，赋予宿主细胞合成某种抗生素的性能。

(3) 降解性质粒(degradative plasmid)

携带分解或降解某种芳香族化合物为简单化合物或无机物的酶系基因的质粒，赋予宿主细胞降解某种芳香族化合物的能力。降解性质粒只在假单胞菌属(*Pseudomonas*)中发现。这些质粒以其所分解的底物命名，例如，有分解 CAM(樟脑)、XYL(二甲苯)、NAP(萘)和 TOL(甲苯)质粒等。

(4) 大肠杆菌素质粒(Col plasmid，Col 因子)

携带有产生大肠杆菌素(colicin)酶系基因的质粒，赋予大肠杆菌产生大肠杆菌素的能力。大肠杆菌素是一种由 *E. coli* 的某些菌株所分泌的细菌素，具有通过抑制复制、转录、转译或能量代谢等而专一地杀死其他肠道细菌的功能。部分革兰氏阴性菌也含有相似的质粒，可以产生细菌素。凡带 Col 因子的菌株，由于质粒本身编码一种免疫蛋白，从而对大肠杆菌素有免疫作用，不受其伤害。

(5) 性质粒(fertility plasmid，F 因子)

这是第一个从大肠杆菌细胞中被发现的质粒，携带有负责接合转移的基因(*tra* genes)即编码形成性纤毛的基因和DNA复制的基因，是*E. coli*等细菌中决定性别的质粒，它是一个相对分子质量为6.2×10^7 Da、94.5 kb、约等于2%核染色体DNA的小型cccDNA。它能为94个中等大小的多肽进行编码，而其中有1/3的基因(*tra*区)与接合作用(conjugation)有关。F因子除在*E. coli*等肠道细菌中存在外，还存在于假单胞菌属(*Pseudomonas*)、嗜血杆菌属(*Haemophilus*)、奈瑟氏球菌属(*Neisseria*)和链球菌属(*Streptococcus*)等细菌中。

(6) 限制性内切核酸酶和修饰酶产生的质粒

在这些质粒上携带有编码合成限制性内切核酸酶和修饰酶的基因。

(7) 致瘤性质粒(tumor inducing plasmid)

主要包括：①Ti质粒。是存在于根癌农杆菌(*Agrobacterium tumefaciens*)中的带有可以导致许多双子叶植物根系产生冠瘿病(crown gall tumor)根癌基因的质粒。当细菌侵入植物细胞中后，最后在其中溶解，把细菌的DNA释放至植物细胞中。这时含有复制基因的Ti质粒的小片段与植物细胞中的核染色体组发生整合，破坏控制细胞分裂的激素调节系统，从而使它转变成癌细胞。当前Ti质粒已成为植物遗传工程研究中的重要载体。Ti质粒长200 kb，属于大型质粒。②Sym质粒。是某些快生型根瘤菌细胞中存在的携带有某种可以识别、侵染相应豆科植物根系与之形成共生根瘤的基因的质粒。

(8) 杀伤性质粒

杀伤性质粒是发现于真菌的酵母菌和黑粉菌的致死颗粒(killer particles)，其性能如肠杆菌素质粒。但致死颗粒的基因组都为双链RNA，不是双链DNA，且有蛋白质外壳包围，犹如双链RNA病毒。

(9) 酵母菌中的2 μm质粒和其他质粒

存在于真核微生物酵母菌细胞核中，但独立于染色体外的长度为2 μm、并与组蛋白相结合的DNA质粒。酵母菌中还存在其他如编码细菌性纤维素酶的质粒。

2. 转座因子

1)转座因子概述

转座因子(transposition factor)是一类能作为不连续的单元转移到基因组其他位置的可移动的DNA序列。这类序列广泛存在于原核和真核细胞中(表7-3)。

表7-3　原核和真核生物中的转座因子

生物种类	转座因子	机能
细菌	插入序列(IS)	—
	转座子(Tn)	抗性
酵母	Ty因子	引起突变
玉米	调控因子(*Ds-Ac*系统，解离-激活系统)	籽粒色泽变化
果蝇	*P*因子	杂交败育
哺乳类	前病毒(反转录病毒顺序)	致癌作用

资料来源：张建民，2005

转座因子在大小、结构、插入特异性和转座机制上多种多样，在原核生物中主要分为三类：插入序列(insertion sequences，IS)、转座子(Transposon，Tn)和具有转座功能的温和噬菌体，如大肠杆菌的λ和Mu噬菌体。自从美国遗传学家B. Meclintock首先在玉米中发现以来，来自159种原核生物的500多种转座因子已被发现、具体描述并且部分归类。不同转座因子的结构示意图见图7-3。

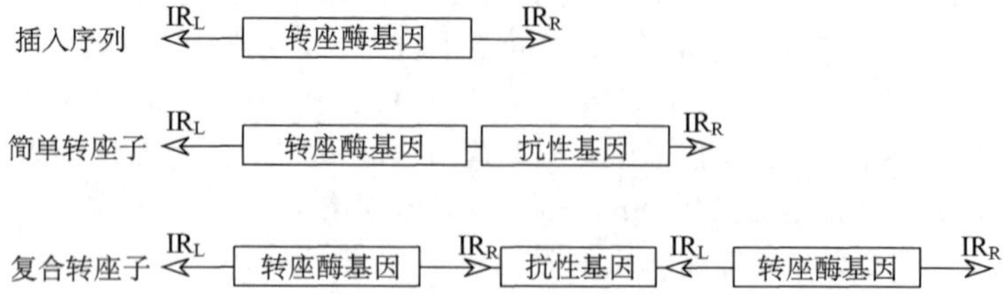

图 7-3　转座因子示意图

插入序列：分布在细菌的染色体、质粒以及某些噬菌体 DNA 上，是最简单的转座因子，由 700～1300 bp 的短 DNA 片段组成，两端各有一个 9～40 bp 的反向重复序列。这些反向重复序列包围着一个转座酶(transposase)基因，它编码特异的调控转座的 DNA 结合蛋白，对靶的选择有三种形式：随机选择、热点选择和特异性位点的选择。细菌的插入序列由前缀 IS 加上后随的类型号数来表示，如 IS1、IS2 等。

转座子或复合转座子：转座子(Tn)结构比 IS 复杂，是能够插入染色体或质粒不同位点的一段 DNA 序列，大小为几个 kb，具有转座功能，本身也可复制。转座子两末端的 DNA 碱基序列为反向重复序列。转座子上中心区域携带有编码某些细菌表型特征的基因，如编码抗生素和重金属抗性或者分解代谢功能的基因。转座子用前缀和后随的类型号数来表示，如 Tn5、Tn10 等。

2) 转座发生的机制

根据在转移过程中是否复制，可把原核生物的转座因子分为 2 大类即保守型和复制型(图 7-4)。

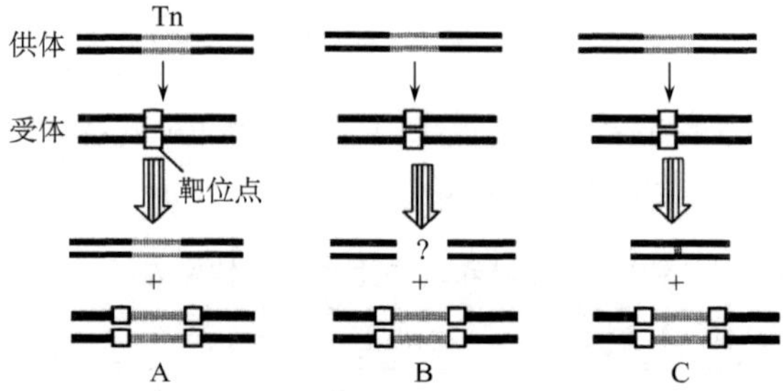

图 7-4　转座机制示意图

A. 复制型转座；B. 非复制型转座；C. 保守型转座

复制型转座(replicative transposition)Tn3 家族是复制型转座子的重要代表。作为自身移动的一个部分，转座子被复制，一个拷贝仍然保留在原来的位置上，而另一个则插入到一个新的部位，这种转座过程伴随着转座子拷贝数的增加。

非复制型转座(non replicative transposition)即转座元件作为一个物理实体直接由一个部位转移到另一个部位。

保守型转座(conservative transposition)保守型转座是另一种非复制型的转座过程。以 Tn5 和 Tn10 家族为典型代表，该过程中转座元件从供体部位被切除并通过一系列的过程不经复制就插入到靶部位，在该过程中每个核苷键都被保留，原来位置上的转座子便不复存在。该转座过程与λ的整合机制类似，并且转座酶与λ整合酶家族有关。

3）转座的遗传学效应

第一，引起插入突变。插入突变失活是转座的最直接效应，但转座也可以通过干扰宿主基因与其调控元件之间的关系或改变 DNA 的结构而影响基因的表达（图 7-5）。

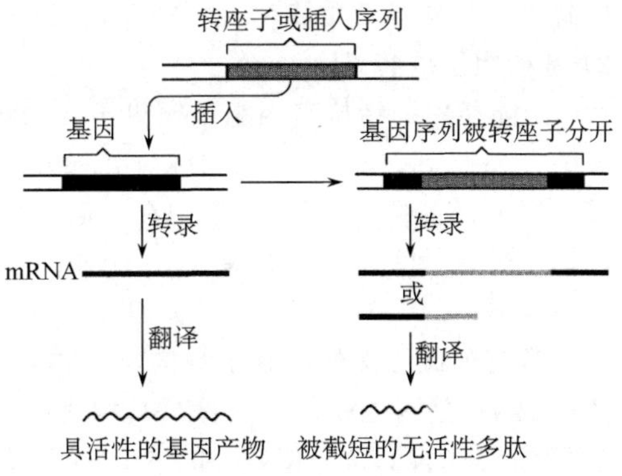

图 7-5　转座子或插入序列引起的基因突变

第二，插入位置上出现新基因，如像 Tn 上带有抗性基因，那么它不但造成一个基因的插入突变，同时在这一位点上出现一个新的抗药性基因。

第三，插入位置上出现受体 DNA 有少数核苷酸对的重复。

第四，产生各种染色体结构的变异如缺失等。

三、微生物基因组

基因组（genome）这个词由德国遗传学家 H. Winkler 在 1920 年首先使用，是将“基因（genes）”和“染色体（chromosomes）”组合而成的。除非特殊指明（如线粒体、叶绿体和质粒），基因组是指单倍染色体基因的总和。每种生物都有独特的基因组，它包含构成它的个体与维持它的生命所需要的全部遗传信息。绝大部分基因组由 DNA 组成，少数病毒的基因组由 RNA 组成。

微生物种类繁多，生存环境广泛，且有大量的微生物具有重要的应用价值和巨大的商业价值，因此各国政府和商业机构都投入大量资金进行微生物基因组序列测定，所以目前微生物基因组研究发展极其快速，已有大量的微生物基因组序列被测定，还有大量的微生物基因组序列在测定中。这些都为微生物遗传学的研究提供了大量的材料和全新的视角。

1. 模式真细菌——大肠杆菌基因组的结构

大肠杆菌是微生物中功能研究进行的最深入的能独立生活的微生物，其染色体基因组是研究最清楚的基因组。用于序列测定的大肠杆菌为大肠埃希氏属 K12-MG1655 菌株，并通过处理去除了染色体外的主要遗传物质 F 质粒和λ噬菌体。

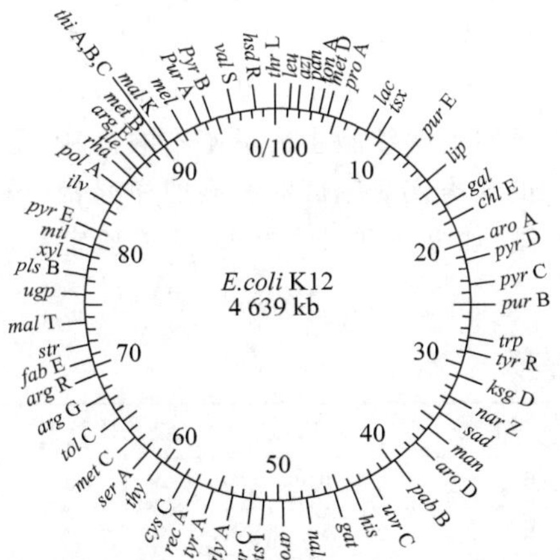

图 7-6　大肠杆菌（*E. coli*）K12 菌株的染色体基因图谱

1）基因组概况

大肠杆菌基因组全序列测定于 1997 年由 Wisconcin 大学的 Blattner 等人完成。基因组为环状 DNA，大小为 4.7×10^6 bp，见图 7-6。其中，87.8%编码蛋白质，0.7%为重复序列，0.8%编码 RNA，其余为调节序列或功能未知的序列。大肠杆菌基因组包含 4288 个编码序列（其中，38%的基因仍不清楚其生物学功能），其中，1853 个基因以前已经鉴定过，其余基因则通过生物信息学分析而得。大肠杆菌染色体基因组中已知的基因多是编码某些酶类的基因，如氨基酸、嘌呤、嘧啶、脂肪酸和维生素合成代谢的酶类的基因，以及大多数碳、氮化合物分解代谢的酶类的基因。另外，核糖体大小亚基中 50 多种蛋白质的基因也已经鉴定。同时序列分析发现了一条由 6 种酶组成的降解苯丙氨酸等芳香族化合物的完整代谢途径，以及 14 个编码鞭毛的基因。

2）基因组组成特点

（1）功能相关的结构基因组成操纵子　大肠杆菌基因组中多数基因的相对位置可以说是随机分布的。如控制小分子合成和分解代谢的基因，以及大分子合成和组装的基因都分布在大肠杆菌基因组的许多部位，而不是集中在一起。但有些具有相关功能的基因则在一个操纵子内由一个启动子转录。大肠杆菌共有 2584 个操纵子，基因组测序推测出 2192 个操纵子。其中 73% 只含有一个基因，16.6%含有 2 个基因，4.6%含有 3 个基因，6%含有 4 个或 4 个以上的基因。大肠杆菌具有如此之多的操纵子结构，可能与原核基因表达多采用转录调控有关。另外有些功能相关的 RNA 基因也联在一起，例如，构成核糖体的 3 种 RNA 的基因转录在同一个转录产物中，依次为 16SrRNA、23SrRNA 和 5SrRNA。这三种 RNA 在核糖体中的比例为 1∶1∶1，且只具有组装核糖体的功能，因此它们在同一个转录产物中，是生物体在长期进化过程中形成的极其经济有效的代谢机制。

（2）结构基因的单拷贝及 rRNA 基因的多拷贝　大肠杆菌染色体基因组中几乎所有的基因都是单拷贝基因，因为多拷贝基因在同一条染色体上很不稳定，极易通过同源重组的方式丢失重复的基因序列。另外，由于大肠杆菌细胞分裂极快，如果大量存在多拷贝基因，将使 *E. coli* 的整个基因组增大，复制时间延长，因而更为不利。除非在某种环境下，需要有多拷贝基因来编码大量的基因产物，例如，在有极少量乳糖或乳糖衍生物的培养基上，乳糖操纵子的多拷贝化可以使大肠杆菌充分利用乳糖分子。但是，一旦这种选择压力消失，如将大肠杆菌移到有丰富的乳糖培养基上，多拷贝的乳糖操纵子便没有存在的必要。但是编码 RNA 的基因 *rrn* 往往是多拷贝的，*E. coli*有 7 个操纵子，都按照复制方向表达。7 个 *rrn* 操纵子中有 6 个集中于基因组的复制起点 oriC 的位置附近。这种位置有利于 rRNA 基因在早期复制后马上作为模板进行 rRNA 的合成以便进行核糖体组装和蛋白质的合成。由此可见大肠杆菌基因组上各个基因的位置与其功能的重要性可能有一定的联系。

（3）基因组的重复序列少而短　原核生物基因组存在一定数量的重复序列，但比真核生物少得多，而且重复的序列比较短，多为 4～40 个碱基，重复程度不等，有的 10 多次，有的达上千次。

2. 高等真核生物模型——酿酒酵母的基因组结构

酿酒酵母（*Saccharomyces cerevisiae*）是单细胞真核生物，结构比较简单，生活周期短，可以作为高等真核生物的模式生物。对这个物种的研究可以使我们了解细胞生命最基本的机制，尤其是人类遗传病的分子基础。据估计其基因与 30%～43%的人类疾病基因有很高的序列相似性。酿酒酵母全基因组的序列测定工作于 1996 年由欧洲、美国、加拿大和日本共 96 个实验室完成，是第一个测定的真核生物基因组全序列（表 7-4）。

表 7-4　酿酒酵母染色体

染色体	可读框 总数/已确认	tRNA 基因数	rRNA 基因数	基因数	染色体长度/kb
Ⅰ	117/71	4	0	156	230
Ⅱ	456/324	13	0	528	813
Ⅲ	183/121	10	0	250	317
Ⅳ	837/619	28	0	973	1 532
Ⅴ	324/219	20	0	419	577

续表

染色体	可读框 总数/已确认	tRNA 基因数	rRNA 基因数	基因数	染色体长度/kb
Ⅵ	141/92	10	0	186	270
Ⅶ	583/422	36	0	717	1 091
Ⅷ	321/216	11	0	388	563
Ⅸ	241/161	10	0	292	440
Ⅹ	398/285	24	0	495	746
Ⅺ	348/260	16	0	405	666
Ⅻ	578/382	21	25	714	1 078
ⅩⅢ	505/363	21	0	604	924
ⅩⅣ	435/315	14	0	504	784
ⅩⅤ	598/430	20	0	701	1 091
ⅩⅥ	511/373	17	0	609	948
核基因组	6 576/4 653	275	25	7 941	12 070
线粒体基因组	28/17	24	2	55	85
2μm 质粒	4/4	0	0	4	0
总和	6 608/4 074	299	27	8 000	12 156

酵母基因组组成特点：

（1）基因排列紧密 酿酒酵母的核基因组包含大约 12 156 kb，分布在 16 个不连续的染色体中，共有 7941 个基因，其中，有 6676 个编码专一性蛋白质的开放阅读框。这说明在酵母基因组中平均每隔 2 kb 就存在一个编码蛋白质的基因，即整个基因组有 54%的核苷酸序列由开放阅读框组成。酵母基因组的紧密性是因为基因间隔区较短与基因中内含子稀少。酵母基因组的开放阅读框平均长度为 1450 bp 即 483 个密码子，最长的是位于Ⅻ号染色体上的一个功能未知的开放阅读框（4910 个密码子），还有极少数的开放阅读框长度超过 1500 个密码子。在酵母基因组中，也有编码短蛋白的基因。例如，编码由 40 个氨基酸组成的细胞质膜蛋白质的 *PMP*1 基因。

（2）GC 丰富 DNA 序列和 GC 缺乏 DNA 序列镶嵌排列 序列测定揭示了酵母基因组中大范围的碱基组成变化。多数酵母染色体由不同程度的、大范围的 GC 丰富 DNA 序列和 GC 缺乏 DNA 序列镶嵌组成。这种 GC 含量的变化与染色体结构、基因密度以及重组频率有关。GC 含量高的区域一般位于染色体臂的中部，这些区域的基因密度较高；GC 含量低的区域一般靠近端粒和着丝粒，这些区域内基因数目较为贫乏。

（3）含有大量 DNA 重复序列 酵母基因组一个明显的特征是含有许多 DNA 重复序列，还有更多的 DNA 序列彼此间具有较高的同源性，这些 DNA 序列被称为遗传丰余（genetic redundancy）。酵母多条染色体末端具有长度超过几十个 kb 的高度同源区，它们是遗传丰余的主要区域，这些区域至今仍然在发生着频繁的 DNA 重组过程。遗传丰余的另外两种形式是单个基因重复和成簇分布的基因家族。成簇同源区（cluster homology region，简称 CHR）是酵母基因组测序揭示的一些位于多条染色体的同源大片段，各片段含有相互对应的多个同源基因，它们的排列顺序与转录方向十分保守，同时还可能存在小片段的插入或缺失。这些特征表明，成簇同源区是介于染色体大片段重复与完全分化之间的中间产物，因此是研究基因组进化的良好材料，被称为基因重复的化石。染色体末端重复、单个基因重复与成簇同源区组成了酵母基因组遗传丰余的大致结构。

第二节 基因突变

微生物的变异是微生物子代的表型特征与其亲代的表型特征发生较大的差异，这种差异是由于子代的基因发生了突变(mutation)所引起的。大量研究表明，在动、植物以及细菌、病毒中都广泛存在基因突变的现象。基因突变既可在自然界自发产生，即自发突变(spontaneous mutation)，又可人为地施加物理或化学因素诱发产生，即诱发突变(induced mutation)。

一、基因突变概述

1. 基因突变

基因突变(gene mutation)指染色体上某一基因位点内部，由于 DNA 碱基对的置换、增添或缺失而引起的基因化学性质的变化，亦称点突变(point mutation)，也是狭义的基因突变概念；而广义的基因突变除了点突变外，还包括染色体结构变异和染色体数目变异。从自然界分离到的菌株一般称野生型菌株(wild type strain)，简称野生型。野生型经突变后形成带有新性状的菌株，称突变株(mutant，或突变体、突变型)。突变表型显示出 DNA 改变所产生的后果，这是由于蛋白质功能改变的结果。

2. 基因突变的表现

一个基因内部可遗传的结构的改变，通常可引起一定的表型变化。基因突变后可以引起的表型改变大致可分为以下几类：

形态突变(morphological mutation)　它是指由于基因突变使生物体的某些外在形态发生了改变，也称为可见突变(visible mutation)。例如，细菌鞭毛、芽孢或荚膜的有无，菌落的大小、外形的光滑(S 型)或粗糙(R 型)等的变异；放线菌或真菌产孢子的多少、外形或颜色的变异；噬菌体的噬菌斑大小和清晰度变化等等。

生化突变(biochemistry mutation)　它是指基因突变后没有明显的形态效应，但可导致某种特定生化功能的改变。最常见的是营养缺陷型，例如，赖氨酸缺陷型(lys^-)和甲硫氨酸缺陷型等(met^-)，它们在微生物遗传学研究和生产实践中应用极其广泛。此外还包括抗性突变型(resistant mutants)和抗原突变型(antigenic mutant)。

致死突变(lethal mutation)　它是指基因突变后，使生物体死亡或生活力下降，后者被称为半致死突变(semilethal mutation)。一个隐性的致死突变基因可以在二倍体生物中以杂合状态被保留下来，但在单倍体生物中不能被保留，所以致死突变在微生物中研究较少。

条件致死突变(conditional lethal mutation)　在一定条件下表现致死效应，但在改变环境条件后，带有这种致死基因的个体能够成活。例如，T4 噬菌体的温度敏感突变型，在 25℃时能感染 *E. coli*，在 40℃却使个体死亡。

渗漏突变(leaky mutation)　若基因突变的产物仍有部分活性，使表现型介于完全的突变型和野生型之间的某种中间类型，则叫渗漏突变。

中性突变(neutral mutation)　是在基因中有一对碱基对发生替换，引起 mRNA 中密码子的改变，但多肽链中相应位点发生的氨基酸取代并不影响蛋白质功能，称之为中性突变。例如，密码子 AGG→AAG，导致了 Lys 取代了 Arg，这两种氨基酸都是碱性氨基酸，性质相似，所以蛋白的功能并不发生重大的改变。

沉默突变(silent mutation)　是中性突变的一种特殊情况。即在基因中碱基对发生替换，改变了 mRNA 的密码子，结果蛋白质中相应位点发生相同氨基酸的取代，由于氨基酸的序列未发生变化，所以蛋白质仍具有野生型的功能，实际上就是同义突变。

抑制突变(suppressor mutation)　即突变的作用还可以通过其他位点的突变而得到减少或校正。

各个突变类型之间并不彼此排斥。某些营养缺陷型具有明显的性状改变，例如，粗糙脉孢菌和酵母菌的某些腺嘌呤缺陷型可分泌红色色素。营养缺陷型也可以认为是一种条件致死突变型，因为在没有补充给它们所需要物质的培养基上不能生长。所有的突变型都可以认为是生化突变型，因为任何突变，不论是影响形态或者是致死，都必然有它们的生化基础。突变类型的区分不是本质性的。

二、基因突变的机制

基因突变可以自发或诱发产生，机制多样，分别说明如下。

1. 自发突变

1) 自发突变的特性

自发性　各种性状的突变，可以在没有人为诱变因素下自发发生。

随机性　基因突变可以在个体发育的各个时期、各种细胞、各类基因内随机地发生。

稀有性　自发突变的频率是较低和稳定的。在微生物中，突变率(mutation rate)用每一世代中每一细菌某个基因发生突变的概率来表示。据估计，在高等生物中，每基因的突变率为10^{-8}～10^{-5}；在原核生物中每基因的突变率为10^{-10}～10^{-4}，较低的自发突变频率，是物种能保持相对稳定性的重要遗传机制。

独立性　它是指一个基因的突变并不影响其他等位基因以及其他基因也发生突变的现象，任何基因的突变都是独立存在。例如，在一个包括亿万个细菌的群体中，可以得到抗链霉素的突变型，也可以得到抗其他药物的突变型。

不对应性　这是突变的一个重要特点。即突变性状与引起突变的原因间无直接对应关系。

诱变性　通过诱变剂的作用，可提高自发突变的频率，一般可提高 10～10^5 倍。不论是自发突变或诱发突变得到的突变型，它们间并无本质上的差别，诱变剂仅起到提高突变率的作用。

稳定性　由于突变的根源是遗传物质结构上发生了稳定变化，所产生的新性状也是稳定而可遗传的。这与由于生理适应所造成的抗药性有本质区别，由生理适应而造成的抗药性是不稳定的。

可逆性　由野生型基因变为突变型基因的过程称为正向突变(forward mutation)，相反的过程则称为回复突变(back mutation 或 reverse mutation)。实验证明，任何性状既有正向突变，也可发生回复突变。但真正的回复突变是很少发生的。多数回复突变是指突变体所失去的野生型性状可以通过第二次突变而得到恢复，即原来的突变位点依然存在，但它的表型效应被第二位点的突变所抑制。所以回复突变率总是显著低于正向突变率。

例如，*E. coli* 的组氨酸突变

$$his^{+} \underset{4\times10^{-8}}{\overset{2\times10^{-6}}{\rightleftharpoons}} his^{-}$$

2) 自发突变的分子机制

引发自发突变的原因很多，如在 DNA 复制过程中 DNA 聚合酶产生错误、DNA 分子物理性质的损伤、重组、转座，等等。引发自发突变的其他原因还有背景辐射、环境因素改变、微生物自身有害代谢产物积累的长期综合诱变效应，然而这些对于微生物某个基因位点来说，在某种程度上也可以理解为诱发突变。最本质的是原因是 DNA 复制过程中碱基配对错误引起的互变异构和环出效应，因而可造成碱基对的变异，如腺嘌呤 A 与胸腺嘧啶 T 正确配对形成 A — T，但当腺嘌呤以亚氨基(imino)态出现时，则可与胞嘧啶 C 配对形成 A — C，在下轮 DNA 复制之前，如果 A —C 未能修复为正确的 A — T，则复制时会形成 G — C，即经过这一过程 A — T 变成了 G — C，这就是碱基的互变异构效应(tautomerism)。近年来有人提出另一种造成自发突变的原因叫做环出(loop out)效应，即 DNA 复制过程中由于偶然因素而其中一链上发生一个小环，这可在复制时跨越这一小环碱基而造成遗传缺失。

一般情况下，细胞内大量的修复系统可以将这些发生的错误和损伤加以修复，而不致发生突变，但这种修复只能将突变频率降低到最低限度，并不能完全消除，即仍有极低频率的自发突变发生。

2. 诱发突变

自发突变的频率很低，但是许多理化因素和生物因子能够提高其突变率。所谓诱发突变，其实质是采用不同的方式提高突变率。凡能提高突变率的任何理化和生物因子都可称为诱变剂(mutagen)。

1) 常用的诱变剂

碱基类似物(base analog)　主要包括如 5-溴尿嘧啶(5-BU，胸腺嘧啶结构类似物，图 7-7)和 2-氨基嘌呤(腺嘌呤结构类似物)等，在 DNA 复制过程中能够整合进 DNA 分子，由于它们更容易产生异构体，因此出现碱基错配频率高，从而提高突变率。

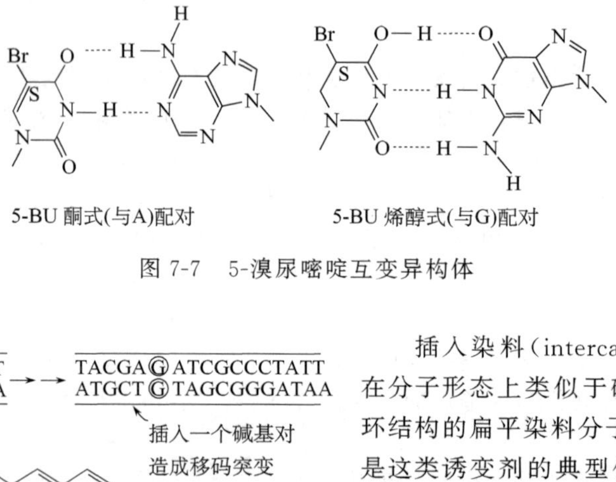

图 7-7　5-溴尿嘧啶互变异构体

插入染料(intercalating dye)　是一类在分子形态上类似于碱基对的具有 3 个苯环结构的扁平染料分子，溴化乙锭和吖啶橙是这类诱变剂的典型代表。它们是通过插入 DNA 分子碱基对之间而使其分开，常引起移码突变(图 7-8)。

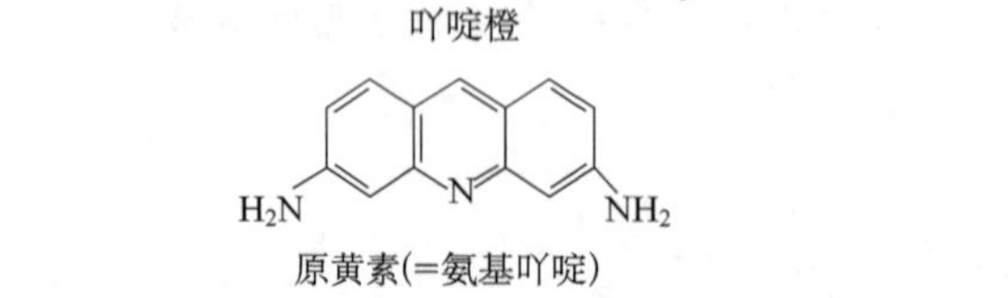

图 7-8　染料插入引起的突变

与 DNA 碱基直接起化学反应的诱变剂最常见的有亚硝酸、羟胺和烷化剂等。图 7-9 说明了亚硝酸引起的突变。

此外还有紫外线、X 射线、γ 射线、快中子等射线和热处理等，也包括微生物携带的转座因子和来自于其他微生物的 DNA 片段、转座子等生物因子都可诱发突变。

2) 诱发突变机制

(1) 碱基置换(substitution)　对 DNA 来说，碱基的置换属于一种染色体的微小损伤(mic-

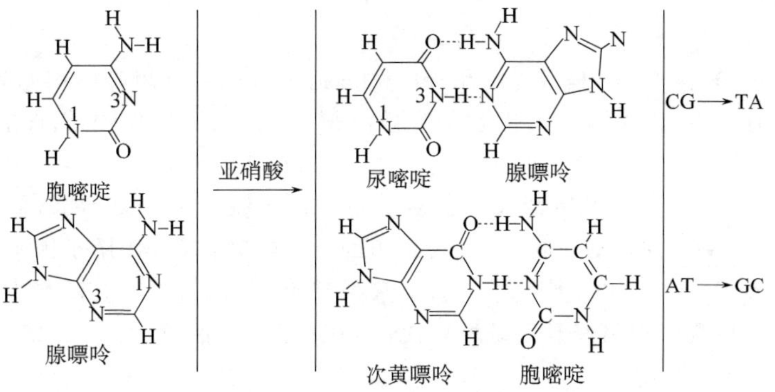

图 7-9　亚硝酸引起的突变

rolesion)，一般也称点突变。它只涉及一对碱基被另一对碱基所置换(图 7-10)。置换又可分为两类：一类叫转换(transition)，即 DNA 链中的一个嘌呤被另一个嘌呤或是一个嘧啶被另一个嘧啶所置换；另一类叫颠换(transversion)，即一个嘌呤被一个嘧啶或是一个嘧啶被一个嘌呤所置换。对某一具体诱变剂来说，既可同时引起转换与颠换，也可只具有其中的一种功能。

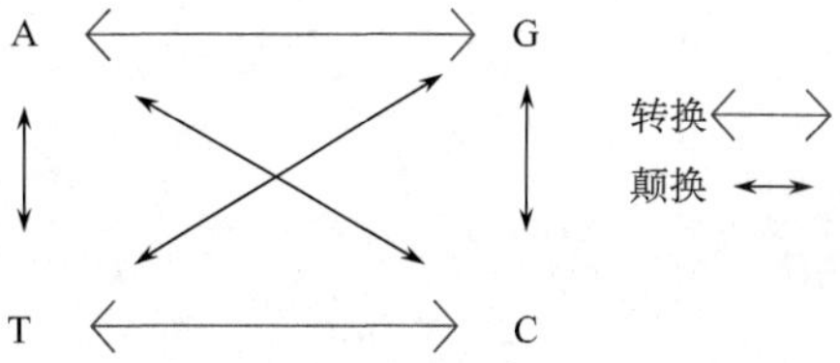

图 7-10　碱基置换示意图

(2) 移码突变(frame-shift mutation 或 phase-shift mutation)　指诱变剂使 DNA 分子中的一个或少数几个核苷酸插入或缺失，从而使该部位后面的所有遗传密码发生转录和翻译错误的一类突变。由移码突变产生的突变株，称为移码突变株(frame shift mutant)。与染色体畸变相比，移码突变只是 DNA 分子的微小损伤。

(3) 染色体畸变(chromosomal aberration)　某些因子如 X 射线等的辐射和烷化剂、亚硝酸等，还可引起 DNA 的大损伤(macrolesion)，即染色体畸变。这不仅可发生染色体拷贝数的变化，而且更重要的是导致染色体结构上的缺失(deletion)、重复(duplication)、插入(insertion)、易位(translocation)、倒位(inversion)等事件。

染色体结构上的变化，又可分为染色体内畸变和染色体间畸变两类。染色体内畸变只涉及一条染色体上的变化，例如，发生染色体的部分缺失或重复时，其结果可造成基因减少或增加。发生倒位或易位时，则可造成基因排列顺序的改变，但数目却不改变。倒位是指断裂下来的一段染色体旋转 180°后，重新插入到原来染色体的位置上，从而使其基因顺序与原基因顺序方向相反。易位则是指断裂下来的一小段染色体在顺向或逆向地插入到同一染色体的其他部位上。至于染色体间畸变，则指非同源染色体间的易位。

三、DNA 损伤修复

细胞中 DNA 受到各种理化因素的作用，会引起结构和功能的破坏。这种损伤可以由微生物本身的一系列机制，在一定条件下使 DNA 的损伤得到修复。这也是生物在长期进化过程中获得的一种保护能力。目前研究最透彻的是因紫外光照射而引起 DNA 破坏的修复机制。紫外线照射可以使 DNA 链中相邻的嘧啶形成一个环形丁烷，主要产生胸腺嘧啶二聚体。二聚体的形成会妨碍双链的解开而影响 DNA 的复制和转录并使细胞死亡，因而必须除去。以下介绍四种主要修复系统：光复活、切除修复、重组修复和 SOS 修复。

1. 光复活

光复活（photoreactivation）是指光解酶（photolyase）和 O^6-甲基鸟嘌呤甲基转移酶（O^6-methylguanine methyltransferase）在有光环境（最有效波长为 400 nm 左右）中能直接修复 DNA 而不需切除部分碱基。嘧啶二聚体是一切光解酶的靶，此酶在黑暗中能专一性地识别并能与二聚体结合成酶-DNA 复合物。因此光复活作用的实质是可见光激活了光复活酶，使之能分解由于紫外线照射而产生的嘧啶二体（图 7-11）。光复活酶的专一性较高（只作用于因紫外光照射而形成的嘧啶二体），分布很广。从单细胞生物一直到鸟类都有，但在高等哺乳动物中不存在。这说明在生物进化中该作用逐渐被暗修复系统所取代，并丢失了光复活酶。

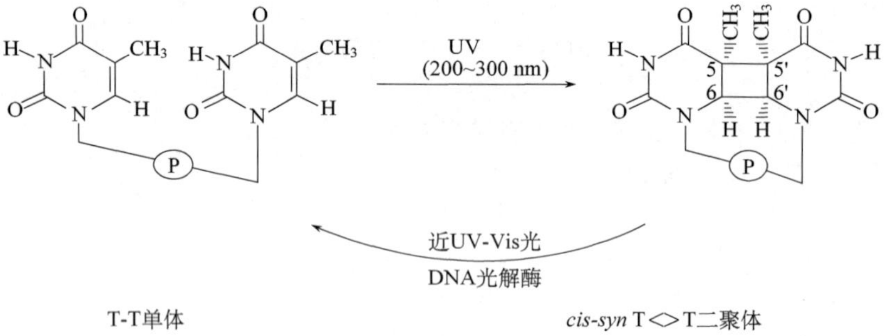

图 7-11　胸腺嘧啶二聚体生成及光复活（沈萍等，2002）

2. 切除修复

所谓切除修复（excision repair），即是在一系列酶的作用下，将 DNA 分子中受损伤部分切除掉，并以完整的那一条链为模板，合成出切去的部分，然后使 DNA 恢复正常结构的过程。细胞内有多种特异的内切核酸酶可识别由紫外线或其他因素引起的 DNA 的损伤部位，在其附近将核酸单链切开（incision），再由外切核酸酶将损伤链切除（excision），然后由 DNA 聚合酶进行修复合成，最后由 DNA 连接酶将新合成的 DNA 链与已有的链接上（图 7-12）。大肠杆菌 DNA 聚合酶 I 兼有 5′-3′外切核酸酶活力，因此修复合成和切除两步可由同一酶来完成。真核细胞的 DNA 聚合酶不具有外切酶活力，切除必须由其他的外切酶来进行。现在已能利用有关的酶在离体情况下实现 DNA 损伤的切除修复。

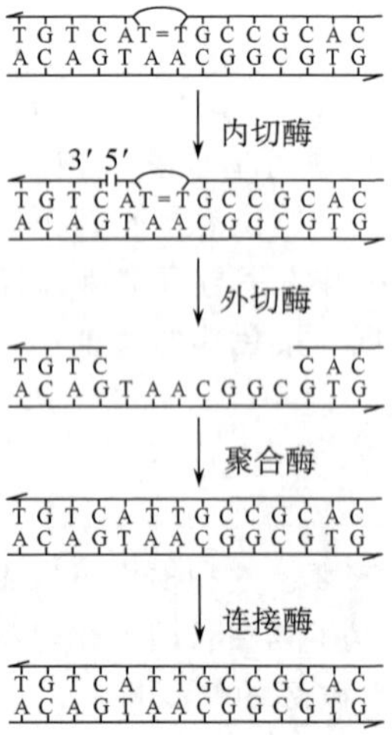

图 7-12　紫外光损伤的 DNA 切除修复

切除修复是比较普遍的一种修复机制，它并不局限于某种特殊原因造成的损伤，而能一般地识别 DNA 双螺旋结构的改变，对遭到破坏而呈现不正常结构的部分加以去除。细胞的这种功能，对于保护遗传物质 DNA，使它不轻易被破坏，具有很大意义。

3. 重组修复

光复活作用和切除修复的信息来自模板，但某些损伤不能用模板作为信息来源，在这种情况下，就只有从另外相同和相似的 DNA 分子上取得相应片段来修复，这种修复 DNA 的双链需要排列组合，称为重组修复（recombination repair）。因为发生在修复之后，又称为复制后修复。重组修复的信息来源可来自复制的子代DNA、拷贝后的染色体、二倍体、同源染色体的相关片段等。重组修复的主要步骤如下：①受损伤的DNA链复制时，产生的子代DNA在损伤的对应部位出现缺口。②另一条母链DNA与有缺口的子链DNA进行重组交换，将母链DNA上相应的片段填补子链缺口处，而母链DNA出现缺口。③以另一条子链DNA为模板，经DNA聚合酶催化合成一新DNA片段填补母链DNA的缺口，最后由DNA连接酶连接，完成修补。

在重组修复过程中，DNA链的损伤并未除去，但是随着复制的不断进行，若干代后，即使损伤始终未从亲代链中除去，而在后代细胞群中也以被稀释，实际上消除了损伤的影响，但还是要通过切除修复除去损伤。重组修复的关键酶为重组修复酶(recombinational repair enzyme)，在大肠杆菌中为RecA蛋白。此酶能使DNA上损伤两侧的序列与携带有丢失信息的相应片段退火，从而对损伤链进行修复。

以对紫外线照射形成的胸腺嘧啶二聚体的修复为例，光复活作用使胸腺嘧啶二聚体复原为两个胸腺嘧啶；切除修复则将胸腺嘧啶切除；而重组修复是在不改变胸腺嘧啶二聚体的情况下所进行的修复作用，所以可以把这三种修复作用看作生物对外界因素造成的遗传物质的损伤所设置的层层障碍。

4. 诱导修复和应急反应

SOS反应(SOS repair)主要包括两个方面：DNA修复和促进突变。在一般环境中突变常是不利的，可是在DNA受到损伤和复制被抑制的特殊条件下生物发生突变将有利于它的生存，因此SOS反应可能在生物进化中起着重要作用。然而，另外，大多数能在细菌中诱导产生SOS反应的作用剂，对高等动物都是致癌的。如X射线、紫外线、烷化剂、黄曲霉毒素等。

SOS是一组基因，它是DNA修复最重要最广泛的基因集团，通常称为DNA紧急修复基因(SOS DNA repair gene)，它们为DNA的损伤所诱导。这些修复基因包括*recA*、*lexA*、*uvrA*、*uvrB*、*uvrC*等。这些基因在DNA未受重大损伤时受LexA阻遏蛋白的抑制，使mRNA和蛋白质合成都保持在低水平状态，只合成少量Uvr修复蛋白用于零星损伤修复。一旦DNA受到重大损伤，少量存在的RecA蛋白立即与DNA单链结合，结合后其修复活性被激活，激活的RecA蛋白切除LexA阻遏蛋白，使修复基因得以表达，产生的修复蛋白对损伤的DNA部分(如形成的二聚体)进行切除而修复整个DNA。因此SOS修复是DNA分子受到重大损伤时或复制系统受到抑制的紧急情况下诱导产生的。SOS反应广泛存在于原核生物和真核生物，它是生物在不利环境中求得生存的一种基本反应。

第三节 微生物的基因重组

凡把两个不同性状个体内的遗传基因通过一定的途径转移在一起重新组合，形成新的遗传个体方式，称为基因重组(gene recombination)或遗传重组(genetic recombination)。这是生物界普遍存在的基本现象，是生物得以进化的动力。真核生物的遗传重组通过有性杂交、准性杂交、酵母菌2 μm质粒转移等方式进行；而在原核微生物中，自然发生的基因重组方式主要有接合、转导、转化和原生质体融合等方式(表7-5)。

表 7-5　微生物中基因重组形式比较

重组范围 / 供体与受体间关系		整套染色体		局部杂合	
		高频率	低频率	部分染色体	个别或少数基因
细胞融合或联结	性细胞	真菌有性生殖			
	体细胞		真菌准性生殖		
细胞间暂时沟通				细菌接合	性导
细胞间不接触	吸收游离 DNA 片段				转化
	噬菌体携带 DNA				转导
噬菌体提供遗传物质*	完整噬菌体				溶源转变
	噬菌体 DNA				转染

* 不属重组，但与转导和转化有相似之处，仅供比较

一、原核微生物的基因重组

原核生物的基因重组机制较原始，主要特点有：

①片段性。只有一小段 DNA 序列参与重组；②单向性。即作为基因供体向其他微生物细胞提供基因，或作为基因受体接受其他微生物细胞提供的基因；③转移机制独特而多样。

以下介绍原核微生物的 4 种主要基因重组方式。

1. 转化

1）转化的概念

转化(transformation)是指受体菌直接吸收来自供体菌的游离 DNA 片段，通过交换，将其组合到自己的基因组中，从而获得供体菌部分遗传性状的现象，其本质是由游离的 DNA 所导致的基因重组。转化后的受体菌，称转化子(transformant)，而供体菌的 DNA 片段被称为转化因子。两个菌种和菌株间能否发生转化取决于它们在进化过程中的亲缘关系，一般只发生在同一物种或近缘物种之间。

2）转化发生的必备条件

能进行转化的细胞必须是感受态(competence)的，即受体菌最易接收外源 DNA 片段并实现转化的生理状态。自然条件下感受态的形成需要十多种蛋白质参与，也可以通过诱导产生。实验室中常用 0.02 mol/L 的 Ca^{2+} 处理使细菌形成感受态。处于感受态的细菌表面正电荷增加、细胞膜的通透性增强，而且细胞表面的 DNA 分解能力也增加，这些改变都有利于外源 DNA 分子(转化因子)的吸附和吸收。

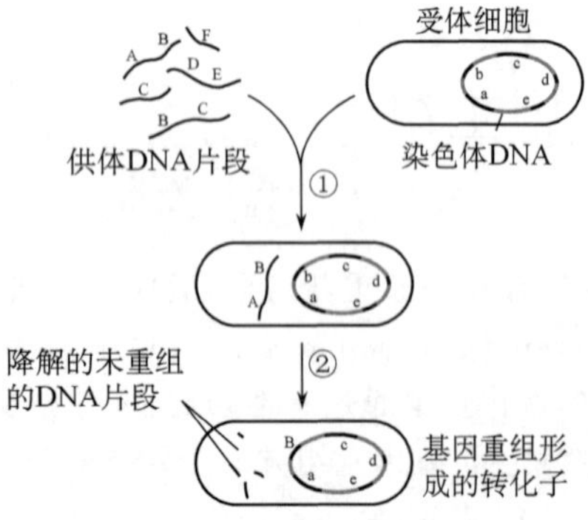

图 7-13　细菌转化过程示意图
① 感受态细胞吸收供体 DNA 片段；② 基因重组

3）转化的过程

细菌的转化一般遵循以下过程(图 7-13)：

(1) 双链 DNA 分子和细胞表面感受位点可逆性的结合。

(2) 供体 DNA 片段被吸入受体细胞，并要防止被受体 DNA 酶所破坏。

(3) 侵入受体细胞的供体双链 DNA 转变成单链

DNA,其中的一条链被降解。

(4) 未被降解的一条链部分地或整个地插入受体细胞的DNA链中,形成杂合的DNA分子。

(5) 由于杂种区段存在,受体菌DNA复制后被分离成两种类型的DNA:一个是亲代类型(受体)的DNA,另外一个是重组类型(供体和受体)的DNA组成的杂种双链,从而引起基因重组,形成各种类型的转化子,并导致转化细胞的形成与表达。

2. 转导

1) 转导的概念

通过温和的或有缺陷的噬菌体将细菌基因从供体菌转移到受体菌,从而使后者获得前者部分遗传性状的现象称作转导(transduction),其本质是以噬菌体为媒介所导致的基因重组。由转导作用而获得部分新性状的重组细胞,成为转导子(transductant)。自然界中的转导以噬菌体感染宿主时伴随发生的基因转移最为常见。

2) 转导的分类

(1) 普遍转导(generalized transduction) 噬菌体可误包供体菌中任何基因(包括染色体外遗传物质),并使受体菌实现各种性状的转导,称为普遍转导。一般用温和噬菌体作为普遍传导的媒介。普遍转导又分为以下两种情况:

完全转导(complete transduction)。噬菌体误包入供体菌DNA片段,形成完全不含本身DNA的假噬菌体(一种完全缺陷噬菌体),感染受体菌后,受体不会溶源化,也不会裂解。导入的DNA片段与同源区配对,通过两次交换而重组到受体菌DNA上,形成稳定转导子称为完全转导。在鼠伤寒沙门氏菌的完全转导实验中,曾以其野生型菌株作供体菌,营养缺陷型为受体菌,P22噬菌体作为转导媒介。当P22噬菌体在供体菌内发育时,宿主的染色体组断裂,待噬菌体成熟之际,极少数($10^{-8}\sim10^{-6}$)噬菌体将与噬菌体头部DNA核心相仿的供体菌DNA片段误包入其中,因而形成了完全不含噬菌体本身DNA的假噬菌体,被称为转导颗粒(transducing particle)。当供体菌裂解时,如把少量裂解物与大量的受体菌群相混,这种误包着供体菌基因的特殊噬菌体就将这一外来DNA片段导入受体菌内。由于一个细胞至多只感染一个完全缺陷的噬菌体(转导噬菌体),故受体细胞不会发生溶源化,更不会裂解。还由于导入的供体DNA片段可与受体染色体上的同源区段配对,再通过双交换而重组到受体菌染色体上,所以就形成了遗传性稳定的转导子。

流产转导(abortive transduction)。经转导噬菌体的媒介而获得了供体菌DNA片段的受体菌,如果这段外源DNA既不进行交换、整合和复制,也不迅速消失,而表现出稳定的转录、转译和形状表达,这一现象称为流产转导。当受体细菌发生流产转导并分裂成为两个时,只有一个细菌获得了这一基因,而另一个细菌则并没有获得这一基因,这个仍然是一个营养缺陷型细菌。但由于它仍含有供体细胞的酶,故还能分裂几次,最后产生若干个不能在基本培养基上继续分裂的细菌,可形成微小菌落。在研究通过P22噬菌体的沙门氏菌转导中曾发现到这种流产转导现象。即在营养缺陷型菌株的转导中,发现在基本培养基上除了正常大小的菌落以外,还有数目大约10倍于正常菌落的微小菌落。完全转导和流产转导过程见图7-14。

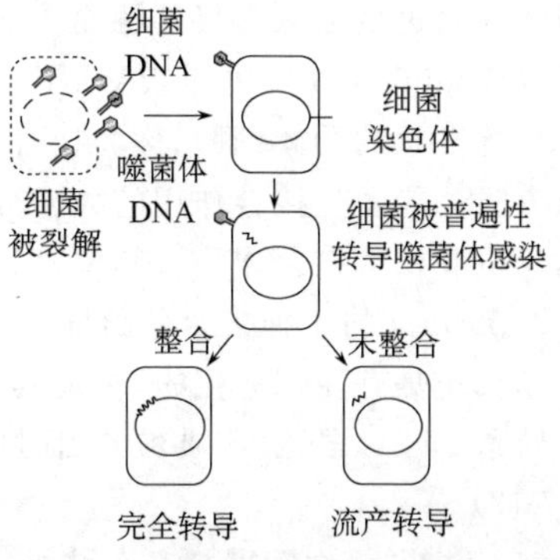

图7-14 完全转导和流产转导示意图

(2) 局限转导(restricted transduction) 局限性转导是指通过某些部分缺陷的温和噬菌体把供体菌的少数特定基因转移到受体菌中,并与后者的基因整合、重组,形成转导子的转导现象(图7-15)。

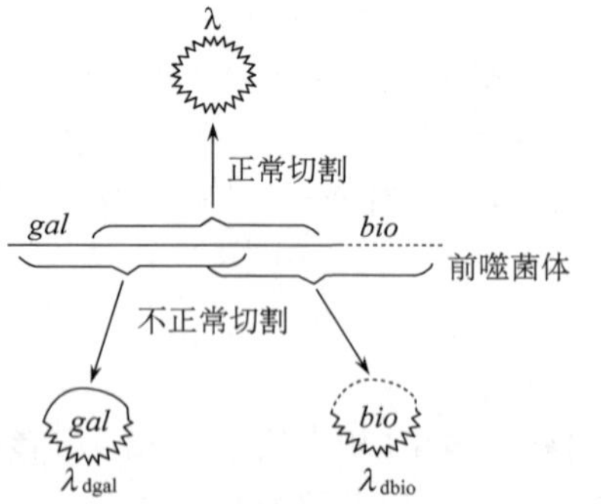

图 7-15　正常 λ 噬菌体和具有局限转导能力的缺陷型 λ 噬菌体的产生机制
gal. 半乳糖基因
λ_{dgal}. 带有半乳糖基因的缺陷 λ 噬菌体
bio. 生物素基因
λ_{dbio}带有生物素基因的缺陷 λ 噬菌体

温和噬菌体 λ 是局限性转导的典型代表。其特点是：当温和噬菌体感染受体后，其染色体会整合到细菌染色体的特定位点上，从而使宿主细胞发生溶源化。如果该溶源菌因诱导而发生裂解时，在前噬菌体插入位点两侧的少数宿主基因，如大肠杆菌的 λ 原噬菌体两侧为 *gal* 基因（半乳糖基因）和 *bio* 基因（生物素基因），会因偶尔发生的不正常切割而连在噬菌体 DNA 上。这样就产生一种缺陷噬菌体（λ 转导噬菌体，transducing phage），它们除含大部分自身的 DNA 外，缺失的基因被几个原来位于前噬菌体整合位点附近的宿主基因所取代。这种缺陷型噬菌体不具有正常噬菌体的溶源性和增殖能力。

局限转导根据转导频率的高低又可分为低频转导和高频转导。低频转导（low frenquency transduction，LFT）指通过一般溶源菌释放的噬菌体所进行的转导，因其只能形成极少数转导子（10^{-6}～10^{-4}），故称低频转导。而在局限转导中，若对双重溶源菌进行诱导，就会产生含 50%左右局限转导噬菌体的高频转导裂解物（HFT lysate），用这种裂解物去转导受体菌，就可获得 50%左右的转导子，所以称这种转导为高频转导（high frenquency transduction，HFT）。

（3）溶源转变（lysogenic conversion）　当温和噬菌体感染其宿主而使之发生溶源化时，噬菌体基因会整合到宿主基因上，而使后者获得了除免疫性以外新遗传性状的现象，称溶源转变。溶源转变与转导本质上截然不同，在溶源转化中使寄主细胞改变特性的是噬菌体的基因，所以当噬菌体从细胞中消失时这一性状也随之消失；细菌受噬菌体感染而成为溶源化细菌时这一性状便随着出现。转导过程中受体细菌某些性状的改变是获得了由噬菌体所携带的供体细菌的某些基因的结果。转导子中噬菌体的消失一般并不伴随着有关基因的消失。

3. 接合

1）接合的概念

转化和转导都不需要菌体直接接触，只需依靠体外 DNA 转化因子或噬菌体作为媒介即可。而接合作用恰好相反，需要受体菌和供体菌的直接接触才可以进行基因重组。因此把通过供体菌（“雄性”）和受体菌（“雌性”）完整细胞间的通过性菌毛直接接触而传递大段 DNA 的过程称为接合（conjugation），也叫杂交（图 7-16）。通过接合而获得新遗传性状的受体细胞，称为接合子（conjugant）。由此可见，接合作用是一种较为低级的有性生殖方式。能发生接合作用的大多数是革兰氏阴性细菌，少数革兰氏阳性菌如链霉菌属、诺卡氏菌属等也能发生接合作用。其中，以细菌中的 *E. coli* 研究最为清楚。

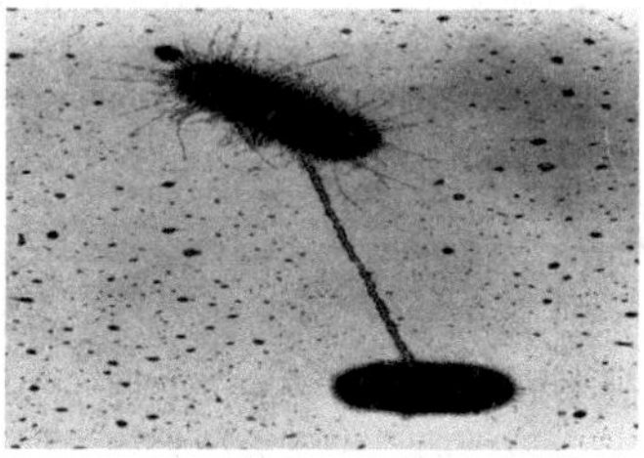

图 7-16　大肠杆菌接合图

2）*E. coli* 的 4 种接合型菌株

E. coli 是有性别分化的，决定其性别的是 F 质粒（致育因子、F 因子）。它的功能是在接合过程中转移 DNA，根据 F 质粒在细胞中的存在方式可以把 *E. coli* 分成 4 种不同接合型菌株（图 7-17）。

（1）F^+（“雄性”）菌株　在这种细胞中存在游离的 F 因子，细胞表面还有与 F^+ 因子数目相当的性毛（sexpili，或性菌毛）。当 F^+ 菌株与 F^- 菌株接触时，通过性菌毛的沟通和收缩，F 质粒

由 F^+ 菌株转移进入 F^- 菌株，同时 F^+ 菌株中的 F 质粒复制，使二者全转变成 F^+ 菌株（频率一般达到 100%）。F 因子的传递过程见图 7-18：F 因子上的一条 DNA 单链在特定的位置上发生断裂；断裂的单链逐渐解开，同时以留下的另一条单链作模板，通过模板的旋转，一方面将解开的一条单链通过性毛而推入 F^- 中，另一方面，又在供体细胞内，重新合成一条新的环状单链，以取代解开的单链，此即称为"滚环模型"（rolling circle model）；在 F^- 细胞中，线性外源 DNA 单链上也合成了一条互补的新 DNA 链，并随之环化形成新的 F 质粒。因此，F^- 就变成了 F^+。

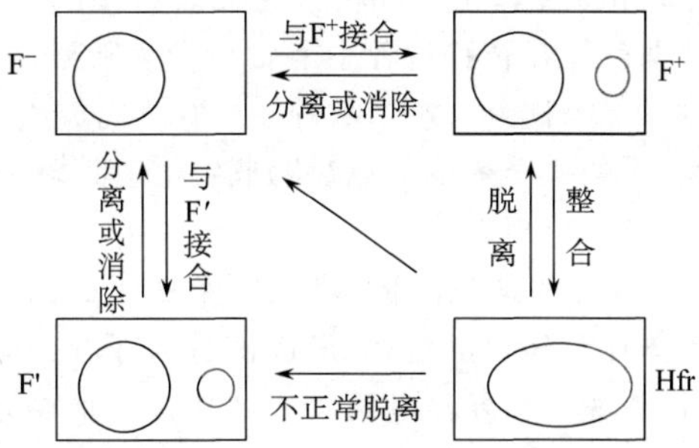

图 7-17　*E. coli* 的不同接合型菌株

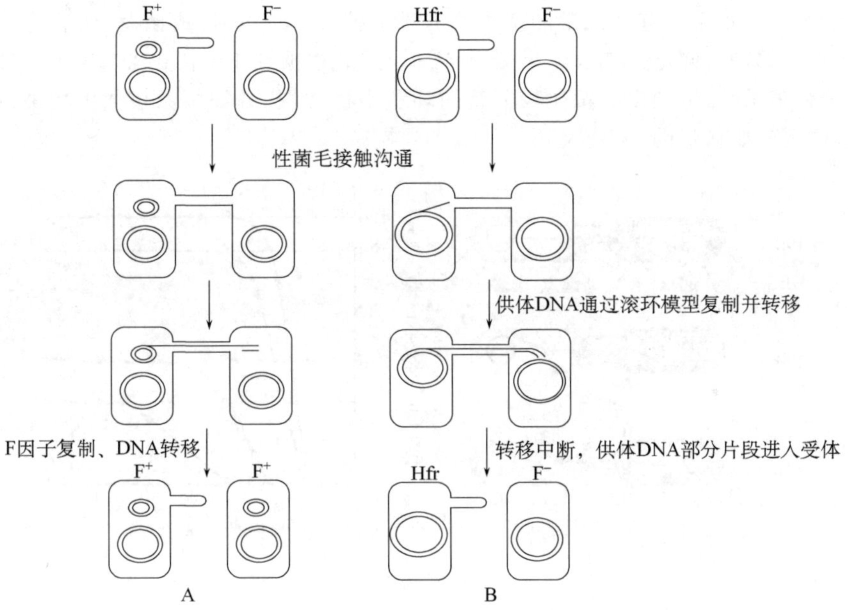

图 7-18　细菌接合模式图

A. F^+ 与 F^- 杂交；B. Hfr 与 F^- 杂交

（2）F^-（"雌性"）菌株　在这种细胞中没有 F 因子，表面也不具性毛。它可通过与 F^+ 菌株或 F′菌株的接合而接受供体菌的 F 质粒或 F′质粒从而使自己成为"雄性"的菌株，同时还可接受来自 Hfr 菌株的一部分或全部核基因组信息。在后一种情况中，它不仅获得一系列 Hfr 菌株性状，还获得了处于转移染色体末端的 F 因子，使自己从原来的"雌性"转变成"雄性"菌株。据估计，从自然界分离的 2000 个大肠杆菌菌株中，F^- 约占 30%。

（3）Hfr 菌株（高频重组菌株，high frequency recombination strain）　在 Hfr 菌株中，因 F 质粒已经从游离态转变成在核染色体基因组上特定位点的整合态，故与 F^- 接合后的重组频率比单纯用 F^+ 与 F^- 接合后的重组频率高出几百倍以上，当 Hfr 菌株与 F^- 菌株发生接合时，Hfr 染色体在 F 因子处发生断裂，由环状变成线状。在转移时，由于断裂发生在 F 因子中，所以必然要等

Hfr 的整条染色体组全部转移完成后，F 因子才能完全进入 F^- 细胞。事实上由于种种原因，这种线状染色体在转移过程中经常会发生断裂，所以 Hfr 的许多基因虽可进入 F^-，但越在前端的基因，进入的机会就越多，故在 F^- 中出现重组子的时间就越早，频率也高。而 F 因子位于最末端，故进入的机会最少，引起性别转化的可能性也最小。因此，Hfr 与 F^- 接合的结果重组频率虽高，但却很少出现 F^+。

Hfr 菌株的染色体转移与 F^+ 菌株的 F 因子转移过程基本相同。所不同的是，进入 F^- 的单链染色体片段经双链化后，形成部分合子（merozygote，又称半合子），然后两者的同源染色体进行配对，一般认为要经过两次或两次以上的交换后才发生遗传重组。Hfr 细菌的基因是按照一定的时间顺序依次地出现在 F^- 细菌中。这一结论可以通过中断杂交实验（interrupted mating experiment）来验证。1955 年由伍尔曼（Wollman）和雅各布（Jacob）创造的中断杂交法还可以用来测定大肠杆菌的基因连锁。将大约 4×10^8 个 F^-（$aziston^s lac^- gal^- str^r$）和大约 2×10^7 个 Hfr（$azirton^r lac^+ gal^+ str^s$）对数期细菌混合，在肉汤培养基中进行通气培养。每隔一定时间利用强烈搅拌（如用组织捣碎器或杂交中断器）等措施，使接合中断以分散接合着的 F^- 和 Hfr 细菌，稀释后接种一定量到含有链霉素的基本培养基上使 $T^+ L^+ S^r$ 形成菌落，然后将每一菌落的非选择性标记全部进行测定。实验结果见图 7-19。最后根据在 F^- 中出现 Hfr 中各种性状的时间早晚（用分钟表示）可以画出一幅比较完整的环状染色体图。同时，原核微生物染色体的环状特性也是从这里开始认识的。

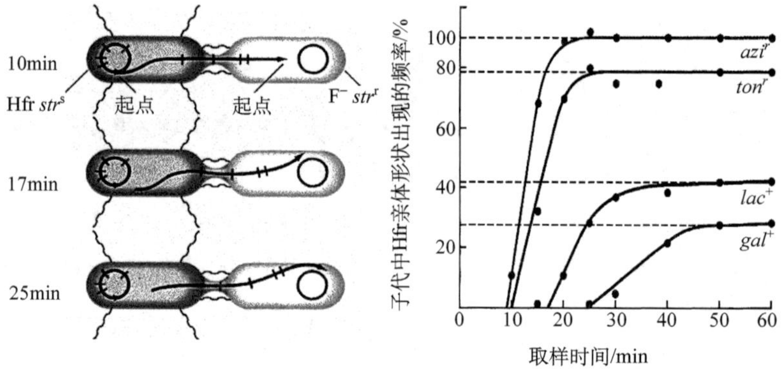

图 7-19　大肠杆菌中断杂交实验

（4）F′菌株　当 Hfr 菌株内的 F 因子因不正常切割而脱离其染色体组时，可形成游离的但携带一小段（最多可携带三分之一段染色体组）染色体基因的 F 因子，特称 F′因子。携带有 F′因子的菌株，其性状介于 F^+ 与 Hfr 之间，这就是初生 F′菌株。通过初生 F′菌株与 F^- 菌株的接合，就可以使后者转变成 F′菌株，这就是次生 F′菌株，它既获得了 F 因子，又获得了来自初生 F′菌株的若干遗传性状，并且不需要整合就可以表达，实际上是形成了一种部分二倍体。以这种接合来传递供体菌基因的方式，称为 F 因子转导（F-duction）、性导（sexduction）或 F 因子媒介的转导（F-mediated transduction）。次生 F′菌株中，一部分 F 因子可重新整合到染色体上，恢复成 Hfr 菌株。

4. 原生质体融合

通过人为方法，使遗传性状不同的两细胞的原生质体发生融合，并产生兼有双亲遗传性状的重组子的过程，称为原生质体融合（protoplast fusion），又称细胞融合。由此法获得的重组子称为融合子(fusant)。这是从 20 世纪 70 年代后期才发展起来的一种育种新技术，是继转化、转导和接合之后发现的一种较为有效的遗传物质转移手段。

能进行原生质体融合的细胞不仅有原核生物中的细菌、放线菌，而且还有真核微生物中的酵母、霉菌以及高等动、植物细胞。细胞融合现象的发现，为一些还未发现转化、转导或接合的原核生物的遗传学研究和育种技术的提高创造了有利的条件，还可以使种间、属间、科间甚至更远缘的微生物或高等生物细胞间进行融合，以期得到生产性状极其优良的新物种的理想。

二、真核微生物的基因重组

在真核微生物中，基因重组主要有有性杂交、准性杂交、原生质体融合和转化等形式。由于后两者与原核生物基因重组中已讨论过的内容基本相同，故这里仅介绍有性杂交和准性杂交。

1. 有性杂交

有性杂交(sexual hybridization) 是在细胞水平上发生的一种遗传重组方式，一般指不同遗传型的两性细胞间的接合和随之发生的染色体重组，并产生新遗传型后代的一种育种技术。凡能发生有性孢子的酵母菌或霉菌，原则上都可应用与高等动、植物杂交育种相似的有性杂交方法进行育种。

例如，啤酒酵母(*Saccharomyces cerevisiae*)，从自然界中分离到的或在工业生产中应用的酵母，一般都是其双倍体细胞。将不同生产性状的 A、B 两个亲本菌株(双倍体)分别接种到产孢子培养基(乙酸钠培养基等)斜面上，使其产生子囊，经过减数分裂后，在每个子囊内会形成 4 个子囊孢子(单倍体)。用蒸馏水洗下子囊，经机械法(加硅藻土和石蜡，在匀浆管中研磨)或酶法(用蜗牛酶等处理)破坏子囊，再进行离心，然后将获得的子囊孢子涂布平板，就可得到由单倍体细胞组成的菌落。把两个不同亲本的不同性别的单倍体细胞通过离心等形式密集接触，就有更多的机会出现双倍体的有性杂交后代。它们的双倍体细胞和单倍体细胞有很大不同，易于识别。有了各种双倍体的杂交子代后，就可从中筛选出优良性状的个体。

2. 准性生殖

准性生殖(parasexual reproduction 或 parasexuality)是一种类似于有性生殖，但比有性生殖更为原始的一种生殖方式，它可使同种生物两个不同菌株的体细胞发生融合，且不经过减数分裂的方式而导致低频率基因重组并产生重组子。准性生殖常见于某些丝状真菌，尤其是半知菌中如构巢曲霉(*Aspergillus nidulans*)中最为常见。准性生殖可分为三个阶段，见图 7-20。

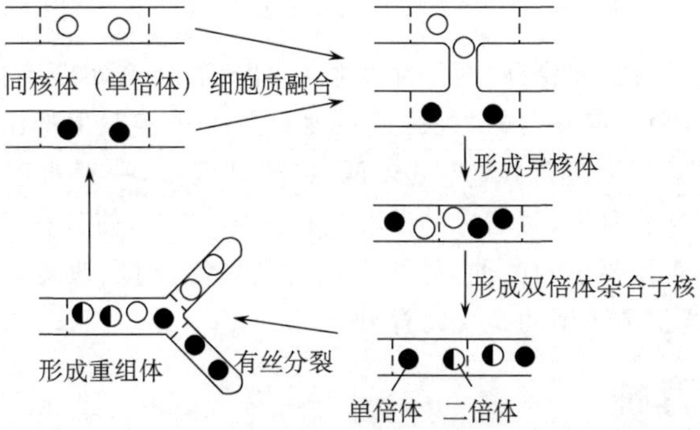

图 7-20　准性生殖示意图

(1) 菌丝联结(amastomosis),形成异核体(heterocaryon)

形态上没有区别但在遗传性上却有差别的同一菌种的两个菌株的体细胞(单倍体,haploid)间会发生菌丝联结,但频率极低。两个体细胞经联结后,使原有的两个单倍体核集中到同一个细胞中,于是就形成了双核的异核体。异核体能独立生活,在自然界也普遍。

(2) 核融合(nuclear fusion)或核配(caryogamy)

异核细胞不够稳定,二倍体(diploid)细胞较为稳定。异核体中的双核偶尔可以发生核融合,产生双倍体杂合子核。如构巢曲霉(*A. nidulans*)或米曲霉(*A. oryzae*)核融合的频率为 10^{-7}～10^{-5}。利用某些理化因素如樟脑蒸气、紫外线或高温等进行诱变处理,可以提高核融合的频率。

(3) 体细胞交换(somatic crossing-over)和单元化

体细胞交换即体细胞中染色体间的交换,也称有丝分裂交换(mitotic crossing-over)。上述二倍体的稳定性是相对的,其后代仍然有一些分离现象。在其进行有丝分裂过程中,染色体有可能发生交叉而产生重组体;或者丧失一整套染色体形成单倍体;或者或多或少丧失不完整的一套染色体,形成非整倍体。由此,产生重组体的过程称为体细胞交换,产生非整倍体或单倍体的过程称为单元化。

由于准性生殖中进行杂交的两种单倍体细胞以及杂交以后形成的二倍体细胞在形态上一般没有显著区别,所以常采用营养缺陷型作为杂交亲本。通过杂交,能够形成在基本培养基上生长的单菌落,从而筛选出二倍体细胞。

真核微生物的有性杂交和准性生殖的比较见表 7-6。

表 7-6　准性生殖和有性杂交的比较

项目	准性生殖	有性杂交
参与接合的亲本细胞	形态相同的体细胞	形态或生理上有分化的性细胞
独立生活的异核体阶段	有	无
接合后双倍体的细胞形态	与单倍体基本相同	与单倍体明显不同
双倍体变为单倍体的途径	有丝分裂	减数分裂
接合发生的概率	偶然出现,概率低	正常出现,概率高

第四节　微生物育种

微生物菌种选育包括选种和育种,对于微生物的科研和生产实践工作至关重要。选种是根据微生物的特性,采用各种分离筛选的方法,从自然界或生产实践中选出符合人们要求的菌种。然而这样获得的菌种常常不太理想,或产量较低,或产品混杂,一般难以达到实际应用的要求。如果根据微生物遗传变异的原理,对已有的菌种进行诱变、杂交,使菌种发生变异,然后在变异的菌株中挑选出符合生产实际要求的菌种,往往可以达到提高产量、改进质量和降低成本等目的,从而获得理想的结果,这就是所谓的微生物育种。

一、自发突变与育种

1. 从生产中选育

在日常生产过程中,微生物会以一定频率发生自发突变。善于细致观察和富于实际经验的人们就可以及时抓住这类良机来选育优良生产菌种。例如,从污染噬菌体的发酵液中可能分离到抗噬菌体的再生菌。

2. 定向培养优良菌种

定向培育一般是指用某一特定环境长期处理某一微生物培养物,同时不断对它们进行移种传代,以达到积累和选择合适的自发突变体的一种传统育种方法。由于自发突变的频率较低,变异程度较轻微,所以培育新种的过程一般比较费时费力,效果难以预测。近年来,用梯度培养皿法(gradient plate)筛选抗代谢拮抗物的变异菌株,提高相应代谢产物产量,是定向培育工作的一大进展。

二、诱变育种

诱变育种(breeding by induced mutation) 就是利用物理和化学诱变剂处理均匀分散的微生物细胞群,大幅度提高突变频率,然后根据育种目标,设法采用简便、快速和高效的筛选方法,从不定向的突变株中挑选少数符合育种目标的菌种。诱变育种除能提高产量外,还可达到改进产品质量、扩大品种和简化生产工艺等目的,是目前最广泛使用的育种手段。

1. 诱变育种的原则

1) 选择简便、有效、合适的诱变剂

生产上较常用的诱变剂有氮芥、乙烯亚胺、硫酸二乙酯(DES)、*N*-甲基-*N'*-硝基-*N*-亚硝基胍(NTG)、亚硝基甲基脲(NMU)、紫外线等。

2) 挑选优良的出发菌株

出发菌株就是用于育种的原始菌株。可以根据实践经验选用出发菌株:选用单倍体纯种为出发菌株,可排除异核体和异质体的影响;采用具有优良性状的菌株,如生长速度快、营养要求低以及产孢子早而多的菌株;选择对诱变剂敏感或已发生其他变异的菌株为出发菌株;挑选经过生产选育的菌株,等等,都会达到较好效果。

3) 处理孢子(或菌体)悬浮液

诱变育种中,所处理的细胞必须是均匀状态的单细胞悬液,这样分散状态的细胞可以均匀地接触诱变剂。通常细菌或酶母菌悬液中加玻璃珠并振荡,或用脱脂棉过滤,可获均匀分散的单细胞悬液。为防止长出不纯菌落,诱变剂应尽量处理单核细胞。放线菌和霉菌的菌丝是多核的,诱变育种应用其单核的孢子。用稀释的表面活性剂制备单孢子悬液,常用的表面活性剂是吐温-80(Tween-80),浓度 0.01%~0.1%。处理前要进行活菌计数,一般真菌孢子或酵母菌的浓度大约在 10^6 个/ml 为好,放线菌孢子或细菌不超过 10^8 个/ml。

4) 选用最适剂量

在高诱变率的前提下,既能扩大变异幅度,又能促使变异移向正变范围的剂量,即为最适剂量。各种诱变剂有不同的剂量,如紫外线的剂量用强度×时间表示;化学诱变剂的剂量则以在一定温度下诱变剂的浓度和处理时间来表示。在育种实践中,常采用杀菌率来作各种诱变剂的相对剂量。杀菌率的计算是取同样量的被处理菌体和未被处理的菌体分别在完全培养基上进行培养,检测各自生长出的菌落数,然后按照下式进行计算:

$$\text{杀菌率}=\frac{\text{未被处理菌体长出菌落数}-\text{被处理菌体长出菌落数}}{\text{未被处理菌体长出菌落数}}\times 100\%$$

5) 利用复合处理的协同效应

两种或多种诱变剂的先后使用、同一种诱变剂的重复使用、两种或多种诱变剂的同时使用,均常呈现一定的协同效应,会取得更好的诱变效果。

6）利用微生物形态、生理与产量间的相关指标

利用鉴别性培养基的原理或其他途径，可有效地把肉眼无法观察的产量性状或生理性状转化为可见的“形态性状”。例如，在琼脂平板培养基上测定变色圈、水解圈、抑菌圈、反应圈的大小等，以便在初筛中即可从形态性状估计其生产潜力。

7）设计和采用高效筛选方案和方法

在实际工作中，常把筛选工作分为初筛和复筛两部进行。前者以量为主（选留较多有生产潜力的菌株），后者以质为主（对少量潜力大的菌株做代谢产物量的精确测定）。微生物群体在诱变处理后会出现各种突变型个体，因此必须设计简便、高效、科学的筛选方案，以期花费最少的工作量，在最短的时间内，取得最大的成效。

2. 诱变育种的一般步骤

诱变育种的一般步骤见图 7-21。

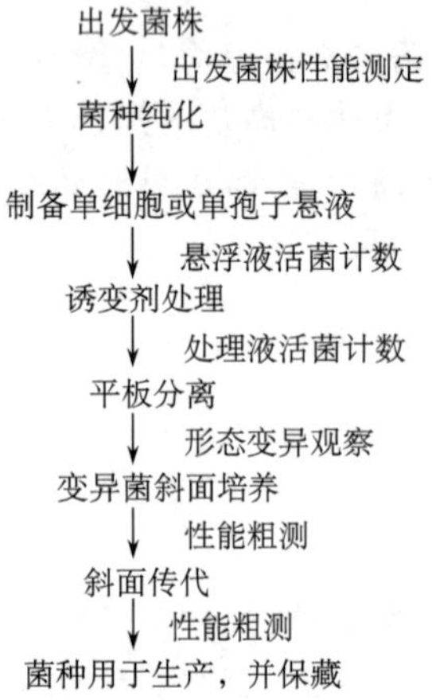

图 7-21　诱变育种的一般过程

3. 营养缺陷型突变株的筛选

1）与营养缺陷突变有关的三类遗传型个体

营养缺陷型突变株（auxotrophic mutant），简称营养缺陷型（auxotroph），是指通过诱变而产生的，在一些营养物质（如氨基酸、维生素和碱基等）的合成能力上出现缺陷，因此必须在培养基中加入相应的有机营养成分才能正常生长的变异菌株，书写时取前三个英文字母，右上角写上负号“－”，代表缺陷型或突变型。如组氨酸（histidine）营养缺陷型，写作 his^-。营养缺陷型变异前的原始菌株称为野生型（wild type），书写时在英文字母右上角写上正号“＋”表示之，如 his^+。营养缺陷型菌株经回复突变或重组后产生的菌株叫原养型（prototroph），其营养要求在表型上与野生型相同，表示方法亦同野生型。

2）营养缺陷型筛选的三类培养基

基本培养基（minimal medium，符号为[－]）能满足某一菌种的野生型或原养型菌株营养要求的最低成分的组合培养基，叫做基本培养基。不同微生物的基本培养基很不相同，因此不能断然认为基本培养基的成分单一且不含生长因子。

补充培养基（supplemental medium，符号为[A]或[B]）在基本培养基中有针对性地补加某一种或几种营养成分，以满足相应的营养缺陷型菌株生长需要（其他营养缺陷型仍不能生长）的组合或半组合培养基。

完全培养基（complete medium，符号为[＋]）可满足该菌各种营养缺陷型菌株营养需要的天然或半合成培养基。一般可在基本培养基中加入一些富含氨基酸、核苷酸、维生素或碱基类的天然物质配制而成。

3）筛选营养缺陷型菌株的一般步骤和方法

营养缺陷型的筛选一般要经过诱变、淘汰野生型、检出和鉴定营养缺陷型等 4 个步骤，详细过程如下：

（1）诱变。常用紫外线诱变形成大量营养缺陷型菌株。用 15W 或 20W 紫外灯管，距离 15 cm～30 cm，照射 10 s 至 20 min。在照射受试菌前，灯管须预热 20 min，使灯光稳定。菌悬液要磁力搅拌，使所有单细胞或单孢子均匀受到照射。特别要注意应在黑暗或红外光下操作，接种后器皿用黑布包严，防止发生可见光的修复作用。

（2）淘汰野生型。常用的有抗生素法和菌丝过滤法。抗生素法的原理是某些抗生素能杀死

生长繁殖着的微生物,而对处于休止状态的微生物无杀伤作用。如青霉素能抑制细菌细胞壁肽聚糖的生物合成,制霉菌素可损伤真菌细胞膜,二者可分别杀死生长繁殖着的细菌、真菌,并相应浓缩营养缺陷型菌株。菌丝过滤法适用于进行丝状生长的放线菌、霉菌。在基本培养基中野生型孢子能萌发长成菌丝体,而营养缺陷型孢子则不生长。将经诱变处理的孢子接种于液态基本培养基中,振荡培养 10～12 h,使原养型萌发(以肉眼刚能看见菌丝为度),然后以滤纸、棉花或玻璃过滤漏斗过滤。重复数次后,菌丝被滤除,未萌发的缺陷型孢子能顺利通过,从而达到富集营养缺陷型的目的。

(3) 营养缺陷型检出。检出营养缺陷型的方法很多,可根据实验要求和实验室条件加以选用,现分别说明:

逐个检出法　把经诱变处理后的细胞群在完全培养基的琼脂平板上涂布分离,将培养后长出的每一个菌落分别点种在基本培养基和另一个完全培养基上,使两个平板上的菌落位置严格对应。凡在基本培养基上不能生长而在完全培养基的相应位置上能生长的菌落,表明其为营养缺陷型。

夹层培养法　经诱变处理后的菌液,稀释后与基本培养基混匀并倾入平皿中,待凝固后,再加上一薄层不含菌的基本培养基。培养后在皿底将长出的菌落做上标记。然后加上一层完全培养基,再经培养后,新出现的菌落多数是营养缺陷型。此法适用于兼性厌氧的细菌。

影印法　将丝绒包在直径小于平皿的圆柱台上,固定,作为影印接种工具,灭菌备用。将经诱变处理后的细胞群涂布于完全培养基平板上,培养使其长出菌落。然后用影印接种工具把此平板上的全部菌落转印到另一个基本培养基平板上。经培养后比较,在基本培养基上不长而在完全培养基的相应部位上生长的菌落,则为营养缺陷型(图 7-22)。

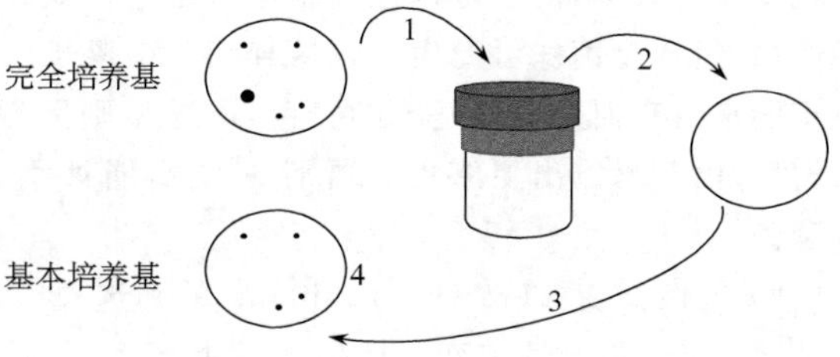

图 7-22　影印平板法检出营养缺陷型突变株

1. 转移完全培养基平板上的菌落于影印接种工具上
2. 转移影印接种工具上的菌落于基本培养基上
3. 培养 4. 基本培养基上菌落生长情况

(4) 营养缺陷型鉴定——生长谱法(auxanography)。将检出的缺陷型菌株接种在完全培养基上培养,把生长的菌体或孢子洗下,无菌水离心清洗后制成浓度为 10^7～10^8 个/ml 的菌悬液。取 0.1ml 该悬液与基本培养基均匀混合倒皿。待表面稍干燥后,在皿背划若干区域,然后在其上加微量的氨基酸、维生素、嘌呤和嘧啶等营养物(也可用滤纸片法)。经培养后,如果发现某一营养物的周围有微生物的生长圈,说明该微生物就是它的相应营养缺陷型。

4) 营养缺陷型菌株的重要意义

营养缺陷型在理论研究和生产实践工作上具有十分重要的意义。在科学实验中,它们既可作为研究代谢途径和杂交(半知菌的准性杂交、细菌的接合)、转化、转导和原生质体融合等遗传规律所必不可少的标记菌种,也可作为氨基酸、维生素或碱基等物质生物测定的试验菌种;在生产实践中,它们既可直接用作发酵生产核苷酸、氨基酸等代谢产物的生产菌株,也可作为生产菌种杂交育种所必不可少的带有特定标记的亲本菌株。在筛选营养缺陷型的过程中必须注意表型延迟现象。由于诱变剂一般仅作用于 DNA 的某一单链,故突变无法反映在当代的表型上,需经 DNA 复制和细胞分裂后,才使表型发生变异,此即表型延迟现象。

4. 其他突变株的筛选

1) 组成型突变株的筛选

所谓组成型突变株(constitutive mutant)是指操纵或调节基因发生突变,引起酶合成诱导机制失灵,菌株不经诱导也能合成酶或不受终产物阻遏的调节突变型。通常采用设计某种有利于组成型菌株生长,并限制诱导型菌株生长的培养条件,造成组成型菌株生长的优势或适当的分辨两类菌落的方法,筛选出组成型突变株。

例如,把大肠杆菌半乳糖苷酶的诱导型菌株经诱变处理后,先在含乳糖的培养基中培养,由于组成型突变株半乳糖苷酶的合成不需诱导即能产生,因此相对于诱导型的出发菌株可以较早开始生长,在一定时期内菌数的增加便较快,如持续进行培养时,由于诱导酶形成后,原菌株生长速率亦逐渐增加,这种选择性造成的差别就会减少,可用交替在乳糖、葡萄糖培养基中进行培养的方法。两者利用葡萄糖时的生长速率是相同的,乳糖为碳源造成的组成型菌株的优势生长会持续下去,最后由平板分离就易于得到组成型突变株。以乳糖为限制性生长因子进行连续培养时,生长速率较低的诱导型菌株就会被冲洗掉,也是利用了上述原理。诱导型菌株不经诱变处理,利用其自发突变,用连续培养方法,也能得到组成型突变株。

此外,还可以应用在平板上识别组成型突变株的方法。该方法主要是利用在无诱导物存在时进行培养,它能产生酶,加入适当的底物进行反应显示酶活加以识别。经常使用酶解后可以有颜色变化的底物,便于迅速检出组成型菌落。如甘油培养基平板中培养大肠杆菌时,诱导型菌株不产酶,组成型菌株可产生半乳糖苷酶。菌落长出后涂布邻硝基苯半乳糖苷,组成型菌株的菌落由于能水解它而呈现硝基苯的黄色,诱导型则无颜色变化。另如羧甲基纤维素被内切纤维素酶水解后,由于暴露出更多的还原性末端而能被刚果红所染色。可由此方便地检出纤维素酶产生菌。

2) 抗性突变株(resistant mutant)的筛选

(1) 抗生素抗性突变。抗生素种类繁多,其抑制微生物代谢的机制各不相同。对于一种药物,接触通常足以致死的浓度而仍然能够正常生长的细菌,称为对于这一药物具有抗药性的变异菌株。细菌抗药性的来源有三个,分别是抗性基因突变(drug resistant mutation)、抗药性质粒(drug resistant plasmid,即 R 因子)的获得以及生理适应。抗生素抗性突变株的筛选不仅可以提高菌株对抗生素的抗性,可提高抗生素的产量或其他产物的产量。例如,衣霉素可抑制细胞膜糖蛋白的生成,但是枯草杆菌的衣霉素抗性突变株的 α-淀粉酶的产量较亲株提高了 5 倍。抗利福平的蜡状芽孢杆菌的无芽孢突变株失去了形成芽孢的能力,使 β-淀粉酶产量提高了 7 倍,这是由于芽孢形成的延迟利于 β-淀粉酶的形成。可以在培养基中加入抗生素的结构类似物来筛选抗生素抗性突变株。

(2) 抗噬菌体菌株的选育。最简易的是用“变异选育法”:用一些诱变剂诱变菌种,再接种至培养基上,生长后接种噬菌体,可以继续生长的菌株就是能抗噬菌体的。抗噬菌体的菌株应用于生产可以减少感染噬菌体的危险,从而降低生产风险。抗噬菌体突变与抗药性突变一样,突变都是在与噬菌体(或药物)接触之前产生的。1943 年,S. E. Luria 和 M. Delbrück 利用波动试验论证了大肠杆菌对于噬菌体的抗性并不是由噬菌体所引起的,见图 7-23。

波动试验的逻辑是:如果抗病毒性是由病毒引起的,也就是由于细菌对病毒发生的一种适应性反应,那么,经病毒处理后分装在小管中的细菌样品将出现数目大致相等的抗性细菌。如果抗病毒性是由于基因突变,而基因突变只能发生在极个别的细菌中,而且可以在任何时间发生,那么,在一系列含有极少细菌的试管中,当测定其抗病毒性时,可能有的试管中还没有发生突变,有的此时刚发生突变,还有的可能早已发生突变并且经多次细胞分裂已产生了很多抗性的后代细菌。因此，只要观察一系列小试管中抗病毒细菌数量的波动(涨落)情况，就可以推断细菌抗病毒性的来历。结果表明：细菌对病毒的抗性突变的发生与病毒的存在无关。细菌产生耐受噬菌体侵染的机理不是一种适应，而是由于基因突变的结果。推而广之，细菌的抗药性也是如此，也不是药物导致了细菌的抗性，不是细菌对药物的适应，而是由于细菌本身基因的突变引起，药物和病毒一样，只起了一个选择的作用。

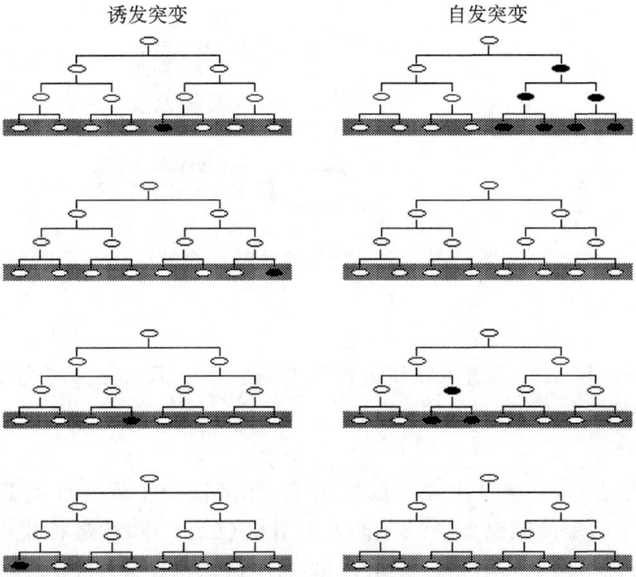

图 7-23　波动实验图解

三、基因重组育种

基因重组育种包括体内基因重组育种和体外基因重组育种。后者针对基因工程技术而言，而前者主要指采用接合、转化、转导和原生质体融合等遗传学方法和技术使微生物细胞内发生基因重组，使微生物增加优良性状的组合或者导致多倍体的出现，从而获得优良菌株的一种育种方法。该方法在微生物育种中占有着重要地位，尤其是 20 世纪 70 年代发展起来的原生质体融合技术为微生物育种开辟了新的途径，成为重要的育种技术之一。

1. 原生质体融合

原生质体融合育种与诱变育种等技术相比，具有鲜明特点：首先，有利于不同种属微生物之间的杂交，双亲菌株的任何一方都可以起到受体或供体作用，可以很好地实现远缘间菌株的基因重组。在融合剂聚乙二醇(polyethylene glycol，PEG)的促进作用下，几乎所有的生物细胞都可以进行原生质体融合，也存在两株以上亲株同时参与融合可能。1998 年始，我国南京大学环境学院程树培教授等进行了光合细菌的种间融合、酵母的属间融合、光合细菌与酵母菌之间的双亲株跨界融合、土著细菌与酵母菌及白腐菌的三亲株跨界融合(inter-kingdom protoplast fusion，IKPF)，实验室研究均已获得成功。其次，有利于提高重组频率，这使双亲菌株之间的遗传物质交换更广泛，更完整，从而获得更多的基因重组机会。再次，可以采用产量性状较高菌株作融合亲株，提高生产性状的潜力较大。最后，原生质体较容易进行转化，可用于工业微生物育种工作。原生质体融合的操作程序见图 7-24。

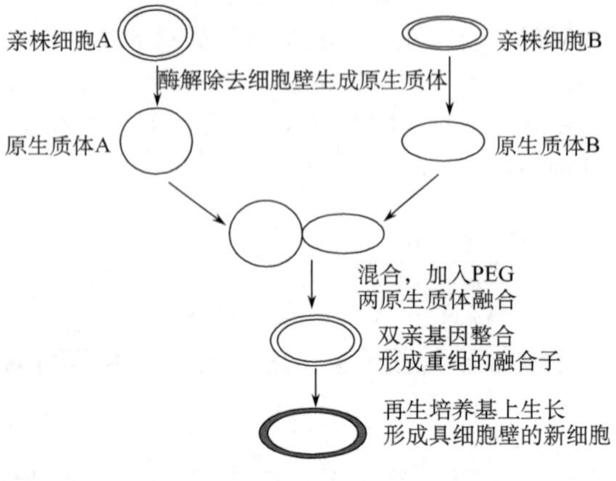

图 7-24　原生质体融合的一般过程

2. 杂交育种

杂交育种是指将不同菌株的遗传物质进行交换、重组，使不同菌株的优良性状集中在重组体中的过程。

1）细菌杂交育种

细菌的杂交行为是 1946 年首次在大肠杆菌 K-12 菌株中发现并证实的。首先在大肠杆菌 K-12 菌株中诱发一个营养缺陷型（A^-）、不能发酵乳糖（Lac^-）和抗链霉素（SM^r）以及对噬菌体 Tl 敏感的突变体，可以写成 $A^- B^+ Lac^- SM^r T1^s$；另一菌株诱发成一个营养缺陷型（B^-），能发酵乳糖（Lac^+），对链霉菌敏感（SM^s）和抗噬菌体 Tl 的突变体 $A^+ B^- Lac^+ SM^s T1^r$。这两个菌株各自都不能在基本培养基上生长，如果把大约 10^5 个/ml 浓度的上述两种菌株混合在一起，并接种在基本培养基上，则能长出少数菌落；如果把上述两种菌株分别接种到一个特制的 U 型管的两端去培养，中间用一片可以使培养液流通，但不能使细菌通过的烧结玻璃隔开，那么在基本培养基上就不会出现菌落。这说明细胞的接触是导致基因重组的必要条件，即细菌通过接合完成了杂交行为（图 7-25）。

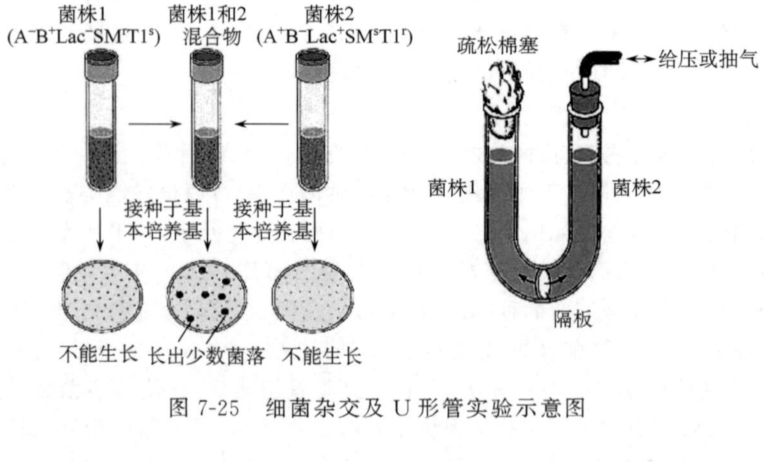

图 7-25　细菌杂交及 U 形管实验示意图

2）放线菌的杂交育种

放线菌的杂交育种于1955～1957年首先在天蓝链霉菌中发现，以后在其他科、属、种中相继发现。现在常用的放线菌杂交方法主要有三种，即混合培养法、平板杂交法和玻璃纸转移法。国外在金霉素、土霉素、新生霉素等抗生素产生菌的杂交育种方面都有过成功的报道，在我国几乎与国外同时起步开展放线菌基因重组的研究工作，并取得了一定成效。

3）丝状真菌的杂交育种

丝状真菌的杂交育种主要是通过体细胞的核融合进行基因重组，即通过准性生殖过程而不是通过性细胞的融合。具体步骤为：第一、选择直接亲本。用来进行杂交的两个野生型菌株叫原始亲本，经过诱变以后得到各种突变型菌株，假设这种菌株是用来作为形成异核体的亲本，就叫直接亲本。作为直接亲本的遗传标记有多种，如营养突变型、抗药突变型、形态突变型等，目前应用普遍的是营养缺陷型菌株。第二、异核体的形成。在基本培养基上强迫两株营养缺陷型互补营养，则这两个菌株经过菌丝细胞间的融合形成异核体。第三、双倍体的检出。检出双倍体的方法有很多种，如用放大镜观察异核体菌落表面，如果发现有野生型颜色的斑点和扇面，即可用接种针将其孢子挑出，进行分离纯化，即得杂合双倍体。或者将大量异核体孢子分离于基本培养基平板上从中长出野生型原养性菌落，将其挑出分离纯化，即得杂合双倍体。第四、分离子的检出。可以用选择性培养基筛选分离子，也可以将杂合双倍体单孢子分离于完全培养基平板上，培养至菌落成熟，检查大量二倍体菌落，在一些菌落上有突变颜色（隐性标记）的斑点或扇面出现，从每个菌落接出一个斑点或扇面的孢子于完全培养基斜面上，培养后经过纯化和鉴别即得分离子。例如，在柠檬酸生产菌黑曲霉中，曾把两个分别适合于深层发酵和半固体发酵的菌株进行准性融合，在由此产生的二倍体菌株和单倍重组体中，可筛选得到产量优于两个亲本的柠檬酸生产菌种。

4）酵母的杂交育种

在基因重组的研究中，比较成功的是酵母菌。杂交育种运用了酵母的单双倍生活周期，将不同基因型和相对的交配型的单倍体细胞经诱导杂交而形成二倍体细胞，经筛选便可获得新的遗传性状。研究发现卡尔酵母（*S. calsbergensis*）可以把糖类转化成酒精和二氧化碳，但它只能发酵麦芽糖或发酵液中80%左右的糖类。而糖化酵母（*S. diastaticus*）能发酵糊精。把它们杂交，可以产生能发酵糊精的杂种。但杂种所酿制的啤酒口味不佳，因为糖化酵母中存在着一种使啤酒产生异味的“*pof*（苯酚味异味）”基因，控制阿魏酸（ferulic acid）形成4-乙烯基愈创木酚（4-vinyl guaiacol），造成啤酒产生怪味。因而把杂种亲本之一卡尔酵母进行杂交，得到能转化90%糖的杂种（此时已不带 *pof* 基因），酿制的啤酒就比较适口。然而育种并未终止。研究者再把这一杂种同能发酵异麦芽糖的野生酵母杂交，产生能把糖100%转化的杂种。随后又进行多次互交及选择，就能得到性能更好的杂种。这样的杂种酵母菌在生产上有更好的应用如能用来酿制专供糖尿病人喝的无糖的极“淡”的啤酒。

四、基因工程

基因工程（gene engineering），也称遗传工程（genetic engineering）、DNA重组技术（DNA recombination technology），是指在基因水平、分子水平上的生物工程。它是用人为方法将所需要的某一供体生物的遗传物质DNA提取出来，在离体条件下用适当的酶进行切割后，把它与载体DNA分子连接起来形成具有自我复制能力的DNA分子——复制子（replicon），并将它转移到宿主细胞中扩增和表达，实质是一种DNA体外人工重组技术。通过基因工程改造后的微生物菌株称为基因工程菌（genetically engineered microorganism，GEM）。

基因工程的基本操作一般可以分为获取目的基因、选择合适载体、体外重组目的基因和载体DNA、重组载体引入受体细胞等步骤，见图 7-26。

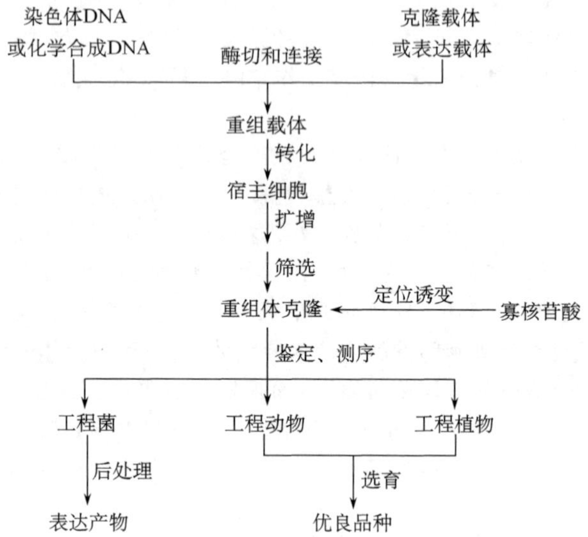

图 7-26 基因工程操作示意图

1. 目的基因获得

基因工程取得目的基因一般有三种方法：

(1) 从适当的供体细胞 DNA 中分离。原核生物基因组较小，基因容易定位，用限制性内切酶将基因组切成若干段后，用带有标记的核酸探针，从中选出目的基因。真核生物一般通过基因组文库的方法获得目的基因。

(2) 通过反转录酶的作用由 mRNA 合成 cDNA(complementary DNA，互补 DNA)。

(3) 化学方法或 PCR(聚合酶链式反应)合成 DNA。通过 PCR 技术获取所需要的特异 DNA 片段目前应用得非常广泛，但是前提条件是必须对目的基因有一定的了解，需要设计引物合成特定功能的基因。

2. 载体的选择

待克隆的外源目的基因一般缺乏 DNA 复制和导入受体细胞的能力，不能在受体细胞内表达。要实现外源基因的复制、导入和表达，必须有符合要求的运送外源目的基因的载体分子。基因工程通常所用的载体依据受体细胞的不同，大致有质粒、噬菌体的衍生物、柯斯质粒、单链 M13 噬菌体以及动植物病毒的衍生物等。这些载体的生物学特性各不相同，但作为克隆载体，必须有下列基本要求和特性：

(1) 是一个具有自我复制能力的复制子，而且能在受体细胞内大量繁殖，即有较高的复制率。

(2) 相对分子质量尽可能小，容易从细胞中分离纯化，便于离体条件下的操作。

(3) 包含有多种限制性内切酶的单一切点，在切点内可以与外源 DNA 重组。

(4) 载体分子内有不影响其复制、生长的非必要区域，在此区域内插入外来 DNA 片段，仍可与载体一起复制、扩增。

(5) 具有多种选择性标记，常用营养缺陷型、抗药性、形成噬菌斑的能力和外源性蛋白质的产生等以便及时把极少数的“工程菌”或“工程细胞”筛选出来。

3. 目的基因与载体 DNA 的体外重组

含有目的基因的 DNA 片段和载体 DNA 连接技术即 DNA 重组技术，其核心步骤是 DNA 片段之间的体外连接，其本质是涉及限制酶、连接酶等酶促反应过程。首先对目的基因与载体 DNA 均采用限制性内切酶处理或人为地把 DNA 的 3′端加上 poly(A)或 poly(T)，就可获得互补黏性末端或人工合成互补黏性末端。然后把两者放在较低的温度(5～6℃)下混合“退火”。由于每一种限制性内切酶所切断的双链 DNA 片段的黏性末端有相同的核苷酸组分，所以当两者相混时，凡黏性末端上碱基互补的片段，就会因氢键的作用而彼此吸引，重新形成双链。这时，在外加连接酶的作用下，供体的 DNA 片段与质粒 DNA 片段的裂口处被“缝合”，形成一个完整的有复制能力的环状重组体(chimaera)。

4. 重组载体引入受体细胞

体外反应生成的重组载体只有被引入受体细胞后，才能使其基因扩增和表达。受体细胞可以是微生物细胞或动植物细胞，目前使用最广泛的仍然是大肠杆菌。把重组载体 DNA 分子引入受体细胞的方法很多。若以重组质粒作为载体时，可以用转化的手段；若以病毒 DNA 作为重组载体时，则用感染的方法。

5. 重组 DNA 的筛选、鉴定以及目的基因表达

通过转化或感染，重组体 DNA 分子被导入受体细胞，经培养得到大量转化子菌落或噬菌斑。如何从众多的转化子菌落或噬菌斑中筛选并鉴定哪一菌落或噬菌斑所含重组 DNA 分子确实带有目的基因，这一过程即为筛选(screening)。根据载体体系、宿主细胞特性及外源基因在受体细胞表达情况不同，选择目的基因的方法有：遗传学方法、免疫学方法或分子杂交(molecular hybridization)等，介绍如下。

1) 遗传学方法

(1) 互补作用克隆技术　营养缺陷型可通过互补作用来筛选重组体 DNA。利用适当的营养缺陷型作为转化的受体，通过将构建在质粒上的基因文库转化受体菌，可直接筛选出携带目的基因的重组质粒，这种方法也叫互补作用克隆技术。例如，受体菌大肠杆菌是一种亮氨酸缺陷型，在缺乏这种氨基酸的培养基上不能生长；当一个重组体含有正常的这种基因，转入该受体菌后，该受体菌在缺乏这种氨基酸的培养基上能生长，就可初步判断该重组质粒是携带有编码此氨基酸的酶基因。

真核基因和原核基因之间，在结构上存在着很大差别。只有细菌的染色体基因和少数低等真核生物(如酵母)的几种基因，才能够同大肠杆菌的营养缺陷型互补。例如，酵母的色氨酸、精氨酸和尿嘧啶生物合成途径上的一些基因在大肠杆菌中是有功能的。

(2) 抗药性标记插入失活筛选法　当培养基中含有抗生素时，只有携带相应抗药性基因载体的细胞才能生存繁殖，而未接受载体 DNA 的细胞则不能生长。如果外源目的序列插入在载体的抗药性基因中，抗药性基因失活，抗药性标志就消失，因此可根据抗药性的变化在平板上初步筛选。对于带有抗药基因的质粒重组体，可采用插入灭活法进行筛选。

(3) 原位杂交　把含有重组 DNA 的转化子菌落或噬菌斑转移到硝酸纤维素膜上，用碱处理膜上的菌落或噬菌斑，使细胞裂解，DNA 变性成为单链，待变性 DNA 固定在滤膜上以后，洗去细胞碎屑。用放射性标记的特异性 DNA 探针杂交，通过放射自显影找出与探针杂交的菌落或噬菌斑。该菌落或噬菌斑的细胞中所含的重组 DNA 上便携带有目的基因。

2）免疫学方法

免疫学方法是利用特定抗体与目的基因表达产物的特异性结合进行筛选；不是直接筛选目的基因，而是通过与基因表达产物的反应指示含有目的基因的转化细胞；要求目的基因进入受体细胞后能够表达出编码产物；抗体可用特定的酶（过氧化物酶、碱性磷酸酶等）标记，酶可催化特定的底物分解而呈现颜色，从而指示含有目的基因的克隆。

第五节 微生物菌种保藏

在科研和生产实践中，如何利用优良的微生物菌种保藏技术，使具有良好性状的菌种经长期保藏后存活、且很少发生突变，这对于菌种极为重要。菌种的退化是一种潜在的威胁，涉及一系列有关遗传、变异等基本知识，因此只有掌握了菌种衰退的某些规律，采取相应的措施，才能减少菌种的退化或使已退化的菌种得以复壮。

一、菌种的衰退与复壮

随着菌种保藏时间的延长或菌种的多次转接传代，菌种本身所具有的优良遗传性状可能得到延续，也可能发生变异，其中负突变会导致菌种的衰退。

1. 菌种的衰退

1）菌种衰退的现象

菌种衰退（degeneration）指由于自发突变的结果，而使某物种原有的一系列生物学性状发生量变或质变的现象，常见表现有以下几方面：

（1）菌落和细胞形态改变　每一种微生物在一定的培养条件下都有一定的形态特征，如果在生长过程中典型的形态特征减少，就表现为衰退。

（2）生长速度缓慢，产孢子减少　例如，泾阳链霉菌“5406”的菌苔变薄，生长缓慢（半个月以上才长出菌落）、不再产生典型的橘红色分生孢子丝，有的甚至只长出浅绿色的基内菌丝。

（3）生产性能下降　生产性能的下降在生产上十分不利。例如，黑曲霉糖化能力的下降，抗菌素发酵单位的减少，枯草杆菌产淀粉酶能力的衰退等，都是明显的菌种衰退。

（4）致病菌对寄主侵染力的下降　例如，白僵菌对宿主致病力的减弱或消失等。

（5）对生长环境的适应能力减弱　如对外界不良条件（包括低温、高温和噬菌体侵染等）抵抗能力的下降和抗噬菌体菌株变为敏感菌株等。

需要注意的是，在生产实践和科学研究中，要将由于培养条件的改变或杂菌污染等导致菌种形态和生理上的变异与菌种退化区别开来。因为优良菌株的生理生化性能和培养条件紧密相关。如果培养基中缺乏某些元素，会导致产孢子数量减少，同样也会引起孢子颜色的改变；温度、pH 的变化也会使发酵产量发生变化等，这些都会造成菌种衰退的假象。只要条件正常，菌种原有性能就能恢复，因此一定要正确判断菌种是否退化，才可以找出正确的解决办法。

2）菌种衰退的原因

一般而言，菌种衰退不是突然发生的，而是从量变到质变的逐步演化过程。开始时，在群体中仅有个别细胞发生突变（一般为负突变），这时如不及时发现并采用有效措施而连续移种传代，就会造成群体中负突变个体的比例逐渐增高，最后发展成为优势群体，从而使整个群体表现出严重的退化现象。导致这一现象主要有以下几方面原因：

（1）基因突变　有关基因发生负突变导致菌种衰退。菌种在传代过程中会发生自发突变，虽然自发突变的频率很低，但由于微生物具有很强的代谢繁殖能力，随着传代数目增加，含有负突变基因的衰退细胞数目将不断增加，最终在数量上占优势而成为一株衰退菌株。

表型延迟造成菌种衰退。表型延迟现象也会造成菌种衰退。如在诱变育种过程中经常发现某菌株初筛时产量较高，而复筛时产量下降了。

质粒脱落或丢失导致菌种衰退。质粒脱落或丢失导致菌种衰退在抗生素生产中发生较多。当菌株由于自发突变或受到外界条件的影响，致使控制抗生素产量的质粒脱落丢失，或者核 DNA 和质粒复制不一致，即核 DNA 复制速度超过质粒，经过多次传代后，某些细胞中就缺少对产量起决定作用的质粒，这些细胞数量不断提高，累积到一定优势，则菌种表现为衰退。

(2) 连续传代　突变在数量上的表现依赖于传代，即菌株处于一定条件下，群体多次繁殖，可使退化细胞在数量上逐渐占优势，于是退化性状的表现就更加明显，逐渐成为一株退化的菌体。同时，对某一菌株的特定基因来讲，虽然突变频率比较低，但传代次数越多，细胞发生自发突变(尤其是负突变)的频率就比处于休眠状态的细胞高得多。因此连续传代是加速菌种衰退的重要原因。

(3) 育种后未很好分离纯化　许多微生物细胞中为多核细胞，经诱变处理后，极易形成不纯菌落；即使是单核细胞，也会有不纯菌落出现。这些不纯菌落，若未经很好分离纯化，经几次传代后，很容易导致核分离，使生产性能发生变化。

3) 菌种衰退的防止措施

根据大量的生产实践，可采用下列方法防止菌种衰退：

(1) 控制传代次数　由于微生物存在着自发突变，而突变都是在繁殖过程中发生而表现出来的，所以应尽量避免不必要的移种和传代，以降低自发突变的概率。

(2) 创造良好的培养条件，选用合适的培养基　当培养基营养丰富时，菌株会处于旺盛的生长状态，代谢水平较高，为变异提供了良好的条件，大大提高了菌株的退化概率。因此，在培养基中适当限制容易利用的糖源如葡萄糖等的添加或选取营养相对贫乏的培养基作菌种保藏培养基，都可以防止菌种退化。在生产实践中，也可以创造和发现一个适合原种生长的条件来防止菌种退化，如低温、干燥、缺氧等。

(3) 利用不同类型或不易衰退的细胞移种传代　选育菌种时所处理的细胞应使用单核的，避免使用多核细胞，如利用单核的孢子接种而避免使用菌丝可以防止或推迟菌种衰退。

(4) 采用有效的菌种保藏方法　保藏方法直接影响菌种优良性状的稳定性。有效的菌种保藏方法是降低基因自发突变频率、防止菌种衰退的必要措施。例如，啤酒工业中应用的酿酒酵母保持其优良发酵性能的最有效方法是－70℃低温保藏，其次是 4℃保藏；而对于绝大多数微生物保藏效果很好的冷冻干燥保藏法和液氮保藏法对于酿酒酵母并不理想。由此可见，在实践中有必要研究和制定出更有效、针对性强的菌种保藏方法以防止菌种退化。

2. 菌种的复壮

菌种的复壮有两个层次的理解。狭义上指在菌种已经发生衰退的情况下，通过菌种分离和测到的典型性状、生产性能等指标，从已衰退的群体中筛选出少数尚未退化的个体，以达到恢复原菌株固有性状的相应措施；广义上是指菌种的典型特征或生产性状尚未衰退之前，就经常有意识的采取纯种分离和生产性能测定工作，以期从中选择到自发的正突变个体，是一种积极的措施，也是生产和科研中积极提倡的措施。具体的菌种的复壮措施如下。

1) 纯种分离法

通过纯种分离，可以将衰退菌种细胞群体中一部分仍保持原有典型性状的单细胞分离出来，经扩大培养，就可恢复原菌株的典型性状。常用的分离纯化方法可以分成两类：一类较粗放，仅达到“菌落纯(pure culture in colony level)”的水平,即从种的水平来说是纯的。例如,常用获得单菌落的方法:平板划线分离法、稀释平板法或涂布法等均可;另一类是较精细的单细胞或单孢子分离方法。它可以达到“细胞纯”或“菌株纯(pure culture in strain level)”的水平。后一类方法应用较广、种类较多,既可以采用简单的利用培养皿或凹玻片等作分离室的方法,也有利用复杂的纤维操纵器的分离方法。对于不长孢子的丝状菌,则可用无菌小刀切取菌落边缘的菌丝尖端进行分离移植,也可用无菌毛细管截取菌丝尖端单细胞进行无菌分离。

2) 寄主体内复壮法

寄生型微生物的退化菌株可接种到相应寄主体内以提高菌株的活力。例如,苏云金芽孢杆菌经人工长期培养会发生毒力减退、杀虫效率低的现象。这时可将已衰退的菌株去感染菜青虫的幼虫,再从病死的虫体内重新分离典型菌株。如此反复多次,就可提高菌株的杀虫率。根瘤菌属经人工移接,结瘤固氮能力减退,将其回接到相应豆科植物寄主上令其侵染结瘤,再从根瘤中分离根瘤菌,其结瘤固氮能力就可恢复甚至提高。

3) 联合复壮法

对退化菌株还可用高剂量的紫外线辐射和低剂量的 DTG 联合处理进行复壮。

4) 淘汰衰退个体法

将已衰退菌种进行一定处理(如药物、高温、低温等),往往可以起到淘汰已衰退个体而达到复壮的目的。

5) 遗传育种法

即把衰退的菌种重新进行遗传育种,从中再筛选出高产、不易退化、稳定性较好的菌种。

二、菌种的保藏

菌种是一个国家极其重要和宝贵的生物资源。微生物在使用和传代过程中易发生污染、变异甚至死亡,因而常常造成菌种的衰退,甚至导致优良菌种的丢失。菌种保藏的重要意义就在于尽可能保持其原有性状和活力、确保菌种不死、不衰、不乱,使之达到便于研究、交换和使用的需求和目的。菌种保藏对于基础研究和实际生产意义重大。在基础研究中,菌种保藏可以保证研究结果获得良好的重复性;对于实际应用的生产菌种,可靠的保藏措施可以保证优良菌种长期高产稳产。

1. 菌种保藏的基本原理

微生物菌种保藏技术很多,但原理基本一致,即采用低温、干燥、缺氧、缺乏营养、添加保护剂或酸度中和剂等方法,挑选优良纯种,最好是它们的休眠体,使微生物在代谢不活泼、生长受抑制的环境中处于休眠状态,达到保藏优良菌种的良好效果。

2. 菌种保藏的常用方法

一种良好的保藏方法,不仅要保持原菌种优良性状长期稳定,同时还应考虑方法的通用性、操作的简便性和设备的普及性。各种微生物由于生理生化特性和遗传特性不同,因此适合采用的保藏方法也不一样。以下介绍几种常用的保藏方法。

1) 蒸馏水悬浮法

这是一种最简单的菌种保藏方法,只要将菌种悬浮于无菌蒸馏水中,将容器封好口,于 10℃保藏即可达到目的。好氧性细菌和酵母等可用此法保存。

2) 斜面低温保藏法

斜面低温保藏方法是将菌种接种于新鲜琼脂斜面培养基,待菌种生长完全后置于低温(4℃)条件下保存,每隔一定时期再转接至新的斜面培养基上,生长后继续保存。此法可用于实验室中各类微生物的保藏，简单易行，且不要求任何特殊的设备。但此方法易发生培养基干枯、菌体自溶、菌株污染等不良现象。因此要求最好在基本培养基上传代，目的是能淘汰突变株，同时转接菌量应保持较低水平。

3）石蜡油浸没保藏法

此方法可用于丝状真菌、酵母、细菌和放线菌的保藏。特别对难于冷冻干燥的丝状真菌和难以在固体培养基上形成孢子的担子菌等的保藏更为有效。它是在无菌条件下，将灭过菌并已蒸发掉水分的液体石蜡倒入培养成熟的琼脂斜面、液体培养物或穿刺培养物上，垂直置于室温下或冰箱中保藏。以液体石蜡作为保藏方法时，应对需保藏的菌株预先做试验，因为某些菌株如酵母、霉菌、细菌等能利用石蜡为碳源，还有些菌株对液体石蜡保藏敏感。所有这些菌株都不能用液体石蜡保藏，为了预防不测，一般保藏菌株 2～3 年应做一次存活试验。

4）干燥载体保藏法

这是一种长期的菌种保藏方法，适用于产孢子或芽孢的微生物的保藏。是将菌种接种于适当的载体上，如河砂、土壤、硅胶、滤纸及麸皮等，以保藏菌种。一般细菌芽孢常用砂管保藏，霉菌的孢子多用麸皮管保藏。中国科学院微生物研究所用砂土管保藏法保藏放线菌，用麸皮保藏法保藏曲霉如米曲霉、黑曲霉等。

5）冷冻保藏法

冷冻保藏是指将菌种于－20℃以下的温度保藏，是微生物菌种保藏非常有效的方法。通过冷冻，使微生物代谢活动停止。一般而言，冷冻温度愈低，效果愈好。为了保藏的结果更加令人满意，通常在培养物中加入一定的冷冻保护剂；同时还要认真掌握好冷冻速度和解冻速度。冷冻保藏的缺点是培养物运输较困难。该法主要分为以下几种：

（1）普通冷冻保藏技术　将菌种培养在小的试管或培养瓶斜面上，待生长适度后，将试管或瓶口用橡胶塞严格封好，于温度范围在－20℃～－5℃的普通冰箱中保存。或者将液体培养物或从琼脂斜面培养物收获的细胞分别接到试管或指管内，严格密封后，同上置于冰箱中保存。用此方法可以维持若干微生物的活力 1～2 年。应注意的是经过一次解冻的菌株培养物不宜再用来保藏。这一方法虽简便易行，但不适宜多数微生物的长期保藏。

（2）超低温冷冻保藏技术　要求长期保藏的微生物菌种，一般都应在－60℃以下的超低温冷藏柜中进行保藏。若干细菌和真菌菌种可通过此保藏方法保藏 5 年而活力不受影响。

（3）液氮冷冻保藏技术　近年来液氮保藏已成为工业微生物菌种保藏的最好方法。在液氮冷冻保藏中，最常用的冷冻保护剂是二甲亚砜和甘油，最终使用浓度一般为甘油 10%、二甲亚砜 5%。所使用的甘油一般用高压蒸气灭菌，而二甲亚砜最好为过滤灭菌。

6）真空冻干保藏法

真空冷冻干燥法是微生物菌种长期保藏的最为有效的方法之一，大部分微生物菌种可以在冻干状态下保藏 10 年之久而不丧失活力。而且经冻干后的菌株无需进行冷冻保藏，便于运输。但操作过程复杂，并要求一定的设备条件。

7）寄主保藏

适用于专性活细胞寄生微生物（如病毒、立克次氏体等）。它们只能寄生在活的动植物或微生物体内，故可以针对宿主细胞的特性而保藏。

8）基因工程菌的保藏

随着基因工程的不断发展，越来越多的基因工程菌需要得到合理的保藏，由于它们的载体质粒等所携带的外源 DNA 片段的遗传性状不太稳定、外源质粒复制子很容易丢失；另外，对于宿主细胞质粒基因通常为生长非必需，一般情况下当细胞丢失这些质粒时，生长速度会加快。因此基因工程菌应保藏在含低浓度选择剂的培养基中。例如，质粒 pBR322。它除了能将外源 DNA 输入 *E. coli* 细胞外，还赋予 *E. coli* 细胞 Amp^r 和 Tet^r。如果在培养基中加入 Amp 和 Tet，则培养时可选择出含 pBR322 质粒的细胞。基因工程菌也常采用甘油悬液保藏法。此法是将菌种悬浮在甘油蒸馏水中，置于低温下保藏，该法较简便，但需置备低温冰箱。

在上述菌种保藏方法中，以斜面低温保藏法、石蜡油封藏法、宿主保藏法最为简便；干燥载体保藏法次之；以冷冻真空干燥保藏法和液氮超低温保藏法最为复杂，但其保藏效果最好。应用时可根据实际需要选用。国际著名的美国典型培养物保藏中心（American Type Culture Collection，ATCC），仅采用保藏期达 5～15 年的冷冻干燥保藏法和保藏期达 15 年以上的液氮保藏法来保藏所有菌种，以达到最大限度减少传代次数，避免菌种变异和衰退的目的。我国 CCCCM（China Committee for Culture Collection of Microorganism）采用斜面低温保藏法、冷冻干燥保藏法和液氮保藏法进行菌种保藏，规模目前为亚洲第一。

三、菌种保藏机构

1979 年 7 月，我国成立了中国微生物菌种保藏管理委员会（CCCCM），委托中国科学院负责全国菌种保藏管理业务，并确定了与普通、农业、工业、医学、抗生素和兽医等微生物学有关的六个菌种保藏管理中心。

1. 中国微生物菌种保藏管理委员会（CCCCM）组织系统

（1）中国普通微生物菌种保藏管理中心 CGMCC（中国科学院）

中国科学院微生物研究所（AS），北京

中国科学院武汉病毒研究所（AS-IV），武汉

（2）中国农业微生物菌种保藏管理中心 ACCC（中国农业科学院）

中国农业科学院土壤肥料研究所（ISF），北京

（3）中国工业微生物菌种保藏管理中心 CICC（轻工业总会）

中国食品发酵工业科学研究所（IFFI），北京

（4）中国医学微生物菌种保藏管理中心 CMCC（卫生部）

中国医学科学院皮肤病研究所（ID），南京

卫生部药品生物制品鉴定所（NICPBP），北京

中国医学科学院病毒研究所（IV），北京

（5）中国抗生素菌种保藏管理中心 CACC（国家医药管理局）

中国医学科学院医药生物技术研究所，北京

四川抗菌素工业研究所（SIA），成都

华北制药厂抗菌素研究所（IANP），石家庄

（6）中国兽医微生物菌种保藏管理中心 CVCC （农业部）

农业部兽医药品监察所（NCIVBP），北京

（7）中国林业微生物菌种保藏中心 CFCC（中国林业科学院）

中国林业科学院林业研究所（RIF），北京

2. 国外著名菌种保藏中心

国外部分菌种保藏机构信息见表 7-7。

表 7-7　国外部分菌种保藏机构

单位简称	单位名称	单位简称	单位名称
ATCC	美国典型菌种收藏中心	CBS	荷兰真菌中心收藏所
CSH	美国冷泉港研究室	IAM	日本东京大学应用微生物研究所
NIH	美国国立卫生研究院	IFO	日本大阪发酵研究所
NRRL	美国农业部北方开发利用研究部	AHU	日本北海道大学农业部
WB	美国威斯康新大学细菌学系	KCC	日本科研化学有限公司
NCTC	英国国立标准菌种收藏所	SSI	丹麦国立血清研究所
CMI	英国英联邦真菌研究所	NCIMB	英国食品工业与海洋细菌菌种保藏中心
KCTC	韩国典型菌种保藏中心	IPL	法国里昂巴斯德研究所
DSMZ	德国微生物菌种保藏中心	WHO	世界卫生组织

本章小结

微生物与其他任何生物一样具有遗传性(inheritance)与变异性(variation)。由于微生物的遗传具有繁殖方式多样、代谢旺盛、突变类型多、基因重组方式多样等特点,因此以微生物为实验材料的遗传学研究,可使人们在分子水平全面深刻地认识微生物遗传规律,从而有目的地充分利用丰富的微生物资源,为深入揭示生命的奥秘做出贡献。

本章从"核酸是遗传物质的承载者"的三个著名经典实验开始,论述了微生物在遗传学发展史的开创性作用。之后介绍了微生物基因组和染色体外遗传因子的结构及其引起的基因突变与重组。微生物基因突变的类型及其诱发因素是多样的,而且微生物具有对 DNA 损伤进行多种方式修复的能力。因此人们可以利用微生物基因突变进行定向筛选育种。基因重组的规律是重组育种和杂交育种的基础,而基因工程则是建立在现代分子生物学理论和实验技术基础上通过人工体外操纵 DNA 而实现的定向育种手段,微生物在其中具有无法替代的优越性。菌种优良性状的长期稳定是微生物生产实践和科学研究中的重要问题,遗传变异的理论是指导菌种保藏、防止衰退和菌种复壮的基础。

复习思考题

1. 细菌和病毒作为遗传学研究的材料有哪些优越性?
2. 简述证明 DNA 是遗传物质的主要证据。
3. 怎样从遗传学角度理解朊病毒的存在?
4. 原核生物基因组和真核生物基因组各自的结构特点是什么?
5. 什么叫转导、普遍性转导、局限性转导?
6. 简述 F 因子在 *E. coli* 中的不同存在方式,以及不同组合杂交时的特点。
7. 试比较转化、接合、转导、性导在细菌遗传物质的传递上的异同?
8. 何为突变? 试述其分子基础。
9. 简述 DNA 损伤修复机理。
10. 简述微生物基因重组的机理。
11. 简述基因工程的主要操作步骤。
12. 经典遗传学和现代遗传学中基因的概念有何异同?
13. 简述菌种保藏的基本原理和常用方法。

第八章　微生物生态学

第一节　微生物在自然界中的分布

微生物种类繁多，代谢类型多样，繁殖迅速，适应环境能力强，因此广泛分布于自然界中，无论是陆地、水域、空气、动植物以及人体的外表和某些内部器官，甚至在一些极端环境中都有微生物存在。

一、土壤中的微生物

1．土壤是微生物生长和栖息的良好生境

自然界中，土壤是微生物生活最适宜的环境，它具备微生物进行生长繁殖及生命活动的各种条件。大多数微生物是异养型生物，土壤中的有机物为微生物提供了良好的碳源、氮源和能源，土壤中有机物的含量直接影响着微生物的数量。土壤中的无机物为微生物的生命活动提供矿质元素。土壤中的水分虽然变化较大，但基本上可以满足微生物的需要；土壤的酸碱度接近中性，缓冲性较强，适合大多数微生物生长；土壤的渗透压大都不超过微生物的渗透压；土壤结构疏松，具有团粒结构，空隙中充满着空气和水分，为好氧和厌氧微生物的生长提供了良好的环境。此外，土壤的保温性能好，与空气相比，昼夜温差和季节温差的变化不大。土壤还具有屏障作用，在表土几毫米以下，微生物便可免于被阳光直射致死。这些都为微生物生长繁殖提供了有利的条件。所以土壤有“微生物天然培养基”和“大本营”之称，土壤中微生物数量最大，类型最多，是人类最丰富的“菌种资源库”。

2．土壤中的微生物及其分布

土壤微生物是其他自然环境如空气和水体中微生物的主要来源。主要种类有细菌、放线菌、真菌、藻类和原生动物等类群，其中，细菌最多，占土壤微生物总量的70%～90%，放线菌、真菌次之，藻类和原生动物等较少。土壤微生物通过其代谢活动可改变土壤的理化性质，进行物质转化，因此，土壤微生物是构成土壤肥力的重要因素。

土壤的类型、营养状况、温度和pH等对微生物的数量和分布影响较大。在有机质含量丰富的黑土、草甸土、磷质石灰土和植被茂盛的暗棕壤中，微生物的数量较多；而在西北干旱地区的棕钙土，华中、华南地区的红壤和砖红壤，以及沿海地区的滨海盐土中，微生物的数量较少。

土壤不同层次中的水分、养料、通气、温度存在差异，因此在土壤的不同深度微生物的数量和分布也不相同。表土的微生物数量少，因为这里缺水，受紫外线照射微生物易死亡；在5～20 cm土壤层中微生物数量最多，若是植物根系附近，微生物数量更多。自20 cm以下，微生物数量随土层深度增加而减少，至1 m深处减少约20倍，至2 m深处，因缺乏营养和氧气每克土中仅有几个。

土壤中微生物数量的季节性变化是温度、水分、有机质等综合因素的表现。冬季气温低，微生物数量明显减少。当春季到来，气温回升，随着植物的生长，根系分泌物增加，微生物的数量迅速上升。有的地区，夏季炎热干旱，微生物数量也随之下降，至秋天雨水来临，加上秋收后大量植物残体进入土壤，微生物数量又急剧上升。

二、水体中的微生物

1. 水体中微生物的分布

水是一种良好的溶剂，水中溶解或悬浮着多种无机和有机物质，能供给微生物营养而使其生长繁殖，因此，水体是微生物栖息的第二天然场所。天然水体可大致分为淡水和海水两大类型。

1）淡水微生物

淡水主要指存在于江河、湖泊、池塘、水库、小溪中的水和地下水。淡水中的微生物主要来自于土壤、空气、污水、动植物尸体以及人畜粪便等。尤其是土壤中的微生物，常随土壤被雨水冲刷进入江河、湖泊中。来自土壤中的微生物，一部分生活在营养稀薄的水中，一部分附着在悬浮于水体中的有机物上，一部分随着泥沙或较大的有机物残体沉淀到湖底淤泥中，成为水体中的栖息者，如色杆菌属（*Chromobacterium*）、无色杆菌属（*Achromobacter*）和微球菌属（*Micrococcus*）的一些种。另外也有很多微生物因不能适应水体环境而死亡。因此水体中的微生物的种类和数量一般要比土壤中的少。

淡水中微生物的种类和分布受许多环境因素影响，最重要的一个因素是营养状况，其次是温度、溶解氧等。水体内有机物含量高，则微生物数量大，中温水体内微生物数量比低温水体内多。在远离人们居住地区的湖泊、池塘和水库中，有机物含量低，微生物数量也少（$10 \sim 10^3$ 个/ml），并以自养型种类为主。靠近城镇和人口密集区的江河、湖泊、水库等水体很容易被工业污水及生活污水污染，有机物的含量高，微生物的数量可高达 $10^7 \sim 10^8$ 个/ml，这些微生物大多数是腐生型细菌和原生动物，有时甚至还含有伤寒、痢疾、霍乱及传染性肝炎等病原体。在较深的湖泊或水库等淡水生境中，由于光线、溶氧量和温度的差异，微生物具有明显的垂直分布的特点。浅水区的阳光充足，溶氧量大，因而蓝细菌、光合藻类和好氧微生物较多。深层水溶氧量低，甚至严重缺氧，因而厌氧微生物较多。

2）海水微生物

海洋是地球上最大的水体，咸水占地球总水量的 97.5%。海水的特点是含盐量高（一般为 3%左右）、渗透压大、水温低、有机质含量低，深水处静压力大，只有能适应于这种特殊生态环境的微生物才能生存和繁殖。海洋微生物多为嗜盐、嗜冷、耐高压的种类，如盐生盐杆菌（*Halobacterium halobium*）、水活微球菌（*Micrococcus aquivivus*）。陆地上常见的肠道细菌进入海洋后由于不适应海水的特定环境而很快死亡。

接近海岸和海底淤泥表层的海水中和淤泥上，菌数较多，离海岸越远，菌数越少。与淡水一样，海水中的微生物也有明显的层次性。许多海洋细菌能发光，称为发光细菌。这些菌在有氧时发光，对一些化学药剂与毒物较敏感，故可用于监测环境污染物（见本章后述）。

2. 水体自净能力及水体富营养化

水体的自净能力是指水体受到无机或有机物污染后，由于其本身的物理、化学性质和生物的作用，可使水体在一定时间内及一定的条件下逐渐恢复到原来的状态。水的自净能力除了物理性的稀释、扩散、沉淀作用和化学性的氧化作用外，起关键作用的则是生物学和生物化学作用，例如，好氧性细菌对有机物的降解和分解作用，原生动物对细菌的吞噬作用，噬菌体对细菌的裂解作用，细菌荚膜对污染物的吸附、沉降作用，以及藻类的光合作用等。

水体的自净能力与水体的水量和流速等因素有关，不同水体具有不同的特点。但是，当水体发生富营养化等严重污染时，水体的自净作用就受到破坏。

水体富营养化（eutrophication）是指水体中因氮、磷、钾、硫等元素含量过高而引起水体表面的蓝细菌和藻类过度生长繁殖的现象。此时，水体下层不仅缺光少氧，而且大量死藻因细菌的分解而进一步造成厌氧和有毒环境。"水华"和"赤潮"就是由富营养化而引起的典型现象。

"水华"(water bloom)指发生在淡水水体(江、河、湖、泊)中的富营养化现象。其特点是在温暖季节,当水体中的氮、磷比例达(15～20)∶1时,水中的蓝细菌和浮游藻类快速繁殖而使水面形成一薄层蓝、绿色的藻体和泡沫。其中,生长的蓝细菌类主要有微囊蓝细菌(*Microcystis* sp.)、鱼腥蓝细菌(*Anabaena* sp.)、束丝蓝细菌(*Aphanizomenon* sp.)等;藻类主要有衣藻(*Chlamydomonas* sp.)、裸藻(*Euglena* sp.)和许多硅藻等,其中,许多种类均产毒素。"赤潮"(red tide)指发生在河口、港湾或浅海等咸水区水体的富营养化现象。赤潮生物多达260余种,包括蓝细菌、藻类和原生动物,如铜绿微囊蓝细菌(*Microcystis aeruginosa*)、*Aphanizomenon* sp.、多种甲藻和一些夜光虫(*Noctiluca*)等,已知其中70余种产生毒素,因此对渔业、养殖业危害极大,并对海狮等海洋哺乳动物的生存构成了严重威胁。水华和赤潮等大面积污染水体一旦发生,就很难治理,因此必须通过严格制定和执行环保法规和强化一系列相关预防措施才能从根本上消除。

三、空气中的微生物

空气中缺乏微生物生长繁殖所需要的营养物质和水分,还有日光中紫外线的照射,因此空气不是微生物良好的生存场所,也没有固定的微生物种类。但是空气中却飘浮着大量微生物。土壤、水体、各种腐烂的有机体以及人和动植物体上的微生物,都可随着气流的运动被携带到空气中去,微生物身小体轻能随空气流动到处传播,因而微生物的分布是"无处不在,无时不有,无孔不入"。但微生物在空气中的分布很不均匀。尘埃是空气中微生物的"飞行器",由于重力的作用会自然沉降或遇雨雪沉降。因此,尘埃多的空气中,微生物也多。越近地面的空气含菌量越高。一般在畜舍、公共场所、医院、宿舍、城市街道等的空气中,微生物数量较多,而在海洋、高山、森林地带,终年积雪的山脉或高纬度地带的空气中,微生物数量则甚少。空气的温度和湿度也影响微生物的种类和数量,夏季气候湿热,微生物繁殖旺盛,空气中的微生物比冬季多。雨雪季节,空气中微生物的数量大为减少。

空气中的微生物主要有各种球菌,芽孢杆菌,产色素细菌以及对干燥和射线有抵抗力的真菌孢子等。也可能有病原菌,如结核分枝杆菌(*Mycobacterium tuberculosis*)、白喉棒杆菌(*Corynebacterium diphtheriae*)、溶血性链球菌(*Streptococcus hemolyticus*)及病毒(流感病毒、麻疹病毒)。在医院或患者的居室附近,病原菌特别是耐药菌种类多,数量大,对免疫力低下的人群十分有害。空气中的微生物与动植物病害的传播、发酵工业的污染以及工农业产品的霉腐变质都有很大的关系。

空气中微生物的数量是大气被污染程度的标志之一。检测空气中的微生物数量对人类健康和环境保护具有重要意义。测定空气中微生物的方法很多,常用的有培养皿沉降法或液体阻留法。

四、工农业产品中的微生物

1. 农产品上的微生物

粮食、蔬菜和水果等各种农产品上均有微生物生存,由此引起霉腐以及使人和动植物中毒,其危害极大。据估计,全球每年因霉变而损失的粮食就占总产量的2%左右。粮食和饲料上的微生物以曲霉属(*Aspergillus*)、青霉属(*Penicillium*)和镰孢霉属(*Fusarium*)为主,其中,以曲霉危害最大,青霉次之。有些真菌可产生真菌毒素(mycotoxin),有的真菌毒素是致癌物,其中以部分黄曲霉(*Aspeergillus flavus*)菌株产生的黄曲霉毒素(aflatoxin,AFT)和镰孢霉产生的单端孢烯族毒素(trichothecene)T_2 毒性最强。黄曲霉毒素是一种强烈的致肝癌毒物,广泛分布于花生、玉米和大米（“红变米”、“黄变米”）等粮食及其加工品上，严重霉变者则含量很高。现已发现AFT的衍生物多达18种，毒性和致癌性以B_1、B_2和G_1、G_2最强，其中，B_1的毒性超过KCN，致癌性比举世公认的三大致癌物：二甲基偶氮苯、二甲基亚硝胺和3,4-苯并芘还要强。AFT对热稳定（300℃时才能被破坏，205℃的高温也只能破坏65%），故一旦被污染就极难去除，对人、家畜、家禽的健康危害极大。

AFT并不直接致癌，它要在人或动物体内经代谢活化后才有致癌作用。AFT先与肝脏内的细胞色素P_{450}酶系作用，产生AFT-8,9-环氧化物，它可与肝脏DNA和血清蛋白共价结合形成加合物，但主要与DNA分子的鸟嘌呤*N*-7位结合，形成AFB_1-N^7-鸟嘌呤，由此引起抑癌基因*p*53的突变，最终导致肝癌的发生。

单端孢烯族毒素T_2表现为细胞毒性，人和动物接触后可引起局部刺激、炎症甚至坏死。主要引起白细胞的急剧下降和骨髓造血机能的破坏，其致死量为100 μg/L。

粮食中的微生物还受地理环境的影响，热带和亚热带地区的粮食污染较重。我国长江沿岸地区的粮食中黑曲霉系较重，东北、西北地区相对较少。防止粮食的霉变，主要是加强保管。入仓前要将粮食充分晒干或烘干，并除尽破损、色变、霉变的颗粒；入仓后尽量创造干燥、低温、缺氧的条件，使粮食上的有害微生物失去生长繁殖的条件。

2. 食品上的微生物

由于在食品的加工、包装、运输和储藏等过程中，不可能做到严格的灭菌和无菌操作，因此经常遭到细菌、霉菌、酵母菌等的污染，在适宜的温、湿度条件下，这些微生物又会迅速繁殖。其中，有的是病原微生物，有的还能产生毒素，从而引起食物中毒或其他严重疾病的发生，所以食品的卫生工作就显得格外重要。

罐头是人们保存食品的方法之一。罐头食品在制作过程中虽然经过了加热处理，但有时也会出现变质现象。导致罐头食品变质的微生物主要是某些耐热的，并具有厌氧或兼性厌氧特点的微生物，如肉类罐头变质时，可检出嗜热脂肪芽孢杆菌（*Bacillus stearothermophilus*）、生孢梭菌（*Clostridium sporogenes*）、肉毒梭菌（*C. botulinum*）等。肉毒梭菌产生的肉毒素（botulinum toxin）是一种强烈的神经毒素，毒性比KCN强10 000倍。

要有效地防止食品的霉腐变质，必须注意加工制造和包装储藏的环境卫生，并采用低温、干燥、密封等措施，此外，也可在食品中添加少量无毒的化学防腐剂，如苯甲酸、山梨酸、脱氢乙酸、丙酸或二甲基延胡索酸等。

3. 引起工业产品霉腐的微生物

许多工业产品都是直接或间接用动植物做原料制成的，如木制品、纤维制品、皮革制品、化妆品和中草药等，它们含有微生物所需要的丰富营养，因此易受环境中微生物的侵蚀，且一旦遇到适宜的温、湿度时，还会大量生长繁殖，引起霉变、腐烂、老化、变形与破坏。有些工业产品虽是由无机材料如金属、玻璃制造，也可因微生物活动而产生腐蚀与变质，使产品的品质、性能、精确度、可靠性下降。

微生物通过产生各种酶系来分解产品中的相应组分，从而产生危害，如：纤维素酶破坏棉、麻、竹、木等材料；蛋白酶分解革、毛、丝等产品；一些氧化酶和水解酶可破坏涂料、塑料、橡胶和黏接剂等合成材料。此外，微生物还可通过菌体的大量繁殖和代谢产物对工业产品产生危害，如霉腐微生物在矿物油中生长后，不仅因产生的大量菌体阻塞机件，而且其代谢产物还会腐蚀金属器件；硫细菌、铁细菌和硫酸盐还原菌会对金属制品、管道和船舰外壳等产生腐蚀；霉腐微生物的菌体和代谢产物属于电解质，会危及电讯、电机器材的电学性能；霉菌产生的有机酸会腐蚀玻璃，以致降低显微镜、望远镜等光学仪器的性能。工业上可以从以下几个方面着手来防止微生物引起的霉变;控制微生物生长繁殖的条件,如温度、湿度、氧气和养料等;采用高效的化学杀菌剂和防腐剂,杀灭或去除物品上的微生物,并严防杂菌的再污染;在工业产品上涂上一层抗微生物腐蚀的材料或涂上含有杀菌物质的薄膜,使它们不受损害。

五、生物体内外的正常菌群

生物体与环境接触的部位都有大量微生物存在,正常情况下,它们对生物体有益无害,伴随其终生。生活在健康生物体各部位、数量种类较稳定、一般能发挥有益作用的微生物种群,称为正常菌群(normal flora)。正常菌群之间,正常菌群与宿主之间,以及正常菌群与周围其他因子之间,都存在着种种密切关系。

1. *人体的正常菌群*

健康人体与外界隔绝的组织和血液是不含菌的,而身体的皮肤、黏膜以及一切与外界相通的腔道,如口腔、呼吸道、消化道和泌尿生殖道中存在有许多正常的菌群,其中,以消化道最引人注目。口腔中经常存在着大量的球菌、乳杆菌等。胃中含有盐酸,pH 较低不适于微生物生活,除少数耐酸菌外,进入胃中的微生物很快被杀死。人体肠道呈中性或弱碱性,且含有被消化的食物,适于微生物的生长繁殖,所以肠道特别是大肠中含有大量微生物,总数达数百万亿个,粪便干重的约 1/3 即为细菌。厌氧菌是肠道正常菌群的主体(～99%),其中,占优势的是拟杆菌属(*Bacteroides*)、双歧杆菌属(*Bifidobacterium*)和乳杆菌属(*Lactobacillus*)等微生物。

肠道正常菌群对宿主具有很多有益作用,包括排阻、抑制外来病原菌,提供维生素等营养,产生淀粉酶、蛋白酶等有助消化的酶类,分解有毒或致癌物质,如亚硝胺等,产生有机酸、降低肠道 pH 和促进肠道蠕动,刺激机体的免疫系统并提高其免疫力。肠道中肺炎克雷伯氏杆菌(*Klebsiella pneumoniae*)的固氮作用最引人注目,新几内亚人的食物 85% ～ 90%来自甜薯,这些食物缺乏蛋白质,肠道细菌的固氮作用使氮素营养通过肠壁进入血液补充了蛋白质的不足。

一般情况下,正常菌群与人体保持平衡状态,且菌群之间互相制约,维持相对的微生态平衡。它们与人体的关系一般表现为互生关系。但是这种微生态平衡是相对的、可变的和有条件的。当机体防御机能减弱时,如皮肤大面积烧伤、黏膜受损、机体受凉或过度疲劳时,一部分正常菌群会成为病原微生物;另一些正常菌群由于其生长部位发生改变也可导致疾病的发生,如因外伤或手术消毒不严格等原因使大肠中的一些拟杆菌进入腹腔或泌尿生殖系统,便可引起腹膜炎、肾盂肾炎或膀胱炎等炎症;由于某种原因正常菌群内各种微生物之间的相互制约关系被破坏时,一些正常菌群也能引起疾病,如长期服用广谱抗生素后,肠道内对药物敏感的细菌被抑制,而不敏感的白假丝酵母(*Candida albicans*)或耐药性葡萄球菌则大量繁殖,从劣势菌变为优势菌,从而引起病变,这就是通常所说的正常菌群失调症。

2. *动物体的正常菌群*

动物体也有大量正常菌群,没有正常菌群它们的生命将不可能维持。如反刍动物由于瘤胃微生物数目庞大,种类繁多,才能直接食用草料。瘤胃微生物产生纤维素酶,将纤维素降解产生相对分子质量较小的脂肪酸、维生素供反刍动物利用。凡在体内外检测不到任何正常菌群的动物称为无菌动物(germ-free animal)。它是在无菌条件下,将剖腹产的哺乳动物(鼠、兔、猴、猪、羊等)或特别孵育的禽类等实验动物,放在无菌培养设备中精心培养而成。用无菌动物进行实验,可排除正常菌群的干扰,从而使人们能更深入、更精确地研究动物的免疫、营养、代谢、疾病和衰老等问题。用同样的原理和方法,也可获得无菌植物供研究利用。

凡已人为地接种某种或某些已知纯种微生物的无菌动物或植物,称为悉生生物(gnotobiota),意即"已知其上所含微生物群的大生物"。研究悉生生物的学科称为悉生生物学(gnotobiology)

或悉生学。

通过悉生生物的研究发现：由于没有正常菌群的存在，无菌动物的免疫机能特别低下，若干器官变小；无菌动物的营养要求变得特殊，如需要维生素 K；对一些非致病菌（如枯草芽孢杆菌）等变得极为敏感，易患病等。

3. 植物体上的正常菌群

同动物体一样，植物体表面也存在正常的微生物区系。根据微生物所处位置的不同，可分为根际微生物（rhizosphere microorganism）和附生微生物（epibiotic microorganism；epibiont）。根际微生物又称根圈微生物。它们生活在根系附近，依赖根系的分泌物、外渗物和脱落细胞而生长，一般对植物发挥有益作用，如改善植物营养元素的供应，分泌维生素、氨基酸和植物生长素类物质及抗生素等。根际微生物有时也会对植物产生有害的影响，如与植物争夺营养，甚至分泌一些有害物质，抑制植物生长。根际微生物多为 G^- 细菌，如土壤杆菌属（*Agrobacterium*）、假单胞菌属（*Pseudomonas*）等。附生微生物生活在植物地上部分表面，主要以植物外渗物质或分泌物为营养。叶面上主要以细菌居多，还有少量酵母菌和霉菌，放线菌则很少。成熟的浆果表面有大量的糖质分泌物，主要有酵母菌。附生微生物具有促进植物发育、提高种子品质等有益作用，也可能引起植物腐烂甚至致病等有害作用。一些蔬菜、牧草和果实表面的乳酸菌、酵母菌等附生微生物是泡菜和酸菜的腌制、饲料的青贮以及果酒酿造的天然接种剂。

六、极端环境中的微生物

在自然界中，存在着一些绝大多数生物都无法生存的高温、低温、高酸、高碱、高盐、高压或高辐射强度等环境。凡依赖于这些极端环境才能正常生长繁殖的微生物，称为极端微生物或嗜极菌（extremophile）。微生物对极端环境的适应，是自然选择的结果，是生物进化的动因之一。了解极端环境下微生物的种类、遗传特性及适应机制，不仅可为生物进化、微生物分类积累资料，提供新的线索，还可利用它的特殊基因、特殊机能，培育更有用的新种。因此，研究极端环境中的微生物，在理论上和实践上都具有重要的意义。

1. 嗜热菌

嗜热菌（thermophile）主要指嗜热细菌，广泛分布在草堆、厩肥、温泉、煤堆、火山地、地热区土壤及海底火山附近等。一些人为的高温环境，如工厂的热水装置和人造热源等处也是嗜热微生物生长的良好环境。嗜热菌可进一步分为 5 类：

嗜热菌
- 耐热菌（thermotolerant bacteria）：最高 45～55℃，最低＜30℃
- 兼性嗜热菌（facultative thermophile）：最高 50～65℃，最低＜30℃
- 专性嗜热菌（obligately thermophile）：最适 65～70℃，最低 42℃
- 极端嗜热菌（extremothermophile）：最高＞70℃，最适＞65℃，最低＞40℃
- 超嗜热菌（hyperthermophile）：最高＞113℃，最适 80～110℃，最低～55℃

嗜热菌对高温的适应机制主要表现在细胞膜上的脂肪酸成分（饱和脂肪酸含量高，而不饱和脂肪酸含量低，提高了膜对热的稳定性）、耐高温的酶和生物大分子物质的热稳定性上。嗜热菌在生产实践和科学研究中有着广阔的应用前景。因为嗜热菌代谢快、代谢能力强，代时短，发酵效率高；酶促反应温度高，生产中可有效防止杂菌污染；耐高温酶使发酵过程不需要冷却，降低了成本；水生栖热菌（*Thermus aquaticus*）和激烈火球菌（*Pyrococcus furiosus*）产生的耐高温 DNA 聚合酶——*Taq* 和 *Pfu* 已被广泛应用于 DNA 分子体外扩增的 PCR（聚合酶链式反应）技术中。但嗜热菌的良好抗热性也造成了食品保存上的困难。

2. 嗜冷菌

嗜冷菌(psychrophile)指最适生长温度低于15℃，最高生长温度低于20℃和最低生长温度在0℃以下的微生物。部分虽能在0℃以下生长，但其最适生长温度为20～40℃的微生物，则称为耐冷微生物(psychrotolerant)。嗜冷菌主要分布在南北极地区、高山、深海、冰窖和冷藏库等低温环境中。

嗜冷菌适应低温的机制是其细胞膜内含有大量的不饱和脂肪酸，保证了膜在低温下的流动性和通透性，使营养物质能不断通过细胞膜进入细胞。嗜冷菌是导致低温保藏食品腐败的根源，但其产生的酶在低温下具有较高的活性，在食品发酵工业和洗涤剂添加剂中有很大的应用潜力。

3. 嗜酸菌

大多数微生物生长在pH 4.0～9.0内，最适生长pH接近中性。嗜酸菌(acidophile)分布在酸性矿水、酸性热泉和酸性土壤等处，极端嗜酸菌能生长在pH3以下，如氧化硫硫杆菌(*Thiobacillus thiooxidans*)的生长pH范围为0.9～4.5，最适pH为2.5，在pH0.5下仍能存活，能氧化元素硫产生硫酸(浓度可高达5%～10%)。氧化亚铁硫杆菌(*T. ferrooxidans*)为专性自养嗜酸杆菌，能将还原态的硫化物和金属硫化物氧化产生硫酸，还能把亚铁氧化成高铁，并从中获得能量。这类细菌已被用于铜等金属的湿法冶炼和煤的脱硫等实践中。

嗜酸菌细胞内的pH接近中性，各种酶的最适pH也在中性附近。嗜酸菌的适应机制可能是细胞壁和细胞膜具有排阻外来H^+和从细胞中排除H^+的能力，且其细胞壁和细胞膜的正常结构还需要高浓度H^+才能维持。

4. 嗜碱菌

能专性生活在pH10～11的碱性条件下而不能在中性条件下生长的微生物，称为嗜碱菌(basophile，alkalinophile)。它们一般存在于碱性盐湖和碳酸盐含量高的土壤中。多数嗜碱菌为芽孢杆菌，有些嗜碱菌也是嗜盐菌。嗜碱菌产生的碱性酶已被开发并用于洗涤剂或其他用途。嗜碱菌的细胞质也在中性范围，其适应机制不详。

5. 嗜盐菌

嗜盐菌(halophile)通常分布在晒盐场、腌制海产品、盐湖和著名的死海等高盐环境中。根据对盐的不同需要，可分为弱嗜盐菌、中度嗜盐菌和极端嗜盐菌。极端嗜盐菌的最适盐浓度在15%～20%，有些甚至能在32%的饱和盐水中生长。如盐生盐杆菌(*Halobacterium halobium*)、红皮盐杆菌(*Halobacterium cutirubrum*)和盐脱氮副球菌(*Paracoccus halodenitrificans*)等。

嗜盐菌的嗜盐机制是其细胞膜上有占面积50%的紫膜区，具有质子泵和排盐的作用。嗜盐菌具有浓缩、吸收胞外K^+、向外排放Na^+的能力，在高盐环境中，可防止过多的Na^+进入细胞。目前正设法利用这种机制来制造生物电池和海水淡化装置。

6. 嗜压菌

嗜压菌(barophile)仅分布在深海底部和深油井等少数地方。嗜压菌与耐压菌(barotolerant)不同，它们必须生活在高静水压环境中，而不能在常压下生长。其种类主要是微球菌、芽孢杆菌、弧菌、螺菌及假单胞菌。由于研究嗜压菌需要特殊的加压设备，特别是不经减压作用，将大洋底部的水样或淤泥转移到高压容器内是非常困难的，使得嗜压菌的研究工作进展缓慢。有关嗜压菌和耐压菌的耐压机制目前还不太清楚。

7. 抗辐射的微生物

抗辐射微生物对辐射仅有抗性或耐受性，而不是“嗜好”。微生物抗辐射的能力明显高于动植物。与生物有关的辐射有可见光、紫外线、X射线和γ射线，其中，生物接触最多、最频繁的是太阳光中的紫外线。生物具有多种防御机制，或能使它免受放射线的损伤，或能在损伤后加以修复。抗辐射的微生物就是这类防御机制很发达的生物，把它们分离培养，可作为生物抗辐射机制研究的极好材料。

Anderson 从射线照射的牛肉上分离的耐放射异常球菌(*Deinococcus radiodurans*)是至今所知道的抗辐射能力最强的生物。该菌呈粉红色，G^+，无芽孢、不运动，细胞球状，直径 1.5～3.5 μm。耐放射异常球菌在一定的照射剂量范围内，虽发生相当数量 DNA 链的切断损伤，但都可准确无误地修复，使细胞几乎不发生突变，存活率可达 100%。由于其在研究生物抗辐射和 DNA 修复机制中的重要性，其全基因组序列已于 1999 年破译。

第二节　微生物的生物环境

自然界中微生物极少单独存在，总是较多种群聚集在一起，当微生物的不同种类或者微生物与其他生物出现在一个限定的空间内，它们之间互为环境，相互影响，既相互依赖又相互排斥，表现出相互间复杂的关系，但从总的方面来看，大体上可分为以下 5 种关系。

一、互生

互生(metabiosis)是指两种可以单独生活的生物，当它们生活在一起时，通过各自的代谢活动而有利于对方，或偏利于一方的生活方式。因此，这是一种“可分可合，合比分好”的相互关系。自然界中，互生关系在微生物之间广泛存在。如土壤中纤维素分解菌与好氧性自生固氮菌都能独立生活，但自生固氮菌不能直接利用纤维素作碳源，纤维素分解菌能分解纤维素，但分解过程中会积累大量有机酸而抑制其自身的进一步生长。当两者生活在一起时，后者可将固定的有机氮化物供前者需要，而前者分解纤维素产生的有机酸可作为后者的碳素养料和能源物质，两者相互为对方创造有利条件，促进各自的增殖和扩展。此外，土壤中的氨化细菌、亚硝酸细菌、硝酸细菌等之间，好氧微生物与厌氧微生物之间也存在着互生关系。

根际微生物与高等植物之间也存在着互生关系。根系向周围土壤中分泌有机酸、糖类、氨基酸、维生素等，为根际微生物提供重要的营养来源和能量来源。另外根系的穿插使得根际的通气条件和水分状况比根际外的良好，温度也比根际外的略高一些。因此根际是一个对微生物生长有利的特殊生态环境。根际微生物的活动，不但加速了根际有机物质的分解，而且旺盛的固氮作用，菌体的自溶和产生的一些生长刺激物等，既为植物提供了养料，又能刺激植物的生长。有些根际微生物还能产生杀菌素，可以抑制植物病原菌的生长。

人体肠道正常菌群与宿主间的关系，主要是互生关系(详见本章第一节)。

二、共生

共生(symbiosis)是指两种生物共居在一起，相互分工协作、相依为命，甚至达到难分难解、合二为一的极其密切的一种相互关系。一旦彼此分离两者就不能很好地生活。

地衣(lichen)是微生物间共生的典型例子，它是菌藻或菌菌的共生体。前者是真菌(一般是子囊菌)与绿藻共生，后者是真菌和蓝细菌(旧称蓝绿藻或蓝藻)共生。绿藻(或蓝细菌)进行光合作用，为自身和真菌提供有机营养，而真菌则以其产生的有机酸去分解岩石，为藻类或蓝细菌提供所必需的矿质元素。微生物间共生关系的另一个例子是沼气池中产氢产乙酸细菌(S 菌株)与产甲烷细菌(MOH 菌株)的共生关系(见本章第四节)。

微生物与植物共生的代表是根瘤菌与豆科植物形成的根瘤共生体。有些非豆科植物如桤木属、杨梅属等可与弗兰克氏菌属(*Frankia*)的放线菌也能形成共生固氮的放线菌根瘤(actincrhza)(见微生物代谢一章)。微生物与植物共生的另一个典型代表是真菌与植物共生形成的菌根(mycorrhiza)。自然界中大部分植物都长有菌根,菌根共生体可以促进氮、磷和其他矿物质的吸收,还可增强它们对环境的适应能力,占据它们原来所不能占据的生境。根为真菌的生长提供能源,菌根菌为植物提供矿物质和水。菌根真菌还可刺激或增强植物产生次生代谢物如:抗生素、植保素、酚类化合物、苯丙烷类代谢酶、过氧化氢酶、水解酶等,提高植物抗病或抗逆能力。结合以后的共生体不同于单独的根和真菌,它们除保留原来各自的特点外,又产生了原来所没有的优点。有些植物,如兰科植物的种子若无菌根菌的共生就无法发育,杜鹃科植物的幼苗若无菌根菌的共生就不能存活。菌根有外生菌根和内生菌根两大类(图 8-1),内生菌根又可分为六个主要亚型,其中,以丛枝状菌根最为重要。

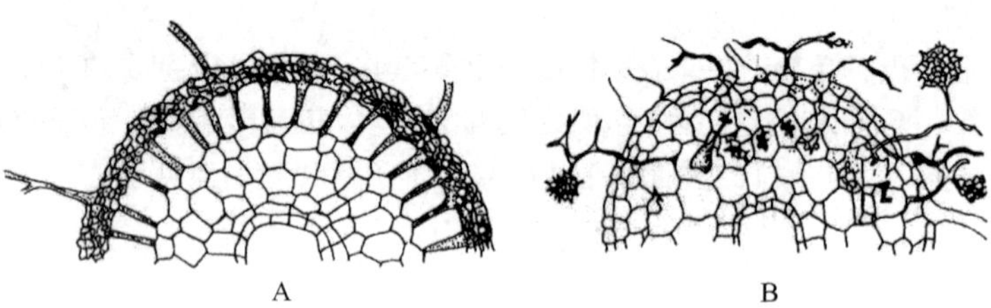

图 8-1　外生菌根(A)和内生菌根(泡囊-丛枝状菌根,B)示意图

外生菌根存在于 30 余科植物的一些种,其中,以木本的乔、灌木居多。能形成外生菌根的真菌主要是担子菌,其次是子囊菌,它们一般可与多种宿主共生。外生菌根的主要特征是菌丝不侵入细胞内,仅在宿主根表生长繁殖,交织成致密的网套状构造——菌套(mantle)以发挥类似根毛的作用;另一特征是菌套内的一些菌丝可透过根的表皮进入皮层组织,把外皮层细胞逐一包围起来,以增加两者间的接触和物质交换面积,这种特殊的菌丝结构称为哈蒂氏网(harting net)。

内生菌根的菌丝体侵入根组织内,在皮层及其细胞内生长,但不进入中柱,根表不形成菌套,一般保留根毛。具有内生菌根的多为禾本科植物。丛枝状菌根(arbuscular mycorrhiza, AM)是最常见和最重要的内生菌根。丛枝状菌根虽是内生菌根,但在根外也能形成一层松散的菌丝网,当其穿过根的表皮进入皮层细胞间或细胞内时,即可在皮层中随处延伸,形成内生菌丝。内生菌丝可在皮层细胞内连续发生双叉分枝,由此产生的灌木状构造称为丛枝(arbuscule)。少数丛枝状菌根菌的菌丝末端膨大,形成泡囊(vesicle)。因此丛枝状菌根又称泡囊-丛枝状菌根(vesicular-arbuscular mycorrhiza, VAM)。

微生物与动物共生的例子也很多,牛、羊、鹿、骆驼和长颈鹿等反刍动物与瘤胃微生物(rumen microflora)共生就是其中的一个例子。反刍动物以草为食,可它本身不能分解纤维素。反刍动物有 4 个胃,前 2 个是瘤胃和网胃,后 2 个是瓣胃和皱胃,在瘤胃中定居着大量的微生物(表8-1)。反刍动物吃进大量草料为瘤胃微生物提供了丰富的营养物质,瘤胃的体积较大,并且有恒定的温度和厌氧条件,为瘤胃微生物提供了良好的环境,使其中的微生物能够不断地生长繁殖。瘤胃中的纤维素分解菌和原生动物将草料中的纤维素分解成纤维二糖和葡萄糖,然后再经别的微生物吸收转化为有机酸、CO_2 和 CH_4 等。有机酸通过瘤胃壁进入血液,并被氧化作为动物的主要能量来源。当瘤胃中的微生物随着未被吸收的草料进入瓣胃和皱胃后,即被该处的蛋白酶所消化,分解成氨基酸和维生素等被反刍动物吸收和利用。白蚁、蟑螂等昆虫肠道中也有大量的细菌和原生动物与其共生。微生物可在厌氧条件下分解纤维素供白蚁营养,而白蚁则为微生物提供稳定的营养和其他生活条件。

表 8-1　某些瘤胃细菌的能源和主要发酵产物

菌名	能源	主要发酵产物
产琥珀酸丝状杆菌	纤维素,淀粉,葡萄糖	乙酸,琥珀酸
嗜淀粉拟杆菌	淀粉	乙酸,琥珀酸,甲酸
栖瘤胃拟杆菌	淀粉,木聚糖,葡萄糖	乙酸,琥珀酸,甲酸
生黄瘤胃球菌	纤维素,木聚糖,葡萄糖	乙酸,琥珀酸,甲酸,H_2
溶糊精琥珀酸单胞菌	葡萄糖	乙酸,琥珀酸
溶淀粉琥珀酸弧菌	淀粉,葡萄糖	琥珀酸
白色瘤胃球菌	纤维素,木聚糖,葡萄糖	乙酸,乙醇,甲酸,H_2
溶纤维丁酸弧菌	纤维素,淀粉,木聚糖,葡萄糖	丁酸,甲酸,H_2
啮齿真杆菌	木聚糖,葡萄糖	丁酸,甲酸,乳酸
产气韦荣氏球菌	乳酸	乙酸,丙酸,H_2
牛链球菌	淀粉,葡萄糖	乳酸
犊乳杆菌	葡萄糖	乳酸
反刍甲烷杆菌	H_2+CO_2,甲酸	甲烷

三、拮抗

拮抗又称抗生(antagonism)是指某种生物产生的特定代谢产物可抑制其他生物的生长发育,甚至杀死它们的一种相互关系。有时某些微生物的生长改变环境条件从而抑制其他生物的现象也叫拮抗。根据拮抗作用的选择性,可分为非特异性拮抗和特异性拮抗两类。生物改变其生长的环境,如渗透压、氧气、酸碱度等造成不适合其他微生物生长的现象称为非特异性拮抗关系。其特点是抑制作用没有特异性。在制造泡菜、青贮饲料过程中,乳酸杆菌能产生大量乳酸导致环境的 pH 下降,抑制其他不耐酸的腐败细菌的生长发育,从而保证了泡菜或青贮饲料的风味、质量和良好的保藏性能。某些微生物产生的毒素或抗生素能选择性地抑制或杀死其他微生物的作用,这种现象叫特异性拮抗关系。如青霉产生的青霉素抑制革兰氏阳性菌,链霉菌产生的制霉菌素抑制酵母菌和霉菌等。微生物间的拮抗关系已被广泛应用于抗生素的筛选、食品保藏、医疗保健和动植物病害防治等领域中。

四、寄生

寄生(parasitism)一般指一种小型生物生活在另一种较大型生物的体内或体表,从中获取营养并进行生长繁殖,同时使后者蒙受损害甚至被杀死的一种相互关系。前者称为寄生物(parasite),后者称为寄主或宿主(host)。有些寄生物一旦离开寄主就不能生长繁殖,这类寄生物称为专性寄生物。有些寄生物在脱离寄主以后可以营腐生生活,这些寄生物称为兼性寄生物。

微生物间寄生的典型例子是噬菌体与其宿主细菌的关系。此外,细菌与真菌,真菌与真菌之间也存在着寄生关系。土壤中存在着一些溶真菌细菌,它们侵入真菌体内,生长繁殖,最终杀死寄主真菌,造成真菌菌丝溶解。真菌间的寄生现象比较普遍,如某些木霉(*Trichoderma* sp.)寄生于丝核菌(*Rhizoctonia* sp.)的菌丝内,有些盘菌(*Peziza* sp.)菌丝寄生于毛霉的菌丝内。1962年,H. Stolp 等发现了小型细菌寄生于大型细菌中的独特寄生关系。小细菌称为蛭弧菌(*Bdellovibrio* sp.),其中,以食菌蛭弧菌(*B. bacteriovorus*)研究的最为详细。该菌呈弧状,革兰氏阴性,

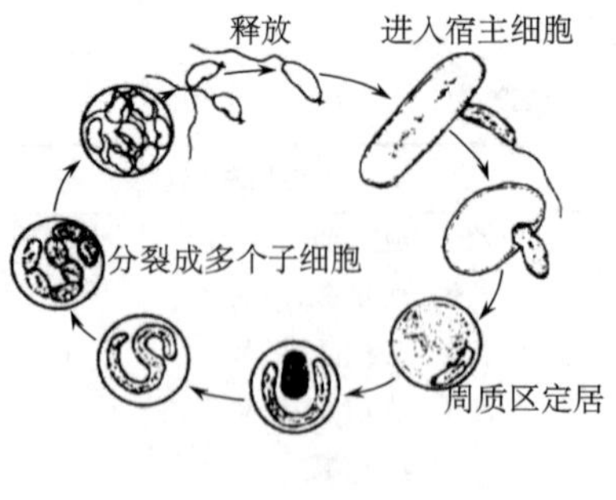

图 8-2 蛭弧菌的生活史

有一根端生鞭毛，菌体大小为(0.25～0.4)μm×(0.8～1.2)μm，广泛分布于土壤、污水甚至海水中，其寄生对象是G^-细菌，尤其是肠杆菌和假单胞菌。当有合适的寄生细胞存在时，凭其快速旋转和分泌水解酶，便进入寄主细胞，在周质区定居；然后鞭毛脱落，并分泌多种消化酶，将寄主细胞的原生质转化为自己的营养物，这时已死亡的寄主细胞开始膨胀成圆球形，称为蛭质体(bdelloplast)，其中蛭弧菌菌体不断延长、分裂、繁殖，待新个体一一长出鞭毛后，就破壁而出，并重新寄生新的宿主细胞(图 8-2)。蛭弧菌的发现，不仅在细菌间找到了寄生的实例，而且为医疗保健和农作物的生物防治提供了一条新的可能途径。

微生物(真菌和病毒居多，细菌相对较少)寄生于植物体上，常引起植物病害，其中，以真菌引起的病害最为普遍。受侵染的植物会发生腐烂、猝倒、溃疡、根腐、叶腐、叶斑、萎蔫、过度生长等症状，严重影响作物产量。真菌大多以孢子萌发后形成的芽管或菌丝侵染植物，主要通过伤口或自然孔口(如气孔)进入植物体内。

能在人体或动物体内寄生的微生物很多，主要是细菌、真菌和病毒。这些微生物常能致病甚至引起寄主死亡。如果它们寄生于人和有益动物体内，则对人类不利；如果寄生于有害动物体内，则对人类有利，并可用于生产微生物杀虫剂(microbial pesticide)或生物农药(bio-pesticide)，用于生物防治，例如，用苏云金杆菌(*Bacillus thuringiensis*)制成的细菌杀虫剂，以球孢白僵菌(*Beauveria bassiana*)制成的真菌杀虫剂和以各种病毒多角体制成的病毒杀虫剂。当然，有些真菌寄生于昆虫中可形成名贵中药，产于青藏高原的冬虫夏草(*Cordyceps sinensis*)即为一例。

五、捕食

捕食又称猎食(predatism, predation)，一般是指一种大型的生物直接捕捉、吞食另一种小型生物以满足其营养需要的相互关系。前者称为捕食者，后者称为被食者。微生物间的捕食关系主要是原生动物捕食细菌和藻类的现象，这种捕食关系在污水净化和生态系统的食物链中具有重要意义。捕食性真菌，如少孢节丛孢菌(*Arthrobotry soligospora*)能巧妙地捕食土壤中的线虫，这对生物防治具有一定意义。另外，黏细菌和黏菌也直接吞食细菌，黏细菌也常侵袭藻类、霉菌和酵母菌。捕食关系在控制种群密度、组成生态系统食物链方面有重要意义。可利用捕食关系防治某些严重的农业、林业、牧业的虫害和病害。

第三节 微生物在自然界物质循环中的作用

生物地球化学循环(biogeochemical cycle)是指生物圈中的各种化学元素，经生物化学作用在生物圈中的转化和运动。这种循环是地球化学循环的重要组成部分。地球上的大部分元素都以不同的循环速率参与生物地球化学循环。物质循环可归纳为两个方面：一是生物合成作用，二是矿化作用或分解作用。这两个过程既对立、又统一，构成了自然界的物质循环。在物质循环过程中，以高等绿色植物为主的生产者，在无机物的有机质化过程中起着主要的作用，自养微生物在这方面的作用也非常重要；以异养型微生物为主的分解者，在有机质的矿化过程中起着主要作用。有些过程只有微生物才能进行，有些过程微生物起主导作用。据估计，世界上的有机物95%以上是通过微生物矿化的。如果没有微生物的作用，自然界各类元素及物质，就不可能周而复始地循环，自然界的生态平衡就不可能保持，人类社会也将不可能生存发展。

一、微生物在碳素循环中的作用

碳元素是构成各种生物体最基本的元素，约占有机物干重的50%，没有碳就没有生命。碳素循环包括 CO_2 的固定和 CO_2 的再生(图8-3)。绿色植物和微生物通过光合作用或化能自养作用固定空气中的 CO_2，合成糖类，进一步转化为各种有机物；植物和微生物进行呼吸作用获得能量，同时释放出 CO_2。动物以植物和微生物为食物并在呼吸作用中放出 CO_2。动、植物和微生物残体等中的有机物被微生物分解时，又产生大量 CO_2。另有一小部分有机物由于地质学的原因保留下来，形成了石油、天然气、煤炭、油页岩等化石燃料，储藏在地层中，其周转极慢。当被开采后，经过燃烧或微生物的氧化放出 CO_2 而回归到大气中。

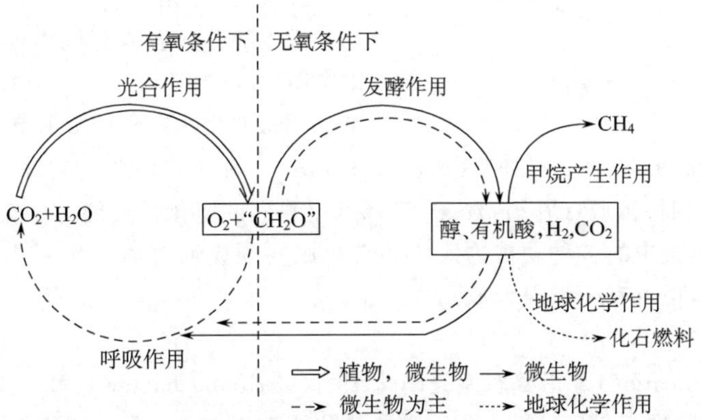

图8-3　碳素循环

微生物虽然参与了 CO_2 固定过程，但数量和规模远远不及绿色植物。而 CO_2 的再生则以微生物为首要。据统计地球上90%的 CO_2 是靠微生物的分解作用而形成的。经光合作用固定的 CO_2，大部分以纤维素、半纤维素、淀粉、木质素等形成存在。微生物首先分泌胞外酶将其降解成简单的有机物再吸收利用。在有氧条件下，通过好氧和兼性厌氧微生物分解，被彻底氧化为 CO_2；在无氧条件下，通过厌氧和兼性厌氧微生物的作用产生有机酸、CH_4、H_2 和 CO_2 等。

二、微生物在氮素循环中的作用

氮是核酸及蛋白质的主要成分，是构成生物体的必需元素，氮循环是重要的生物地球化学循环。自然界中，氮素主要以氨和铵盐、硝酸盐、亚硝酸盐、有机氮化物、N_2O 和分子态氮的形式存在。初级生产者需要的铵盐、硝酸盐等无机氮化物，在自然界中为数不多，是初级生产者最主要的生长限制因子。有机氮化物是各种活的或死的生物体中的蛋白质、核酸以及其他有机氮化物和腐殖质，在自然界含量也很少，且必须通过微生物的分解才能被重新被绿色植物等利用。大气中约有78%是分子态氮，是自然界最为丰富的氮元素库，但所有植物、动物和大多数微生物都不能直接利用。只有极少数的原核固氮菌才能利用它。氮素循环包括固氮作用、氨化作用、硝化作用、异化性硝酸盐还原以及同化作用(图8-4)。

1. 固氮作用

分子态氮被还原成氨(铵)的生化过程称为固氮作用(nitrogen fixation)。自然界氮的固定有两种方式，一是非生物固氮，即通过雷电、火山爆发和电离辐射等固氮，此外还包括以铁作催化

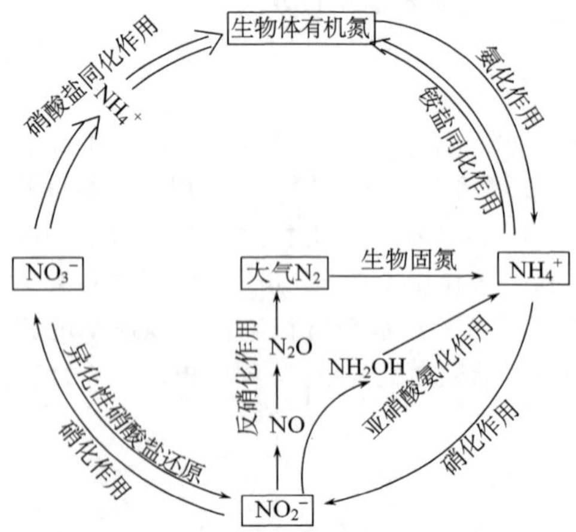

图 8-4　氮素循环

剂，在高温（500℃）、高压（30.4 MPa）下的化学固氮。二是生物固氮，即通过微生物的作用固氮。能够固氮的微生物，均为原核生物，主要包括细菌、放线菌和蓝细菌。在固氮生物中，贡献最大的是与豆科植物共生的根瘤菌属（*Rhizobium*），其次是与非豆科植物共生的弗兰克氏菌属（*Frankia*）放线菌，再次是各种蓝细菌，最后是一些自生固氮菌。生物固定的氮约占 85%，对自然界氮素循环具有决定性意义，其中，60% 由陆生固氮生物完成，40% 由海洋固氮生物完成。

2. 氨化作用

微生物分解含氮有机物产生氨的过程称为氨化作用（ammonification）。含氮有机物主要是蛋白质、核酸、尿素、尿酸和几丁质等。许多好氧菌如芽孢杆菌属（*Bacillus*）、普通变形杆菌（*Proteus vulgaris*）和荧光假单胞菌（*Pseudomonas fluorescens*）和一些厌氧菌如梭菌属（*Clostridium*）等都具有强烈的氨化作用能力。氨化作用在农业生产上十分重要，施入土壤中的各种动植物残体和有机肥料须先通过氨化作用才能成为植物能吸收和利用的氮素养料，但也有少量氨释放到大气中。

3. 硝化作用

硝化作用（nitrification）是指氨态氮经硝化细菌（nitrifying bacteria）氧化成硝酸态氮的过程。硝化作用分两个阶段进行，第一个阶段是氨被氧化为亚硝酸盐，由一群化能自养菌亚硝化细菌（nitrosobacteria）进行，如亚硝化单胞菌属（*Nitrosomonas*）、亚硝化叶菌属（*Nitrosolobus*）等。第二阶段是亚硝酸盐被氧化为硝酸盐，靠化能自养菌硝化菌（nitrobacteria）完成，主要有硝化杆菌属（*Nitrobacter*）、硝化刺菌属（*Nitrospina*）和硝化球菌属（*Nitrococcus*）的一些种类。亚硝化菌和硝化菌统称为硝化细菌。硝化作用在自然界氮素循环中是不可缺少的一环，但对农业生产并无多大利益，主要是硝酸盐的水溶性比铵盐强，极易随雨水流入江河湖海，不仅降低肥料的利用率，而且可引起水体的富营养化。

4. 同化作用

铵盐和硝酸盐是植物和微生物良好的无机氮营养物质，它们可被植物和微生物吸收利用，合成氨基酸、蛋白质、核酸和其他含氮有机物，分别被称为铵盐同化作用（ammonium assimilation）和同化性硝酸盐还原（assimilatory nitrate reduction）。同化性硝酸盐还原是硝酸盐被还原成铵盐并进一步被同化各种含氮有机物的过程。这里的硝酸盐是微生物的氮源。

5. 异化性硝酸盐还原

异化性硝酸盐还原（dissimilatory nitrate reduction）是在无氧或微氧条件下，微生物进行的硝酸盐呼吸，即以 NO_3^- 或 NO_2^- 代替 O_2 作为电子受体进行呼吸代谢。异化性硝酸盐还原又分为发酵性硝酸盐还原（fementative reduction）和呼吸性硝酸盐还原（respiratory nitrate reduction）。如呼吸性硝酸盐还原的产物是气态的 N_2O、N_2，则被称为反硝化作用（denitrification）。发酵性硝酸盐还原中硝酸盐不是末端电子受体，为不完全还原，发酵产物主要是亚硝酸盐和 NH_4^+。其特点是没有膜结合酶，细胞色素和电子传递磷酸化，这种现象在自然界非常普遍，大多数由兼性厌氧菌来完成，如肠杆菌、埃希氏菌和芽孢杆菌属细菌。呼吸性硝酸盐还原中硝酸盐作为末端电子受体被还原成亚硝酸盐、N_2O或气态氮(反硝化作用)。参与反硝化作用的微生物主要是反硝化细菌,如地衣芽孢杆菌(*Bacillus licheniformis*)、脱氮副球菌(*Paracoccus denitrificans*),铜绿假单胞菌(*Pseudomonas aeruginosa*)和脱氮硫杆菌(*Thiobacillus denitrificans*)等。

反硝化作用是造成土壤氮素损失的重要原因之一,N_2O的释放可破坏臭氧层。在农业上常采用中耕松土的办法,以抑制反硝化作用。但从整个氮素循环来说,反硝化作用还是有利的,否则自然界的氮素循环将会中断,硝酸盐将会在水体中大量积累,对人类的健康和水生生物的生存造成很大的威胁。

此外,一些芽孢杆菌、肠杆菌和气单胞菌还可将亚硝酸异化性还原经羟氨转变成氨,即亚硝酸氨化作用。

三、微生物在硫素循环中的作用

硫是生命物质所必需的元素,大约占干物质的1%。它是一些必需氨基酸和某些维生素、辅酶等的成分,其需要量大约是氮素的1/10。生物圈中含有丰富的硫,一般不会成为限制性营养。概括地讲,硫素循环可划分为脱硫作用、同化作用、硫化作用和反硫化作用,每个环节都有相应的微生物参与(图8-5)。

1. *脱硫作用*

脱硫作用(desulfuration)是指动植物和微生物残体中的含硫有机物被微生物降解成H_2S的过程。含硫有机物大都含有氮素,在微生物分解中,既产生H_2S,也产生NH_3,因此生成H_2S的脱硫氢基过程和生成NH_3的脱氨基过程常在一起进行。一般的氨化微生物都有此作用。

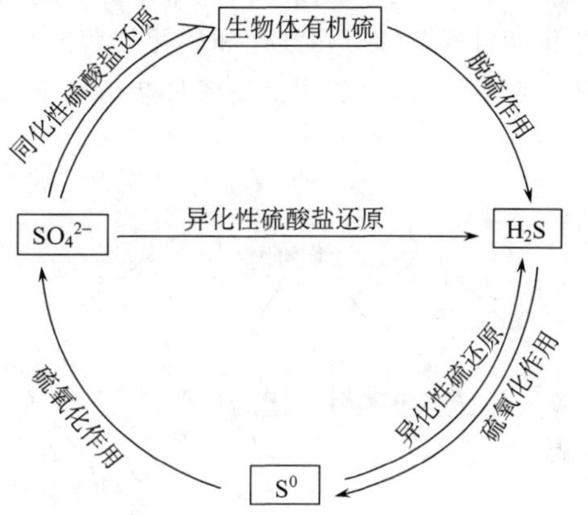

图8-5　硫素循环

2. *硫化作用*

硫化作用(sulfur oxidation),即硫的氧化作用,是指还原态无机硫化物(如H_2S、S^0或硫化亚铁等)在微生物的作用下被氧化生成硫酸的过程。自然界能氧化无机硫化物的微生物主要是硫细菌,可分为硫磺细菌和硫化细菌两类。硫磺细菌氧化H_2S为元素硫,储积在细菌体内,当环境中缺少H_2S时,细胞内储积的硫粒能继续被氧化成硫酸。硫化细菌氧化还原性硫化物或元素硫为硫酸,细胞内无硫粒,是专性或兼性化能自养型细菌,主要是硫杆菌属(*Thiobacillus*)的许多种,如氧化硫硫杆菌(*T. thiooxidans*)、排硫硫杆菌(*T. thioparus*)、氧化亚铁硫杆菌(*T. ferrooxidans*)和脱氮硫杆菌(*T. dentrificans*)等。

3. *同化作用*

同化作用(assimilation)由植物和微生物完成。把硫酸盐转变成还原态的硫化物,然后再固定到蛋白质等成分中(主要以巯基形式存在),该过程也被称作同化性硫酸盐还原(assimilatory sulfate reduction)。

4. *反硫化作用*

反硫化作用(desulfurization)是指硫酸盐作为末端电子受体在厌氧条件下被微生物还原成H_2S的过程,也称为异化性硫酸盐还原(dissimilatory sulfate reduction)。参与此过程的微生物是硫酸盐还原菌,主要有脱硫弧菌属(*Desulfovibrio*)和脱硫肠状菌属(*Desulfotomaculum*)的一些种类。

微生物不仅在自然界的硫素循环中发挥了巨大的作用，而且还与硫矿的形成，地下金属管道、舰船、建筑物基础的腐蚀，铜、铀等金属的细菌沥滤以及农业生产等都有着密切的关系。在农业生产上，由微生物硫化作用所形成的硫酸，不仅可作为植物的硫素营养源，而且还有助于土壤中矿质元素的溶解，对农业生产有促进作用。在通气不良的土壤中所进行的反硫化作用，会使土壤中 H_2S 含量提高，对植物根部产生毒害作用。细菌冶金技术是利用化能的硫化细菌氧化矿石中的硫或硫化物，产生酸性浸矿剂，把所需要的金属不断地从矿石中溶解出来，成为硫酸铜等金属盐类，再用交换等方法提取出金属。

四、微生物在磷素循环中的作用

磷作为遗传物质、生物膜和能量储存物质的组成元素，同样也是生物体的重要元素之一。然而，在生物圈中，以磷酸盐形式存在的生物可利用的磷元素却十分稀缺。由于磷元素及其化合物没有气态形式，且磷价态的变化，故磷素循环较其他元素简单，属于单一典型的沉积反应。它的三个主要转化环节如下(图 8-6)。

1. 不溶性无机磷的可溶化

土壤或岩石中的不溶性磷化物主要是磷素钙和磷灰石；由微生物对有机磷化物分解后产生的磷酸，在土壤中也极易形成难溶性的钙、镁或铝盐。微生物代谢过程中产生的有机酸，以及一些化能自养菌如硫化细菌和硝化细菌产生的硫酸和硝酸，都可使促使无机磷化物的溶解。因此，在农业生产上，可利用上述菌种与磷矿粉的混合物制成细菌磷肥。

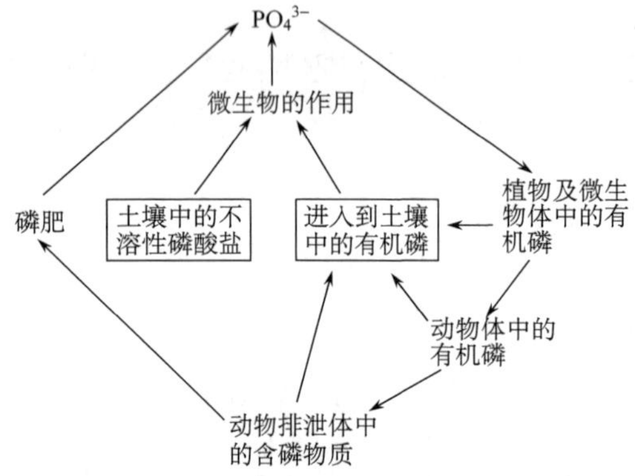

图 8-6 磷素循环

2. 可溶性无机磷的有机化

即微生物对无机磷的同化作用。若施用过量磷肥，土壤中的磷肥会因雨水的冲刷随水流至江河湖泊；大量使用含磷洗衣粉也会使城镇周边地区水体含磷量超标。当水体中可溶性磷酸盐的浓度过高时，会造成水体的富营养化，此时，如果氮素营养也适宜，就会促使蓝细菌、绿藻和原生动物等的大量繁殖，并由此引起湖水中的“水华”或海水中的“赤潮”等环境污染事故。

3. 有机磷的矿化

生物体中的有机磷化物进入土壤后，通过微生物的转化、合成，最后主要以植酸盐(phytate，又称植素或肌醇六磷酸)、核酸及其衍生物和磷脂形式存在。一些芽孢杆菌、链霉菌、曲霉、青霉等可将这些有机磷化物分解，形成植物可利用的可溶性的无机磷化物。农业生产上已将分解有机磷化物能力强的细菌和产酸能力强的细菌扩大培养制成细菌磷肥，可提高土壤中有效磷的含量。

第四节 微生物与环境保护

环境污染是指生态系统的结构和机能受到外来有害物质的影响或破坏，超过了生态系统的自净能力，打破了正常的生态平衡，给人类造成严重危害。随着工业高度发展、人口急剧增长，大量的生活废弃物，工业生产形成的三废(废气、废渣和废水)及农业上使用化肥、农药的残留物等，特别是生活污水和工业废水，不经处理，大量排放入水体，给人类生存环境造成严重污染。环境污染对人畜健康、工业、农业、水产业等都有很大危害。所以保护生态环境已成为人类关心的大问题。环境保护涉及范围很广，主要是消除污染和保护生态环境，微生物在环境保护方面起重要作用。

一、微生物对污染物的降解与转化

生物降解(biodegradation)是微生物(也包括其他生物)对物质(特别是环境污染物)的分解作用。生物降解是生态系统物质循环过程中的重要一环。所谓污染物，是指人类在生产生活中，排入大气、水体或土壤内的能引起环境污染，并对人和环境有不利影响的物质的总称。这些物质主要有农药、污泥、烃类、合成聚合物、重金属、放射性核素等。总体可归为无毒和有毒污染物两大类，前者如纤维素、淀粉等有机物和酸、碱等无机物，后者如苯酚、多氯联苯等有机毒物和氰化物、各种重金属等无机毒物。污染物对人类的危害是极其复杂的，有些污染物在短期内对人体造成急性危害，也有些污染物经过相当长时间才显露出对人体的慢性危害或远期危害，甚至影响到子孙后代的健康。

污染物的生物降解和传统的分解在本质上是一样的，都是酶促反应，降解过程中大部分降解酶是由染色体编码的，但其中有些酶，特别是降解难降解化合物的酶类是由质粒控制的，这类质粒被称为降解性质粒(catabolic plasmid)。细菌中的降解性质粒与细菌所处环境和污染程度密切相关。污染物降解的难易程度由其化学结构决定。一般而言，一种有机物的结构与自然物质结构越相似，就越易降解，结构差别越大，就越难降解。微生物以其个体小、繁殖快、适应性强、易变异等特点，可随环境变化，产生新的自发突变株，也可通过形成诱导酶、产生新的酶系，具备新的代谢功能以适应新的环境，从而降解和转化那些“陌生”的化合物。

1. 农药

农药是除草剂、杀虫剂、杀菌剂等化学制剂的总称。农药的利用率只有 10%，绝大部分残留在土壤中，有的被土壤吸附，有的经空气、江河传播扩散，引起大范围污染。农药多是有机氯、有机磷、有机氮、有机硫农药，其中，有机氯农药危害性最大。研究证明，环境中农药的清除主要靠细菌、放线菌、真菌等微生物的作用，如 DDT(二氯二苯三氟乙烷)可被芽孢杆菌、棒杆菌、诺卡氏菌等降解，五氯硝基苯可被链霉菌、诺卡氏菌等降解，敌百虫可被曲霉、青霉等降解。

微生物降解农药的方式有两种，一种是以农药作为唯一碳源和能源，或作为唯一的氮源，此类农药能很快被微生物降解，如除草剂——氟乐灵(aaa-三氟-2,6-二硝基-*N*,*N*-二丙基-对甲苯胺)，它可作为曲霉的唯一碳源，所以很易被分解；另一种是通过共代谢作用，共代谢是指一些很难降解的有机物，虽不能作为微生物唯一碳源或能源被降解，但可通过微生物利用其他有机物作为碳源或能源的同时被降解的现象，如直肠梭菌(*Clostridium rectum*)降解 666 时，需要有蛋白胨之类物质提供能量才能降解。

2. 烃类化合物

烃类化合物包括相对分子质量 16～1000 的碳氢化合物，包括烷烃、烯烃、炔烃、芳烃、脂环烃。存在状态有气体(甲烷、乙烷、乙炔、乙烯等)、挥发性液体(汽油、苯等)、固体(蜡)，烃类是石油的主要组成成分。

微生物对烃化物的降解主要是在加氧酶的催化作用下，将分子氧(O_2)掺入到基质中形成一种含氧的中间产物，然后转化成其他物质参与代谢过程。能降解烃类化合物的微生物很多，已报道有 100 余属，200 多种。包括细菌、放线菌、霉菌、酵母菌、藻类及蓝细菌。烃类降解主要包括：

烷烃的降解：经加氧酶作用后产生醇，然后通过脱氢作用生成醛和脂肪酸，脂肪酸通过 β-氧化，降解成乙酸后进入 TCA 循环，最后彻底降解为 CO_2 和 H_2O。

芳烃的降解：苯是芳烃的基本骨架，经加氧酶的作用，将 O_2 组入芳香环中，由苯氧化产生邻苯二酚，经 β-酮己二酸途径，最后进入 TCA 循环被彻底氧化。

脂环烃类的降解：脂环烃较难降解，脂环烃被降解时，是将 O_2 中的一个原子组合进去，与烷烃相似，而芳烃降解时是将 O_2 的两个原子均组合入芳香环中。

3. 其他有机化合物的微生物降解与转化

其他有机化合物如表面活性剂、多氯联苯、氰和腈等广泛应用在工业和生活中，也可污染环境，给人类造成危害。微生物对这些物质的转化起重要作用（表 8-2）。

表 8-2　几种有机化合物的微生物降解

种类（应用举例）	危害	降解微生物
表面活性剂（清洁剂、乳化剂、湿润剂）	高浓度对软体动物、鱼群、甲壳动物、藻类有毒	芽孢杆菌、假单胞菌等
多氯联苯（绝缘油、软化剂、涂料添加剂）	引起人和动物中毒	蜡状芽孢杆菌、产碱杆菌、不动杆菌、解脂假丝酵母等
氰和腈（石油化工人造纤维）	剧毒物	诺卡氏菌、腐皮镰孢霉、木霉、假单胞菌、无色杆菌等

4. 微生物对重金属的转化

自然界存在多种重金属，例如，汞、砷、铅、镉、铬等，这些重金属并非生物生活所需，但达到一定浓度时，会对生物产生抑制甚至致死作用。重金属对人和动物的毒性作用常与它的存在状态密切相关，一般地，金属存在形式不同，其毒性作用也不同。微生物虽不能降解重金属，但可以通过对重金属的转化作用，控制其转化途径，从而达到减轻毒性的作用。微生物特别是细菌、真菌在重金属的生物转化中起重要作用。

二、污染物的微生物处理

人类生产和生活所产生的污水（废水）、废气及固体垃圾都可以通过生物方法处理。

1. 污水处理

水源的污染危害最大、污染范围最广、种类最多。水体污染的污染源主要有三大类：工业污染源、农业污染源和城市污染源。污水处理的方法有物理法、化学法和生物法。各种方法都有其特点，可以相互配合、相互补充。目前应用最广是生物学方法，其优点是效率高、费用低、简单方便。污水处理按程度可分为一级处理、二级处理和三级处理，一级处理也称为预处理，二级处理称为常规处理，三级处理则称为高级处理。一级处理主要通过格栅等过滤器除去粗固体。二级处理主要去除可溶性的有机物，方法包括生物方法、化学方法和物理方法。三级处理主要是除氮、磷和其他无机物，还包括出水的氯化消毒，也有生物、物理、化学方法。在污水处理中应该熟悉的几个常用名词有：

BOD(biochemical oxygen demand)即“生化需氧量”或“生化耗氧量”，又称“生物需要量”，是水中有机物含量的一个间接指标。一般指 1L 污水中所含的一部分易氧化的有机物，当微生物对其氧化、分解时所消耗的水中溶解氧毫克数（其单位为 mg/L）。BOD 的测定一般规定在 20℃下 5 昼夜，故常用 BOD_5（5 日生化需要量）表示。

COD(chemical oxygen demand)即化学需要量，是表示水体中有机物含量的一个简便的间接指标，指 1 L 污水中所含的有机物在用强氧化剂将它氧化后所消耗氧的毫克数(mg/L)。常用的化学氧化剂有 $K_2Cr_2O_7$ 或 $KMnO_4$，前者的氧化力较强，能使水体中的 80%～100%的有机物迅速氧化，故被优先选用，由此测得的 COD 值应标为"COD_{Cr}"。COD 的测定比 BOD_5 测定简便快速。同一水样的 BOD_5 和 COD 并不相等，但它们之间存在一定的比例关系。

TOD(total oxygen demand)即总需氧量，指污水中能被氧化的物质(主要是有机物)在高温下燃烧变成稳定氧化物时所需的氧量。TOD 是评价水质的综合指标之一，与 BOD_5 和 COD 测定相比，具有快速、重现性好等优点，但需要灵敏的检测仪器。

DO(dissolved oxygen)即溶解氧量，指溶于水体中的分子态氧，是评价水质优劣的重要指标。DO 值大小是水体能否进行自净作用的关键。

SS(suspend solid)即悬浮物含量，指污水中不溶性固态物质的含量。

TOC(total organic carbon)即总有机碳含量，指水体内所含有机物中全部有机碳的量。可通过把水体中所有有机物全部氧化为 CO_2 和 H_2O，然后测定生成的 CO_2 的量来计算。

微生物处理污水的本质是微生物代谢污水中的有机物，作为营养物取得能量生长繁殖的过程，这和一般的微生物培养过程是相同的。根据污水处理过程中氧的状况，生物处理可分为好氧处理系统与厌氧处理系统。

1) 好氧生物处理

微生物在有氧条件下，吸附环境中的有机物，并将其氧化分解成无机物，使污水得到净化，同时合成细胞物质。微生物在污水净化过程中，以活性污泥和生物膜等形式存在。

活性污泥法(activated sludge process)，又称曝气法，是利用含有好氧微生物的活性污泥，在通气条件下，使污水净化的生物学方法。此法自 1914 年 Ardern 和 Lockett 创建以来，经过反复改造，发展至今，已成为处理污(废)水的最主要的方法。该处理方法对生活污水的 BOD_5 去除率达 95%，去除悬浮固体物也达 90%左右。

活性污泥是指由菌胶团形成菌、原生动物和污(废)水的有机、无机胶体及悬浮物组成的絮状体(floc)。在污水处理过程中，它具有很强的吸附、氧化和分解有机物的能力。在静止状态时，又具有良好的沉降性能。活性污泥是一种特殊的、复杂的生态系统，在多种酶的作用下进行着复杂的生化反应。活性污泥中的微生物主要是细菌，占微生物总数的 90%～95%。常见的细菌主要有生枝动胶菌属(*Zoogloea ramigera*)、假单胞菌属(*Pseudomonas*)、无色杆菌属、黄杆菌属(*Flavobacterium*)、节杆菌属(*Arthrobacter*)、亚硝化单胞菌属(*Nitrosomonas*)、蛭弧菌属(*Bdellovibrio*)；原生动物以钟虫属(*Vorlicella*)、独缩虫属(*Carchesium*)、盖纤虫属(*Opercularia*)最为常见。活性污泥与生物膜中的微生物基本相同，均以菌胶团的形式存在。菌胶团是活性污泥和生物膜的主体，具有很强的去除有机物的能力，原生动物起间接净化作用。在膨胀的活性污泥中，常见的丝状微生物有浮游球衣菌属(*Sphaerotilus natans*)、贝日阿托氏菌属(*Beggiatoa*)、发硫菌属、地霉属(*Geotrichum*)等丝状细菌和真菌。

污水处理过程中，随污水性质不同有时需要筛选、培养特殊的微生物，组建各种优势菌群，以处理相应的污水。例如，处理含氰(腈)废水，需要筛选产生氰解酶和丙烯腈水解酶的细菌，主要有诺卡氏菌属(*Nocardia*)、腐皮镰孢霉属(*Fusarium solani*)、假单胞菌属、棒杆菌属(*Corynebacterium*)等。活性污泥法根据曝气方式不同，分多种方法，目前最常用的是完全混合曝气法。基本工艺流程见图 8-7。

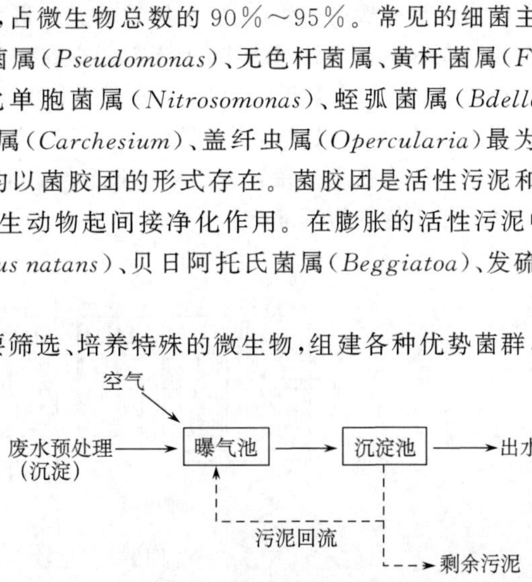

图 8-7　活性污泥法的基本流程

污水进入曝气池后，活性污泥中主要细菌、动胶菌等大量繁殖，形成菌胶团絮状体，构成活性污泥骨架，原生动物附着其上，丝状细菌和真菌交织在一起，形成一个个颗粒状的活跃的微生物群体。曝气池内不断充气、搅拌，形成泥水混合液，当废水与活性污泥接触时，废水中的有机物在很短时间内被吸附到活性污泥上，可溶性物质直接进入细胞内。大分子有机物通过细胞产生的胞外酶将其降解成为小分子物质后再渗入细胞内。进入细胞内的营养物质在细胞内酶的作用下，经一系列生化反应，使有机物转化为 CO_2、H_2O 等简单无机物，同时产生能量。微生物利用呼吸放出的能量和氧化过程中产生的中间产物合成细胞物质，使菌体大量繁殖。微生物不断进行生物氧化，环境中有机物不断减少，使污水得到净化。当营养缺乏时，微生物氧化细胞内储藏物质，并产生能量，这种现象叫自身氧化或内源呼吸。

曝气池中混合物以低 BOD 溢流入沉淀池。活性污泥通过静置、凝集、沉淀和分离，上清液是处理好的水，排放到系统外。沉淀的活性污泥一部分回流曝气池与未处理的废水混合，重复上述过程，回流污泥可增加曝气池内微生物含量，加速生化反应过程。剩余污泥排放出去或进行其他处理后继续应用。

生物膜法是以生物膜为净化主体的生物处理法，也是一种常用的生物处理方法。生物膜(biofilm)是附着在载体表面，以菌胶团为主体所形成的黏膜状物。膜的形成有一定规律：初生、生长、成熟及老化剥落，脱落后再形成新的膜，这是生物膜的正常更新，剥落的膜随水排出。

膜中的微生物相与活性污泥中的基本相同，因膜有一定厚度，在膜的表面、底部和中间分布着不同类型的微生物。生物膜的净化原理是：生物膜的表面总是吸附着一层薄薄的污水，称为附着水层或结合水层，其外是能自由流动的污水，称为运动水层；当“附着水”中的有机物被生物膜中的微生物吸附、吸收、氧化分解时，附着水层中的有机物质浓度随之降低，由于运动水层中有机物浓度高，便迅速地向附着水层转移，并不断地进入生物膜被微生物分解；微生物所需要的氧是从空气 → 运动水层 → 附着水层而进入生物膜，微生物分解有机物产生的代谢产物及最终生成的无机物以及 CO_2 等，则沿相反方向移动。生物膜法根据介质与水接触方式不同，有生物转盘法、塔式生物滤池法等。

生物转盘法，又称浸没式生物滤池，该法适合土地面积紧张的大城市利用生物膜法处理污水。生物转盘一般由一组质轻、耐腐蚀的塑料圆盘以一定间隔串接在一横轴上而成。圆盘的下半部浸没在污水槽内的污水中，上半部暴露在空气中，整个生物转盘由电动机缓缓驱动。污水流向与模轴垂直，同圆盘相平行(图 8-8)。污水处理时，在盘片表面先形成一层膜，称“挂膜”。盘片以一定速度转动，淹没在污水内的膜中的微生物吸附有机物，当盘片转出水面时利用空气中的氧氧化水膜中的有机物。每转一圈生物膜中的微生物进行一次吸附、氧化、分解，如此不断的转动，使流过的污水逐渐得到净化。

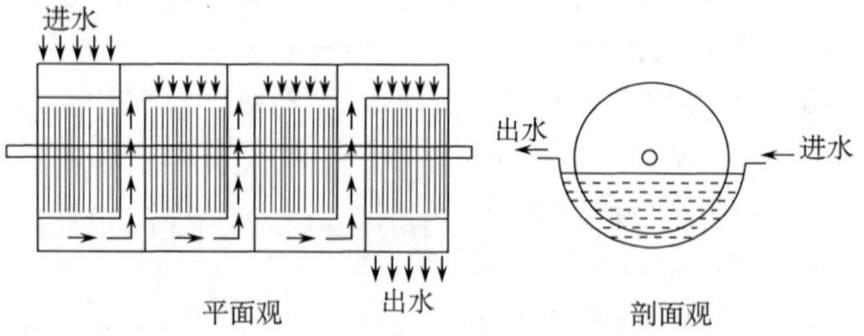

图 8-8　生物转盘构造示意图

塔式生物滤池结构呈圆桶状，高 20 m 左右，直径与高比为 1∶(6～8)，形似高塔。塔顶设有布水器，塔身设几层隔栅，存放填充料，塔底有集水器。另有抽水泵，整体结构共分 5 部分(图 8-9)。污水处理时，先经挂膜，污水由泵提升到塔顶，通过布水器均匀布水，从塔顶向下淋满至塔底。空气由塔底向上抽风，必要时人工通风。附着水层和运动水层中的有机物不断被膜中微生物吸附、氧化、分解，使污水得到净水。

2) 厌氧生物处理

厌氧生物处理(anaerobic treatment)是在缺氧条件下，利用厌氧性微生物(包括兼性厌氧微生物)分解污水中有机污染物的方法。又称厌氧消化或厌氧发酵法。因为发酵产生大量甲烷，因此又称为沼气发酵。此法既能消除环境污染，又能开发生物能源，所以备受人们重视。厌氧消化器的一般构造如图 8-10 所示。发酵后的污水和污泥分别从池的上部和底部排出，所产生的沼气则由顶部排出。

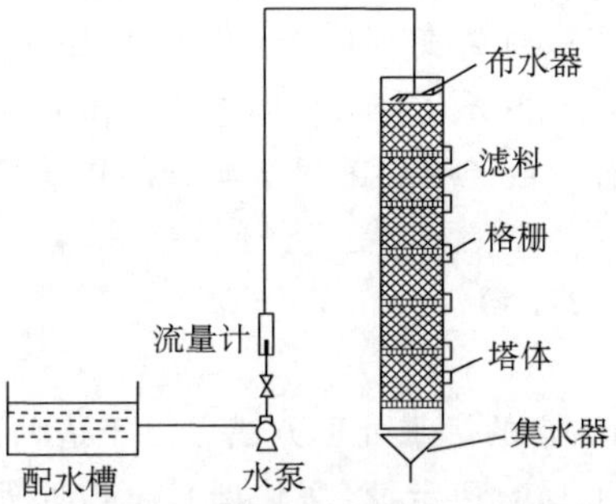

图 8-9　生物滤塔示意图

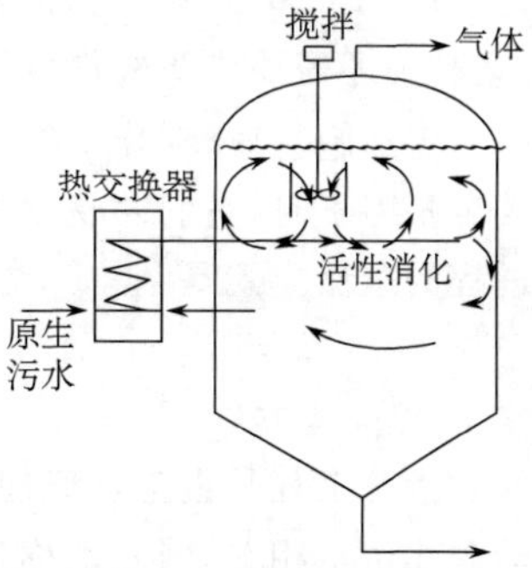

图 8-10　厌氧消化器的一般构造

污水厌氧发酵是一个极为复杂的生态系统，它涉及多种交替作用的菌群，各要求不同的基质和条件，形成复杂的生态体系。甲烷发酵包括 3 个阶段(图 8-11)。

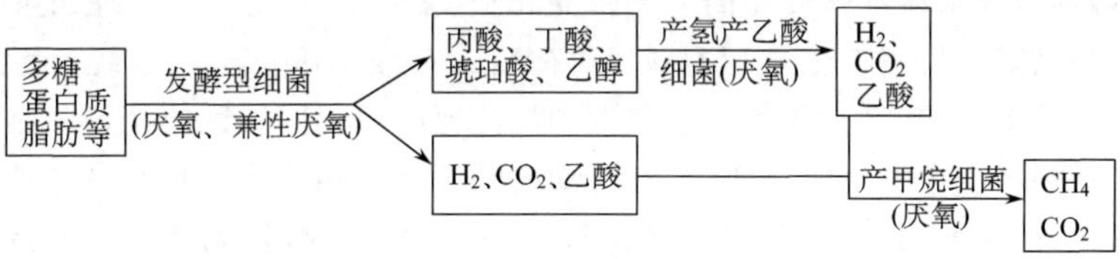

图 8-11　甲烷发酵的 3 个阶段

液化阶段：由多种厌氧或兼性厌氧的水解性细菌或发酵性细菌将复杂有机物如纤维素、淀粉、蛋白质、脂肪等分解为水解成单糖、氨基酸、有机酸，并进一步分解成丙酸、丁酸、琥珀酸、乙醇、H_2 和 CO_2。参与本阶段的水解性细菌包括专性厌氧菌如梭菌属(*Clostridium*)、拟杆菌属(*Bacteroides*)、丁酸弧菌属(*Butyrivibrio*)、真杆菌属(*Eubacterium*)和双歧杆菌属(*Bifidobacterium*)等；兼性厌氧菌如链球菌属(*Streptococcus*)和一些肠道杆菌。

产氢产乙酸阶段：由厌氧的产氢产乙酸细菌群将液化阶段产生的各种脂肪酸、醇等进一步转化为乙酸、H_2 和 CO_2。产氢产乙酸细菌旧称奥氏甲烷杆菌(*Methanobacterium omelianskii*)，1967 年，M. P. Bryant 发现它是两种细菌的共生体，其一是产氢产乙酸细菌，称“S 菌”(G^-，厌氧，能运动，杆菌，能发酵乙醇产乙酸和 H_2，当环境中 H_2 的浓度高于 0.5 标准大气压①时，生长受抑制)；另一称"MOH 菌"(methanobacterium-oxidising hydrogen，革兰氏染色可变，厌氧性杆菌，不能利用乙醇，但能利用 H_2 产甲烷)。

产甲烷阶段：由严格厌氧的产甲烷菌群(methanogens)利用乙酸、甲酸、甲醇、CO_2、H_2 等产生甲烷的过程。主要包括甲烷杆菌属(*Methanobacterum*)、甲烷短杆菌属(*Methanobrevibacter*)、甲烷八叠球菌属(*Methanosarcina*)、甲烷球菌属(*Methanococcus*)、产甲烷菌属(*Methanogenium*)、甲烷螺菌属(*Methanospirillum*)、甲烷嗜盐菌属(*methanohalophilus*)、甲烷叶菌属(*Methanolobus*)等。

产甲烷菌是一类必须生活在严格厌氧生境下并伴有甲烷产生的古生菌，其形态、生理和生化特性呈明显的多样性。例如，细菌形态有球状(排列方式多样)、短杆状、长杆状、螺旋状、扁平状和丝状等；革兰氏染色反应有阳性、阴性和不定性(因此对产甲烷菌的分类鉴定意义不大)；生长所需碳源约有 10 种，除 CO_2 外，还有一碳化合物(甲酸、甲醇、甲胺等)和二碳化合物(乙酸等)；氮源一般为 NH_4^+，但多数种类还能利用氨基酸，因此培养时加入少量酵母膏、酪蛋白胨等可促进其生长；有些种类还需要脂肪酸作生长因子等。只有当产甲烷菌在利用 H_2 作 CO_2 还原剂以产生生物合成所需细胞物质，利用 CO_2 作电子受体以产生 ATP 和 CH_4，利用 NH_4^+ 作氮源，以及能自身合成生长因子时，它们才是化能自养菌，因此，只有少数产甲烷菌属于典型的化能自养菌。甲烷形成过程的总反应式是

$$CO_2 + 4H_2 \longrightarrow CH_4 + 2H_2O$$

3) 生态工程处理方法

污水处理生态工程是生态学原理和工程处理设施相结合的污水处理方法。由于这种处理方法和污水资源化密切相关，因此也称为污水资源化生态工程。稳定塘(氧化塘)、土地处理系统、水生植物处理系统等都属于这个范围，污水生态工程处理方法与常规的二级处理方法相比，具有投资少、运行管理费用低等优点，同时处理后的出水可以被再生利用，进行资源化，这种方法尤为适于经济欠发达的第三世界国家。

4) 氮、磷去除技术

氮和磷是两种造成水体富营养化的主要营养元素，去除 N、P 是污水处理的重要目标。

氮去除：生物脱氮的代表工艺流程是缺氧-好氧[A-O(anoxic-oxic)]系统。污水流经系统的缺氧池、好氧池和沉淀池，并将好氧池的混合液和沉淀池的污泥同时回流至缺氧池。废水中的氮化物可在厌氧池、好氧池中发生氨化作用，在好氧池中发生硝化作用，回流混合液把大量硝酸盐带回厌氧池进行反硝化作用，氮化物被转化成 N_2O 和 N_2，从而挥发到空气中，达到脱氮的目的。

磷去除：生物脱磷的代表性工艺流程是厌氧-好氧[A-O(anaerobic-oxic)]系统。污泥中的细菌在厌氧条件下吸收低分子的有机物(如脂肪酸)，同时将细胞原生质中聚合磷酸盐异染颗粒中的磷释放出来，取得必要的能量，在随后的好氧条件下，所吸收的有机物将被氧化并提供能量，同时从废水中吸收超过其生长所需的磷，并以聚磷酸盐的形式储存起来。通过排放污泥可达到去磷的目的。活性污泥的脱磷细菌主要是不动杆菌属、气生单胞菌属、假单胞菌属的细菌。

2. 固体废物的生物处理

随着工农业的发展，人民生活水平的提高，各种固体废弃物的排放量增加，造成严重的环境污染。若用合理的方法处理这些废弃物，将会变废为宝，转化为社会财富。固体废弃物处理的方法有物理法、化学法和生物法。其中，生物法主要是利用微生物分解固体废弃物中的有机物，制

---

① 1 标准大气压=101 325Pa。

作有机肥料和沼气。

堆肥化是处理有机废弃物(生活垃圾和其他无毒废弃物)的主要方法,是有控制地促进可被生物降解的有机物向稳定的腐殖质转化的生化过程。堆肥产品是具有一定肥力的有机肥。堆肥化处理具有保护环境和资源化的双重效果。根据处理过程中氧的状态,可分为好氧堆肥和厌氧堆肥两类。

1) 好氧堆肥法

好氧堆肥法是指有机废弃物,在好氧微生物作用下,达到稳定化,转变为有利于土壤性状改良并利于作物吸收和利用的有机物的方法。所谓稳定化是指病原性生物的失活,有机物的分解及腐殖质的生成。好氧堆肥的基本生物化学反应过程与污水生物处理相似,但堆肥处理只进行到腐熟阶段,并不将有机物彻底氧化,这一点与污水处理是不同的。一般认为堆料中易降解有机物基本上被降解即达到腐熟。从堆肥到腐熟,微生物分解有机物,改变周围环境,微生物自身的群落也发生相应的变化,这个过程大致可分为 3 个阶段:

发热阶段:堆肥初期,中温性好氧细菌和真菌,充分利用堆肥中易分解、可溶性物质(淀粉、糖类)而旺盛增殖,释放出热量,使堆肥温度逐渐上升。

高温阶段:堆肥温度上升到 50℃以上进入高温阶段。中温性微生物逐步被高温性微生物取代,堆肥中除剩余的或新形成的可溶性有机物继续被分解转化外,复杂有机物也开始分解,腐殖质开始形成。在 50℃左右,堆肥中的微生物主要是嗜热性真菌和放线菌,如嗜热真菌(*Thermomyces* sp.)、高温放线菌(*Thermoactinomyces* sp.)和高温单胞菌(*Thermonospora* sp.)等;温度升到 60℃时,真菌几乎全部停止活动,只有嗜热放线菌和细菌活动,当温度升到 70℃时,微生物大部分死亡,或进入休眠状态。高温可使有机物快速腐熟,并可杀灭病原性生物。

降温腐熟保温阶段:当高温持续一段时间后,易分解或较易分解的有机物已大部分被利用,剩下难分解物质(如木质素)和新形式的腐殖质。此时微生物活动减弱,产生热量少,温度下降,中温性微生物逐渐形成优势种群。残留物质进一步被分解,腐殖质积累不断增加,堆肥进入腐熟阶段。为避免堆肥有机物矿化损失肥效,应把堆肥压紧,使造成厌氧状态。

2) 厌氧堆肥

厌氧堆肥(沼气化)是将堆料在与空气隔绝的条件下堆制发酵。其机制与污水处理中的厌氧消化相似,也有三个相似的阶段,最后产生甲烷、CO_2 等,该方法在城市下水道污泥、农作物秸秆和粪便处理中得到广泛应用。

对于富含纤维素的固体废物,可利用酶水解技术将废纤维转化为葡萄糖,葡萄糖可进一步被转化为化工原料或者被微生物利用用于生成单细胞蛋白。废纤维饲料化不需糖化,废纤维直接被微生物利用来生成单细胞蛋白。

对于城市垃圾的处理还可采用生态工程处理方法,其原理是利用适当的防渗和阻断材料,将垃圾堆进行物理隔离,然后在隔离的垃圾堆上重建以植物为主的土壤——植物生态系统,同时辅以适当的景观建筑、园林小品等将原来的垃圾山建成公园式的风景娱乐场所或为农、牧业重新利用。

3. 气态污染物的生物处理

气态污染物的生物处理技术是生物降解污染物的新应用。生物处理气态污染物的原理与污水处理是一致的,本质上是对污染物的生物降解与转化。但是,生物降解作用难以在气相中进行,所以废气的生物处理中,气态污染物首先要经历由气相转移到液相或固体表面液膜中的过程。降解与转化液化污染物的也是混合的微生物群体。处理过程在悬浮或附着系统的生物反应器中进行。提高净化效率需要增强传质过程(即污染物从气相转入液相)和创造有利于转化和降解的条件。

三、污染环境的生物修复

生物修复是微生物催化降解有机污染物，转化其他污染物从而消除污染的一个受控或自发进行的过程。生物修复基础是发生在生态环境中微生物对有机污染物的降解作用。由于自然的生物修复过程一般较慢，难于实际应用，生物修复技术则是工程化在人为促进条件下的生物修复。它是传统的生物处理方法的延伸，其创新之处在于它治理的对象是较大面积的污染。由于污染环境和污染物的复杂多样，因而产生了不同于传统治理点源污染的新概念和新的技术措施。目前生物修复技术主要用于土壤、水体(包括地下水)、海滩的污染治理以及固体废弃物的处理。主要的污染物是石油烃及各种有毒有害难降解的有机污染物。

生物修复的本质是生物降解，能否成功取决于生物降解速率，在生物修复中采取强化措施促进生物降解十分重要。这包括：①接种微生物。目的是增加降解微生物数量，提高降解能力，针对不同的污染物可以接种人工筛选分离的高效降解微生物或人工构建的遗传工程菌；②添加微生物营养盐。微生物的生长繁殖和降解活动需要充足均衡的营养，为了提高降解速度，需要添加缺少的营养物；③提供电子受体。为使有机物的氧化降解途径畅通，要提供充足的电子受体，一般为好氧环境提供氧，为厌氧环境的降解提供硝酸盐；④提供共代谢底物。共代谢有助于难降解有机污染物的生物降解；⑤提高生物可利用性。低水溶性的疏水污染物难于被微生物所降解，利用表面活性剂、各种分散剂来提高污染物的溶解度，可提高生物可利用性；⑥添加生物降解促进剂。一般使用 H_2O_2，可以明显加快生物降解的速度。

四、微生物与环境监测

环境监测是测定代表环境质量的各种指标数据的过程。它包括环境分析、物理测定和生物监测。所谓生物监测就是利用生物对环境污染所发生的各种信息作为判断环境污染状况的一种手段。生物监测可以弥补物理、化学分析测试的不足。由于微生物易变异，抗性强，微生物作为环境污染的指示物在应用上不及动物和植物广泛而规范。但微生物某些独有的特性使它们在环境监测中有特殊作用。

1. 致突变物与致癌物的微生物检测

环境污染物的遗传学效应主要表现在污染物的致突变作用，致突变作用是致癌和致畸的根本原因。据了解，80% ～ 90%的人类癌症是由环境因素引起的，其中，主要是化学因素。具有致突变作用或怀疑有致突变效应的化合物数目巨大，这就要求发展快速准确的检测方法。微生物生长快这一特点正好符合这一要求。目前被广泛使用的是 1975 年美国的 Ames 教授等建立称为 Ames 试验，全称沙门氏菌/哺乳动物微粒体试验。其原理是利用鼠伤寒沙门氏菌(*Salmonella typhimurium*)组氨酸营养缺陷型菌株(his^-)发生回复突变的性能，来检测物质的致突变性。一般采用纸片点试法和平皿掺入法监测环境污染物的致突变性。当培养基中含有微量组氨酸时，倾注过量菌液的平板上形成一层微小的菌落，但当受到致突变物作用时，组氨酸缺陷型菌株回复突变为原养型菌株(his^+)，这时在培养基平板上会长出明显的菌落。Ames 试验准确性较高、周期短、方法简便，可反应多种污染物联合作用的总效应。人们称此法是一种良好的潜在致突变物与致癌物的初筛报警手段。

2. 发光细菌检测法

发光细菌(luminescent bacteria)是一类非致病的革兰氏阴性兼性厌氧细菌，多数为海水生。发光细菌多数属于发光杆菌属(*Photobacterium*)和弧菌属(*Vibrio*)，在有氧条件下能发出波长为 475～505 nm 的荧光蓝绿色的可见光。发光细菌的发光强度受环境中氧浓度、毒物种类及其含量等影响，采用灵敏的光电测定仪器就可方便地检测出试样的污染程度或毒物的毒性大小。试验中应用较多的是咸水型细菌——明亮发光杆菌(*P. phosphoreum*)。将发光细菌培养到对数期，制成一定浓度菌悬液(即发光菌剂)。用定量菌剂与不同浓度待测液混合在一起，保持一定温度和时间，即可通过精密光度计直接读出或扫描出光电损失百分率。近年来，我国学者利用自己从淡水湖中分离的青海弧菌(*Vibrio qinghaiensis*)成功地研制出有特色的淡水型发光细菌冻干菌粉，经活化后，可随时测定水质的污染情况。用发光细菌可以监测各种水体，对于气体中可溶性有毒物质，可通过把它吸收、溶解在溶液中，然后观察其对发光细菌的影响。

3. 硝化细菌的相对代谢率试验

硝化细菌所进行的把铵离子(NH_4^+)氧化成硝酸根(NO_3^-)的硝化作用在生态系统的氮循环中有重要作用，这个过程只有微生物才能进行。用测定硝化细菌相对代谢率的方法检测水及土壤中的有毒物，并以此评判水体、土壤环境及环境污染物的生物毒性，对于宏观生态环境健康程度的评价有重要意义。

4. 粪便污染指示菌

粪便中肠道病原菌对水体的污染是引起霍乱、伤寒等流行病的主要原因。沙门氏菌、志贺氏菌等肠道病原菌数量少，检出鉴定困难。因此不能把直接检测病原菌作为常规的监测手段，从而提出了检测与病原菌并存于肠道，且具相关性的“指示菌”，从它们的数量来判定水质污染程度和饮用水(包括食品等)的安全性。总大肠菌群是最基本的粪便污染指示菌，最常用的水质指标之一。大肠菌群(coliform group，简称 coliform)是指一大群与大肠杆菌相似的好氧及兼性厌氧的革兰氏阴性无芽孢杆菌，它们能在 48 h 内发酵乳糖产酸产气，包括埃希氏菌属、柠檬酸杆菌属(*Citrobacter*)、肠杆菌属(*Enterbacter*)、克雷伯氏菌属(*Klebsiella*)等。这类细菌是温血动物肠道中的正常菌群，数量极多，用它作指标可以灵敏地推断该水源是否曾被粪便污染过以及污染程度如何。检测水体中总大肠菌群的方法主要是 MPN(most probable number)试验法、发酵法和滤膜试验法(membrane filtration test)。

此外，藻类也可监测水质和水中毒物。藻类对水体污染十分敏感，水中无机氮、磷含量增多，藻类生长量就增加。水质监测中常用的藻类主要是硅藻、栅藻和小球藻等。

在环境污染的微生物监测中，以上介绍的几种方法重复性好，易于规范，可以作为标准的监测方法。其他微生物监测方法(以微生物组成、数量、代谢活性、遗传特性为指标)也在不断研究使用。

本章小结

微生物生态学是研究微生物群体与其周围环境的生物和非生物因素的相互关系的科学。研究微生物的生态规律有着重要的理论意义和实践价值。存在于土壤、水体、空气、生物体内外的微生物群落是环境条件选择和生物适应、进化的结果，这些微生物在各自的生境中发挥着独特的作用；微生物经常引起工农业产品霉腐变质，应加以防治；在不同的极端环境中分布着特定的微生物种类，这些微生物有特别的适应机制和应用潜力；研究微生物与其生物环境之间的相互关系有助于人类更好地利用有益微生物和防治有害微生物；微生物是生态系统的重要成员，特别是作为分解者分解环境中的有机物，在生态系统乃至整个生物圈的能量流动，物质循环发挥着独特的、不可替代的作用；微生物在环境污染的修复、废气、废水和固体废弃物处理中起主导作用，并在环境检测中有独特的作用。

复习思考题

1. 为什么说土壤是微生物的“天然培养基”？
2. 淡水与海水中的微生物为什么不同？为什么饮用水源必须经过消毒处理？
3. 粮油原料及食品上的微生物对人体有什么危害？如何防止？
4. 什么是正常菌群？试分析肠道正常菌群与人体的关系。
5. 在微生物的生物环境中存在着几种关系？举例说明。
6. 试从微生物生态学的观点来分析“树高千丈，叶落归根”这句话的科学根据。
7. 试述微生物在碳循环中的作用。
8. 试述微生物在氮循环中的作用。
9. 试述微生物在硫循环中的作用。
10. 什么是活性污泥？活性污泥包括那些成分？活性污泥法净化污水的原理是什么？
11. 试述生物膜法净化污水的原理。
12. 厌氧生物处理污水的原理是什么？
13. 研究极端环境微生物有什么意义？
14. 试述微生物在环境保护中的作用和地位。
15. 什么是生物监测？试述生物监测在环境监测中的特殊地位。

第九章　传染与免疫

传染与免疫代表了病原微生物与其宿主相互关系的两个方面。传染与免疫的规律，是人类诊断、预防和治疗各种传染病的理论基础；免疫学方法因其高度特异性和灵敏度，不但可用于基础理论研究中对生物大分子的定性、定量和定位，而且对多种疾病的诊断、法医检验、生化测定、医疗保健、生物制品生产、肿瘤防治、定向药物的研制和反生物战等多项实际应用都有及其重要的作用。

第一节　传　　染

一、基本概念

1．传染

传染(infection)指外源或内源性病原体突破其宿主的免疫防线(机械防御，非特异性免疫和特异性免疫)后在宿主的特定部位定植、生长繁殖或(和)产生酶及毒素，从而引起一系列病理生理的过程。

2．传染病

传染病(infectious disease)是由一类活病原体的大量繁殖所引起，可从某一宿主个体直接或间接传播到同种或异种宿主另一些个体的疾病。

3．病原体

病原体(pathogen)是指能够引起人体或动物体发生传染病的微生物，也叫病原微生物(pathogenic microorganism)。

4．条件致病菌

有些病原微生物，在一般情况下不致病，但在某些条件改变的情况下可以致病，称为条件致病菌(opportunistic microorganism)。

5．外源性感染

外源性感染(hetero infection)指由来自宿主体外的病原菌所引起的感染。传染源主要包括传染病患者、恢复期病人、健康带菌者，以及病畜、带菌动物、媒介昆虫等。

6．内源性感染

指有少数细菌在正常情况下，寄生于人体内，不引起疾病。当机体免疫力减低时，或者由于外界因素的影响，如长期大量使用抗生素引起体内正常菌群失调，由此而造成的感染称之为内源性感染(endogenesis infection)。

二、决定传染结局的三个因素

决定传染结局的三个因素是病原体、宿主的免疫力和环境因素，先分述如下。

1．病原体因素

病原性细菌引起传染的能力称为细菌的毒力或致病性(virulence 或 pathogenicity)，而引起患传染病则除取决于毒力外，还取决于侵入数量和侵入门径。病原体致病能力的大小包括侵袭力和毒素，具体见图解：

- 病原体因素
  - 毒力(致病力)
    - 侵袭力
      - 吸附和侵入能力
      - 繁殖和扩散能力
      - 抵抗宿主防御能力
    - 毒素
      - 外毒素
      - 内毒素
  - 侵入数量
  - 侵入门径：呼吸道、消化道、皮肤伤口等

1）侵袭力

侵袭力(invasiveness)是指细菌病原菌突破宿主防御机能，以在其中进行生长繁殖和实现蔓延扩散的能力。决定侵袭力的三个方面：①吸附和侵入能力；②繁殖与扩散能力；③抵抗宿主防御能力。

2）毒素

毒素(toxin)按其来源、性质和作用的不同，可以分为外毒素和内毒素。

外毒素(exotoxin)是某些革兰氏阳性病原菌和少数革兰氏阴性病原菌在生长繁殖期间不断合成并分泌到周围环境中的代谢产物，其化学本质通常是蛋白质(酶，酶原或毒蛋白)，可选择作用于各自特定的组织器官，其具有抗原性强、毒性作用强和对某些理化因子敏感的特点。如①白喉毒素：是一种蛋白质，与机体细胞结合不可逆，能抑制合成蛋白质的酶类。②破伤风毒素：亦是蛋白质与神经突触结合是不可逆的阻碍了神经的传递，引起肌肉痉挛性收缩。可预防，不可治疗。③肉毒毒素：一种神经毒素，能使运动神经系统的细胞功能停滞。

其遇酸发生变性，对热不稳定，若用0.3%～0.4%甲醛溶液在39～40℃的条件下，处理20～30天对外毒素进行脱毒处理后可获得失去毒性但仍保留其免疫原性(抗原性)的生物制品，叫类毒素(toxoid)，可用于预防外毒素引起的疾病。若用类毒素注射机体后，使机体产生的对相应外毒素具有免疫性的抗体，叫抗毒素(antitoxin)。

内毒素(endotoxin)是大多数革兰氏阴性细菌在生长繁殖期间不断合成但仅存在于胞内的，当细菌自溶或人工裂解后才释放的代谢产物，其化学本质通常是磷脂-多糖-蛋白质复合物，主要成分是脂多糖，没有器官特异性，其抗原性弱、毒性低和热稳定，引起的症状基本相同，表现为发热、糖代谢紊乱、脏器出血，严重时出现中毒性休克。如沙门氏菌内毒素、志贺氏内毒素和大肠杆菌内毒素等。

鲎试剂法(limulus assay)，即鲎变形细胞溶解物试验法(limulus amoebocyte lysate test，LAL test) 鲎俗称“马蹄蟹”，是一类属于节肢动物门，螯肢亚门，肢口纲，剑尾目，鲎科的无脊椎动物，是已有3亿年历史的“活化石”，全世界现存有3属5种，如 *Limulus polyphemus*(美洲鲎)和产于我国浙江以南浅海中 *Tachypleus tridentatus*(东方鲎或中国鲎)。鲎具有开放性血管系统，每只可采血100～300 mL，其血清呈蓝色，内含血蓝蛋白和外源凝集素(lectin)。鲎血中含有一种变形细胞，其裂解产物可与 G^- 细胞的内毒素[LPS和脂磷壁酸(膜磷壁酸)]等发生特异性和高灵敏度的凝胶化反应。

大多数病原微生物都同时兼有侵袭力和毒素两种致病因素，但少数只有其中的一种，如破伤风梭菌以毒素为主。肺炎球菌以荚膜为主。

3）其他病原体的致病性

病毒的致病性。病毒在宿主细胞内增殖，影响宿主细胞的核酸及蛋白质代谢，其后果可分为三种类型：杀细胞感染(cytocidal infection)、稳定状态感染(steady state infection)、整合感染(integrated infection)。病毒感染的特点：活细胞中寄生和基因水平感染。

真菌的致病性。①致病性真菌感染：一些外源性真菌感染可引起皮肤，皮下和全身性疾病。如皮肤癣菌有嗜角蛋白特性，在皮肤局部大量增殖后，通过机械刺激和代谢产物的作用引起局部的炎症和病变，即手足癣、甲癣、头癣等。②条件致病性真菌感染：一些内源性真菌在机体免疫力降低，如长期应用抗生素，放射治疗等情况下发生。如白色念珠菌是存在于人体表及腔道中的正常菌群，当人体免疫力低下时可侵入人体许多部位，包括发生于皮肤黏膜的鹅口疮、口角糜烂、发生于内部器官的肺炎、食道炎、膀胱炎、发生于中枢神经系统的脑膜炎等。③真菌变态反应性疾病：有些真菌本身并不致病，但对某些具过敏倾向的个体可引起变态反应性疾病，如曲霉、青霉、镰刀菌等可引起荨麻疹、哮喘、变应性鼻炎。④真菌性中毒：有些真菌在粮食上生长，人及动物食后可因真菌本身或真菌产生的毒素而中毒。黄曲霉毒素、杂色霉素引起肝损害，桔青霉素引起肾小球损害，节菱孢菌引起的霉甘蔗中毒抽搐，昏迷直至死亡。真菌中毒与一般细菌病毒感染不同，有地区性与季节性，但没有传染性，不引起流行。

立克次氏体的致病性。立克次氏体通过特异受体进入宿主细胞，以不同方式在细胞内增殖并且释放。如人类流行性斑疹伤寒的病原体普氏立克次氏体在吞噬体内通过磷脂酶 A 溶解吞噬膜的甘油磷脂而进入胞质，大量增殖后导致细胞破裂。释放的立克次氏体通过血流在全身各器官的小管内的细胞质增殖，能直接破坏起所寄生的血管内皮细胞引起血管炎症，其毒性产物亦可进入血循环而引起全身症状。

寄生虫的致病性。大多数寄生虫的构造和成分都很复杂，特别是寄生虫有复杂的生活周期，随着循环迂回迁移，其结构和表面成分均不断变化，或获得宿主成分作为外衣使宿主难以识别，或将表面分子释放作为“诱饵”，吸引机体的免疫系统将其作为攻击靶，而自身逃避了棉衣防御。寄生虫原虫：单细胞生物，多数于胞内。寄生蠕虫：多细胞生物，种类极多，通常引起胞外慢性感染，如血吸虫。

4）侵入数量

具有毒力的病原菌侵入机体后，有足够的数量才能引起传染，不同的病原菌有不同的致病剂量，毒力越强，需要量越少；毒力弱，需要量越大。例如，鼠疫杆菌只需几个细胞侵入抵抗力低的机体，就会引起鼠疫；而伤寒沙门氏菌引发伤寒症则需摄入 10^8～10^9 个细菌。

5）侵入门径

具有一定毒力和相当数量病原菌，还要通过适当的途径，才能侵入机体，病原菌可以通过一种或多种途径使其致病。

消化道：伤寒杆菌、痢疾杆菌、甲肝病毒、脊髓灰质炎、幽门螺旋杆菌等。

呼吸道：结核分枝杆菌、肺炎球菌、白喉棒状杆菌、百日咳菌、脑膜炎球菌等。

皮肤伤口：金黄色葡萄球菌、破伤风梭菌、炭疽芽孢杆菌、狂犬病毒、乙肝病毒等。

泌尿生殖道：淋病球菌、梅毒密螺旋体、艾滋病等。

其他途径：结核分枝杆菌、炭疽芽孢杆菌等。

2. 宿主的免疫力因素

不同的个体，相同个体的不同生理状态都会导致不同的传染结局。

免疫(immunity)，传统概念是机体抗病原微生物的能力，即抗传染免疫。随着免疫学的发展，免疫的现代概念已大大超过了抗传染免疫的范围，实际上机体除了对微生物的刺激，能发生免疫反应外，对一切抗原异物甚至对改变了的自发成分也能发生反应，并且反应的结果可以是对机体有利的，也可能是有害的。在正常情况下，免疫反应的发生，可以是：排除和消灭侵入的病原微生物，即抗传染免疫，即免疫防御(immunologic defence)；排除自身代谢过程中产生的废物和无用的细胞称为自身稳定功能，即免疫稳定（immunologic homeostasis）；处理因某些生物或理化因素而发生突变的自身细胞，即免疫监视（immunologic serveillance），这些反应对机体都是有利的。但在异常情况下，免疫反应可以是：机体对进入的病源微生物或其他物质如青霉素会发生强烈反应，这就是变态反应；自身稳定功能失调，会发生自身免疫病；免疫监视功能失调，可引起肿瘤的发生。这些在异常情况下的免疫反应，其结果对机体是有害的，因此，简单讲，免疫是机体“识别”和排除抗原异物的一种保护性反应，在正常情况下，对机体有利，在异常情况下可能有害。在这里，我们先把宿主免疫力的各个方面作一图解（详细内容见本章第二节、第三节）。

- 宿主的免疫力
  - 非特异性
    - “第一道防线”→生理屏障
      - 外部屏障：皮肤、黏膜，正常菌群的拮抗作用
      - 内部屏障：血脑屏障，血胎屏障等
    - “第二道防线”
      - 细胞因素
        - 吞噬作用：吞噬细胞，淋巴结的“过滤”作用
        - NK 细胞
      - 正常体液
        - 补体
        - 溶菌酶
        - 干扰素
      - 炎症反应
  - 特异性→“第三道防线”
    - 体液免疫：浆细胞产生抗体蛋白
    - 细胞免疫：由致敏 T 细胞释放各种淋巴因子

3. 环境因素

传染的发生与发展除取决于病原菌的致病性与机体的免疫力外，还与环境因素有关。自然环境如季节、温度、湿度、地理环境等对传染的发生与发展有很大的影响，例如，冬天易发生呼吸道传染病；夏天易发生消化道传染病；我国南方各省直接引用湖水、塘水、河水的地区，易造成传染性肝炎的暴发和流行。社会环境如社会的政治、经济等因素对传染的发生与发展特别重要，如解放后国内的传染病明显减少。宿主先天的遗传素质和年龄，后天的营养、内分泌状态、药物、电离辐射和体育锻炼等也会使机体表现出不同的免疫能力。

三、传染的三种可能结局

病原微生物和人体在一定的环境条件下，相互斗争，经过一段时间，按照双方力量的对比，可出现各种不同形式的结局。

1. 隐性传染

如果宿主的免疫力很强，而病原体的毒力相对较弱，数量又较少，传染后只引起宿主的轻微伤害，且很快就将病原体彻底消灭，因而基本上不出现临床症状，从而保证了身体健康而不发生传染，这叫隐性传染（inapparent infection）。

2. 带菌状态

如果病原体与宿主双方都有一定的优势，但病原体仅被限制于某一局部且无法大量繁殖，两者长期处于相持的状态这种状态叫带菌状态（carrier state）。例如，“伤寒玛丽”（真名：Mary Mallone），一个健康带菌者，被证实在美国有 7 个地区多达 1500 个伤寒患者都是她传染的。

3. 显性传染

如果宿主的免疫力很低，或侵入病原体的毒力较强，数量较多，病原体很快在体内繁殖并产生大量有毒产物，使宿主的细胞和组织蒙受严重损害，生理功能异常，于是就出现一系列症状这种现象叫显性传染（apparent infection）。

1）显性传染按发病时间长短划分

慢性传染(chronic infection)：病程往往长达数月至数年，如结核病、麻风病等。多由细胞内寄生物引起。

急性传染(acute infection)：病程仅数日至数周，如流行性脑膜炎和霍乱等。多为细胞外寄生物引起。

2）按发病部位划分

局部感染(local infection)：是指病原菌侵入机体后，在一定部位定居下来，生长繁殖，产生毒性产物，不断侵害机体的感染过程。这是由于机体动员了一切免疫功能，将入侵的病原菌限制于局部，阻止了它们的蔓延扩散。如化脓性球菌引起的疖痛等。

全身感染(systemic infection)：机体与病原菌相互作用中，由于机体的免疫功能薄弱，不能将病原菌限于局部，以致病原菌及其毒素向周围扩散，经淋巴道或直接侵入血流，引起全身感染。

3）按性质和严重程度划分

毒血症(toxemia)：病原菌侵入后局部生长繁殖，菌体不进入血流，只有其产生的毒素进入血流，引起全身症状，称毒血症。如破伤风、白喉等。

菌血症(bacteremia)：病原菌侵入血流，但在血流中不繁殖，称菌血症。如伤寒病早期。

败血症(septicemia)：病原菌侵入血流，并在其中繁殖，产生毒素，引起全身中毒症状。如不规则的高热，肝、脾肿大等。

脓毒血症(pyemia)：化脓性细菌引起败血症时，使器官组织产生化脓病灶。如金黄色葡萄球菌所致的脓毒血症。

第二节　非特异性免疫

非特异免疫(non-specific immunity)是机体的一般生理防卫功能，是机体在长期的进化过程中，逐渐建立起来的，具有相对稳定的、能遗传给下一代的一种防御机能，所以又称天然免疫或先天性免疫 (innate immunity)。这种免疫机能可防卫任何外界异物对机体的侵入而不需要特殊的刺激或诱导，即对多种病原微生物都有一定的防御作用，没有特殊的选择性，因此称为非特异性免疫。非特异性免疫包括的因素较多，主要有生理屏障、细胞因素、正常体液因素和炎症因素 4 个方面。

一、生理屏障

生理屏障(physical barrier)是宿主免疫力的“第一道防线”。

1. 表面组织屏障

完整的皮肤黏膜能起到屏障作用，且其分泌物和排泄物也具有杀菌作用。

1）机械阻挡和排除作用

健康机体的外表面覆盖着连续完整的皮肤和黏膜结构，其外面的角质层是坚韧的，不可渗透的，组成了机械地阻挡病原微生物等异物的侵入的有效屏障。鼻孔中鼻毛有过滤微生物作用，气管黏膜表面上的纤毛能定向地向外运动，排出异物。机体的机械方式如纤毛运动，咳嗽和喷嚏排除异物；眼泪、唾液和尿液的清洗作用。

2）分泌杀菌或抑菌物质

呼吸道、消化道、泌尿生殖道表面黏膜所分泌的黏液的各种化学性分泌液中的杀菌成分；皮肤的汗腺分泌乳酸，使汗液呈酸性(pH5.2～5.8)；皮脂腺分泌脂肪酸；唾液中的黏多糖；胃液中的胃酸；消化道中的蛋白酶；唾液、泪液、气管分泌物中存在的溶菌酶等，都有杀灭或抑制病原微生物的作用。黏膜的附属物(如鼻毛、气管黏膜上的纤毛)具有阻止和排除微生物的作用。汗液中的乳酸能抑制大多数病原菌；胃液中的胃酸，唾液、泪液、乳汁、鼻涕和气管分泌的溶菌酶等对G^+菌有一定的杀灭作用。

3) 正常菌群的拮抗作用

栖息在正常人体皮肤黏膜上的大量正常微生物菌群一般不致病，而且对一些病原菌有拮抗作用，其主要是通过在表面部位竞争必要的营养物或者产生如大肠杆菌素、酸类、脂类等抑制物，而抑制多数具有疾病潜能的细菌或真菌生长。例如，肠道中大肠杆菌类的酸性产物能抑制金黄色葡萄球菌、痢疾杆菌等。临床上长期大量应用广谱抗菌素，肠道内对药物敏感的细菌被抑制，破坏了菌群间的拮抗作用，则往往引起菌群失调症，如耐药性金黄色葡萄球菌性肠炎。

2. 内部组织屏障

体内的某些部位具有特殊的结构而形成阻挡微生物和大分子异物进入的局部屏障，对保护该器官，维持局部生理环境恒定有重要作用。

1) 血脑屏障

主要由软脑膜、脑室膜、脉络膜，特别是脑微血管壁和包被在它外面的脑星形细胞组成血脑屏障(blood brain barrier)，具有细胞间连接紧密，胞饮作用弱的特点，可阻挡病原体及其有毒产物或某些药物从血液透入脑组织或脑脊液，保护中枢神经系统的稳定，故称为血脑屏障。婴幼儿因其血脑屏障还未发育完善，故易患脑膜炎或流行性乙型脑炎等传染病，出现惊厥、昏迷等。

2) 血胎屏障(blood embryo barrier)

由怀孕母体子宫内膜的基蜕膜和胎儿的绒毛膜滋养层细胞共同组成，当它发育成熟(一般在妊娠3个月)后，能阻挡病原微生物由母体通过胎盘感染胎儿，但并不妨碍母子间的物质交换。在正常情况下，侵入母体的病原微生物及其毒性产物一般不能通过胎盘进入胎儿体内，胎儿可免受感染。

除了上面所讲的以外，人体还有胎盘屏障，血眼屏障，血胸屏障等。

二、细胞因素

宿主免疫力的"第二道防线"。

1. 吞噬细胞

1) 分类

人类的吞噬细胞(phagocyte)有大、小两种。小吞噬细胞是外周血中的中性粒细胞，占血液白细胞总数的60%～70%，是白细胞中数量最多的一种，来源于骨髓，产生速率高，每分钟约为10^7个，但存活期短，为2～3d。大吞噬细胞是血中的单核细胞(monocyte)和多种器官、组织中的巨噬细胞(macrophage)，两者构成单核吞噬细胞系统(mononuclear phagocyte system，MPS)，是van Furth等于1969年首先提出。单核细胞由骨髓中的单核细胞前体发育分化而成，占血液中白细胞总数的3%～8%。其体积较淋巴细胞略大，在血液中仅停留12～24 h，然后进入结缔组织，发育成熟为巨噬细胞(图9-1)。巨噬细胞分为游走和固定两种类型，前者可在组织间隙中自由游动，后者定居在不同组织器官中，它们有不同的名称(表9-1)。

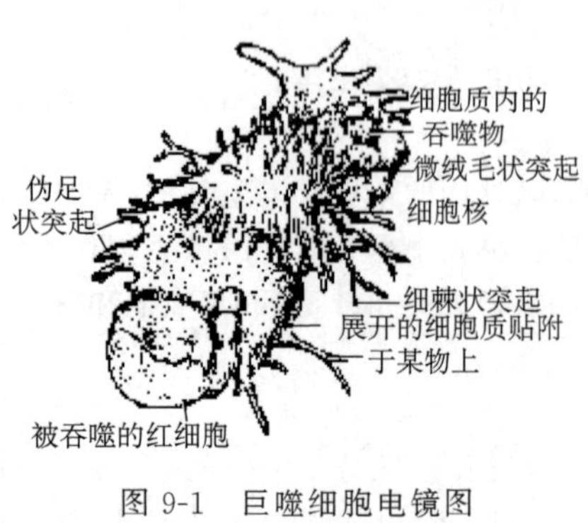

图 9-1 巨噬细胞电镜图

游走巨噬细胞大于单核细胞数倍，寿命较长，表面皱褶多，内含溶酶体，具有黏附能力和强大的吞噬功能，可在组织中存活几个月。吞噬细胞表面富含 MHC-Ⅰ类和Ⅱ类分子，具有 IgG Fc 受体(FcγR)、补体 C3b(CR Ⅰ)和多种细胞因子的受体，但无特异性抗原受体。

表 9-1　单核吞噬细胞组织分布

组织	细胞名称
外周血	单核细胞
一般组织	巨噬细胞
结缔组织	组织细胞
肝	枯否细胞
肺	肺泡细胞
骨髓	骨形成细胞
皮肤	郎格罕细胞
神经系统	小胶质细胞
腹腔	腹腔巨噬细胞
脾和淋巴结	固定和游走的巨噬细胞

2）吞噬作用

吞噬作用(phagocytosis)主要包括吞噬细胞的趋化、吸附(识别)、吞入及胞内处理(杀灭)等过程(图 9-2)。

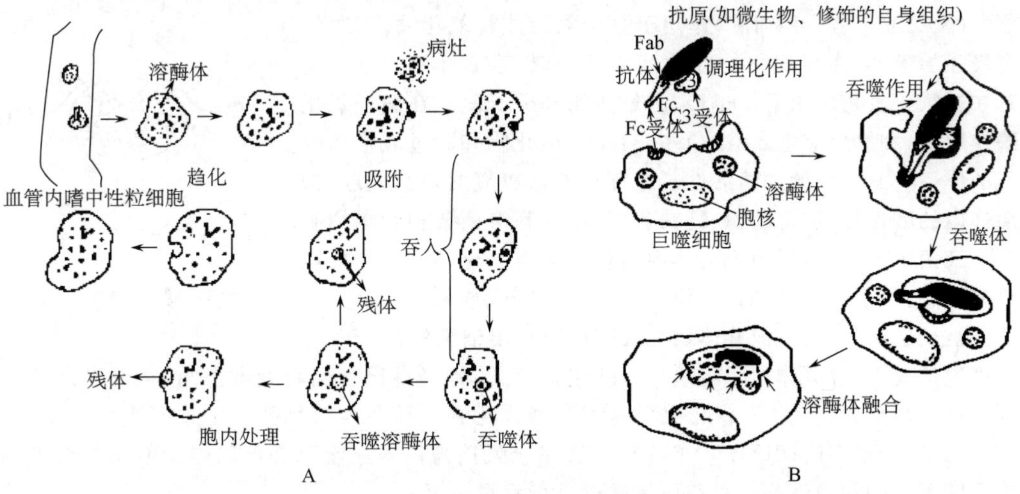

图 9-2　吞噬过程示意图

A. 全过程；B. 识别和吞入

趋化作用(chemotaxis)：某些淋巴因子、抗原—抗体复合物、补体及细菌的代谢产物等引起吞噬细胞向病灶处定向移动的过程。引起趋化作用的物质称为趋化因子，中性粒细胞比单核细胞更迅速地对趋化因子产生应答。在吞噬细胞膜上有趋化因子的受体，趋化效应取决于趋化因子与受体的结合。其机理尚不清楚。重要的趋化因子有：补体 C5a、白细胞介素 8、单核细胞趋化蛋白、白三烯 B4、变性蛋白质和甲酰甲硫胺酰肽等(图 9-3)。

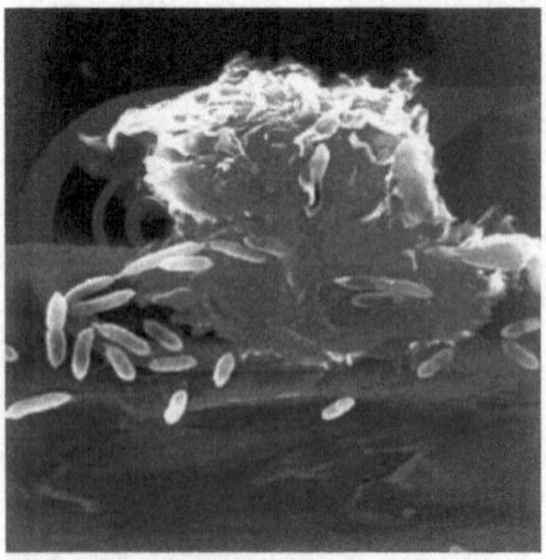

图 9-3　肺巨噬细胞吞噬大肠杆菌

吸附(adsorption):吞噬细胞到达病灶后,并不吞噬机体正常的细胞,这就是识别过程。识别机理尚不很清楚。有两种解释:①吞噬细胞和被吞噬颗粒间机械性地密切接触,这种现象称为接触吞噬或表面吞噬。②吞噬细胞上有抗体 Fc 段和补体 C3b 段的受体,于是受体与抗体或补体便结合,导致密切接触,这称为调理作用,具有调理作用的物质(如抗体和补体)称为调理素。吸附是非耗能的过程。

吞入(pinocytosis):在吞噬细胞和被吞噬颗粒密切接触后,细胞膜逐渐包绕该颗粒,使之进入细胞内形成吞噬体。这是消耗能量的过程,与细胞浆中的微丝活动有关。具体机制尚不清楚。一种解释是吞噬细胞有很强的运动性,当细胞膜与被吞噬颗粒紧密接触时,接触局部停止运动,而邻近部分继续活动,导致膜包绕颗粒,最终形成吞噬体。另一种解释是调理化的颗粒[结合有抗体和(或)补体的颗粒]与吞噬细胞间发生拉链样相互作用(图 9-4)。

杀灭(killing):以细菌为例,细胞被吞噬到胞浆中形成吞噬体,吞噬体与溶酶体(或称初级溶酶体)融合形成吞噬溶酶体(或称次级溶酶体),因而溶酶体内容物进入吞噬体中。这一过程称为脱颗粒。随之发生一系列复杂的生物化学等过程,最终细菌被杀死并消灭掉。杀菌机理包括依赖氧和不依赖氧的两种。吞噬细胞在吞噬细菌后,激活酶系统,产生对细菌有毒性的反应产物。首先 NADPH 氧化酶(NADPH 是一种辅酶)作用于分子氧形成超氧化物,它对细菌有极强的毒性,在超氧化物歧化酶作用下转变成 H_2O_2(过氧化氢),在过氧化氢酶作用下,H_2O_2 分解为水和分子氧。在髓过氧化物酶作用下,和氯反应生成 Cl_2O;由 H_2O_2、卤化物和髓过氧化物酶组成的体系具有强大的杀菌活性。还存在不依赖氧的杀菌机理,如溶酶体内的酸性环境、溶菌酶、乳铁蛋白、白细胞溶菌素和吞噬细胞素等。细菌被杀死后,即为溶酶体内的各种酶类消化,其中,包括透明质酸酶、组织蛋白酶、酯酶、胶原酶、核糖核酸酶、脱氧核糖核酸酶和酸性磷酸脂酶等。有些成分不能被彻底消化,则形成残体留在细胞内或排出细胞外。

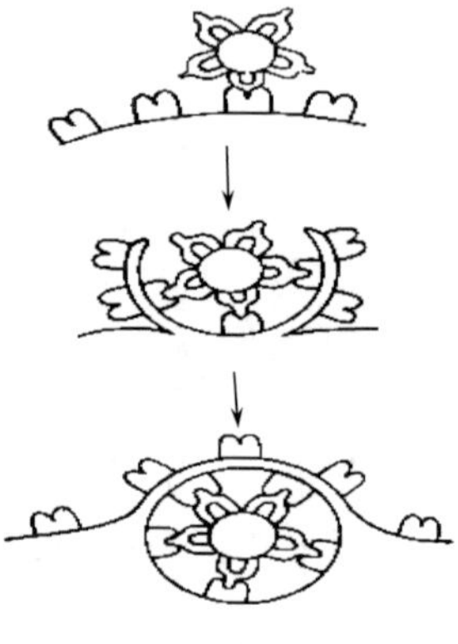

图 9-4　调理素(抗体)介导的拉链样相互作用示意图

多数情况下,病原体被吞噬杀灭。若未被杀死,则经淋巴管到附近淋巴结,在淋巴结内的吞噬细胞进一步把它们消灭。淋巴结的这种过滤作用在人体免疫防御能力上占有重要地位,一般只有毒力强、数量多的病原体才有可能不被完全阻挡而侵入血流及其他脏器。但是在血液、肝、脾或骨髓等处的吞噬细胞会对病原体继续进行吞噬杀灭。

病菌被吞噬细胞吞噬后,其结果根据病菌类型、毒力和人体免疫力不同而不同。化脓性球菌被吞噬后,一般经 5～10 min 死亡,30～60 min 被破坏,这是完全吞噬(complete phagocytosis)。而结核分枝杆菌、布鲁氏菌、伤寒沙门氏菌、军团菌等,具有抗吞噬溶酶体形成或抗溶菌酶等逃避机制,在免疫力低下的机体内,虽被吞噬,却不能杀死,则是已经适应在宿主细胞内寄居的胞内菌,反而随吞噬细胞移动,造成扩散,这是不完全吞噬(incomplete phagocytosis)。不完全吞噬可使这些病菌在吞噬细胞内得到保护,免受机体体液中特异性抗体、非特异性抗菌物质或抗菌药物的有害作用;有的病菌尚能在吞噬细胞内生长繁殖,反使吞噬细胞死亡;有的可随游走的吞噬细胞经淋巴液或血流扩散到人体其他部位，造成广泛病变。此外，吞噬细胞在吞噬过程中，溶酶体释放出的多种水解酶也能破坏邻近的正常组织细胞，造成对人体不利的免疫病理性损伤。

3）功能

巨噬细胞的主要功能是吞噬作用，此外，巨噬细胞还可分泌多种可溶性因子，不但有加强杀菌促进炎症的作用，起到抗癌作用、还具有免疫调节等重要功能，同时，可作为抗原提呈细胞，是特异性免疫的重要组成部分。

2. 自然杀伤细胞

自然杀伤细胞（natural killer cell，NK）细胞是与T、B细胞并列的第三类群淋巴细胞，主要分布于外周血和脾脏。NK细胞数量较少，在外周血中约占淋巴细胞总数的15%，在脾内有3%～4%，也可出现在肺脏、肝脏和肠黏膜，但在胸腺、淋巴结和胸导管中罕见；NK细胞较大，含有胞浆颗粒，故称大颗粒淋巴细胞。NK细胞可非特异直接杀伤靶细胞，这种天然杀伤活性既不需要预先由抗原致敏，也不需要抗体参与，且无MHC限制；NK细胞杀伤的靶细胞主要是肿瘤细胞、病毒感染细胞、较大的病原体（如真菌和寄生虫）、同种异体移植的器官、组织等，而且NK细胞活性较其他杀伤细胞更早出现，因此在抗肿瘤抗感染特别是病毒感染中起重要作用；NK细胞表面受体（NKR）可以识别被病毒感染的细胞表面表达的多糖分子；NK细胞的杀伤效应是由其活化后释放出的毒性分子介导，如穿孔素（perforin）、颗粒酶和TNFα（肿瘤坏死因子）等杀伤靶细胞。

三、正常体液因素

宿主免疫力的“第二道防线”。正常血清和组织液中含有多种抗微生物物质，这些物质对病原菌的直接杀灭作用并不十分强大，但能配合抗体细胞及其他防护因子共同发挥较强大的免疫力。如血清中的补体，乙型溶菌素，白细胞素，血小板素，正铁血红素，精素，精胺碱和乳素等，细胞中的溶菌酶以及乳素、淋巴系统的组蛋白、组织多肽、干扰素等。现介绍其中的三种。

1. 补体系统

补体（complement），是存在于正常人体或动物血清中的一组非特异性血清蛋白，其主要是β及γ球蛋白，在抗原抗体反应中，具有补充抗体作用的能力，故又称为补体系统（complement system）。其由巨噬细胞、肠道上皮及肝脾细胞产生，是一类酶原，以不活动的形式存在于血清中，能被任何抗原抗体复合物激活，只有被激活后才变成一系列的酶，但不能单独作用于抗原或抗体。且具有溶解细胞膜，杀灭病毒，促进吞噬细胞的吞噬和释放组胺等多种功能，其不稳定，室温下数天或56℃、30min即可灭活，0～10℃也只能保存3～4d，冰冻干燥后能较长期保存，许多理化因素，如紫外线照射、机械振荡、酒精、盐酸、胆汁等均可破坏补体。

补体系统是在一定条件下促发补体系统的一系列酶促级联反应，使补体由无活性形式转变为对病原体具有杀灭作用的活性形式称补体系统的激活（activation of the complement system）。

1）经典途径（classical pathway，CP）

主要由C1q与激活物（IC）结合后，顺序活化C1r、C1s、C2、C4、C3，形成C3转化酶（C4b 2b）与C5转化酶（C4b2b3b）的级联酶促反应过程。它是抗体介导的体液免疫应答的主要效应方式。激活物：主要是IC，特别是与抗原结合的IgG、IgM分子。其结果是靶细胞因细胞膜受攻击复合物（membrane attack complex，MAC）作用而被裂解（图9-5）。

2）替代途径（ alternative pathway，AP）

是不经C1、C4、C2活化，而是在B因子、D因子和P因子参与下，直接由微生物或外源异物激活C3，结合形成C3与C5转化酶，而启动补体（C3～C9）酶促连锁反应，最终导致细胞溶解破坏的补体活化途径，又称旁路途径，或第二途径（图9-6）。

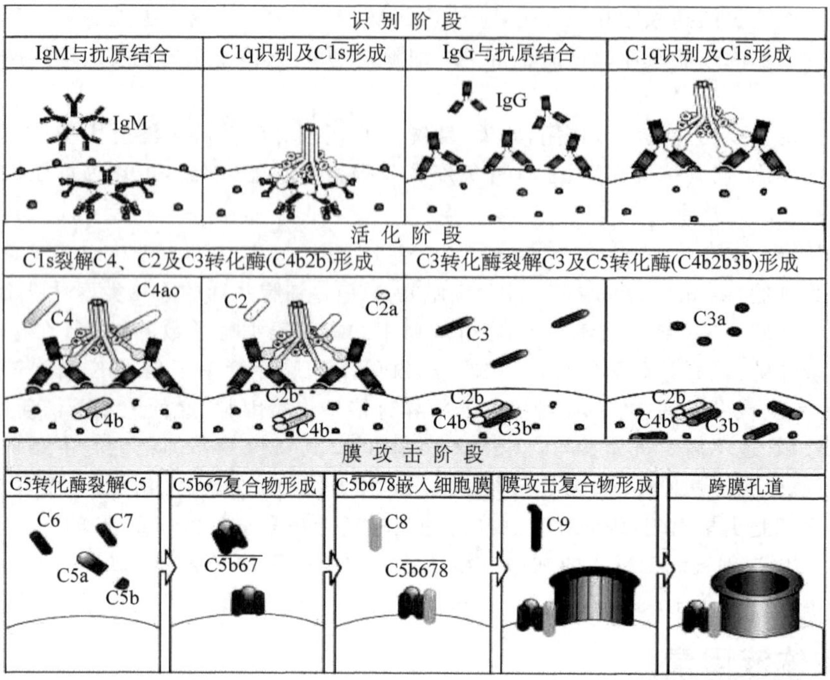

A

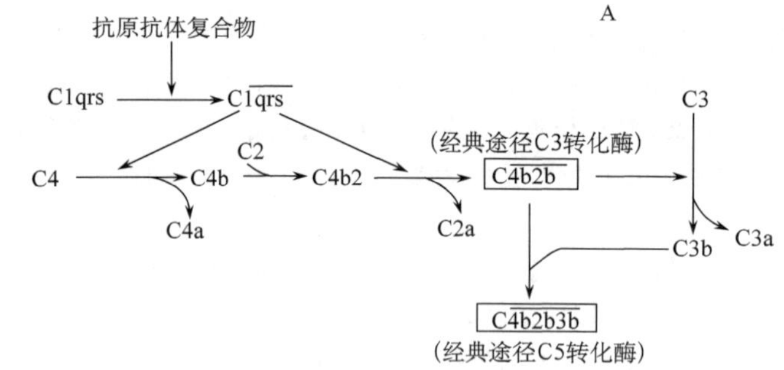

B

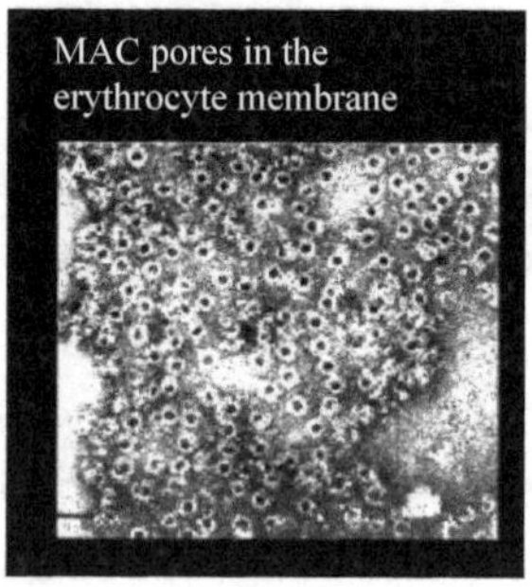

C

图 9-5　补体经典途径激活示意图

A. 激活图示；B. 激活图解；C. 细胞膜受膜攻击复合物攻击后的孔洞

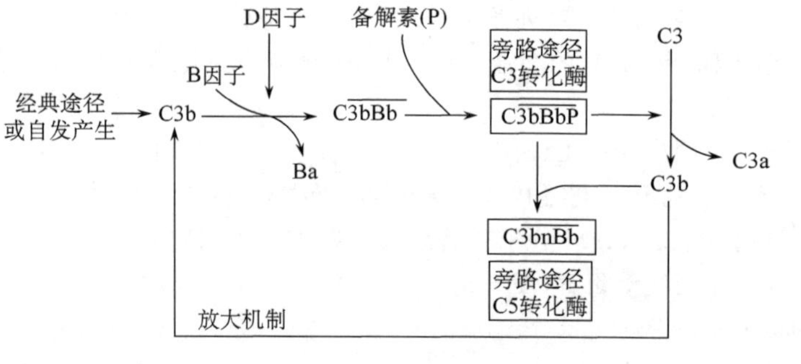

A

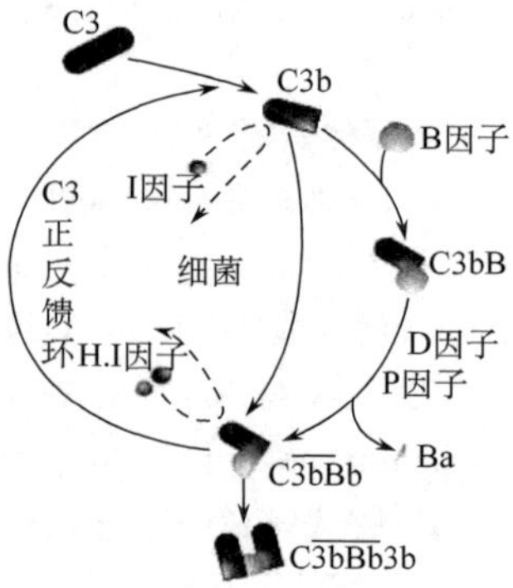

B

图 9-6　补体替代途径激活示意图

A. 激活图解；B. 激活图示

3）MBL 激活途径

凝集素激活途径(MBL pathway)指由血浆中甘露聚糖结合的凝集素(mannan binding lectin，MBL）直接识别多种病原微生物表面的 *N*-氨基半乳糖或甘露糖，进而依次活化 MASP-1、MASP-2、C4、C2、C3，形成和经典途径相同的 C3 与 C5 转化酶，激活补体级联酶促反应的活化途径(图 9-7)。MBL 激活途径的主要激活物为表面含有甘露糖基、岩藻糖和 *N*-氨基半乳糖的病原微生物。

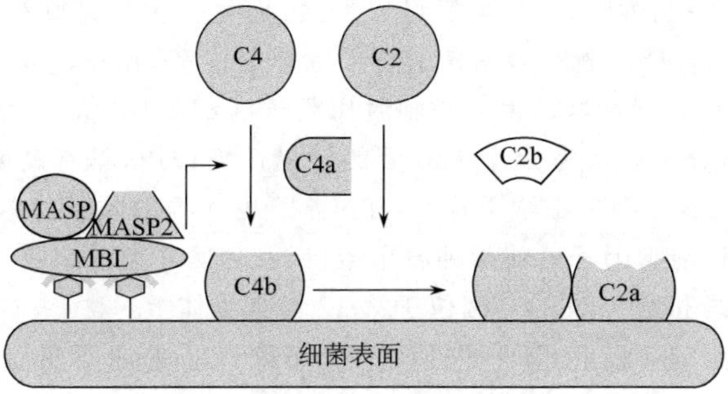

图 9-7 MBL 激活途径示意图

4）补体激活途径的比较

补体激活的三种途径是依据其起始顺序不同划分的，三者之间的关系图 9-8 和表 9-2。

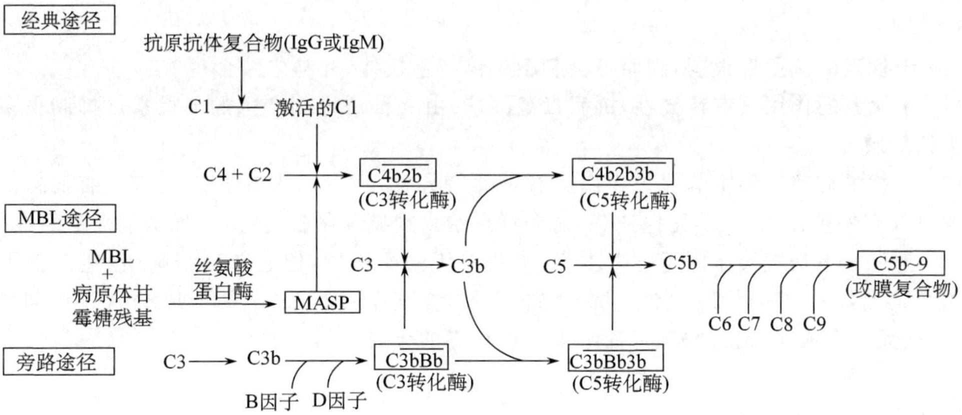

图 9-8 补体三条激活途径的全过程示意图

表 9-2 经典激活途径和替代激活途径的主要不同之处

比较项目	经典途径	旁路途径	MBL 途径
激活物	免疫复合物等	细菌脂多糖、酵母多糖等	细菌表面甘露糖
参与补体成分	C1～9	C3、B 因子、D、因子、P 因子、C5～9	C2～9、MBL、丝氨酸蛋白酶
所需离子	Ca^{2+}，Mg^{2+}	Mg^{2+}	Mg^{2+}
C3 转化酶	C4b2b	C3bBb	C4b2b
C5 转化酶	C4b2b3b	C3bBb3b	C4b2b3b
作用	参与特异性体液免疫效应阶段，在疾病的持续过程中起重要作用	参与非特异性免疫，可直接激活，自身放大，在感染早期起重要作用	参与非特异性免疫，可直接激活，在感染早期起重要作用
共同点	都以 C3 活化为中心，具有共同的末端通路，即膜攻击复合物的形成及其溶解细胞效应		

补体系统一旦激活后具有相同的生物学活性。即引起膜不可逆损伤，导致细胞溶解（革兰氏阴性菌，具有脂蛋白膜的病毒颗粒，红细胞和有核细胞）和杀伤细胞功能；活化过程中产生的各种小片段具有中和病毒作用、增强吞噬细胞的趋化作用、免疫黏附作用、过敏毒素（增加血管的通透性，促进炎症）作用、促进吞噬和释放组胺等多种功能。

2. 干扰素

当两种病毒感染同一细胞时，一种病毒可以增殖，而另一种病毒则被抑制，这种现象称为干扰现象（interference），这种能干扰病毒增殖的物质称为干扰素（inferferons，IFN）。IFN 是高等动物细胞在病毒或 dsRNA 等干扰素诱生剂的刺激作用于活细胞后，所产生的一种具有高活性，广谱抗病毒等功能的相对分子质量为 2 万～10 万的特异性糖蛋白，具有高度活性和多种功能。现知人的干扰素有 3 种：IFN-α 即白细胞干扰素，IFN-β 即成纤维细胞干扰素，IFN-γ 即免疫干扰素（T 淋巴细胞产生的一种细胞因子）；前两种属Ⅰ型，后一种属Ⅱ型。编码Ⅰ型 IFN 的基因位于人类第 9 对染色体上，编码Ⅱ型 IFN 的基因位于第 12 对染色体上。

干扰素对热较稳定，37℃、24 h 不丧失活性，在 pH2～11 的内不变性，对紫外线敏感。当它再作用于其他细胞时，该细胞即可获得抗病毒或抗肿瘤方面的免疫力，能抑制病毒复制，因此可预防对病毒产生的肿瘤。

干扰素诱生剂有各种活的或灭活的病毒、人工合成的双链 RNA、在细胞内繁殖的各种微生物、微生物产物聚合物、低分子物质、细胞有丝分裂素和特异性免疫诱导等。近来还发现细菌、真菌、原生动物、立克次氏体、植物血凝素以及一些人工合成的核苷酸也能刺激机体产生干扰素。

1）特点

（1）干扰素的抗原性很弱，因而不会刺激机体产生抗体，并与之结合；

（2）干扰素的作用没有特异性，抗病毒范围广，由一种诱导剂产生的干扰素可抑制很多种病毒的生长繁殖；

（3）干扰素对宿生细胞的保护作用具有种属特异性，只有用人或灵长类动物细胞制备的干扰素才对人有保护作用，但不能保护鸡，这个特点给大规模地制备，生产干扰素带来了困难；

（4）干扰素不是直接作用于病毒本身，本身并无防御作用，但它能使细胞（包括产生干扰素的细胞及其受影响的邻近细胞）合成抗病毒蛋白质，在其作用下，病毒的信使 RNA 不能与核糖体结合，因此无法合成病毒蛋白质，从而减少了新病毒的合成；

（5）干扰素在体内维持的时间较短。

2）作用机制

干扰素作用于宿主细胞，使之合成抗病毒蛋白，控制病毒蛋白质合成，影响病毒的组装释放，具有广谱抗病毒功能（图 9-9）。这种蛋白具有多种生物活性，包括抗增殖、免疫调节、抗病毒和诱导分化等作用。

干扰素在病毒学、免疫学、细胞学及分子遗传学等领域，均有理论与实际意义。干扰素制剂已用于治疗一些病毒感染（如慢性乙型肝炎、单纯疱疹病毒毒性角膜炎、带状疱疹及呼吸道病毒感染）和恶性肿瘤（如成骨肉瘤等），都有一定疗效。在病毒感染时，干扰素的产生较特异性抗体早，因此，对于阻止病毒病的发生及病毒病患者的康复可能起重要作用。

3. 溶菌酶

溶菌酶（lysozyme）是一种低相对分子质量的不耐热的碱性蛋白质，并可分泌到血清及各种分泌液中，溶菌酶能水解革兰氏阳性菌细胞壁肽聚糖中乙酰葡萄糖胺和乙酰胞壁酸分子之间的连接，使细胞壁受损伤而崩解，如葡萄球菌、链球菌、白喉棒状杆菌等，但作用较弱。它广泛存在于眼泪、唾液、鼻涕、乳汁、肠道、心、肝、脾、肾以及吞噬细胞的溶酶体颗粒中，溶菌酶也存在于鸡

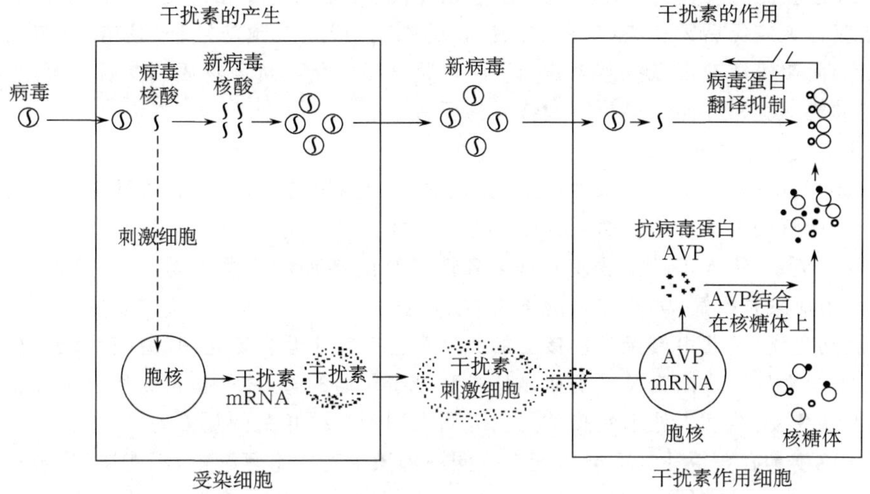

图 9-9　干扰素的产生及作用

蛋清(鸡蛋正常放置一段时间不会变坏)和某些细菌中,可提纯并加工制成各种制剂,用于治疗中耳炎、咽喉炎、副鼻窦炎等慢性疾病。

当抗体、补体和溶菌酶三者共存时,溶菌作用更为显著。体液中还有 β 溶解素(β-lysin),转铁蛋白,血浆铜蓝蛋白,C 反应蛋白,乙型溶素(存在于人血清中对 G^+ 起作用,但不如溶菌酶作用强,是一种多肽)等多种能杀菌或抑菌的因素,但直接作用很弱,仅在机体免疫中起辅助作用。

四、炎症

炎症(inflammatory)是当组织损伤或细菌侵入时,由于细菌成分和组织破坏产物的刺激时所表现的一系列局部或全身性防御应答,既是一种病理过程,又是一种防御病原体入侵的积极的免疫反应。原因是:动员了大量的吞噬细胞聚集在炎症部位;血液中的抗菌因子和抗体发生局部浓缩;死亡宿主细胞的堆积可释放抗微生物物质;炎症中心氧浓度下降和乳酸积累,进一步抑制病原菌的生长;适度的体温升高可以加速免疫反应的进程。

炎症可以看作是非特异免疫的综合作用结果,其作用为清除有害异物、修复受伤组织、保持自身稳定性。有害刺激包括各种理化因素,但以病原微生物感染为主。

当病原体感染,组织和微血管受到刺激损伤时,释放出 5-羟色胺、凝血因子等多种活性成分与经旁路途径激活补体产生活化片段(具有趋化因子、过敏毒素等作用)共同作用,导致血管扩张,毛细血管通透性升高,血流变缓,这些改变利于血管内细胞和血清成分逸出。各种白细胞吞噬杀灭病原体,活化的补体攻击溶解病原菌,其他血浆成分扩大炎症反应。

外源性热原物质作用于下丘脑导致发热,吞噬细胞的溶酶体释放或泄漏会损伤自身组织成分,死亡白细胞与破坏裂解的靶细胞共同酿成脓液;各种毒性产物与活性介质将刺激正常机体组织。因此,伴随炎症过程有红、肿、痛、热和功能障碍等现象。炎症反应也会造成一些不良影响,如组织坏死,对心、脑、肾、血管、关节等器官造成损伤。

第三节　特异性免疫

特异性免疫(specific immunity),属于人体"第三道防线",又称获得性免疫(acquired specific immunity)或适应性免疫,包括抗感染免疫、移植免疫、肿瘤免疫等几大类。本节主要介绍抗感染免疫,即是获得免疫经后天感染(病愈或无症状的感染)或人工预防接种(菌苗、疫苗、类毒素、免疫球蛋白等)而使机体获得抵抗感染能力。一般是在微生物等抗原物质刺激后才形成的(免疫球蛋白、免疫淋巴细胞),并能与该抗原起特异性反应。

获得性免疫根据其获得的方式又分为 4 种:

自然自动免疫:一个人得了某种传染病,痊愈后,便不会得第二次。这种免疫力是后天获得的,是因为自然感染了某种病原微生物,痊愈后,人体自动产生的。

人工自动免疫:用人工的方法使人感染毒性极微的某种病原微生物,比如接种卡介苗,人们便自动获得了对某种疾病,如肺结核的抵抗力。

自然被动免疫:婴儿由母亲身体接受的免疫力。6 个月里的婴儿,其免疫系统还没有发育起来,可是他很少生病。是因为胎儿的血循环是和母亲相通的,母体的抵抗力通过血液注入胎儿。

人工被动免疫:给病人注射免疫球蛋白等病人即刻获得相关的免疫力。

特异性免疫具有获得性、特异性,能抵抗同一种微生物的重复感染,不能遗传,包括体液免疫(humoral immunity)与细胞免疫(cellular immunity)或细胞介导免疫(cell-mediated immunity)两类。

一、免疫应答

特异性免疫的进行过程一般称为免疫应答(immune response),即一个从抗原的刺激开始,到体内的抗原特异性淋巴细胞识别抗原后,发生了活化、增殖、分化等一系列变化,并进行一定的体液免疫和细胞免疫效应的过程。抗原是免疫应答的启动因子,免疫应答参与的核心细胞是 T、B 淋巴细胞,巨噬细胞等是免疫应答的辅佐细胞,也是不可缺少的。免疫应答的表现形式是体液免疫和细胞免疫,分别由 B 细胞和 T 细胞介导。免疫应答的重要特征是特异性、记忆性和具有一定的免疫期,并识别自己和异己。

多数情况下,机体免疫系统对抗原表现为识别、排斥和清除的排异反应,发挥免疫保护作用,此为正免疫应答;对于自身成分在正常情况下,免疫系统表现为特异性不应答,此为负免疫应答,亦称为自身免疫耐受。正免疫应答和负免疫应答均为保护性的生理性的免疫应答。而由于免疫机能失调而导致的超敏反应、免疫缺陷以及自身免疫等,则为损伤性的病理性的免疫应答。

根据抗原接触机体的次数和时间,可将免疫应答分为初次应答、再次应答和回忆应答(详见后文)。

二、淋巴细胞、抗原呈递细胞与免疫

1. 淋巴细胞

淋巴细胞(lymphocyte)是种类繁多、分工极细、并有不同分化阶段和功能表现的一个细胞群体。各种淋巴细胞的寿命长短不一,如效应性淋巴细胞仅 1 周左右,而记忆性淋巴细胞可长达数年,甚至终身。各种淋巴细胞的形态相似,不易区分,只有用免疫细胞化学等方法才能予以鉴别。

1) 淋巴细胞的主要类群

依据表面标志、形态结构和功能表现的不同,一般将淋巴细胞分为三类。

胸腺依赖淋巴细胞(thymus dependent lymphocyte):简称 T 细胞,是淋巴细胞中数量最多功能复杂的一类。T 细胞体积较小,胞质很少,一侧胞质内常有数个溶酶体(图 9-10)。胞质呈非特异性酯酶染色阳性,细胞表面有特异性抗原受体。血液中的 T 细胞占淋巴细胞总数的 60%～75%。T 细胞一般可分为三个亚群:①辅助性 T 细胞(helper T cell,T_H 细胞),占 T 细胞的 65%

左右，它的重要标志是表面有 CD4 抗原（CD 是淋巴细胞和其他白细胞表达的表面抗原分化群，即 cluster of differentiation 简称，1993 年国际会议统一命名，现已有 CD1～CD78）。T_H 细胞能识别抗原，分泌多种淋巴因子，它既能辅助 B 细胞产生体液免疫应答，又能辅助 T 细胞产生细胞免疫应答，是扩大免疫应答的主要成分，它还具有某些细胞免疫功能。艾滋病（AIDS）病毒可破坏 T_H 细胞，导致患者的免疫系统瘫痪。②抑制性 T 细胞（suppressor T cell，T_S 细胞），占 T 细胞的 10％左右。表面有 CD8 抗原。T_S 细胞常在免疫应答的后期增多，它分泌的抑制因子可减弱或抑制免疫应答。③细胞毒性 T 细胞（cytotoxic T cell，T_C 细胞），占 T 细胞的 20％～30％，表面也有 CD8 抗原。T_C 细胞能识别结合在 MHC-Ⅰ类抗原上的异抗原，在异抗原的刺激下可增殖形成大量效应性 T_C 细胞，能特异性地杀伤靶细胞，是细胞免疫应答的主要成分。

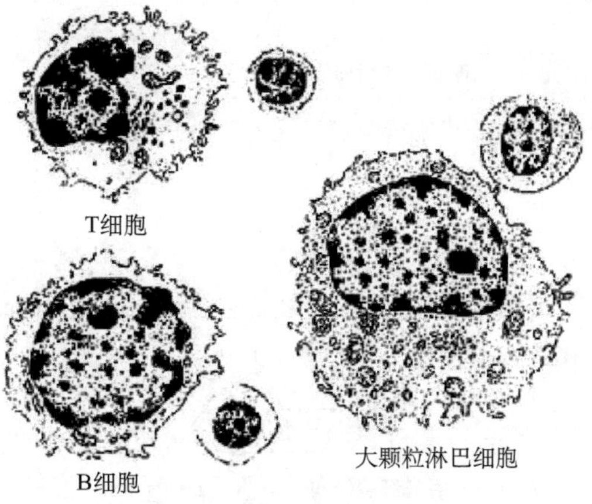

图 9-10 T 细胞、B 细胞及大颗粒淋巴细胞

注：小细胞示光镜结构，大细胞示超微结构

骨髓依赖淋巴细胞（bone marrow dependent lymphocyte）：简称 B 细胞，常较 T 细胞略大，胞质内溶酶体少见，含少量粗面内质网（图 9-10）。细胞表面的标志主要是有许多膜抗体（特异性抗原受体）。血液中 B 细胞占淋巴细胞总数的 10％～15％。B 细胞受抗原刺激后增殖分化形成大量浆细胞，分泌抗体，从而清除相应的抗原，此为体液免疫应答。

大颗粒淋巴细胞（large granular lymphocyte，LGL）：LGL 常较 T、B 细胞大，直径约 11 μm，胞质较丰富，含散在的溶酶体（图 9-10）。血液中 LGL 约占淋巴细胞的 10％，在脾内和腹膜渗出液中较多，淋巴结和骨髓内较少，胸腺内无。LGL 的来源未明，寿命约数周，细胞表面无特异性抗原受体，膜上的标志主要是 GM1（单核巨噬细胞的标志）和 CD8（T_C 细胞的标志），并常有 Fc 受体。LGL 可分为两种：①杀伤细胞（killer 细胞，K 细胞），在靶细胞与抗体结合后，K 细胞可借 Fc 受体与抗体的 Fc 端结合进而杀伤靶细胞。②自然杀伤细胞（nature killer cell，NK 细胞），它不需抗体的存在，也不需抗原的刺激即能杀伤某些肿瘤细胞。由于 K 细胞和 NK 细胞的形态、分布与表面标志均近似，故它们可能是同一种细胞的不同功能表现。

2）T 细胞和 B 细胞的早期分化

T 细胞和 B 细胞分别在胸腺和骨髓内进行早期分化，胎儿期即已开始，出生后继续进行。其特点是形成具有各种特异性抗原受体的淋巴细胞，总共有 10^5～10^6 种。但每个淋巴细胞表面只有一种抗原受体，这是淋巴细胞能识别特异性抗原的物质基础。早期分化形成大量静息期的处女型 T 细胞和 B 细胞，并不断播散到周围淋巴器官和淋巴组织中。抗原进入机体后，一般通过淋巴循环进入淋巴结，部分进入血流中的抗原被阻留于脾脏和全身各处的淋巴组织，被其中的抗原递呈细胞捕获、加工和处理为免疫原性多肽，表达于抗原递呈细胞表面。与此同时，血循环中成熟的 T 细胞 B 细胞经由淋巴组织中的毛细血管后微静脉进入淋巴器官，其中与抗原相对应的特异性的淋巴细胞接受抗原递呈细胞上表达的抗原刺激后，开始活化，增殖分化为效应细胞（图 9-11）。T 细胞最终分化为效应性 T 细胞和记忆性 T 细胞，并产生细胞因子；B 细胞最后分化成分泌抗体的浆细胞，并分泌抗体，一部分 B 细胞停留在分化的中间阶段成为记忆性 B 细胞。效应性 T 细胞、记忆性 T 细胞和 B 细胞可重新进入血液循环。

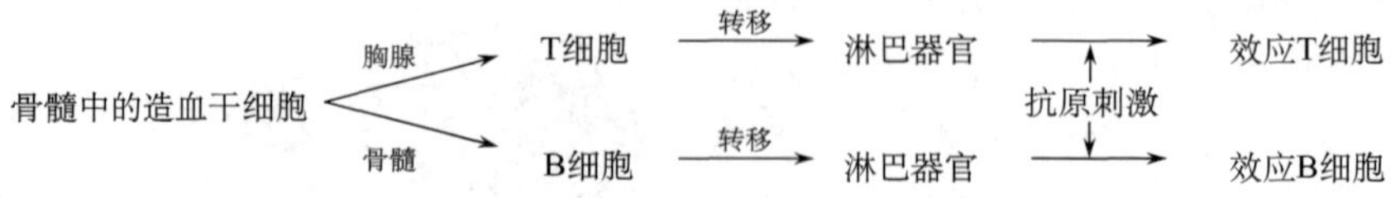

图 9-11　淋巴细胞的起源与分化

3）免疫应答的三个阶段

T 细胞和 B 细胞在免疫应答(immune response)过程中需经过三个阶段，即感应阶段、增殖分化阶段和效应阶段(图 9-12)。

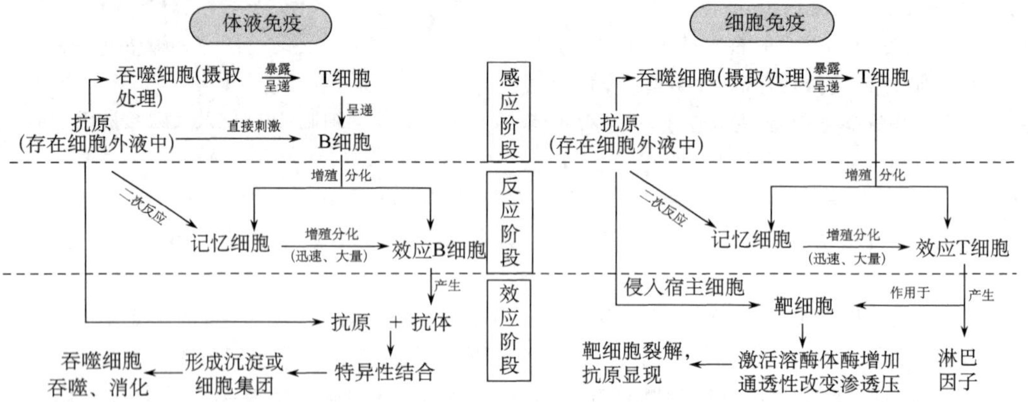

图 9-12　免疫应答的三个阶段

感应阶段：即识别抗原的过程，常需数种细胞的协作才能完成。免疫系统在识别机体自身和非自身的细胞或抗原中有两类细胞表面的结构特别重要：一类是 T 细胞和 B 细胞表面的特异性抗原受体；另一类是组织相容性抗原(histocompatibility antigen)，编码此类抗原的基因群称主要组织相容性复合体(major histocompatibility complex)，简称 MHC，故此抗原又称 MHC。MHC 抗原在不同种动物之间以及同种动物不同个体之间均有所不同，故具有高度的特异性，但一卵性孪生儿及同一个体的所有细胞的 MHC 抗原则是相同的；因而异体移植的组织或器官均会引起机体的排斥反应。MHC 抗原又分为两类：①MHC-Ⅰ类抗原，广泛分布于个体的所有细胞表面；②MHC-Ⅱ类抗原，仅分布于免疫系统的某些细胞表面，有利于细胞之间功能的相互协作，如识别抗原等。

抗原要经过抗原呈递细胞的处理，如巨噬细胞内吞抗原(细菌等)形成内吞泡，后者与溶酶体融合使抗原初步分解但仍保留其抗原性，继而与 MHC-Ⅱ类分子结合并表达于细胞表面，供淋巴细胞识别。同时，巨噬细胞分泌 IL-1 激活 TH 细胞，TH 细胞分泌 IL-2、IL-4、等再激活 B 细胞，TH 细胞和 B 细胞即发生转化(transformation)。TC 细胞识别抗原的机制与上述有所不同，它只能识别与 MHC-Ⅰ类分子结合的抗原，并在 TH 细胞分泌的 IL-2 的刺激下发生转化。淋巴细胞转化是指由静息期的小淋巴细胞转变成代谢活跃并能进行增殖的大淋巴细胞的过程，此时细胞核增大，染色质变细，核仁明显，胞质增多，胞质内游离核糖体增多而嗜碱性增强，细胞增大至 15～20 μm，形似幼稚的母细胞，故又称母细胞化(blastoformation)或返幼(rejuvenation)(图 9-13)。

增殖分化阶段：TH 细胞在此阶段起重要的调节作用。它分泌 IL-2 可刺激自身(TH)和 Tc

细胞发生一系列的分裂和分化；它分泌的 IL-4 等和干扰素则可刺激 B 细胞发生一系列的分裂和分化。细胞增殖中，其抗原受体的特异性不变，故称为单株增殖，结果产生两类细胞：①效应细胞(effector cell)，是失去分裂能力的终末细胞(end cell)，大量效应细胞可增强机体快速清除抗原的能力；②记忆细胞(memory cell)，是经过一段分化后再次转入静息期的小淋巴细胞，寿命长，当再次遇到该抗原时能迅速转化增殖形成大量效应细胞，使机长期保持对该抗原的免疫力。预防接种疫苗可使机体产生大量记忆细胞。

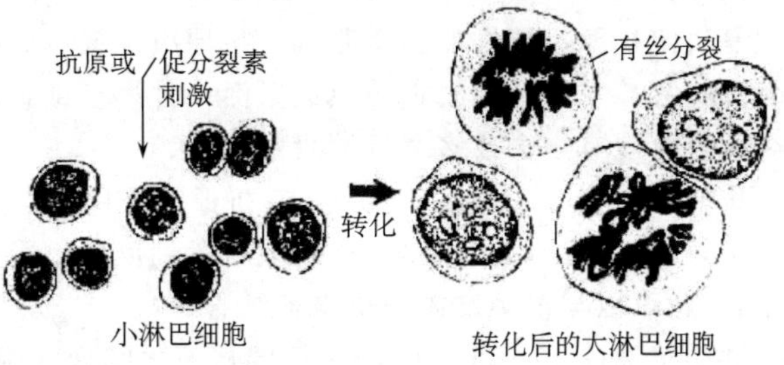

图 9-13　淋巴细胞的转化

效应阶段：效应细胞经血流迁移至病灶附近清除抗原(病原体)，在疾病转愈期效应细胞增多。B 细胞的效应细胞是浆细胞，寿命约 1 周，能大量分泌抗体，抗体经血流循环全身，其半衰期为 10～20 d。抗体能中和抗原的毒性，促使靶细胞溶解，抗原与抗体结合后还易被吞噬细胞吞噬，T_H 效应细胞是分泌淋巴因子的主要细胞。如巨噬细胞游走抑制因子等聚集巨噬细胞和激活其吞噬和杀菌能力，淋巴毒素能杀伤靶细胞，γ-干扰素可抑制病毒复制及激活 NK 细胞杀靶细胞等。Tc 效应细胞进入病灶与靶细胞抗原结合后，释放穿孔蛋白(perferin)，它能嵌入靶细胞膜，在膜上形成中央有孔的聚合体，使细胞外液进入靶细胞而使其膨胀破裂，而 Tc 效应细胞不受损伤，还能再次杀伤靶细胞，但寿命仅数天。发生免疫应答的淋巴器官由于淋巴细胞的滞留、特异性增殖以及血管扩张等因素作用而迅速增大，当免疫应答减退后可逐渐恢复到原来大小。

2. 抗原呈递细胞

抗原呈递细胞(antigen presenting cell，APC)是免疫应答起始阶段的重要辅佐细胞，有多种类型。其中，巨噬细胞分布最广，是处理抗原的主要细胞；交错突细胞(interdigitating cell)分布于脾、淋巴结和淋巴组织中的 T 细胞区，是辅佐细胞免疫应答的主要成分；滤泡树突细胞(follicular dendritic cell)仅分布于淋巴小结的生发中心，能借抗体将大量抗原聚集于细胞突起表面，与选择 B 细胞高亲和性抗体细胞株的功能有关；郎格汉斯细胞(Langerhans cell)分布于表皮深层，可捕获和处理侵入表皮的抗原，并能离开表皮经淋巴进入淋巴结，转运抗原或转变为交错突细胞；微皱褶细胞(microfold cell)位于回肠集合淋巴小结顶端上皮及扁桃体隐窝上皮中，也有捕获和转递抗原的作用。

三、抗原和抗体

1. 抗原

抗原(antigen，Ag)是一类能诱导免疫系统发生免疫应答，并能与免疫应答的产物(抗体或效应细胞)发生特异性结合的物质。抗原具有免疫原性和反应原性两种性质。

1) 概念

免疫原性(immunogenicity)：指抗原刺激机体后，机体免疫系统能形成抗体或致敏 T 淋巴细胞的特异性免疫反应。

反应原性(reactinogenicity)：又叫免疫反应性(immunoreactivity)是指产生的抗体或致敏 T 淋巴细胞能与抗原进行特异性结合的免疫反应。

免疫原(immunogen)：既具免疫原性又具反应原性的抗原。

抗原决定簇(antigenic determinant):抗原分子中决定抗原特异性的特殊化学基团。又称表位。是决定抗原特异性的物质基础。抗原决定簇可以与相应的淋巴细胞表面的受体蛋白结合引起免疫应答。一个抗原决定簇只能激活一种淋巴细胞(对于B细胞),只刺激产生一种类型抗体。一个抗原可以有一个或多个抗原决定簇。

抗原结合价(antigenic valence):抗原分子中可与抗体分子结合的抗原表位的总数。抗原决定簇少,抗体与抗原结合就少,往往就见不到反应。天然抗原或复杂的半抗原决定簇往往多达几十个,因此可以与很多抗体分子交互结合。

共同抗原(common antigen):不同抗原之间含有相同或相似的抗原表位,即带有共同抗原决定基的不同抗原称为共同抗原。存在于同一种属或近缘种属中的共同抗原称为类属抗原;而存在于不同种属生物间的共同抗原称为异嗜性抗原。

交叉反应(cross reaction):由共同抗原决定基刺激机体产生的抗体分别与两种抗原(共同抗原)结合发生反应。

2) 分类

完全抗原(complete antigen)和不完全抗原:同时具有免疫原性和免疫反应性的叫完全抗原;本身没有免疫原性,不能引起免疫反应,但是如果把它们和某些载体分子,如蛋白质分子结合起来就有了免疫原性,就能使动物对这一复合分子产生特异的抗体,这种本身无免疫原性,但有反应原性,一旦把它与载体结合就有了免疫原性的物质,就称半抗原(hapten)或不完全抗原(incomplete antigen)。如寡糖,类脂和一些简单的化学物质等。吗啡就是一种半抗原,把它与蛋白分子结合起来,就可以使动物体产生相应抗体,此抗体可作为检测是否吸毒的试剂。

外源性抗原和内源性抗原:前者指来源于机体外部的如细菌、病毒、花粉、各种毒素以及小型动植物,称外源性抗原;后者主要为机体从未接触过的物质或构象发生改变的自身成分,如变性的IgG重链、晶状体物质、精子、脑组织等。

天然抗原,人工抗原和合成抗原:天然抗原是来源于生物体的抗原物质;人工抗原是经化学修饰的抗原;合成抗原是化学方法合成的高分子抗原。

3) 特点

大分子性:抗原相对分子质量一般都在 10×10^3 以上,而在 4×10^3 以下者一般无免疫原性。在一定相对分子质量范围内,相对分子质量大者免疫原性强。

异物性:是指抗原与机体组织结构的相异程度。异物性强,免疫原性则强。包括各种病原微生物、动物蛋白、同种异体移植物、改变的自身物质及胚胎期未与免疫活性细胞充分接触的物质(如精子、甲状腺球蛋白、眼晶状体蛋白等)。

特异性:某一特定抗原只能刺激机体产生特异性的抗体或致敏淋巴细胞,且仅能与之特异结合。

2. 人的主要组织相容性复合体(human leucocyte antigen, HLA)

在组织或器官移植中,供者与受者之间相容(不排斥)还是不相容(排斥)都是由它们组织特异性所决定的。这种代表个体特异性的组织抗原称组织相容性抗原,一套这样的抗原系统称主要组织相容性系统(major histocompatibility system, MHS)。编码MHS的基因群称为主要组织相容性复合体(MHC),即指某一染色体上一群紧密连锁的基因群。人的MHC就称HLA(human leucocyte antigen),HLA作为抗原研究时,称HLA抗原系统;HLA作为基因研究时称HLA复合体,它位于第6号染色体短臂上6p21.3,全长4000 kb。它是为200个以上基因座位组成的基因复合体;是迄今已知基因中等位基因多态性最高的基因复合体;其多态性与疾病的遗传易感性有明显关系。HLA包括有Ⅰ类、Ⅱ类和Ⅲ类基因部分。

HLA Ⅰ类和Ⅱ类基因所表达的抗原位于细胞膜上,为MHC-Ⅰ(A、B、C位点编码)和MHC-

Ⅱ(D 区编码)，Ⅰ类几乎分布于身体全部细胞表面，Ⅱ类主要是定位于巨噬细胞和 B 淋巴细胞表面的糖蛋白。

1) MHC 分子结构

MHC-Ⅰ类分子：所有Ⅰ类分子都包含有两条不相连的多肽链：一条为 MHC 编码的 α 链或称重链，人类约 4.4×10^4，小鼠约为 4.7×10^4；另一条为独立染色体基因编码的 β 链(β2-微球蛋白)，人类和小鼠均为 1.2×10^4。α 链由一个约 4×10^4 的核心多肽链形成，N 端连有一个(人类)或两个(小鼠)寡糖，α 链的 3/4 在胞膜外，包括氨基端和寡糖群，跨膜区为一疏水短片段，胞浆区为 30 个氨基酸残基的羧基末端。β 链与重链的胞膜外部分以非共价键结合，β 链不与细胞直接相连(图 9-14)。

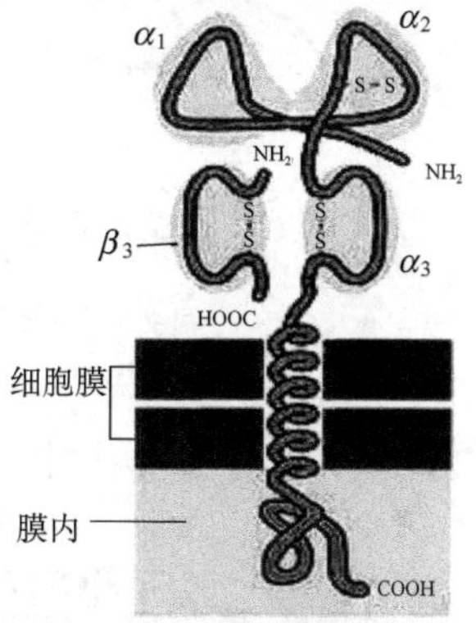

图 9-14　MHC-Ⅰ类分子

MHC-Ⅱ类分子：所有 MHC-Ⅱ类分子均由两条以非共价键相连的多肽链组成，两条链的整体结构相似，α 链(3.3×10^4～3.4×10^4)，由于其广泛的糖基化，因而略长于 β 链(2.9×10^4～3.2×10^4)。两条多肽链均含有与 N 端相连的寡糖，胞外为氨基端，胞内为羧基端，每条链的 2/3 部分位于细胞外，两条链由不同的 MHC 基因编码，具有多态性(少数例外)。这两类糖蛋白分子结构上具有共同特点，即表面都有一沟，第Ⅰ类分子沟较浅，可以接受 12～20 个氨基酸组成的肽链；Ⅱ类分子沟较深，可接受较长的肽链(图 9-15)。

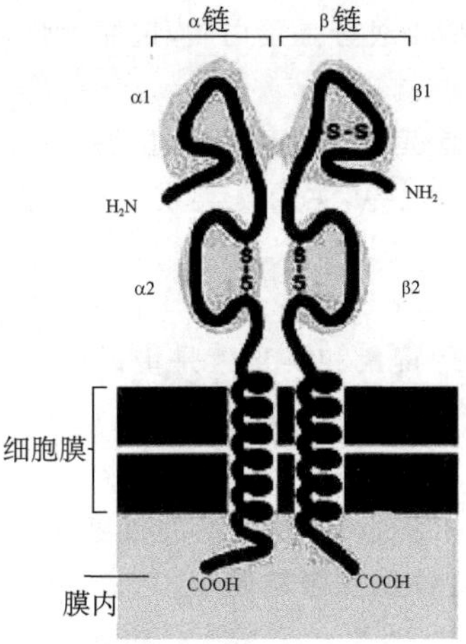

图 9-15　MHC-Ⅱ类分子

2) MHC 在免疫应答中作用

MHC-Ⅰ和 MHC-Ⅱ除了结构有异外，它们的主要区别是在免疫应答中激活机制和效果不同(图 9-16)。

病毒侵入细胞内后，利用细胞合成出蛋白质，这些蛋白质或一些片段穿过细胞膜，与膜上的 MHC-Ⅰ分子结合，形成 MHC-抗原复合物，从而激活细胞毒性 T 细胞。Tc 细胞一方面通过自我繁殖复制出大量相同的 Tc 细胞，一方面一部分分化为记忆细胞。这些 Tc 细胞与靶细胞结合，分泌穿孔素杀死被病毒感染或变易的细胞。

细菌、寄生虫等体积较大，被巨噬细胞吞噬之后，一些抗原分子穿过细胞膜，夹在 MHC-Ⅱ分子沟中。巨噬细胞将抗原提呈给 TH 细胞，于是激活 TH 细胞。TH 细胞一方面激活 Tc 细胞使发挥杀伤作用，一方面刺激表面与 MHC-Ⅱ-Ag 结合的 B 细胞，使转化为记忆细胞和浆细胞，大量分泌相应的抗体。

3. *病毒抗原*

病毒抗原(virus antigen)可分为病毒颗粒(V 抗原，是病毒颗粒本身)，病毒组分抗原(是病毒颗粒释放出来的组分如被膜表面的糖蛋白，衣壳和衣壳粒的蛋白质组分等)，可溶性抗原(S 抗原)是存在于宿主细胞内的病毒核酸，指导合成的游离抗原成分。病毒抗原是病毒核酸的基因产物。

4. *细菌抗原*

细菌抗原(bacteria antigen)结构是细菌分类鉴定的重要依据，主要抗原有：鞭毛抗原，菌体抗原和表面抗原、菌毛抗原、外毒素和类毒素等类(图 9-17)。

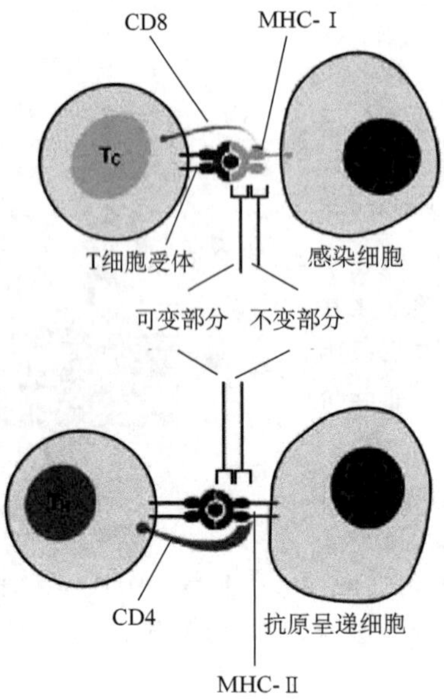

图 9-16 MHC在免疫应答中的激活机制

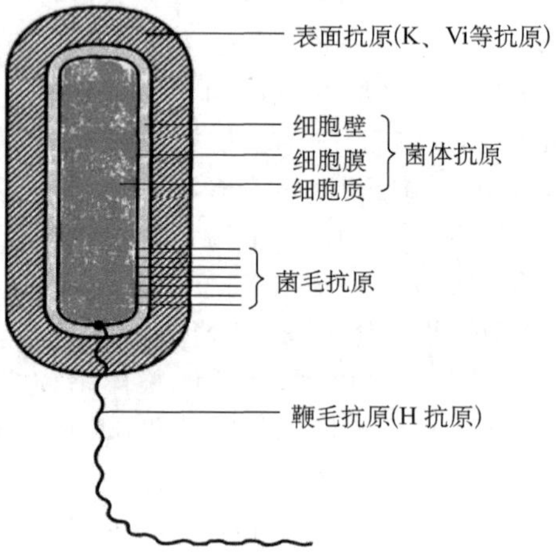

图 9-17 细菌抗原

鞭毛抗原(flagella antigen):即H抗原,存在于细菌鞭毛内,主要成分是蛋白质,抗原性强,特异性高,不耐热,易被乙醇破坏。

菌体抗原(somatic antigen):即O抗原,是存在于细胞壁、细胞膜、与细胞质上的抗原。

表面抗原(surface antigen):是包围在细菌细胞壁外面的各种抗原,主要是荚膜抗原。如肺炎球菌的多糖荚膜抗原。

菌毛抗原(fimbria antigen):存在于细菌菌毛上的抗原。

外毒素和类毒素抗原(exotoxin antigen and toxoid antigen):外毒素和类毒素是蛋白质,均具有极强的抗原性。

5. 肿瘤抗原

人类中与肿瘤有关的抗原称肿瘤相关抗原,肿瘤抗原(tumor antigen)对肿瘤的诊断可提供辅助性指标。如鼻咽癌组织中的EB病毒。乳腺癌组织中的B和C型病毒颗粒等。

6. 抗体

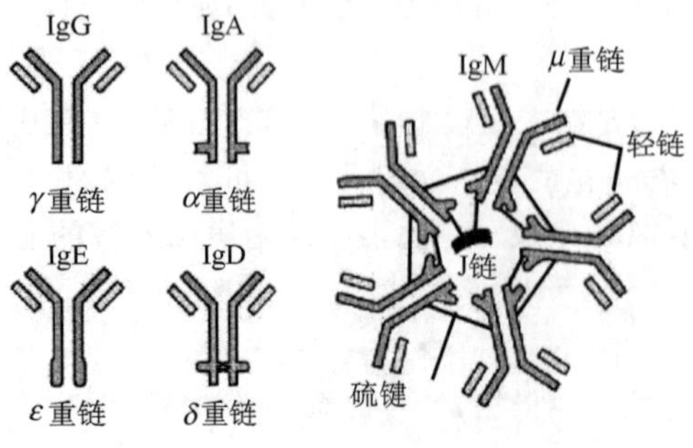

图 9-18 5种免疫球蛋白示意图

免疫系统受抗原刺激后,B细胞转化为浆细胞,由浆细胞产生与抗原发生特异性结合的球蛋白,这类球蛋白称为抗体(antibody,Ab)。因抗体是蛋白质,故既具抗体功能也可作抗原去刺激异种生物产生相应的抗体,这就是抗抗体(antianti-body)。免疫球蛋白(immunoglobulin,Ig)是指具有抗体活性或化学结构与抗体相似的球蛋白。免疫球蛋白普遍存在于哺乳动物和人类的血液、组织液和外分泌液中。人体的免疫球蛋白主要有五类:IgM、IgA、IgG、IgD、IgE(图9-18)。

1）抗体结构

抗体是具有 4 条多肽链的对称结构（图 9-19），其中 2 条较长、相对分子质量较大的相同的重链（H 链）；2 条较短、相对分子质量较小的相同的轻链（L 链）。链间由二硫键和非共价键联结形成一个由 4 条多肽链构成的单体分子。轻链有 κ 和 λ 两种，重链有 μ、δ、γ、ε 和 α 五种。

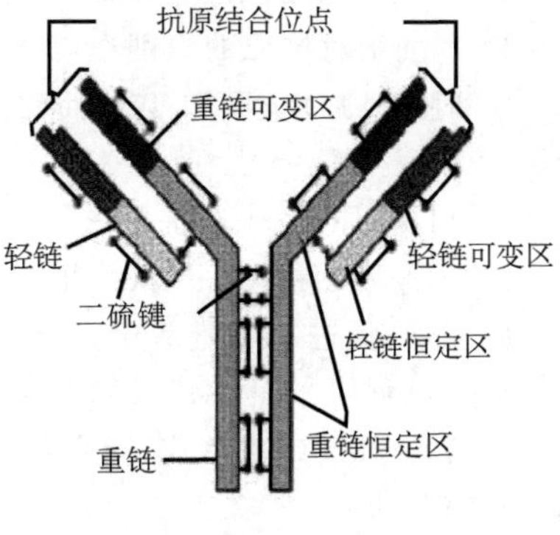

图 9-19　抗体结构

整个抗体分子可分为恒定区和可变区两部分。在给定的物种中，不同抗体分子的恒定区都具有相同的或几乎相同的氨基酸序列。可变区位于“Y”的两臂末端。在可变区内有一小部分氨基酸残基变化特别强烈，这些氨基酸的残基组成和排列顺序更易发生变异区域称高变区。高变区位于分子表面，最多由 17 个氨基酸残基构成，少则只有 2 或 3 个。高变区氨基酸序列决定了该抗体结合抗原的特异性。一个抗体分子上的两个抗原结合部位是相同的，位于两臂末端称抗原结合片段（antigen-binding fragment，Fab）。“Y”的柄部称结晶片段（crystalline fragment，FC），糖结合在 FC 上。

2）抗体基因重排

抗体的 L 链是由 C、V、J 三个基因簇编码的，H 链由 C、V、D、J 四个基因簇编码的。V 是编码可变区，有 300 个种类；D 编码高变区，有 15 ～ 20 个种类；J 编码连接 V、C 的结合区，有 4 或 5 个种类；C 编码恒定区，仅有一种。这些外显子通过多种多样的重排，所合成出的肽链，还要再进一步进行 L 和 H 链组合，这样最后生成的抗体种类就非常多了。抗体基因重排是发生在淋巴细胞分化的时候。

3）单克隆抗体

由一种克隆产生的特异性抗体叫做单克隆抗体（monoclonal antibody，McAb）。单克隆抗体能目标明确地与单一的特异抗原决定簇结合，就像导弹精确地命中目标一样。另外，即使是同一个抗原决定簇，在机体内也可以由好几种克隆来产生抗体，形成好几种单克隆抗体混杂物，称为多克隆抗体。克隆选择学说：淋巴细胞在与抗原接触前就已经存在多种多样的与抗原专一性结合的受体，一种细胞带一种受体，进入机体的抗原选择性的结合其中的个别淋巴细胞，使之活化，增殖产生大量带有同样受体的细胞群，分泌同样的抗体。

4）抗体的作用

抗体通过与相应抗原发生免疫反应，中和、沉淀、凝集或溶解抗原，以消除其对机体的有害作用，另还参加补体激活反应，K 细胞激活作用，当 Ag-Ab 结合后，K 细胞表面受体能和抗原表面的受体结合，将抗原杀死。

四、体液免疫

体液免疫（humoral immunity）是 B 细胞介导的免疫应答，是由抗体实现的免疫效应（图 9-20）。

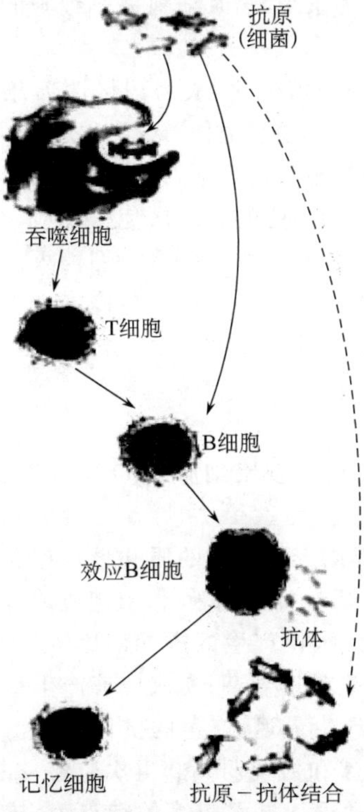

图 9-20　体液免疫过程

1. 体液免疫应答的过程

1）B 细胞对抗原的识别

B 细胞对 TD 抗原和 TI 抗原的识别有很大的不同，两种抗原引发的体液免疫也有不同的特点。

对 TD 抗原的识别：抗原进入未经免疫的机体，被巨噬细胞和树突状细胞等抗原递呈细胞摄取、处理，形成抗原多肽-MHC-Ⅱ类分子复合物，并递呈给 TH 细胞，TH 细胞被激活后，释放多种细胞因子，促进 B 细胞活化。当再次应答发生时，抗原递呈细胞主要由抗原特异性 B 细胞承担。这一过程一方面使 B 细胞本身受到抗原刺激，而表达 IL-2 等受体，同时又可将抗原递呈给 TH 细胞，使 TH 细胞活化，产生包括 IL-2 在内的多种细胞因子，从而刺激更多的抗原特异性 B 细胞增殖分化。

对 TI 抗原的识别：抗原可不经抗原递呈细胞和 TH 细胞的传递而直接激活未经致敏的 B 细胞，分化为浆细胞产生抗体。目前认为识别 TI 抗原的为 B1 细胞，这种 B1 细胞只表现初次应答的特性，不表现再次应答的一系列变化，因而 TI 抗原亦不诱发再次应答。TI 抗原多为细菌脂多糖、聚合鞭毛素、某些细菌的荚膜多糖等，这些抗原成分可直接与 B 细胞表面的受体结合，从而激活 B 细胞。

2）B 细胞的活化、增殖和分化

一个 B 细胞含 $10^4 \sim 10^5$ 个抗原受体，B 细胞通过表面的抗原受体结合摄入抗原时，即可获得活化的第一信号（抗原刺激），B 细胞活化的第二信号是活化的 TH 细胞表面相关结构与 B 细胞的结合。接受双信号刺激的 B 细胞被激活，并表达包括 IL-2 受体在内的多种受体，为接受进一步刺激做好准备。

活化的 TH 细胞释放的 IL-2 等细胞因子结合并作用于 B 细胞，使 B 细胞代谢旺盛，体积增大，胞质丰富，胞核增大，核仁明显，呈母细胞化，进一步增殖分化为浆细胞，浆细胞是 B 细胞的终末细胞，具有合成分泌各种类型 Ig 能力。

接受 TD 抗原刺激的 B 细胞，在分化阶段有部分 B 细胞停止增殖分化，成为记忆性 B 细胞（Bm），记忆细胞也分泌抗体。它们的特点是寿命长，对抗原十分敏感，能“记住”入侵的抗原。如果有同样的抗原第二次入侵时，记忆细胞比没有记忆的 B 细胞更快地作出反应，即很快分裂产生新的效应 B 细胞和新的记忆细胞，效应 B 细胞再产生抗体消灭抗原。这就是二次免疫反应。二次免疫反应不仅比初次反应快，也比初次反应强，能在抗原侵入，尚未为患之前将它们消灭。有些抗原诱发的记忆细胞能对这种抗原记忆终生，使动物或人对这种抗原具有终生免疫能力。如人患天花、麻疹、伤寒、百日咳等病后，终生不再感染。TI 抗原不刺激机体产生记忆性 B 细胞，故无此增强的免疫记忆反应。

3）抗体的产生

活化的 B 细胞最终分化成能产生各种类型 Ig 的浆细胞，即 IgM 型浆细胞、IgG 型浆细胞、IgA 型浆细胞、IgE 型浆细胞等，从而合成并分泌各种抗体。

抗体产生的一般规律：机体在初次和再次接触抗原刺激后，体内产生抗体的质和量均存在较大差异（图 9-21）。①初次应答（primary response），机体初次接触适量抗原刺激后，引起机体抗体产生的过程，称为抗体产生的初次应答。初次应答的主要特点为：抗体产生的诱导期比较长，从抗原进入机体，到机体血清中检测出抗体需要的时间称为抗体产生的诱导期；初次应答产生最早的是 IgM，可在几天内达到高峰，然后下降，接着产生 IgG，IgA 产生最迟，产生的抗体中以 IgM 为主；初次应答产生的抗体总量较低，维持时间也较短，与抗原的亲和力较弱。②再次应答（secondary response），指机体再次接触相同的抗原引起抗体产生的过程。再次应答的特点为：抗体产生的诱导期显著缩短，约为初次应答的一半；再次应答中产生抗体的顺序与初次应答相同，但

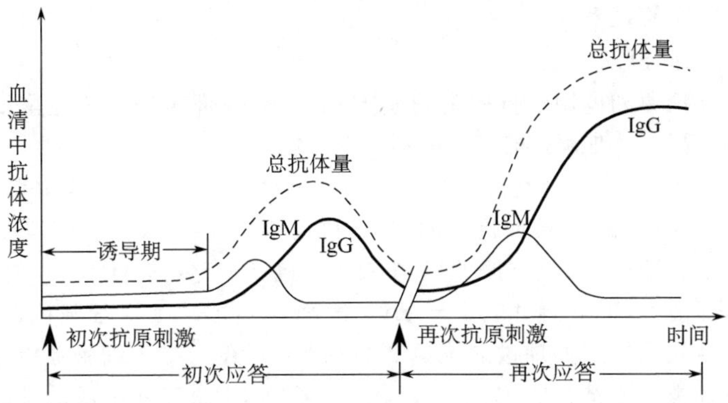

图 9-21 抗体产生的一般规律

以 IgG 为主，再次应答间隔时间越长，机体越倾向于只产生 IgG，经消化道等黏膜途径进入机体的抗原可诱导产生分泌型 IgA；再次应答产生抗体的总量较多，维持时间较长，且对抗原的亲和力更强。③回忆应答(recall response)，动物机体受抗原物质刺激产生的抗体，经一定时间后在体内逐渐消失，此时如再次接触同一抗原，可使已消失的抗体迅速回升，称此为抗体的回忆应答。再次应答和回忆应答取决于体内记忆性 T 细胞和 B 细胞的存在。记忆性 T 细胞保留了对抗原分子载体决定簇的记忆，在再次应答中，记忆性 T 细胞可被诱导很快增殖分化成 TH 细胞，对 B 细胞的增殖和产生抗体起辅助作用。记忆性 B 细胞为长寿细胞，可分为 IgG 记忆细胞、IgM 记忆细胞和 IgA 记忆细胞，此类细胞可以再循环。当机体与抗原物质再次接触时，各类记忆细胞均可被激活，迅速增殖分化成产生 IgG 和 IgM 的浆细胞。因 IgM 记忆细胞寿命较短，所以，再次应答间隔的时间越长，机体越倾向产生 IgG，而不产生 IgM。再次应答和回忆应答提示我们，在预防接种时间隔一定时间进行再次免疫，可起到强化免疫的功效。再次应答在抗体产生的速度、数量、质量以及维持时间等方面均优于初次应答，因此在预防接种时，间隔一定时间进行疫苗的再次接种，可起到强化免疫的作用。

抗体是机体免疫系统受到抗原的刺激后产生的，因此抗体产生的水平取决于抗原和机体两个方面。

2. 体液免疫应答的生物学效应

中和作用、调理作用、激活补体、局部黏膜免疫作用、抗体依赖性细胞介导的细胞毒作用(ADCC)和免疫损伤作用等。

五、细胞免疫

抗原进入细胞内部，抗体就不能起作用了，人体就要通过细胞免疫清除这些抗原。广义地说，细胞免疫(cellular immunity)包括巨噬细胞原始的吞噬作用、K 细胞和 NK 细胞介导的细胞毒作用和 T 细胞介导的特异性免疫。狭义的细胞免疫，是指由 T 细胞介导的特异性免疫，其特征是出现以单核细胞浸润为主的炎症反应和特异性的细胞毒作用。这里只介绍狭义的细胞免疫。见图 9-22。

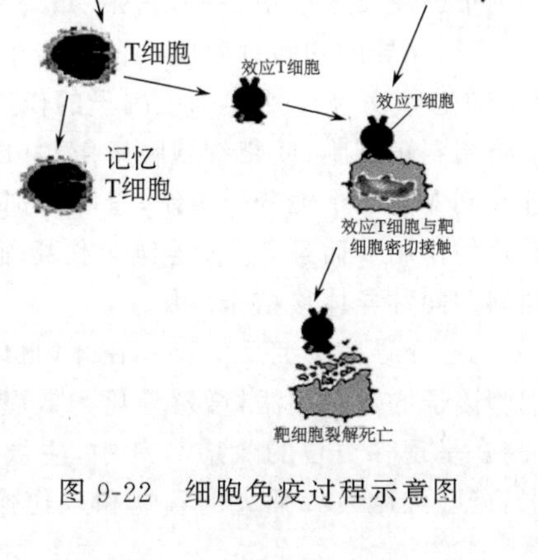

图 9-22 细胞免疫过程示意图

1. 细胞免疫应答的过程

1）T 细胞对抗原的识别

T 细胞对外源性抗原和内源性抗原的识别方式不同，但都需经抗原递呈细胞对抗原进行处理和递呈，及抗原特异性 T 细胞对抗原的识别两个阶段。

对外源性抗原的识别：抗原递呈细胞（APC）对外源性抗原的捕获大多是随机的，也可通过相关的抗原受体等捕获抗原，APC 摄取抗原的方式包括吞噬、吞饮、吸附和调理等。抗原在 APC 的酸性环境中被酶解成抗原肽段，该抗原肽段与 APC 胞浆中产生的 MHC-Ⅱ类分子结合，形成抗原肽-MHC-Ⅱ类分子复合物，转运并表达于 APC 表面，供 $CD4^+$ TH 细胞识别。经 APC 加工处理后的抗原免疫原性比未加工处理过的抗原提高约 1000 倍。在 T 细胞亚群中，$CD4^+$ TH 细胞负责识别与 MHC-Ⅱ类分子结合的抗原肽段，因此，经 APC 加工处理后的外源性抗原由 $CD4^+$ TH 细胞识别。TH 细胞表面的 TCR 同时识别 MHC-Ⅱ类分子和抗原肽段，并与它们结合，完成对外源性抗原的识别。

对内源性抗原的识别：以病毒感染的宿主细胞为例。病毒在易感细胞内增殖时，合成的病毒特异性蛋白质被细胞质中的蛋白酶体摄取并降解加工成抗原肽段，与细胞内的 MHC-Ⅰ类分子结合成复合体，转运并表达于细胞表面，供 $CD8^+$ T_C 识别。动物体内所有有核细胞均可表达 MHC-Ⅰ类分子，因此，凡受到病毒、胞内菌感染的有核细胞和肿瘤细胞均可递呈内源性抗原。只有 T_C 细胞的 TCR 可结合 MHC-Ⅰ类分子，因此表达于细胞表面的抗原肽-MHC-Ⅰ类分子复合物只能被 T_C 细胞识别。

对超抗原的识别：此类抗原不需经抗原递呈细胞的处理，即可直接与抗原递呈细胞的 MHC-Ⅱ类分子结合，并递呈给 T 细胞，而且可激活多个 T 细胞亚群。

2）T 细胞的活化、增殖与分化

T 细胞结合抗原肽-MHC 分子复合物后，该结合的信息被 T 细胞表面的相关分子传递到细胞内，启动细胞的活化、增殖、分化过程。

首先是 T_H 细胞的活化。T_H 细胞接受抗原信息后，细胞膜上相关分子将信息传递到细胞内，从而激活了细胞内一系列酶系统，激发 DNA 复制，细胞增殖，并产生各种细胞因子，其中，以 IL-2 的作用最为重要。静止的 T 细胞不表达 IL-2 受体，但 T 细胞特异性识别抗原后，IL-2 受体大量表达，从而接受 T_H 细胞释放的 IL-2 的刺激，大量增殖，大部分分化成熟为终末效应性 T 细胞（T_C 和 T_D），并发挥细胞免疫效应。在 T_H 细胞增殖的过程中，一部分停留在分化的中间阶段，成为记忆性 T 细胞。

3）T 细胞介导的细胞免疫效应

细胞免疫效应主要由 T_C 和 T_D 介导，并依赖于多种免疫细胞和免疫分子的参与。

T_C 介导的细胞毒效应：T_C 细胞在体内以非活化的前体细胞形式存在，经抗原刺激，并接受 T_H 细胞释放的 IL-2 等细胞因子的作用，才能分化为效应细胞。活化的 T_C 释放穿孔素和数种溶细胞酶到靶细胞，使靶细胞膜溶解，并断裂靶细胞的 DNA。T_C 的杀细胞作用具有抗原特异性，且受到 MHC-Ⅰ类分子限制，只能识别内源性抗原（靶细胞抗原）。T_C 必须与靶细胞直接接触才有杀伤作用。而且 T_C 能连续杀伤靶细胞，具有较高效率。T_C 的细胞毒效应在抗病毒感染、抗肿瘤和同种异体移植排斥作用。

T_D 介导的炎症反应：T_D 在体内也是以非活化的前体细胞形式存在，也是经抗原和 IL-2 等细胞因子的双重刺激，增殖分化为效应性 T 细胞。活化的 T_D 释放多种淋巴因子，作用于数种细胞，呈现多方位的效应。其中，主要有淋巴因子吸引以巨噬细胞为主的多种细胞聚集在局部，巨噬细胞发挥强大的吞噬和杀伤作用，某些淋巴因子作用于淋巴细胞，起着扩大反应范围和强度的作用。激发 T_D 活化有抗原特异性，但淋巴因子及被淋巴细胞动员的巨噬细胞的作用无特异性。

2. 细胞免疫应答的生物学效应

抗感染作用、抗肿瘤作用和免疫损伤作用等。

3. 免疫活性分子

免疫活性分子亦称细胞因子（cytokine，CK），是免疫系统的重要组成部分，是由免疫细胞或非免疫细胞分泌的小分子多肽类物质，它产生于天然免疫和特异免疫的效应阶段，对免疫应答、炎症反应进行介导并起着调节作用。免疫活性因子与免疫应答、调节，免疫细胞间的信息传递等都有着密切的关系。

根据每种免疫活性因子的主要功能和特性可将其分为三类，即介导和调节固有性免疫的免疫活性因子、介导和调节特异性免疫的免疫活性因子和刺激造血的免疫活性因子。

六、体液免疫和细胞免疫的比较

在特异性免疫反应中，体液免疫与细胞免疫之间，既各自有其独特的作用，又可以相互配合，共同发挥免疫效应。它们之间的区别和联系见表 9-3。

表 9-3　体液免疫和细胞免疫的比较

	体液免疫	细胞免疫
作用对象	抗原	被抗原侵入的宿主细胞（靶细胞）
感应阶段	①大部分经过吞噬细胞的摄取和处理-暴露抗原决定簇。②抗原呈递给 T 细胞，再呈递给 B 细胞；有的直接刺激 B 细胞	与体液免疫基本相似
反应阶段	B 细胞形成效应 B 细胞；少数形成记忆细胞	形成效应 T 细胞；少数形成记忆细胞
效应阶段	B 细胞产生的抗体与相应的抗原特异性结合	①效应 T 细胞与靶细胞密切接触。②效应 T 细胞释放淋巴因子，促进免疫的作用
联系	各有其独特作用，又可以相互配合，共同发挥免疫效应	

七、免疫性疾病

1. 超敏反应病

当由于各种原因引起免疫应答反应过强或反应异常，造成机体损伤或功能障碍时，称为超敏反应。超敏反应病（hypersensitive disease）是指在特异性免疫反应中，抗原对效应 T 细胞或 B 细胞激发的过高反应过程所导致的疾病。

按不同作用机制可分为 4 种类型：Ⅰ型反应疾病的免疫反应过程中释放一些作用于动脉的活血管物质和作用于平滑肌的致病物质，同时也释放使炎症细胞聚集的前炎性因子。Ⅱ型反应所致的疾病中，血清中的抗体直接参与对细胞的损伤，从而导致靶细胞的吞噬、降解。Ⅲ型反应又称免疫复合型超敏反应，通过血清中抗体与抗原的结合活化补体，部分补体又引起嗜中性粒细胞释放溶酶菌或产生毒性自由基，从而导致组织损伤。Ⅳ型超敏反应包括了由致敏性 T 细胞介导的免疫反应所引起的组织与细胞的损伤。

按发作时间可分为速发型超敏反应和迟发型超敏反应两种类型：速发型超敏反应以Ⅰ型为例，它与普通的体液免疫应答的区别在于浆细胞分泌的 IgE，与组织肥大细胞和嗜碱性粒细胞表面的 FC 受体有很高的亲和力；迟发型超敏反应是动员辅助性 T 细胞和细胞毒性 T 细胞到炎症部位杀伤被抗原入侵的靶细胞。前者是由抗体介导的，后者是由细胞免疫介导。

2. 自身免疫病

自身免疫是指在长期感染、物理或化学因素刺激下机体的免疫系统针对自身抗原发生免疫应答，形成自身抗体或自身致敏性淋巴细胞，所导致的免疫病理过程。只有自身免疫达到一定强度以致破坏机体正常组织或引起生理功能紊乱，并有相应临床表现时才发展为自身免疫疾病(autoimmune disease)。

1) 一般特点

患者以女性多见，发病率随年龄而增高，有遗传倾向；有些自身免疫病有明显诱因，而另一些则属“自发”的；血清中球蛋白增高；患者血液内可检测到高效价的自身抗体与自身组织成分引起反应的致敏淋巴细胞；多数自身免疫病病情迁延反复，有的成为终身痼疾；用免疫抑制药(如糖皮质激素等)有一定疗效；组织损害部位有淋巴细胞和浆细胞浸润，常见嗜酸性粒细胞增多；自身免疫病有重叠现象，既一个病人可以同时有多种自身抗体。

2) 自身免疫病的诱因

自身抗原的产生和机体因素。

3) 自身免疫病的分类

自身免疫病的临床表现复杂多样，按病程可分为急性和慢性，前者如特发性血小板减少性紫癜，后者如重症肌无力；按病因是否清楚又分为原发性和继发性自身免疫疾病。前者的发生与外因无明显关系，后者的发病与外部原因有明确关系；比较重要也是常用的分类方法是按自身抗原分布的范围将自身免疫病分为器官特异性和非器官特异性两类。前者指自身抗原为某一器官的特定成分，病变严格局限于该器官，如慢性淋巴细胞性甲状腺炎(桥本病)，自身抗体针对的是甲状腺的某些成分(如甲状腺球蛋白)，病变严格局限于甲状腺内；后者是指自身抗原为细胞核成分或线粒体，因此病变可遍及多个系统和器官。

3. 免疫缺陷病

免疫缺陷病(immunodeficiency disease)按其发生的原因可分为先天遗传性免疫缺陷病和后天继发性免疫缺陷病两大类，他们均会导致免疫功能低下或缺失，易发生严重感染或肿瘤。

1) 先天性免疫缺陷病

先天性免疫缺陷病因缺陷发生部位不同导致免疫功能低下程度各有所异。根据所累及的免疫细胞和组分的不同，可分为特异性免疫缺陷和非特异性免疫缺陷。

2) 后天继发性免疫缺陷病

继发性免疫缺陷病是指发生在其他疾病基础上(如慢性感染)、放射线照射、免疫抑制剂长期地使用及营养障碍所引起的免疫系统暂时或持久的损害，所导致的免疫功能低下。继发性免疫缺陷病可以是细胞免疫缺陷，也可以是体液免疫缺陷，或两者同时发生。根据发病的原因不同可将继发性免疫缺陷分为两大类：继发于某些疾病的免疫缺陷和医源性的免疫缺陷。

4. 艾滋病

继发性免疫缺陷病最突出的例子是由人类免疫缺陷病毒(human immunodeficiency virus, HIV)引起的获得性免疫缺陷综合征，即艾滋病(acquired immuno deficiency syndrome)。HIV 是一种反转录病毒，其特异性是侵犯 $CD4^+$ 辅助性 T 淋巴细胞等，造成机体细胞免疫功能受损和大量破坏，导致严重的免疫缺陷，并发各种严重的感染和恶性肿瘤。由于 HIV 具有很高的变异性等特点，制造有效的疫苗目前尚有较大的困难。艾滋病尚无有效的治疗办法，其死亡率很高。

1）传播途径

性接触传播、血液传播和母-婴传播。

2）临床表现

急性感染期：感冒、脑膜炎。在潜伏期无症状，可达 2～10 年。

第四节　免疫学应用

免疫学的理论和技术，在生物学和医学实践中应用极为广泛，主要有血清学技术和免疫学防治等，下面我们就介绍一下有关方面的内容：

一、血清学反应

抗原抗体在体外一定条件下作用后，能出现肉眼可见的反应。由于抗体主要存在于免疫血清中，通常采用含有抗体的血清作为试验材料，所以体外抗原抗体反应叫血清学反应（serological reaction）。

血清学反应分为两个阶段，第一个阶段为抗原抗体特异性结合期，反应速率快，只需几秒至几分钟，无肉眼可见反应，第二阶段为非特异性阶段，反应速度慢，需十几分钟至数小时或更久才能出现肉眼可见反应，易受环境因素的影响。电解质、pH、温度、抗原物理性状差异以及参与反应的介质不同，血清学反应可出现下列不同现象。

1. 抗原抗体反应的特点

1）抗原抗体结合的特异性

抗原借助表面的抗原决定簇与抗体分子超变区在空间构型上的互补，发生特异性结合。同一抗原分子可具有多种不同的抗原决定簇，若两种不同的抗原分子具有一个或多个相同的抗原决定簇，则与抗体反应时可出现交叉反应（cross reaction）。

2）抗原抗体结合的可逆性

抗原抗体结合除以空间构型互补外，主要以氢键、静电引力、范德华力和疏水键等分子表面的非共价方式结合，结合后形成的复合物在一定条件下可发生解离，回复抗原抗体的游离状态。解离后的抗原和抗体仍保持原有的性质。抗原抗体复合物解离度在很大程度上取决于特异性抗体超变区与相应抗原决定簇三维空间构型的互补程度，互补程度越高，分子间距越小，作用力越大，两者结合越牢固，不易解离；反之，则容易发生解离。

3）抗原抗体结合的比例性与结合物的可见性

抗原与抗体的结合能否出现肉眼可见的反应，取决于两者的比例。若比例合适，则可形成大的抗原抗体结合物，出现肉眼可见反应现象；反之，虽能形成结合物，但体积小，肉眼不可见。由于这种分子比例的差异，分别形成了三种区带现象，等价带、抗体过剩带（前带）和抗原过剩带（后带）。

4）抗原抗体反应的阶段性

抗原抗体反应可分为两个阶段。第一阶段是抗原抗体的特异结合阶段，此阶段仅需几秒到几分钟、尚无可见反应；第二阶段为可见反应阶段，需数分钟、数小时乃至数日，受各种因素影响。

2. 抗原抗体反应的主要影响因素

抗原和抗体浓度、比例、电解质、温度和酸碱度。

3. 血清学反应种类

1）凝集反应

将细菌、红细胞等颗粒抗原的悬液与含有相应抗体的血清混合，在电解质（如 0.85%的 NaCl）参与下，能形成肉眼可见的凝集块，这就是抗原抗体复合物，这种现象叫凝集反应（agglutination），其中，抗原叫凝集原（agglutinogen），抗体叫凝集素（agglutinin）。

（1）直接凝集反应：（direct agglutination reaction）是颗粒性抗原又称凝集原与相应抗体直接结合所呈现的凝集现象，如红细胞和细菌凝集试验。主要有玻片法、试管法及微量凝集法。例如，临床实验室常用的诊断伤寒或副伤寒的肥达氏试验（Widal test）；诊断布鲁氏菌病的瑞特氏试验（Wrig test）及诊断斑疹伤寒及恙虫病的外裴二氏试验（Weil felix test）等。

（2）间接凝集反应（indirect agglutination reaction）是可溶性抗原或抗体吸附于与免疫无关的微球载体上，形成致敏载体（免疫微球），与相应的抗体或抗原在电解质存在的条件下进行反应，产生凝集，称为间接凝集或被动凝集。

（3）间接凝集抑制试验（indirect agglutination inhibition test）是将可溶性抗原与相应抗体预先混合并充分作用后，再加入抗原致敏的载体，此时因抗体已被可溶性抗原结合，阻断了抗体与致敏载体上的抗原结合，不再出现凝集现象，称为间接凝集抑制试验。临床常用的免疫妊娠试验（immune pregnancy test）即属此类。若以红细胞作为载体则称为间接血凝抑制试验。

所有上述凝集试验（图 9-23）均可划分为正向和反向凝集试验，以已知抗原测抗体的凝集试验为正向凝集试验，通常“正向”两字省略，反之，为反向凝集试验。

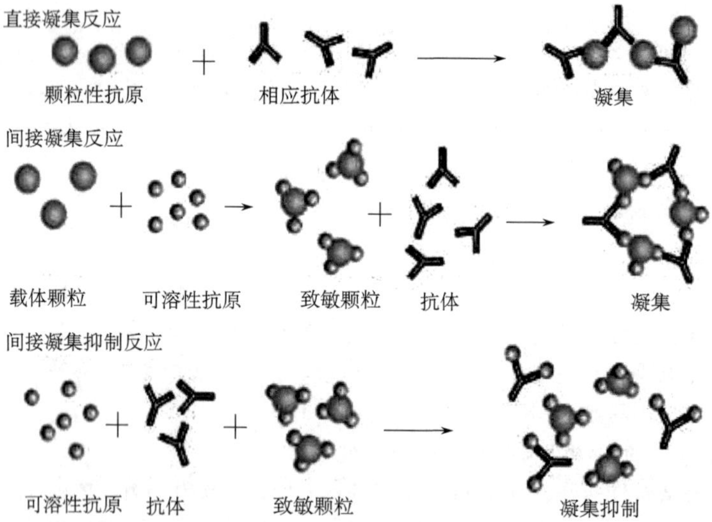

图 9-23 凝集反应示意图

（4）协同凝集试验（co-agglutination）：以金黄色葡萄球菌为载体，利用其细胞壁中的 A 蛋白（SPA）具有结合人及多种哺乳动物 IgG Fc 段的特性。将特异性抗体结合至金黄色葡萄球菌菌体，其 Fab 段暴露于菌体表面，遇到相应抗原时与之结合，即可导致金黄色葡萄球菌凝集，称为协同凝集试验。常用于早期诊断流脑、伤寒、菌痢及布鲁氏菌病。

（5）抗人球蛋白试验（anti-human globulin reaction）：机体受抗原刺激后，除可产生完全抗体外，在某些病人（先天性溶血性贫血）也可产生不完全抗体（IgG），后者虽能与抗原结合，但不出现肉眼可见反应现象。Coomb 等把含有不完全抗体血清球蛋白注射到异种动物体内，使其产生抗人球蛋白抗体，将该抗人球蛋白抗体加入到颗粒性抗原与相应的不完全抗体复合物中，就能出现肉眼可见的凝集现象，称为抗人球蛋白试验，又称 Coomb's 试验。主要用于检测 Rh 抗体及布鲁氏菌抗体。

2）沉淀反应

可溶性抗原（蛋白质、多糖或类脂溶液，血清、细菌抽提液、组织浸出液等）与相应的抗体在合适条件下反应并出现沉淀物的现象称为沉淀反应（precipitation），用于沉淀反应中的抗原称沉淀原（precipitonogen），抗体称沉淀素（precipitin）。

沉淀反应的试验方法有环状试验，絮状试验、琼脂扩散和对流电泳等。

3）补体结合反应

补体结合反应（complement fixation test，CFT）除抗原和抗体外，还需补体参加，补体无特异性，能与任何一组抗原抗体复合物结合而起反应。补体如果与红细胞、溶血素的复合物结合，就出现溶血现象（hemolysis）；如果与细菌及其相应抗体的复合物结合，就出现溶菌现象。见图 9-24。

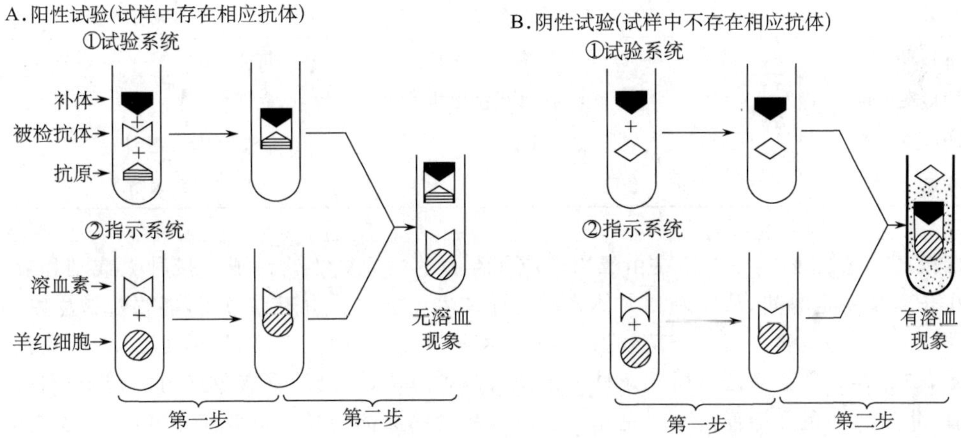

图 9-24　补体结合试验图

补体结合反应用溶血现象作为指示，其中，有五种成分参与，即待测抗原与已知抗体和补体按一定量放入试管，作用一段时间后，肉眼并没有发现变化，然后再加入绵羊红细胞与溶血素（绵羊红细胞不裂解）即为补体结合阳性，表示待测抗原与已知抗体是相应的，两者结合上了补体（出现溶菌现象），所以绵羊红细胞与溶血素加入后，无补体参加，故不溶血，反之则为阴性，则会出现溶血现象。

此反应操作较复杂，但敏感性强，特异性高，能测出少量的抗原和抗体。故诊断梅毒的华氏反应、诊断流行性乙型脑炎、钩端螺旋体病的补体结合反应等。

4）中和反应技术

毒素、酶、激素或病毒等与其相应的抗体结合后，导致生物活性的丧失，称为中和反应（neutralization test）。常用的中和试验有病毒中和试验和毒素中和试验。

5）免疫标记技术

将抗原和抗体用小分子的标记剂如荧光素，酶，放射性同位素或胶体金及电子致密物质等加以标记，借以提高检测灵敏度的技术，通过检测标记物，反映有无抗原抗体反应，从而间接测出微量的抗原或抗体。这种抗原或抗体标记上显示物所进行的特异性反应称为免疫标记技术（immunolabelling technique)。

二、免疫学防治

利用免疫学原理来防止疾病(传染病)的方法称特异性免疫防治(immune prevention)。用于免疫防治的制品如菌苗、疫苗、类毒素、抗毒素等统称生物制品(biologics,biologic products)。免疫学防治又称人工免疫(artificial immunization),可分为自动免疫(active immunization)和被动免疫(passive immunization)两种,其比较见表 9-4。

1. 自动免疫制品

人工自动免疫用的生物制品包括菌(疫苗)、类毒素等抗原物质。

1) 菌苗、疫苗

菌苗(bacterial vaccine)是由细菌制成,疫苗(vaccine)用病毒、立克次氏体或螺旋体制成,习惯上统称疫苗。

表 9-4 人工自动免疫和人工被动免疫的比较

项目	人工自动免疫	人工被动免疫
输入的物质	抗原(疫苗、类毒素等)	抗体(现成的)
免疫力出现时间	较慢(经 1~4 周诱导期)	立即
免疫力维持时间	较长(数月至数年)	较短(2 周至数月)
主要用途	预防	治疗或应急预防

活菌(疫)苗(live vaccine):是由毒力弱或无毒力的病原微生物制成。接种人或动物后,在体内能生长繁殖一定时间,从而刺激人体或动物体产生免疫力。由于毒力弱,能很快被生物的抵抗力克服,不会引起疾病。活菌疫苗效果较好,只需一次接种,菌量少,副作用也小,但因是活品,故易失效,难保存。制备活菌苗所用菌株的来源有两种方法,一是从具有免疫力的带菌动物或人体中选择弱毒株(如鼠疫活疫苗);二是用人工培养法使病原体变异以降低变异毒力(麻疹疫苗)。

死疫苗(dead vaccine):通常是将人工培养的微生物,用物理、化学方法杀死而制成。这类菌苗的缺点是不能在机体内繁殖,维持抗原刺激时间短,导致免疫力不高,所以接种量要大,对机体副作用也大,常以少量多次注射的方法。优点是易保存。

自身菌苗(autovaccine 或 autogenous vaccine):从患者自身病灶中分离出来的病源菌制成的死菌苗,可治疗有些反复发作并久经抗菌素治疗无效的慢性细菌性感染,如葡萄球菌引起的慢性化脓性感染、大肠杆菌引起的慢性肾炎等。

亚单位疫苗(subunit vaccine):利用微生物的某种表面结构成分(抗原)制成不含有核酸、能诱发机体产生抗体的疫苗,称为亚单位疫苗。亚单位疫苗是将致病菌主要的保护性免疫原存在的组分制成的疫苗,如用乙型肝炎病毒表面抗原制成的亚单位疫苗。

2) 类毒素

是细菌外毒素经甲醛脱毒而保持抗原性就是类毒素(toxoid)。类毒素加入 $Al(OH)_3$ 和 $AlPO_3$ 等吸附剂,制成精制类毒素,它在体内吸收慢,维持刺激时间长,可提高免疫效果,减少注射次数和剂量。

3) 免疫血清

含有特异抗体的血清称免疫血清(immune serum)。利用免疫血清对人体进行人工被动免疫。以达治疗和应急预防目的。抗毒素:类毒素注射马体,一定时间后,马血清即为抗毒素。

2. 被动免疫制品

人工被动免疫是指注射含有抗体的免疫血清来防治疾病。特点是：免疫血清均由其他动物或人体供应。注射后立即发生效果，但因抗体非自身产生，耗完后无补充，所以免疫时间短，仅维持2～3周。

1）抗毒素

如白喉毒素、破伤风毒素，通常是马的免疫血清制品。用类毒素多次注射马等动物，待产生大量特异性抗体后，经采血、分离血清并经浓缩纯化后的制品。抗毒素（antioxin）主要用于由外毒素所致疾病的治疗，另外注射抗毒素要作皮试，以防过敏。

2）胎盘球蛋白

胎盘球蛋白（human placental serum）是从健康产妇胎盘脐带血中提取出的免疫球蛋白，它的制品主要用于预防麻疹和病毒性肝炎等。

3）抗人淋巴细胞血清

将人的淋巴细胞注射于马，马血清中便产生抗人淋巴细胞抗体，称抗人淋巴细胞血清（anti-lymphocyte serum），

4）转移因子（transfer factor，TF）

这是白细胞经冻融后提取的物质。它可使正常淋巴细胞转化、增殖为具有特异性的致敏淋巴细胞，触发和增强机体细胞免疫功能。目前已试用于细胞免疫功能低下的一些病种，如某些病毒性、真菌性感染，恶性肿瘤、细胞免疫缺陷等病的治疗。

5）免疫核糖核酸

先用肿瘤细胞使动物免疫，然后从已免疫动物的脾、淋巴结等处分离淋巴细胞，从中提取有免疫信息的RNA，然后将其性能传递给人体，这种RNA称为免疫核糖核酸（immune RNA）。目前仅试用于人的肿瘤、慢性乙肝的治疗。

6）胸腺素

胸腺素（thymosin）是从小牛胸腺提取的可溶性多肽混合物，它能促进T细胞的成熟与分化。据报道，纯化的小牛胸腺素能使去胸腺的小鼠修复细胞免疫功能。临床试用可改善细胞免疫缺陷患者和肿瘤病的细胞免疫力。

本章小结

传染和免疫是讨论病原微生物与其宿主（以人体和高等脊椎动物为主）间的相互关系，它是微生物学生态中一部分内容的深度和发展。

当病原微生物侵入机体后，他们互相作用，互相改变对方的活性与功能，因此能否引起传染病，一方面取决于病原微生物的致病能力，即致病性或毒力。另一方面还取决于机体的抵抗力即免疫力，且病原微生物与机体两方面都受外界环境因素的影响。致病力的大小由侵袭力、毒力、侵入数量和侵入门径决定；宿主免疫能力的强弱由非特异性免疫和特异性免疫综合防治来决定；环境因素除了机体的差异外还包括温度，季节等决定是否能引起传染性疾病的传播。由于两方面的力量不同以及环境因素的影响，有时不表现临床症状，成为隐性传染或带菌状态，有时表现临床症状，为显性传染。

人和动物的机体对病原微生物的致病作用，既表现有易感性，更表现为免疫能力。机体的免疫力是机体抗传染的重要防御机能。机体的免疫力可分为非特异性和特异性免疫两大类。

非特异性免疫主要是由生理屏障的天然阻碍作用、吞噬细胞类的吞噬和杀死作用、体液中的

抗性物质(补体、干扰素和溶菌酶等)的拮抗作用和炎症反应的积极配合等综合作用的结果。

特异性免疫主要包括B淋巴细胞介导的体液免疫和T淋巴细胞介导的细胞免疫。特异识别是由抗原呈递细胞和淋巴细胞承担的,其后的免疫效应则由包括淋巴细胞、吞噬细胞在内的多种免疫细胞和包括抗体、补体及细胞因子在内的多种免疫分子共同完成的。

一般而言,免疫是机体的一种保护性反应。但在某些情况下,也可能对机体产生有害的结果,常见的免疫病有超敏反应、自身免疫病、免疫缺陷和艾滋病等。

目前,免疫学技术已在生命科学领域广泛应用,免疫学防治已成为临床医学的重要手段,本章第四节简单介绍了几种常用的免疫学技术和用于免疫学防治的生物制品。

复习思考题

一、名词解释

免疫　传统的免疫　病原微生物　疾病(disease)　传染(infection)　外源性感染　内源性感染　侵袭力　外毒素　内毒素　类毒素　抗毒素　非特异免疫　特异性免疫　炎症　抗原　抗体　免疫原性　免疫反应性　完全抗原　不完全抗原　抗原决定簇　单克隆抗体　超敏反应

二、问答题

1. 简述病原体侵入机体的途径及侵入人体后寄生造成的病变方式。
2. 病原菌对宿主防御机能的抵抗能力主要体现为哪几个方面?
3. 试比较隐性传染、带菌状态和显性传染的异同。
4. 简述炎症既是一种病理过程,又是一种防御病原体的积极方式。
5. 简述免疫应答的基本过程。
6. 谈谈影响抗体产生的因素有哪些?
7. 绘图表示免疫球蛋白单体的分子结构。
8. 简述体液免疫和细胞免疫的应答过程及其免疫效应。
9. 实践中进行预防接种,为什么常进行两次或两次以上的接种?

第十章 微生物的系统发育和分类鉴定

微生物分类是人类认识微生物，进而利用和改造微生物的一种手段，微生物工作者只有在掌握了分类学知识的基础上，才能对纷繁的微生物类群有一清晰的认识，了解其亲缘关系与演化关系，为人类开发利用微生物资源提供依据。

微生物分类学（microbial taxonomy）是一门按微生物的亲缘关系把它们安排成条理清楚的各种分类单元或分类群（taxon）的科学，它的具体任务有三，即分类（classification）、命名（nomenclature）和鉴定（identification）。分类指的是根据相似性或亲缘关系，将一个有机体放在一个单元中。命名是按照国际命名法规给有机体一个科学名称。鉴定则是确定一个新的分离物是否归属于已经命名的分类单元的过程。因此，概括来说，微生物分类学是对各个微生物进行鉴定，按分类学准则排列成分类系统，并对已确定的分类单元进行科学命名的科学。

现代的微生物分类学，已从原有的按微生物表型进行分类的经典分类学发展到按它们的亲缘关系和进化规律进行分类的微生物系统学(microbial sysematics)阶段。具体地说，分类是解决从个别到一般或从具体到抽象的问题，亦即通过收集大量描述有关个体的文献资料，经过科学的归纳和理性的思考，整理成一个科学的分类系统。鉴定与分类恰恰相反，它是一个从一般到特殊或从抽象到具体的过程，亦即通过详细观察和描述一个未知名称纯种微生物的各种性状特征，然后查找现成的分类系统，以达到对其知类、辨名的目的。命名则是为一个新发现的微生物确定一个新学名，亦即当你详细观察和描述某一具体菌种后，经过认真查找现有的权威性分类鉴定手册，发现这是一个以往从未记载过的新种，这时，就得按微生物的国际命名法规给予一个新的学名。由此看来，分类是一项宏观的战略性工作，鉴定是一项微观的战术性工作，而命名则是一项开拓性的创新工作。

目前所知道的微生物种数已超过了 10 万种，而且这个数字正在急剧扩大。微生物学工作者只有在掌握了分类学知识的基础上，才能对纷繁的微生物类群有一清晰的轮廓，并对它们进行分类、鉴定和命名等工作。

第一节 微生物的进化与系统发育

一、微生物的进化

进化(evolution)：生物与其生存环境相互作用过程中，其遗传系统随时间发生一系列不可逆的改变，在大多情数况下，导致生物表型改变和对生存环境的相对适应。

系统发育(phylogeny)：指生物进化的历史。

通过放射性元素的计时技术，测得地球的年龄约有 45 亿年。在最古老的化石中，发现类似细菌的生物约在 35 亿年前已出现，而蓝细菌类光合原核生物出现在 28 亿年前的化石中。目前普遍接受的观点是，在地球刚形成时，由于当时的特定条件，在地球上先出现化学进化阶段，继而发展到生物进化阶段。

1. 原始地球的条件

在生物起源前，地球已经历了大约 10 亿年的进化史。在地球形成过程中，它通过物质的凝聚作用使自己逐步分成密度上有明显差异的多个层次：由铁和镍为主的地核在最内层，其外依次是由铁和硅酸镁为主的地幔，一薄层主要由较轻的硅酸盐组成的地壳、地表的水圈和最外层的气态大气圈。后两者是与生命起源密切相关的两个层次。

原始地球上的大气与现在的完全不同，它在化学上是还原性的，即含有大量的水蒸气、CH_4、NH_3、H_2S和少量的 H_2，游离态的 O_2 基本上不存在。原始地球上还存在着大量组成生命物质所需要的各种元素，如 O、Si、Mg、S、Na、Al、P、H、C、Cl、F 和 N 等。此外，原始地球上还具有使无机分子发生化学反应而生成各种有机分子的各种能源，如热能、太阳能、雷电能、放射性元素产生的辐射能以及陨石发生的冲击波能等。

2. 化学进化阶段

化学进化阶段又可分为三个重要过程。

(1) 从无机小分子物质合成有机小分子物质

原始大气中的 CH_4、NH_3、H_2O、H_2S 和 H_2 等在紫外线、宇宙射线、闪电及局部高温等高能条件下，可自然地合成一些简单的有机化合物，如氨基酸、核苷酸和单糖等。这一过程早在 1953 年已被 Miller 等通过实验所证实。

(2) 由有机小分子物质形成生物大分子

在生物大分子中，最重要的是核酸与蛋白质。目前在人为模拟原始地球的条件下，已能合成寡核苷酸。例如，可用乙基偏磷酸盐在 50℃ 条件下，使单核苷酸缩合形成聚核苷酸(产量可达20%左右)。当大量氨基酸在水溶液中蒸发干燥后，可发生脱水反应，从而可形成构成生命所必要的蛋白质。有人把氨基酸混合物加热到 60℃，在多磷酸存在的条件下，经过一天左右就可得到一种蛋白质，有时其分子可含 200 多个氨基酸。

(3) 多分子体系的形成与原始生命的出现

蛋白质和核酸这两种生物大分子在海水中并在较高温度下，极易破坏。只有当它们形成多分子体系时，才可显示若干生命现象，并有可能保存下来。形成多分子体系的途径首先是浓缩，如可通过蒸发或吸附于粘土表面进行浓缩。接着就是使上述浓缩物的内部产生一定的物理化学结构并在外部形成一层界面膜，使这种浓缩物成为一个微小的独立系统。至今对这一过程还只有若干推测，例如 Oparin 提出的团聚体学说(coacervatetheory)和 Fox 的微球体学说(micellartheory)等。

当然，不管是团聚体学说或微球体学说，都没有提供有关在生命活动中至关重要的酶的催化作用的起源与遗传密码的起源问题，因此，目前在细胞起源中还有许多基本理论问题仅停留在"合理设想"阶段。但是，比较一致的看法是，在生命发生以前，原始海洋里应该经过一个充满有初步结构和一定功能的某种有机凝胶状小体的阶段，再通过长期的自然选择，就为细胞起源提供了必要的物质前提。

3. 生物进化阶段

在化学进化的基础上，就进入了一系列生机勃勃、万象更新、彻底改变地球面貌的生物进化阶段。这里仅以原核微生物为主讨论生物进化中的几个可能环节。

根据现代科学的推测，在生命起源前的原始地球表面，在还原性大气层之下，有一个充满着丰富的团聚体、微球体等大分子物质和氨基酸、核苷酸、糖类、脂类等小分子有机物的海洋——"原始汤"(primordialsoup)。在这一特定条件下，产生并依次演变出一系列相应生理类型和独特形态构造的原核生物，与此同时，它们也把周围环境逐步改造成更有利于自身发展的氧化性大气层，进而为真核生物的形成和发展创造了良好的条件。

1) 异养厌氧型原核生物的产生

(1) 原始的支原体类(Mycoplasmas)：可能是一类最早出现的生物。它们有细胞膜而无细胞壁，因此对渗透压的适应能力差；它们只能吸收环境中大量存在的现成有机物，通过 EMP 和 HMP 的发酵方式由底物水平磷酸化产生能量，产能效率极低；酶系极其简单。

(2) 原始的拟杆菌类(Bacteroides)：与原始的支原体类有相似的营养和产能方式，只是产生了细胞壁，因而可适应环境中不同的渗透压。

(3) 原始的梭菌类(Clostridium)：细胞内已分化出芽孢，细胞有壁和鞭毛；出现了氢化酶，故能通过 $NADH_2$ 而释放 H_2；能生长在还原性底物上；有的已存在能固定大气氮的固氮酶；除能通过一般的发酵方式产生能量外，还能进行 Stickland 反应产能。

(4) 原始的脱硫弧菌类(Desulfovibrio)：这是一类能利用铁卟啉(细胞色素)进行厌氧呼吸产能的细菌。它们在厌氧条件下，能进行电子传递链的磷酸化，其最终氢受体是环境中大量存在的由 H_2S 与臭氧相互反应的产物——硫酸盐。

2) 自养厌氧型原核生物的产生

(1) 原始的产甲烷菌类(Methanogens)：当“原始汤”中的有机营养物逐步耗尽后，能利用原始大气中的 H_2 使 CO_2 还原成甲烷(CH_4)的自养型厌氧性古细菌开始出现。它们已具有电子传递链磷酸化系统，能产生质子梯度并导致 ATP 的形成；估计在它们的能量代谢中已出现了含 Fe 和 Ni 的四吡咯类辅酶；此外，还可借乙酰-CoA 途径来固定 CO_2。

(2) 原始的红螺菌类(Rhodospirillum)：这是一类能在厌氧条件下利用日光能和同化有机物的最原始的光合细菌——光能有机营养菌。在其中已出现镁卟啉和菌绿素，并能利用 H_2S 作电子供体，通过循环光合磷酸化的方式产生能量。

(3) 原始的绿菌类(Chlorobium)：这是一类光能无机营养菌，它们除能利用光能通过循环光合磷酸化产生 ATP 外，还能通过 Calvin 循环即核酮糖二磷酸羧化酶固定 CO_2，以产生有机物质。

3) 光能自养放氧型原核生物的产生

一些原始的蓝细菌(cyanobacteria)是这类原核生物的代表。它们已能以非循环式光合磷酸化的方式利用日光能产生 ATP，并借 Calvin 循环固定 CO_2 以合成大量有机物。但最重要的一点是，它们能通过 H_2O 的光解作用产生还原 CO_2 所需要的氢，并同时释放出具有能根本改造地球大环境的 O_2。当然，它们所含的菌绿素还是以单条状分散在细胞内的类囊体中。由于在光合作用中可释放出 O_2，故自从蓝细菌在地球上起源后，就逐步改变了地球大气层的性质，使原来一直呈还原性的大气逐步转化成氧化性的大气，从而为一切能量利用率极高的好氧性生物的起源和发展开辟了前所未有的广阔前景。从整个地球来看，只有当其上产生了具有超氧化物歧化酶(SOD)的好氧性生物后，生物进化的速度才大为提高，并导致真核生物的起源和繁荣发展。另外，有了 O_2，在强烈的紫外线和雷电的作用下，就使在 20～25 km 高空的原始大气层中形成了一个臭氧层屏障，只有依靠它，才能避免来自太阳的、对一切生物有强大杀伤力的紫外线辐射到地球表层，从而使生物的生存环境从以前的岩石底下或海洋深层逐步上升到地表和海洋表层，最终使地球表面充满着繁茂的各种类型动、植物和微生物。此外，有了 O_2 还对地球表层的岩石风化、矿物形成和地貌变迁产生了巨大的推动力。

4) 好氧性化能异养原核生物的产生

由于厌氧条件下生物产能的效率极低，故在大气中累积了一定浓度的 O_2 后，生物的进化就朝向产能效率高得多的有氧呼吸的方向发展，这是生物进化史上的一次重大飞跃。

好氧性化能异养原核生物是由光能自养细菌进化而来。原始的假单胞菌类(Pseudomonas)和球菌类如今天的 *Paracoccus denitrificans*(脱氮副球菌)可能是一批最早的好氧性化能异养菌。它们有一套原始的呼吸链以执行较先进的氧化磷酸化产能机制，其细胞色素已演变到能利用分子 O_2 作为最终电子受体的末端氧化酶阶段。通过它们，可进一步衍生出多种类型的能执行独特呼吸功能的原核生物呼吸链。据估计，好氧呼吸原核生物可能在 2.1×10^9 年前就已出现，因地质学上已证明在 2.7×10^9 年前就已有少量 O_2。

至此，若干主要原核生物类型的进化轮廓已有了初步的描绘。有人认为，如果把地球的年龄比喻为一年的话，微生物的诞生时间是在 3 月 20 日左右，人类出现的时间约在 12 月 31 日下午 7 时许。可以毫不夸大地说，微生物是一切生物的"老前辈"。

二、微生物在生物界的地位

1. 生物的界级分类学说

对生物究竟分几界的问题，在人类发展历史上存在着一个由浅入深、由简至繁、由低级至高级的认识过程。总的说来，在人类发现微生物并对它们进行深入研究之前，只能把一切生物分成截然不同的两大界——动物界和植物界；随着人们对微生物认识的逐步深化，近一百多年来，从两界系统经历过三界系统、四界系统、五界系统甚至六界系统，最后又出现了三原界（或三总界）系统。

1）二界系统

随着社会的发展及人类认识能力的提高人们对于动植物形态和类别的认识。古代人民普遍对生物分成动物和植物两大类的认识，这就是最早的"二界系统"。于公元前 4 世纪时亚里士多德也提出了生物可分为动物和植物的"两界系统"。对两界系统较为科学的叙述是 1753 年由瑞典博物学家林奈在《植物种志》中提出来的。

2）三界系统

随着人类对微生物知识的日益丰富，E. N. Haeckel（1866）建议在动物界和植物界之外，应加上由低等生物组成的第三界——原生生物界，它主要由一些单细胞生物及"无核类"组成。在本世纪早期，又有许多学者支持三界系统，且对第三界的名称提出过不同的建议，例如，Conard（1939）的菌物界，包括真菌和细菌；Dodso（1971）的菌界，包括病毒；细菌和蓝细菌，等等。

3）四界系统

Copeland 很早（1938）就提出过四界系统的设想。后来（1956）更日臻成熟。其四个界为：植物界、动物界、原始生物界（原生动物、真菌、部分藻类）和菌界（细菌、蓝细菌）。此后又有人提出了改进意见，把动物界和植物界以外的两界称真菌界（有人建议译为菌物界）和原生生物界，也有人把动、植物和真菌界以外的生物称原核生物界。

4）五界系统

1969 年，R. H. 魏塔克在《科学》杂志上发表了一篇"生物界级分类的新观点"的著名论文。提出了一个纵横统一的五界学说，该学说获得学术界巨大反响和普遍支持。

五界系统包括动物界、植物界、原生生物界（包括原生动物、单细胞藻类、黏菌等）、真菌界（包括真菌和酵母菌）以及原核生物界（包括细菌、蓝细菌等）。

5）六界系统

Jahn 等于 1949 年曾提出过一个六界系统，包括后生动物界、后生植物界、真菌界、原生生物界、原核生物界和病毒界。我国学者王大耙等（1977）在魏塔克五界系统的基础上，也提出过应增加一个病毒界的六界系统。

6）三总界五界系统

我国学者陈世骧等曾建议生物应分为三总界和五界，即按生物历史发展的三个阶段的不同来分三个总界，再按生态系统的差别来分五个界。

Ⅰ. 非细胞总界（Superkinedom Acytonia）

Ⅱ. 原核总界（Superkingdom Procaryota）

① 细菌界(Kingdom Mycomonera)

② 蓝菌界(Kingdom Phycomonera)

Ⅲ. 真核总界(Superkingdom Eucaryota)

③ 植物界(Kingdoln Plantae)

④ 真菌界(Kingdom Fungi)

⑤ 动物界(Kingdom Animalla)

本系统的优点是三个总界的层次分明,没有含糊不清的中间类型存在,同时,原核总界根据有无光合放氧而分成两界,而真核总界的分界标准更易掌握,即凡细胞有壁又有叶绿体者为植物界,细胞有壁而无叶绿体者为真菌界,细胞无壁又无叶绿体者,则属动物界。当然,本系统也有其缺点,即把病毒单独列为一个“非细胞总界”。从表面上来看,它似乎很有道理,但从进化的角度来看,现有的病毒决不是进化历史上比原核生物更低级和原始的生物类型。因此,病毒在生物界级分类上的位置暂时还是学术上的一个难点。

7) 三域学说及其发展

20 世纪 70 年代末由于美国伊利诺斯大学的 C. R. Woese 等对大量微生物和其他生物进行 16S 和 18SrRNA 的寡核苷酸测序,并比较其同源性水平后,提出了一个与以往各种界级分类不同的新系统,称为三域学说(there domains theory)。“域”是一个比界(kingdom)还高的界级分类单元,过去曾称为原界(urkingdom)。三个域指的是:细菌域(Bacteria)、古生菌域(Archaea)、和真核生物域(Eukarya)。详细内容见第一章“原核微生物”。

随着越来越多的微生物的全基因组序列的测定,人们发现生物在进化中存在着非常广泛的水平基因转移现象,很多科学家都认为不能仅靠对 16S rRNA 的序列比较来确定生物之间的亲缘关系,还必须借助各种信息对这个进化树进行改进。

2. 微生物在生物界的地位

从以上所介绍的各种生物界级分类系统的发展历史来看,不管哪个系统,除早已确立的动物界和植物界之外,其余各界都是随着人类对微生物的深入研究和认识后才出现和发展起来的。这就充分说明,微生物在生物界级分类中占据重要的地位,如果按内共生学说来分析问题,即使是表面上与微生物无关系的动物界和植物界,实际上在其身上还是携带着微生物的“影子”。

第二节　微生物的分类单元

一、种以上的系统分类单元

1. 七级分类单元

种以上的系统分类单元(taxon 或 category,也称分类阶元或分类群)自上而下依次可分七级,即

界 kingdom(拉:*Regnum*)

门 phylum(拉:*Phylum*)或 Division(拉:*Divisio*)

纲 class(拉:*Classis*)

目 order(拉:*Ordo*)

科 family(拉:*Familia*)

属 genus(拉:*Genus*)

种 species(拉:*Species*)

科级以上分类单元的名称是拉丁或希腊词源的名词，用作名词的形容词或一个拉丁化的外来词，应是阴性、复数并且首字母用大写。实际上，在现代细菌命名中，科以上各分类单元都采用阴性和复数的形容词形式作名词使用，例如，Pseudomonadaceae(假单胞菌科)等。

2. 种的概念

在微生物尤其在原核生物中，种的定义是很难下的，因此，至今还找不到一个公认的、明确的种的定义。我们认为，微生物的种(species)，又译物种，是一个基本的分类单元和分类等级，它是一大群表型特征高度相似、亲缘关系极其接近、与同属内的其他物种有着明显差异的一大群菌株的总称。在微生物中，一个种只能用该种内一个典型菌株(type strain)当作它的具体代表，故此典型菌株就成了该种的模式种(type species)或模式活标本。

新种(species nova，sp. nov 或 nov sp.)是指权威性的分类、鉴定手册中从未记载过的一种新分离并鉴定过的微生物。当发现在按《国际命名法规》对它命名并在规定的学术刊物上发表时，应在其学名后附上“sp. nov”符号。在新种发表前，其模式菌株的培养物就应存放在一个永久性的可靠的菌种保藏机构中，并允许研究人员取得该菌种。

二、学名

每一种微生物都有一个自己的专门名称。名称分两类，一类是地区性的俗名(common name，vernacular name)；另一类是国际上统一使用的名称，即学名(scientific name)。为了使生物分类单元的名称能在国际上通用，就需要制定一个为各国生物学工作者共同遵守的命名法则，即国际生物命名法规，来管理生物分类单元的命名，以确保生物名称的统一性、科学性和实用性。现在分别由国际动物命名法规、国际植物命名法规和国际细菌命名法规来分别管理各类生物的命名。

物种的学名是用拉丁词或拉丁化的词组成的。在一般出版物中，学名应排斜体字，在书写或打字材料中，应在学名之下划一横线，以表示它应是斜体字母。学名的表示方法分双名法与三名法两种。

1. 双名法(binominal nomenclature)

双名法指一个物种的学名由前面一个属名(generic name)和后面一个种名加词(specific epthet)两部分组成。属名的词首须大写，种名加词的字首须小写(包括由人名或地名等专用名词衍生的)。出现在分类学文献中的学名，在上述两部分之后还应加写 3 项内容，即首次定名人(正体字，用括号括住)、现名定名人(正体字)和现名的定名年份。如在一般书刊中出现学名时，则不必写上后 3 项内容。即：

$$\text{学名}=\underbrace{\text{属名}+\text{种名加词}}_{\text{排斜体字}}+\underbrace{(\text{首次定名人})+\text{现名定名人}+\text{现名定名年份}}_{\text{排正体字(一般省略)}}$$

例如，*Pseudomonas aeruginosa*(铜绿色假单胞菌)。其中，*Pseudomonas* 是属名(假单胞菌属)(阴性)；*aeruginosa* 是种名加词，是拉丁语形容词(阴性)，原意为“铜绿色的”。

Mycobacterium tuberculosis(结核分枝杆菌)。其中，*Mycobacterium* 是属名(分枝杆菌属)，系希腊词源的复合词(中性)，*tuberculosis* 是种名加词，是希腊词和拉丁词缀合成的名词所属格形式，意为“结核病的”。

当泛指某一属细菌而不特指该属中任何一个种(或未定种名)时，可在属名后加 sp. 或 spp.(分别代表 species 缩写的单数和复数形式)表示，如 *Streptomyces* sp.(一种链霉菌)，*Micrococcus* spp.(某些微球菌)。

2. 三名法(trinominal nomenclature)

当某种微生物是一个亚种(subspecies，简称“subsp”)或变种(variety，简称“var”，亚种的同义

词)时,学名就应按三名法拼写,即

$$学名=\underbrace{属名+种名加词}_{排斜体字}+\underbrace{符号\ subsp\ 或\ var}_{排正体字(可省略)}+\underbrace{亚种或变种的加词}_{排正体字(不可省略)}$$

如

Alcaligenes	*denitrificans*	subsp.	*xylosoxydans*
属名(产碱杆菌属)	种名加词(反硝化的)	subspecies 的缩写(亚种)	亚种名加词(氧化木糖的)

该亚种名可译为:反硝化产碱杆菌氧化木糖亚种。

3. 有关学名的其他知识

(1) 属名

属名用一个单数主格名词或当作名词用的形容词来表示,可以是阳性、阴性或中性,首字母要大写。例如,*Bacillus*(芽孢杆菌属)(阳性),拉丁词,原意为“小杆菌”,因该属菌有芽孢而译为“芽孢杆菌属”。*Clostridium*(梭菌属)(中性),源于希腊词,原意为“纺锤状菌”。Salmonella(沙门氏菌属)(阴性),以美国细菌学家 D. E. Salmon 的姓氏命名。亚属分类单元的命名和属名相同。

(2) 种名加词

种名加词又称种加词,它代表一个物种的次要特征。与属名一样,种名加词也由拉丁词、希腊词或拉丁化的外来词所组成,字首一律小写。可由形容词或名词组成,如果是形容词,要求其性与属名一致,如 *Staphylococcus aureus*(金黄色葡萄球菌)中,属名与种的加词均为阳性词。

(3) 种名的发音

按规定,学名均应按拉丁字母发音规则发音。但事实上,英、美等国的学者经常按自己的语种来发音,且影响颇大。

三、亚种以下的几个分类名词

除上述国际公认的分类单元的等级外,在细菌分类中,还常常使用一些非正式的类群术语。如亚种以下常用培养物、型和菌株;种以上常使用群、组、系等类群名称。近几年来还在界之上使用域(domain),把“域”作为分类单元的最高等级。下面简要介绍一些常用的类群术语。

1. 亚种(subspecies)或变种(variety)

当某一个种内的不同菌株存在少数明显而稳定的变异特征或遗传性状而又不足以区分成新种时,可以将这些菌株细分成两个或更多的小的分类单元——亚种。亚种是正式分类单元中地位最低的分类等级。变种是亚种的同义词。

2. 培养物(culture)

是指一定时间一定空间内微生物的细胞群或生长物。如微生物的斜面培养物、摇瓶培养物等。如果某一培养物是由单一微生物细胞繁殖产生的,就称之为该细菌的纯培养物(pure culture)。

3. 型(form 或 type)

常指亚种以下的细分。当同种或同亚种不同菌株之间的性状差异,不足以分为新的亚种时,可以细分为不同的型。例如抗原特征的差异分为不同的血清型;对噬菌体裂解反应的不同分为不同的噬菌型等等。由于“type”一词既代表“型”又可代表“模式”,为避免混淆,现在对表示型的词作了修改,用“var”代替“type”。

4. 菌株(strain)

从自然界中分离得到的任何一种微生物的纯培养物都可以称为微生物的一个菌株。用实验方法(如通过诱变)所获得的某一菌株的变异型,也可以称为一个新的菌株,以便与原来的菌株相区别。菌株是微生物分类和研究工作中最基础的操作实体。由于同种或同一亚种的不同菌株之间,某些生物学特性可能存在一定差异,就某些非鉴别性特征(不是定种或界定亚种的特征)而言,不同菌株可能存在重要差别。因此在实际工作中,除了注意菌株的种名外,还要注意菌株的名称。菌株名称常用数字编号、字母、人名、地名等表示。如枯草杆菌 ASI. 398(*Bacillus subtilis* ASI. 398)和枯草杆菌 BF7658(*Bacillus subtilis* BF7658),分别代表枯草杆菌的两个菌株(ASI. 398 和 BF7658 分别为菌株的编号),这两个菌株,前者可用于生产蛋白酶,后者则可用于生产 α-淀粉酶。

菌株与型的区别:菌株之间不存在鉴别性特征的差异,命名不同的菌株无需有分类学依据;不同型的细菌之间存在鉴别性特征的差异,命名或鉴定不同的型必须有分类学依据。

5. 小种(race)

又称品种、宗或生产小系等,它的含义很乱,在真菌学中常相当于生理型,在动物学中常指生态型,而在发酵工业中,则常指自生产中选育出来的自发突变菌株。

6. 相(phase)

一般指自然存在的微生物交互变异中的一定阶段。

7. 态(state)

通常指微生物的菌落变异状态,如粗糙、光滑或黏液状等。

四、微生物的分类系统

分类学的最终目标是要建立起一套比较接近生物系统发育规律的自然分类系统。可是,由于微生物分类学还是一门比较年轻的学科,离上述目的还相距极远,因此,可认为目前正处在“百家争鸣”的发展过程中,其特点是分类体系众多,每种分类体系能维持的时限甚短,并带有较明显的人为性和实用性。

1. Bergey 氏原核生物分类系统概要

原核生物包括古生菌域和细菌域,前者已记载 208 种,后者截止 2000 年已记载 4727 种。要将如此大量的原核生物编制成实用有效的分类手册,是一件十分艰难的工作。在整个 20 世纪,德国、前苏联、法国和美国均出版相应的专著,影响比较大的且比较全面的细菌分类系统有 3 个,即前苏联克拉西里尼科夫著的《细菌和放线菌的鉴定》(1949 年出版)、法国普雷沃著的《细菌分类学》(1961 年出版)和美国细菌学协会(现美国微生物学会)出版的《伯杰氏细菌鉴定学手册》。其中最能全面概括原核生物分类体系、反映该领域大量新信息、最具有权威性、被学术界普遍采用的是国际权威者不断集体修订的《伯杰氏细菌鉴定学手册》(*Bergey's Manual of Determinative Bacteriology*)。该手册 1923 年出第一版,由 Bergey 任编委会主席。随着细菌分类学研究的深入和发展,相继在 1925 年、1930 年、1934 年、1939 年、1948 年、1957 年和 1974 年出版了第二至第八版。第一至第七版强调了分类体系的完整性,包括了从纲到种、亚种的全面分类大纲和相应的检索表,以及各分类单元的描述。第八版鉴于对细菌亲缘关系缺乏了解,取消了从纲到种的分类系统,只注重属、种的描述和比较,增加了手册中所用术语的注解和菌种保藏机构的名单,增加了细胞化学、遗传学和分子生物学等方面的新的鉴定方法,如 DNA 的 G+C mol%,DNA-DNA 或 DNA-RNA 杂交,对某些属种应用了数值分类法。在第八版中,将细菌归属原核生物界,下分蓝细菌和细菌,并根据形态、运动方式和营养类型等特征,将细菌分为 19 个部分。1984～1999 年,该手册编写组组织了国际上 300 多位专家,合作编写并陆续出版了四卷本的新手册,新手册在第八版的基础上增加了许多新的分类单元，同时在表型分类的基础上，在各级分类单元中广泛采用细胞化学分析、数值分类法和核酸技术，尤其是 16S rRNA 基因序列分析技术，以阐明细菌的亲缘关系，使从以表型、实用性鉴定指标为主的传统体系向鉴定遗传型为主的系统发育进化体系转变，新手册也因此改名为《伯杰氏系统细菌学手册》(Bergey's Manual of Systematic Bacteriology)，简称《系统手册》。1994 年，《系统手册》的作者将该书四卷中有关细菌分类鉴定的资料和该书出版后的新资料汇集，出版了《伯杰氏细菌鉴定学手册》第九版，根据表型特征将细菌分成 4 大类 35 个群。《系统手册》第二版自 2000 年起分 5 卷陆续出版发行，第二版将原核生物分为古生菌域和细菌域：古生菌域分 2 门 8 纲，细菌域分 23 门 31 纲，5 卷大致的内容安排如下：

第一卷：古生菌、蓝细菌、光合细菌和最早分支的细菌

第二卷：变形杆菌(属革兰氏阴性细菌)

第三卷：低 G+Cmol%的革兰氏阳性细菌

第四卷：高 G+Cmol%的革兰氏阳性细菌(放线菌类)

第五卷：浮霉状菌、螺旋体、丝杆菌、拟杆菌、梭杆菌和衣原体等(属革兰氏阴性细菌)

2. Ainsworth 等人的菌物分类系统概要

20 世纪 90 年代初，我国学术界提出以“菌物”代替过去普遍使用含义但又不准确的“真菌”，并获得菌物学者的认同。目前认为，菌物与真菌两者的关系是：

菌物界(Mycetalia)
- 黏菌门(Myxomycota)
- 假菌门(Chromista，指卵菌类)
- 真菌门(Eumycota，true fungi，即狭义真菌)

据估计，地球上生存的菌物有 150 多万种，而目前记载的只有 7 万～9 万种，每年仍以 1500 个新种的速度递增。面对如此众多的菌物，自 1729 年 Michei 首次对它们进行分类以来，有代表性的菌物分类系统不下 10 个，如 G. W. Martin(1950)、J. E. Whittaker(1969)、G. C. Ainsworth(1966)、Margulis(1974)、J. E. Smith(1975)和 C. J. Alexopoulos(1979)的分类系统等。目前得到学术界较为广泛采用的是 Ainsworth 第七版的分类系统，它把真菌界分成黏菌门和真菌门，后者又分 5 个亚门。1995 年出版的第八版《安・贝氏菌物词典》又把菌物列入真核生物域(Domain Eucaryota)的 3 个界中，其余变化也比较大。现表解如下：

第七版(1983 年)：

菌物界(Mycetalia)
- 黏菌门(Myxomycota)
- 真菌门(Eumycota)
  - 鞭毛菌亚门(Mastigomycotina)
    - 壶菌纲(Chitridiomycetes)
    - 丝壶菌纲(Hyphochitridiomycetes)
    - 卵菌纲(Eumycota)
  - 结合菌亚门(Zygomycotina)
    - 接合菌纲(Zygomycetes)
    - 毛菌纲(Trichomycetes)
  - 子囊菌亚门(Ascomycotina)：无纲，直接分 37 目
  - 担子菌亚门(Basidiomycotina)
    - 层菌纲(Hymenomycetes)
    - 腹菌纲(Gasteromycetes)
    - 锈菌纲(Uredinomycetes)
    - 黑粉菌纲(Ustilaginomycetes)
  - 半知菌亚门(Deuteromycotma)
    - 腔孢菌纲(Coelomycetes)
    - 丝孢菌纲(Hyphomycetes)

第八版(1995年)：

- 真核生物域(Domain Eucaryota)
  - 原生动物界(Kingdom Protozoa)
    - 集孢黏菌门(Acrasiomycota)
    - 网柱黏菌门(Dictyosteliomycota)
    - 黏菌门(Myxomycota)
    - 肿根菌门(Plamodiophoromycota)
  - 假菌界(Kingdom Chromista)
    - 丝壶菌门(Hyphochitriomycota)
    - 网黏菌门(Labyrinthulomycota)
    - 卵菌门(Oomycota)
  - 真菌界(Kingdom Fungi)
    - 子囊菌门(Ascomycota)
    - 结合菌门(Zygomycota)
    - 担子菌门(Basidiomycota)
    - 壶菌门(Chitridiomycota)
    - 有丝孢真菌类(Mitosporic Fungi)

第三节　微生物分类鉴定的方法

一、微生物分类鉴定中的经典方法

生物分类的传统指标：形态学特征、生理学特征、生态学特征。它们从不同层次(细胞的、分子的)，用不同学科(化学、物理学、遗传学、免疫学、分子生物学等)的技术方法来研究和比较不同微生物的细胞、细胞组分或代谢产物，从中发现的反映微生物类群特征的资料。在现代微生物分类中，任何能稳定地反映微生物种类特征的资料，都有分类学意义，都可以作为分类鉴定的依据。

1. 形态学特征

常用的形态学特征有：培养特征、细胞形态及其染色特性、特殊的细胞结构、运动性等。这些形态学特征可作为微生物分类和鉴定的重要依据之一，因为：①易于观察和比较，尤其是真核微生物和具有特殊形态结构的细菌；②许多形态学特征依赖于多基因的表达，具有相对的稳定性。常用于原核生物分类鉴定的形态学特征。

2. 生理生化特征

生理生化特征与微生物的酶和调节蛋白质的本质和活性直接相关，酶及蛋白质都是基因产物，所以，对微生物生理生化特征的比较也是对微生物基因组的间接比较，加上测定生理生化特征比直接分析基因组要容易得多，因此生理生化特征对于微生物的系统分类仍然是有意义的。

常用于微生物分类鉴定的生理生化特征有：营养类型、与氧的关系、对温度的适应性、对pH的适应性、对渗透压的适应性、代谢产物等。

在以实用为主要目的表型分类中，生理生化特征往往是细菌分类鉴定的主要特征。肠道菌科细菌属和种的分类鉴定就是如此。

形态和生理生化特征是最常用的细菌分类、鉴定指标。微生物经典分类鉴定方法的指标依据见表10-1。

表 10-1　微生物经典分类鉴定方法的指标依据

经典分类法	个体：细胞形态、大小、排列方式，染色反应，有无运动，各种特殊构造特征等
	形态特征：菌落形态，在固体、半固体或液体培养基中的生长状态等
	营养要求：碳源、氮源、矿质元素、生长因子等
	生理生化特征：代谢产物种类、产量、显色反应等
	酶：产酶种类和反应特征等
	生态学特性：生长温度，对氧的需要，酸碱度要求，宿主种类，生态分布等
	血清学反应
	噬菌体的敏感性
	其他

二、微生物分类鉴定中的现代方法：

1. *数值分类法*

数值分类法（numerrical taxonomy）又称阿德逊氏分类法，是通过广泛比较分类单位的性状特征，然后计算它们之间的相似性，再根据相似性的数值划分类群的一种分类方法。数值分类法的思想最初是由法国植物学家阿德逊（Adanson）于 1757 年提出来的，由于缺少有效的计算工具而未能实现。直到 1957 年英国生物学家施尼斯（Sneath）首先借助于电子计算机进行细菌的数值分类，这种方法才开始用于生物分类。数值分类法的分类原则不同于传统的分类法，其中最重要的区别在于：传统分类法的分类特征有主次之分，而数值分类法则强调所采用的分类特征同等重要，在划分类群时它们都具有同等的地位。数值分类可大致分为五个步骤：

(1) 确定分类单位和选择分类特征。数值分类最低等级的分类单位称操作分类单位（简称 OTU），OTU 可以是菌株，也可以是种或属等。OTU 确定后即选择分类特征，数值分类要求特征涵盖面广、项目数不少于数十项乃至一百多项；

(2) 进行特征测定或从文献中收集有关 OTU 的各项特征的资料；

(3) 根据所编制的计算机程序要求，将特征资料进行编码、标准化并输入计算机；

(4) 由计算机计算各 OTU 之间的相似性并根据相似性的数值进行聚类分析、分群归类；

(5) 输出分类结果。

数值分类的结果可用多种方法表示，其中矩阵图和树状谱图法由于直观明确而最为常用（图 10-1，图 10-2）。数值分类法是根据生物表型特征总的相似性分类，所以其分类结构所表示的是一种表型关系，并不直接表示生物的系统发育，因此数值分类所划分的类群又称为表元（phenon）或表观群（phemotic group）以区别于传统的分类单元。但通过对数值分类结构的分析，可以把其

相似性百分数

发散度	1	2	3	4	5	6	
1		92.0	91.9	100.0	92.5	92.6	1
2	8.0		95.7	91.9	98.3	99.1	2
3	7.9	2.5		90.6	96.7	96.1	3
4	0.0	7.9	8.1		92.2	92.6	4
5	7.7	1.1	2.5	7.9		98.5	5
6	7.5	0.7	2.2	7.4	1.1		6
	1	2	3	4	5	6	

图 10-1　显示 6 个细菌菌株的遗传相似矩阵图

分类结果作为建立或修改传统(自然)分类单元(如种、属等)的依据。数值分类使生物分类从传统分类的定性描述发展到进行定量分析的水平,其主要目的是建立一种客观的聚类方法,并实现聚类过程的自动化。

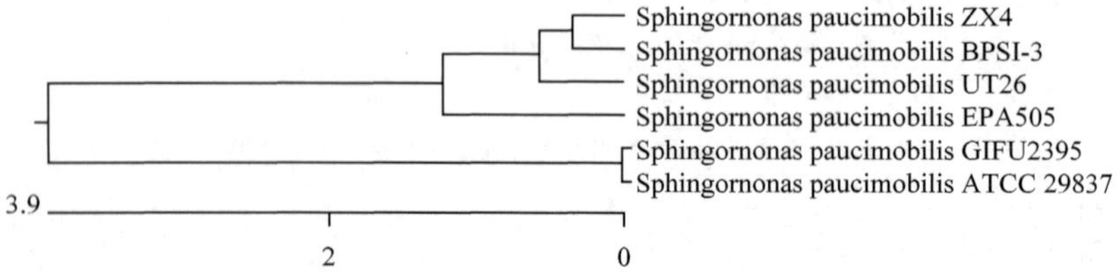

图 10-2　根据相似矩阵图转换的相似关系树状谱

数值分类法的优越性在于它是以分析大量分类特征为基础,对于类群的划分比较客观和稳定,而且促进对细菌类群的全面考查和观察,为细菌的分类鉴定积累大量资料。但在使用数值分类法对细菌菌株分群归类定种或定属时,还应做有关菌株的 DNA 碱基的(G + C)mol% 和 DNA 杂交,以进一步加以确证。

2. 化学分类法

微生物分类中,根据微生物细胞的特征性化学组分对微生物进行分类的方法称化学分类法(chemotaxonomy)。在近二十多年来,采用化学和物理技术来研究细菌细胞的化学组成,已获得很有价值的分类和鉴定资料,各种化学组分在原核微生物分类中的意义见表 10-2。

表 10-2　细菌的化学组分分析及其在分类水平上的应用

细胞成分	分析内容	在分类水平上的作用
细胞壁	肽聚糖结构	种和属
	多糖	
	胞壁酸	
膜	脂肪酸	种和属
	极性类脂	
	霉菌酸	
	类异戊二烯苯醌	
蛋白质	氨基酸序列分析	属和属以上单位
	血清学比较	
	电泳图	
	酶谱	
代谢产物	脂肪酸	种和属
全细胞成分分析	热解——气液色谱分析	种和亚种
	热解——质谱分析	

随着分子生物学的发展,细胞化学组分分析用于微生物分类日趋显示出重要性。细胞壁的氨基酸种类和数量现已被接受为细菌属的水平的重要分类学标准。在放线菌分类中,细胞壁成

分和细胞特征性糖的分析作为分属的依据，已被广泛应用。脂质是区别细菌还是古菌的标准之一，细菌具有酰基脂（脂键），而古菌具有醚键脂，因此醚键脂的存在可用以区分古菌。霉菌酸的分析测定已成为诺卡氏菌放线菌分类鉴定中的常规方法之一。鞘氨醇单胞菌和鞘氨醇杆菌等细胞膜都含有鞘氨醇，因此鞘氨醇的有无可作为此类细菌的一个重要标志。此外某些细菌原生质膜中的异戊间二烯醌，细胞色素，以及红外光谱等分析对于细菌、放线菌中某些科、属、种的鉴定也都十分有价值。

3. 遗传学分类法

分子遗传学分类法是以微生物的遗传型(基因型)特征为依据，判断微生物间的亲缘关系，排列出一个个的分类群。目前较常使用的方法有：

1）DNA 中 G+C mol%分析

每一个微生物种的 DNA 中 G+C mol%的数值是恒定的，不会随着环境条件、培养条件等的变化而变化，而且在同一个属不同种之间，DNA 中 G+C mol% 的数值不会差异太大，可以某个数值为中心成簇分布，显示同属微生物种的 G+C mol% 范围。DNA 中 G+C mol% 分析主要用于区分细菌的属和种，因为细菌 DNA 中 G+C 含量的变化一般在 25%～75%；而放线菌 DNA 中的 G+C mol%范围非常窄(37%～51%)。一般认为任何两种微生物在 G+C mol%含量上的差别超过了 10%，这两种微生物就肯定不是同一个种。因此可利用 G+C mol %来鉴别各种微生物种属间的亲缘关系及其远近程度。值得注意的是，亲缘关系相近的菌，其 G+C mol%含量相同或者近似，但 G+C mol%相同或近似的细菌，其亲缘关系并不一定相似，这是因为这一数据还不能反映出碱基对的排列序列，而且如放线菌的 DNA 的 G+C mol%在 37%～51%，企图在这么小的范围内区分放线菌的几十个属显然是不现实的。要比较两种细菌的 DNA 碱基对排列序列是否相同，以及相同的程度如何，就需做核酸杂交试验。

2）DNA-DNA 杂交

DNA 杂交法的基本原理是用 DNA 解链的可逆性和碱基配对的专一性，将不同来源的 DNA 在体外加热解链，并在合适的条件下，使互补的碱基重新配对结合成双链 DNA，然后根据能生成双链的情况，检测杂合百分数。如果两条单链 DNA 的碱基顺序全部相同，则它们能生成完整的双链，即杂合率为 100%。如果两条单链 DNA 的碱基序列只有部分相同，则它们能生成的“双链”仅含有局部单链，其杂合率小于 100%。由此，杂合率越高，表示两个 DNA 之间碱基序列的相似性越高，它们之间的亲缘关系也就越近。如两株大肠埃希氏菌的 DNA 杂合率可高达 100%，而大肠埃希氏菌与沙门氏菌的 DNA 杂合率较低，约有 70%。G+C mol%的测定和 DNA 杂交实验为细菌种和属的分类研究开辟了新的途径，解决了以表观特征为依据所无法解决的一些疑难问题，但对于许多属以上分类单元间的亲缘关系及细菌的进化问题仍不能解决。

3）DNA-rRNA 杂交

目前研究 RNA 碱基序列的方法有两种。一是 DNA 与 rRNA 杂交，二是 16S rRNA 寡核苷酸的序列分析。DNA 与 rRNA 杂交的基本原理、实验方法同 DNA 杂交一样，不同的是①DNA 杂交中同位素标记的部分是 DNA，而 DNA 与 rRNA 杂交中同位素标记的部分是 rRNA。②DNA杂交结果用同源性百分数表示，而 DNA 与 rRNA 杂交结果用 T_m(e)和 RNA 结合数表示。T_m(e)值是 DNA 与 rRNA 杂交物解链一半时所需要的温度。RNA 结合数是 100 mgDNA 所结合的 rRNA 的毫克数。根据这个参数可以作出 RNA 相似性图。在 rRNA 相似性图上，关系较近的菌就集中到一起。关系较远的菌在图上占据不同的位置。用 rRNA 同性试验和 16S rRNA 寡核苷酸编目的相似性比较 rRNA 顺反子的实验数据可得到属以上细菌分类单元的较一致的系统发育概念，并导致了古细菌的建立。

4）16S rRNA（16S rDNA）寡核苷酸的序列分析

首先，16S rRNA普遍存在于原核生物（真核生物中其同源分子是18S rRNA）中。rRNA参与生物蛋白质的合成过程，其功能是任何生物都必不可少的，而且在生物进化的漫长历程中保持不变，可看作为生物演变的时间钟。其次，在16S rRNA分子中，既含有高度保守的序列区域，又有中度保守和高度变化的序列区域，因而它适用于进化距离不同的各类生物亲缘关系的研究。第三，16S rRNA的相对分子量大小适中，约1540个核苷酸，便于序列分析。因此，它可以作为测量各类生物进化和亲缘关系的良好工具。

测序得到分离菌株16S rDNA部分序列，将所得序列通过Blast程序与GenBank中核酸数据进行比对分析（ http://www.ncbi.nlm.nih.gov/blast ），根据同源性高低列出相近序列及其所属种或属，以及菌株相关信息，从而初步判断16S rDNA鉴定结果。还可以利用核酸分析软件进行聚类分析，得到反映微生物亲缘关系的系统发育树（图10-3）。

本章小结

微生物的分类与其他生物一样，通常采用7级分类单元排列。命名方法通常采用双名法，即微生物的学名有属名和种名加上两个拉丁词组成。对某些变种或亚种，也可用三名法表示。《伯杰氏系统细菌学手册》是当今进行细菌鉴定的最权威的手册，微生物在生物界的分类中占有重要地位，几个世纪以来，人们对生命世界的分界随着微生物学研究的进展而不断发展深化。从两界学说经历三、四、五、六界学说到当今的三域学说的提出，而三域学说也正面临严峻考验，随着科学的进一步发展生物分界学说还会有新的重大发展。目前，现代化的高新技术在微生物的分类、鉴定中正在得到日益广泛的应用，微生物分离菌株的分类鉴定有经典分类鉴定法、数值分类鉴定法、化学分类鉴定法、遗传学分类鉴定法，DNA中G+C mol%分析、DNA-DNA杂交、DNA-rRNA杂交、16Sr RNA（16SrDNA）寡核苷酸的序列分析，微生物系统发育地位分析等不同层次的技术方法。能揭示微生物遗传本质的各种核酸分析技术尤为重要。

复习思考题

1. 简述微生物分类学的三项具体任务。
2. 简述生物的几个重要进化阶段。
3. 什么是学名？什么是双名法？什么是三名法？
4. 什么是种？如何表示一个种？
5. 简述五界分类系统和六界分类系统。
6. 试述三域学说及其发展和面临的挑战。
7. 现代微生物鉴定技术的发展趋势如何？试举例加以说明。

主要参考文献

蔡信之、黄君红. 2002. 微生物学. 第 2 版. 北京:高等教育出版社

岑沛霖,蔡谨. 2000. 工业微生物学. 北京:化学工业出版社

陈三凤,刘德虎. 2002. 现代微生物遗传学. 北京:化学工业出版社

杜连祥,路福平. 2005. 微生物学实验技术. 北京:中国轻工业出版社

黄秀梨. 2003. 微生物学. 第 2 版. 北京:高等教育出版社

蒋展鹏,祝万鹏. 1990. 环境过程检测. 北京:清华大学出版社

刘志恒. 2002. 现代微生物学. 北京:科学出版社

沈粗芳等. 1990. 微型生物监测新技术. 北京:中国建筑工业出版社

沈萍. 1995. 微生物遗传学. 武汉:武汉大学出版社

沈萍. 2002. 微生物学实验. 北京:高等教育出版社

沈萍,陈向东. 2006. 微生物学. 第 2 版. 北京:高等教育出版社

盛祖嘉. 2007. 微生物遗传学. 第 3 版. 北京:科学出版社

宋钦华,郭庆祥. 2001. DNA 光复活作用机理的研究进展. 化学进展,13(6):428~435

王家玲. 2004. 环境微生物学. 北京:高等教育出版社

夏淑芬,张甲耀. 1988. 微生物生态学. 武汉:武汉大学出版社

徐亚同等. 2001. 环境生物监测新技术. 北京:化学工业出版社

杨汝德. 2001. 现代工业微生物学. 广州:华南理工大学出版社

张建民. 2005. 现代遗传学. 北京:化学工业出版社

张青,葛菁萍. 2004. 微生物学. 北京:科学出版社

张文治. 2005. 微生物学. 北京:高等教育出版社

周德庆. 2002. 微生物学教程. 第 2 版. 北京:高等教育出版社

周集中等. 2007. 微生物功能基因组学. 张洪勋等译. 北京:化学工业出版社

诸葛健,李华钟. 2004. 微生物学. 北京:科学出版社

Alan H V, Malcolm G E. 2000. Environmental Microbiology. London: Manson Publishing Ltd.

Atlas R M. 1995. Handbook of environment microbiology. Boca Raton Fla.: CRC Press

Dix N J. 1995. Fungal Ecology. London: Chapman and Hall

Douglas H B. 2000. Molecular Marine Microbiology. Norfolk: Horizon Scientific Pr.

J. 尼克林等. 2000. 微生物学. 精要速览系列. 林稚兰等译. 北京: 科学出版社

Lansing M et al. 2003. 微生物学. 第 5 版. 沈萍,彭珍荣译. 北京:高等教育出版社

Lansing M Prescott et al. 2002. Microbiology . 北京:高等教育出版社

Madigan M T et al. 2000. Brock biology of microbiology. 9th ed. Englewood Cliffs: Prentice Hall

Raina M M et al. 2000. Environmental microbiology. San Diego: Academic Press

附录Ⅰ　常见微生物名称拉中对照

Acetobacter 乙酸杆菌属
Acetobacter pasteurianus 巴氏乙酸杆菌
Acetobacter suboxydans 弱氧化乙酸杆菌
Acetobacter woodii 伍氏乙酸杆菌
Acetobacter xylinum 木乙杆菌
Acetomonas oxydans 氧化乙单胞菌
Achlya 绵菌属
Achromobacter 无色杆菌属
Acidoaorax delafieldii 德氏食酸菌(德氏假单胞菌)
Acinetobacter 不动杆菌属
Actinomadura 马杜拉放线菌属
Actinomyces 放线菌属
Actinomyces aureus 金色放线菌
Actinomyces israelii 衣氏放线菌
Actinomyces thermofuscus 褐色嗜热放线菌
Actinoplanes 游动放线菌属
Actinpolyspora 放线单孢菌属
Aeromonas 气单胞菌属
Agaricus bisporus 双孢蘑菇
Agaricus hortensis 圆生蘑菇
Alcaligenes 产碱菌属
Amoebidium 变形毛菌属
Amoebobacter 可变杆菌属
Anabaena 鱼腥蓝细菌属
Anabaena azollae 链鱼腥蓝细菌
Anabaena cylindrica 柱孢鱼腥蓝细菌
Anaeroplasma 厌氧支原体属
Ancalochloris 绿臂菌属
Ancylobacter aquaticus 水生弯杆菌(水生微环菌)
Aquaspirillum 水螺菌属
Aquaspirillum serpens 蛇形水螺菌
Arabidopsis thaliana 拟南芥
Archaeoglobus fulgidus 闪烁古生球菌
Arthrobacter 节杆菌属
Arthrobacter crystallopoietes 成晶节杆菌
Aspergillus flavus 黄曲霉
Aspergillus nidulans 构巢曲霉
Aspergillus oryza 米曲霉
Aspergillus niger 黑曲霉
Azospirillum 固氮螺菌属
Azospirillum lipoferum 产脂固氮螺菌
Azotobacter 固氮菌属
Azotobacter chroococcum 褐球固氮菌
Azorobacter vinelandii 棕色固氮菌
Azotococcus 固氮球菌属
Bacillus 芽孢杆菌属
Bacillus alcalophilus 嗜碱芽孢杆菌
Bacillus anthracis 炭疽芽孢杆菌
Bacillus botulinus 肉毒芽孢杆菌
Bacillus cereus 蜡状芽孢杆菌
Bacillus laterosporus 侧孢芽孢杆菌
Bacillus licheniformis 地衣芽孢杆菌
Bacillus megaterium 巨大芽孢杆菌
Bacillus mycoides 蕈状芽孢杆菌
Bacillus pasteurii 巴氏芽孢杆菌
Bacillus polymyxa 多黏芽孢杆菌
Bacillus psychrophilus 嗜冷芽孢杆菌
Bacillus stearothermophilus 嗜热脂肪芽孢杆菌
Bacillus subtilis 枯草芽孢杆菌
Bacillus thuringiensis 苏云金芽孢杆菌
Bacteroides 拟杆菌属
Bacteroides amylophilus 嗜淀粉拟杆菌
Bdellovibrio 蛭弧菌属
Bdellovibrio bacteriovorus 食菌蛭弧菌
Beauveria bassiana 白僵菌
Beggiatoa 阿托氏菌属
Beneckea 贝内克氏菌属
Bifidobacterium 双歧杆菌属
Bifidobacterium bifidum 两歧双歧杆菌
Bilophococcus 嗜胆球菌属
Blastobacter 芽生杆菌属
Bordetella pertussis 百日咳博德氏菌
Borrelia 疏螺旋体属
Borrelia burgdorferi 布氏疏螺旋体
Butyrivibrio 丁酸弧菌属
Butyrivibrio fibrisolvens 溶纤维丁酸弧菌

Campyrobacter 弯曲菌属
Candida 假丝酵母属
Candida albicans 白假丝酵母
Candida lipolytica 解脂假丝酵母
Candida scottii 斯考特假丝酵母
Candida tropicalis 热带假丝酵母
Candida utilis 产朊假丝酵母
Caulobacter 柄杆菌属
Chlamydia 衣原体属
Chlamydia psittaci 鹦鹉热衣原体
Chlamydia trachomatis 沙眼衣原体
Chlamydomonas 衣藻属
Chlamydomonas nivalis 雪衣藻
Chlorella pyrenoidis 蛋白核小球藻
Chlorobium 绿菌属
Chlorobium thiosulfatophilum 嗜硫代硫酸盐绿菌
Chloroflexus 绿弯菌属
Chloropseudomonas 绿假单胞菌属
Chromatium 着色菌属
Chromatium lipoferum 产脂着色菌
Chromatium okenii 奥氏着色菌
Chromobacterium 色杆菌属
Chromobacterium chitinochroma 几丁色色杆菌
Chytridium 壶菌属
Citrobacter 柠檬酸杆菌属
Clathrochloris 格状绿菌属
Clostridium 梭菌属
Clostridium aceticum 乙酸梭菌
Clostridium acetobutylicum 丙酮丁醇梭菌
Clostridium botulinum 肉毒梭菌
Clostridium bifermentans 双酶梭菌
Clostridium butyricum 丁酸梭菌
Clostridium cadaveris 尸毒梭菌
Clostridium pasteurianum 巴氏固氮梭菌
Clostridium perfringens 产气荚膜梭菌
Clostridium putrificum 腐败梭菌
Clostridium rectum 直肠梭菌
Clostridium sporogenes 生孢梭菌
Clostridium sticklandii 斯氏梭菌
Clostridium subterminale 近端梭菌
Clostridium tetani 破伤风梭状芽孢杆菌
Collulomonas flavigena 产黄纤维单胞菌
Comamonas acidovorans 食酸丛毛单胞菌
Coronaviruses 冠状病毒
Corynebacterium 棒杆菌属
Corynebacterium autotrophicum 自养棒杆菌
Corynebacterium diphtheriae 白喉棒杆菌
Corynebacterium glutamicum 谷氨酸棒杆菌
Coxiella 考克斯氏体属
Cryptococcus 隐球酵母属
Cytophaga 噬纤维菌属
Dactylosporangium 指孢囊菌属
Deinococcus 异常球菌属
Deinococcus radiodurans 耐放射异常球菌
Deltavirus δ病毒属
Dermatophilus 嗜皮菌属
Dermocarpa 皮果蓝细菌属
Derxia 德克斯氏菌属
Desulfobacter 脱硫菌属
Desulfobacterium 脱硫杆菌属
Desulfobulbus 脱硫叶菌属
Desulfococcus 脱硫球菌属
Desulfomonas 脱硫单胞菌属
Desulfomonile 脱硫念球菌属
Desulfonema 脱硫线菌属
Desulfosarcina 脱硫八叠球菌属
Desulfotomaculum 脱硫肠状菌属
Desulfotomaculum thermoacetoxidans 嗜热氧化乙酸脱硫肠状菌
Desulfovibrio 脱硫弧菌属
Desulfovibrio gigas 巨大脱硫弧菌
Desulfurella 硫还原菌属
Desulfuromonas acetoxidans 乙酸氧化脱硫单胞菌
Dictyostelium 网柄菌属
Dictyostelium discoideum 盘基网柄菌
Ectothiorhodospira 外硫红螺菌属
Ectothiorhodospira mobilis 运动外硫红螺菌
Endomyces capsulata 荚膜内孢霉
Enterobacter 肠杆菌属
Enterococcus faecalis 粪肠球菌
Eremothecium ashbyii 阿舒假囊酵母
Erwinia 欧文氏菌属
Erwinia amylovora 解淀粉欧文氏菌
Erwinca herbicola 草生欧文氏菌
Escherichia 埃希氏菌属
Escherichia coli 大肠杆菌

Eubacterium 真杆菌属
Eubacterium ruminantium 啮齿真杆菌
Ferrobacillus 亚铁杆菌属
Fibrobacter succinogenes 产琥珀酸丝状杆菌
Flavobacterium 黄杆菌属
Flavobacterium chitinophilum 嗜几丁黄杆菌
Frankia 弗兰克氏菌属
Fusobacterium 梭杆菌属
Gallionella 嘉氏铁柄杆菌属
Gelidium 石花菜属
Geotrichum 地霉属
Geotrichum candidum 白地霉
Gloeocapsa 黏球蓝细菌属
Gloeothece 黏杆蓝细菌属
Gloeotrichia 顶孢蓝细菌属
Gluconabacterium oxydonas 氧化葡萄糖酸杆菌
Haemophilus influenzae 流感嗜血杆菌
Haemophilus parahaemolyticus 副溶血嗜血杆菌
Haemophilus parainfluenzae 副流感嗜血杆菌
Halobacterium 盐杆菌属
Halobacterium cutirubrum 红皮盐杆菌
Halobacterium halobium 盐生盐杆菌
Halococcus 盐球菌属
Hansenula 汉逊酵母属
Hansenula saturnus 土星汉逊酵母
Heliobacillus 螺旋菌属
Helicobacter pylori 幽门螺旋杆菌
Hemophilus influenzae 流感嗜血杆菌
Hyphomicrobium 生丝微菌属
Klebsiella 克雷伯氏菌属
Klebsiella pneumoniae 肺炎克雷伯氏菌
Klebsiella oxytoca 产酸克雷伯氏菌
Lactobacillus 乳杆菌属
Lactobacillus brevis 短乳杆菌
Lactobacillus arabinosus 阿拉伯糖乳杆菌
Lactobacillus casei 干酪乳杆菌
Lactobacillus curvatus 弯曲乳杆菌
Lactobacillus delbruckii 德氏乳杆菌
Lactobacillus fermentium 发酵乳杆菌
Lactobacillus plantarum 植物乳杆菌
Lactobacillus vitulinus 犊乳杆菌
Lactobacillus lactis 乳酸乳杆菌
Legionella 军团菌属
Lentinus edodes 香菇
Leptospirillum ferrooxidans 铁氧化钩端螺菌
Leptothrix 纤发菌属
Leuconostoc mesenteroides 肠膜明串珠菌
Leucothrix 亮发菌属
Leucothrix mucor 毛霉亮发菌
Magnetospirillum 磁螺菌属
Magnetospirillum magnetotacticum 向磁磁螺菌
Metabacterium 椎柱杆菌属
Metarrhizium anisopliae 绿僵菌
Methanobacterium 甲烷杆菌属
Methanobacterium espanolae 依斯帕诺拉甲烷杆菌
Methanobacterium faormicicum 甲酸甲烷杆菌
Methanobacterium ruminantium 反刍甲烷杆菌
Methanobacterium thermoalcaliphilum 嗜热碱甲烷杆菌
Methanococcus 甲烷球菌属
Methanococcus jannaschii 詹氏甲烷球菌
Methanomicrobium 甲烷微菌属
Methanospirillum 甲烷螺菌属
Methylobacterium 甲基杆菌属
Methylococcus 甲基球菌属
Methylococcus capsulatus 荚膜甲基球菌
Micrococcus 微球菌属
Micrococcus aquivivus 水活微球菌
Micrococcus cryophilus 嗜冷微球菌
Micrococcus lysodeikticus 溶壁微球菌
Microcoleus varinatus 具鞘微鞘蓝细菌
Micromonospora 小单孢菌属
Micromonospora rifamycetican 利福霉素小单孢菌
Mucor pusillus 微小毛霉
Mucor roxianus 鲁氏毛霉
Mucor sufu 腐乳毛霉
Mycobacterium 分枝杆菌属
Mycobacterium diphtheroides 类白喉分枝杆菌
Mycobacterium flavum 黄色分枝杆菌
Mycobacterium tuberculosis 结核分枝杆菌
Mycoplasma 支原体属
Mycoplasma genitalium 生殖道支原体
Myxococcus xanthus 黄色黏球菌
Natronobacterium 嗜盐碱杆菌属
Natronococcus 嗜盐碱球菌属
Neisseria gonorrhoeae 淋病奈瑟氏菌

Neisseria meningitidis 脑膜炎奈瑟氏菌
Neurospora 脉孢菌属
Neurospora crassa 粗糙脉孢菌
Nitrobacter 硝化杆菌属
Nitrobacter winogradsky 维氏硝化杆菌
Nitrococcus 硝化球菌属
Niterosococcus 亚硝化球菌属
Niterosococcus ocenus 海洋亚硝化球菌
Nocardia 诺卡氏菌属
Nocardia corallina 珊瑚诺卡氏菌
Nocardiopsis 拟诺卡氏菌属
Nostoc 念球蓝细菌属
Oscillatoria 颤蓝细菌属
Oscillatoria limnetica 沼泽颤蓝细菌
Oscillatoria princeps 巨颤蓝细菌
Paenibacillus macerans 浸麻类芽孢杆菌
Pelodictyon 暗网菌属
Pelonema 暗线菌属
Penicillium chrysogenum 产黄青霉
Penicillium urticae 荨麻青霉
Phlebovirus 白蛉热病毒属
Photobacterium 发光杆菌属
Photobacterium phosphoreum 明亮发光杆菌
Pichia membranaefaciens 膜醭毕赤酵母
Planococcus 动球菌属
Planomonospora 游动单孢菌属
Polyporus 多孔菌属
Propionibacterium 丙酸杆菌属
Prosthecobacter 突柄杆菌属
Proteus 变形杆菌属
Proteus mirabilis 奇异变形杆菌
Proteus vulgaris 普通变形杆菌
Pseudomonas 假单胞菌属
Pseudomonas aeruginosa 铜绿假单胞菌
Pseudomonas diminuta 缺陷假单胞菌
Pseudomonas fluorescens 荧光假单胞菌
Pseudomonas lindneri 林氏假单胞菌
Pseudomonas putida 恶臭假单胞菌
Pyrococcus furiosus 激烈热球菌
Pyrodictium occultum 隐蔽热网菌
Pyrolobus fumarii 热叶菌
Rhizobium 根瘤菌属
Rhizobium leguminosarum 豌豆根瘤菌
Rhizopus chinensis 华根霉
Rhodobacter 红细菌属
Rhodococcus 红球菌属
Rhodopseudomonas 红假单胞菌属
Rhodospirllum 红螺菌属
Rickettsia prowazekii 普氏立克次氏体
Rickettsia rickettsii 立氏立克次氏体
Saccharomyces cerevisiae 酿酒酵母(啤酒酵母)
Saccharomyces guttulatus 点滴酵母
Salmonella 沙门氏菌属
Salmonella typhi 伤寒沙门氏菌
Salomnella typhimurium 鼠伤寒沙门氏菌
Sarcina ventriculi 胃八叠球菌
Selenomonas ruminantium 反刍月形单胞菌
Serratia marcescens 黏质赛氏菌
Shigella 志贺氏菌属
Shigella dysenteriae 痢疾志贺氏菌(痢疾杆菌)
Skeletonema costatum 骨条藻
Sphaerotilus 球衣菌属
Spirillum 螺菌属
Spirillum rubrum 红色螺菌
Spirillum volutans 迂回螺菌
Spirochaeta 螺旋体属
Spirochaeta morsusmuris 鼠咬热螺旋体
Spirochaeta pallida 苍白螺旋体(梅毒螺旋体)
Sporolactobacillus 芽孢乳杆菌属
Sporomusa 鼠孢菌属
Sporosarcina 芽孢八叠球菌属
Sporospirillum 孢螺菌属
Staphylococcus aureus 金黄色葡萄球菌
Streptobacillus moniliformis 念珠状链杆菌
Streptococcus faecalis 粪链球菌
Streptococcus haemolyticus 溶血链球菌
Streptococcus mutans 变异链球菌
Streptococcus parvus 小链球菌
Streptococcus pneumoniae Ⅲ型肺炎球菌
Streptococcus pneumoniae 肺炎球菌
Streptococcus salivarius 唾液链球菌
Streptomyces 链霉菌属
Streptomyces griseus 灰色链霉菌
Streptomyces microflavus 细黄链霉菌
Streptomyces venezuelae 委内瑞拉链霉菌
Sulfolobus 硫化叶菌属

Sulfololus acidocaldonius 嗜酸热硫化叶菌
Synechococcus eximius 卓越聚球蓝细菌
Thermoactinomyces 高温放线菌属
Thermoanaerobacter tengcongensis 腾冲嗜热厌氧菌
Thermococcus litoralis 极端耐热细菌
Thermoplasma 热原体属
Thermoplasma acidophilum 嗜酸热原体
Thermoplasma volcanium 火山热原体
Thermus aquaticus 水生栖热菌
Thermus thermophilus 嗜热细菌
Thiobacillus 硫杆菌属
Thiobacillus ferrooxidans 氧化亚铁硫杆菌
Thiobacillus thiooxidans 氧化硫硫杆菌
Thiobacillus thioparus 排硫硫杆菌
Tolypothrix 单岐蓝细菌属
Torulopsis depavaffina 脱腊球拟酵母
Treponema 密螺旋体属
Trichoderma reesei 里氏木霉
Vibrio 弧菌属
Vibrio cholerae 霍乱弧菌
Xanthobacter 黄色杆菌属
Xanthomonas 黄单胞菌属
Xanthomonas campestris 野油菜黄单胞菌
Yersinia pestis 鼠疫杆菌
Yersinia pestis 鼠疫耶尔森氏菌
Zymomonas anaerobia 厌氧发酵单胞菌
Zymomonas mobilis 运动发酵单胞菌

附录Ⅱ　微生物学发展史上的重大事件

时间/年	重大贡献
1676	Antonie van Leeuwenhoek 第一次发现"微小动物"——细菌
1786	Müler 提出了第一个细菌分类
1798	Jenner 采用牛痘疫苗接种预防天花
1835～1844	Bassi 发现蚕病由真菌引起，提出许多病起源于微生物
1849	Snow 研究了一种在伦敦流行的霍乱及流行病学
1857	Pasteur 证明乳酸发酵是由微生物引起的
1861	Pasteur 指出微生物是不能自生的，推翻了"自生说"
1867	Lister 创立消毒外科手术技术
1876～1877	Koch 证明炭疽病是由炭疽芽孢杆菌引起的
1881	Koch 首创用明胶固体培养基培养细菌，Pasteur 研制出炭疽疫苗
1882	Koch 发现结核分枝杆菌
1884	Koch's 法则首次发表，Metchnikoff 发现吞噬作用，Gram 创立革兰氏染色法，高压蒸汽灭菌器出现
1885	Pasteur 研制出狂犬疫苗，Escherish 发现大肠杆菌——腹泻的病因
1886	Fraenkel 发现肺炎链球菌——肺炎的病因
1887	Richard Petri 制成培养皿
1887～1890	Winogradsky 研究了硫细菌和硝化细菌，奠定了土壤微生物学基础
1889	Beijerinck 首次分离到根瘤菌
1890	von Behring 制备出白喉和破伤风抗毒素
1892	Ivanowsky 提供病毒引起烟草花叶病毒的证据
1894	Kitasato 和 Yersin 发现鼠疫耶尔森氏菌——鼠疫的病因
1896	Van Ermengem 发现肉毒梭菌，肉毒中毒的原因
1897	Buchner 制备出发酵酵母浸出液
1899	Ross 证实疟疾病原菌由蚊子传播，Beijerinck 证明病毒引起烟草花叶病
1905	Schaudinn 和 Hoffmann 指出苍白密螺旋体引起梅毒
1909	Ricketts 发现立克次氏体——落基山斑疹热的病因
1910	Ehrlich 首次合成治疗梅毒的化学治疗剂
1915～1917	D'herelle 和 Twort 发现细菌病毒——噬菌体
1923	《伯杰氏细菌学鉴定手册》第一版
1928	Griffith 发现细菌转化作用
1929	Fleming 发现青霉素
1935	Stanley 获得烟草花叶病毒的结晶体，Domagk 发现磺胺药
1941	Beadle 和 Tatum 用链霉菌进行试验，提出"一个基因一个酶"假说
1943	Luria 和 Delbrück 用波动试验证明细菌抗噬菌体自发突变的不对应性，Chain 和 Florey 形成青霉素工业化生产的工艺
1944	Avery 等证实转化作用中 DNA 是遗传信息的载体，Waksman 发现链霉素
1946～1947	Lederberg 和 Tatum 发现细菌结合作用、基因连锁现象
1949	Enders，Robbins 和 Weller 用非神经组织成功培养脊髓灰质炎病毒
1950	Lwoff 成功诱导出溶源噬菌体

续表

时间/年	重大贡献
1952	Hershey 和 Chase 发现噬菌体将 DNA 注入宿主细胞,Zinder 和 Lederberg 发现普遍性转导,Lederberg 发明影印培养法
1953	Watson 和 Crick 提出 DNA 双螺旋结构模型
1955	Jacob 和 Wollman 发现 F 因子是质粒,Jerne 和 Burnet 提出克隆选择学说
1961	Jacob 和 Monod 提出基因调节的操纵子模型
1961～1966	Nirenberg,Holley 和 Khorana 等阐明遗传密码
1969	Edelman 测定了抗体蛋白的一级结构
1970～1972	Arber 和 Smith 发现并提纯了限制性内切酶,Temin 和 Baltimore 发现反转录病毒中的反转录酶
1973	Ames 研制出检测突变因子的细菌试验,Cohen 等首次将重组质粒转入大肠杆菌成功
1975	Kohler 和 Milstein 建立了单克隆抗体技术
1977	Woese 和 Fox 提出古生菌应作为一个特殊的微生物类群,Gilbert 和 Sanger 建立 DNA 测序技术
1979	利用重组 DNA 技术合成胰岛素,正式宣布天花被消灭
1982～1983	Cech 和 Altman 发现具有催化活性的 RNA,McClintock 发现的转座因子获得公认,Prusiner 发现朊病毒,研制成功重组乙肝疫苗
1983～1984	Gallo 和 Montagnier 分离和鉴定人免疫缺陷病毒,Mullis 建立 PCR 技术
1988	Deisenhofer 等发现并研究细菌的光合色素
1989	Bishop 和 Varmus 发现癌基因
1995	禽痘疫苗批准在美国使用,第一个独立生活的细菌(流感嗜血杆菌)基因组测序完成
1996	第一个自养古生菌(詹氏甲烷球菌)基因组测序完成,酵母基因组测序完成
1998	Eokajander 等发现最大的细菌——纳米比亚硫磺珍珠菌
2002	Bernard La Scola 等发现最大的病毒(maxivirus),Kashefi 等分离到生长温度高达 121℃ 的古生菌——121 菌株
2003	全球爆发由 SARS 相关冠状病毒引起严重急性呼吸道综合征(SARS)
2005	Barry J. Marshall 和 Robin J. Warren 在 1983 年发现的胃炎、胃溃疡是由幽门螺旋杆菌引起的理论获得公认,并获诺贝尔奖
2004～2006	禽流感开始在全球流行,引起人们关注

附录Ⅲ 微生物基因组测序的最新资料

微生物名称及菌株名	编号	基因组大小/bp	公布日期(年．月．日)
Acaryochloris marina MBIC11017	NC_009925	6 503 724	2007.10.17
Acholeplasma laidlawii PG-8A	NC_010163	1 496 992	2007.12.14
Acidiphilium cryptum JF-5	NC_009484	3 389 227	2007.5.23
Acidovorax avenae subsp. *citrulli* AAC00-1	NC_008752	5 352 772	2007.1.4
Acinetobacter baumannii ATCC 17978	NC_009085	3 976 747	2007.3.7
Actinobacillus pleuropneumoniae serovar 3 str. JL03	NC_010278	2 242 062	2008.1.22
Aeromonas salmonicida subsp. *salmonicida* A449	NC_009348	4 702 402	2007.4.17
Akkermansia muciniphila ATCC BAA-835	NC_010655	2 664 102	2008.5.7
Alkaliphilus metalliredigens QYMF	NC_009633	4 929 566	2007.7.3
Alkaliphilus oremlandii OhILAs	NC_009922	3 123 558	2007.10.16
Arcobacter butzleri RM4018	NC_009850	2 341 251	2007.9.28
Azorhizobium caulinodans ORS 571	NC_009937	5 369 772	2007.10.18
Bacillus amyloliquefaciens FZB42	NC_009725	3 918 589	2007.8.3
Bartonella bacilliformis KC583	NC_008783	1 445 021	2007.1.10
Beijerinckia indica subsp. *indica* ATCC 9039	NC_010581	4 170 153	2008.4.11
Bordetella petrii DSM 12804	NC_010170	5 287 950	2007.12.18
Bradyrhizobium sp. ORS278	NC_009445	7 456 587	2007.5.1
Burkholderia ambifaria MC40-6	NC_010551	3 443 583	2008.4.4
	NC_010552	2 769 414	2008.4.4
	NC_010553	1 127 947	2008.4.4
Burkholderia mallei NCTC 10229	NC_008835	2 284 095	2007.2.2
	NC_008836	3 458 208	2007.2.2
Burkholderia phymatum STM815	NC_010622	3 479 187	2008.4.24
	NC_010623	2 697 374	2008.4.24
Burkholderia phytofirmans PsJN	NC_010676	3 625 999	2008.5.9
	NC_010681	4 467 537	2008.5.9
Burkholderia pseudomallei 1106a	NC_009076	3 988 455	2007.3.1
Burkholderia vietnamiensis G4	NC_009254	1 241 007	2007.3.30
Caldicellulosiruptor saccharolyticus DSM 8903	NC_009437	2 970 275	2007.5.8
Campylobacter concisus 13826	NC_009802	2 052 007	2007.9.13
Campylobacter jejuni subsp. *doylei* 269.97	NC_009707	1 845 106	2007.7.26
Candidatus Desulforudis audaxviator MP104C	NC_010424	2 349 476	2008.3.13
Candidatus Sulcia muelleri GWSS	NC_010118	245 530	2007.12.6
Candidatus Vesicomyosocius okutanii HA	NC_009465	1 022 154	2007.5.23
Caulobacter sp. K31	NC_010338	5 477 872	2008.2.12
Chlamydia trachomatis 434/Bu	NC_010287	1 038 842	2008.1.15
Chlorobium limicola DSM 245	NC_010803	2 763 181	2008.1.4
Clavibacter michiganensis subsp. *sepedonicus*	NC_010407	3 258 645	2008.5.12

续表

微生物名称及菌株名	编号	基因组大小/bp	公布日期(年.月.日)
Clostridium beijerinckii NCIMB 8052	NC_009617	6 000 632	2007.7.29
Clostridium botulinum E3 str. Alaska E43	NC_010723	3 659 644	2008.5.20
Clostridium kluyveri DSM 555	NC_009706	3 964 618	2007.7.26
Clostridium phytofermentans ISDg	NC_010001	4 847 594	2007.11.27
Clostridium thermocellum ATCC 27405	NC_009012	3 843 301	2007.2.16
Corynebacterium glutamicum R	NC_009342	3 314 179	2007.4.17
Corynebacterium urealyticum DSM 7109	NC_010545	2 369 219	2008.4.1
Coxiella burnetii Dugway 5J108-111	NC_009727	2 158 758	2007.8.3
Coxiella burnetii RSA 331	NC_010117	2 016 427	2007.12.6
Dehalococcoides sp. BAV1	NC_009455	1 341 892	2007.5.18
Delftia acidovorans SPH-1	NC_010002	6 767 514	2007.11.21
Desulfococcus oleovorans Hxd3	NC_009943	3 944 167	2007.10.22
Desulfotomaculum reducens MI-1	NC_009253	3 608 104	2007.3.30
Enterobacter sp. 638	NC_009436	4 518 712	2007.5.8
Escherichia coli ATCC 8739	NC_010468	4 746 218	2008.5.17
Fervidobacterium nodosum Rt17-B1	NC_009718	1 948 941	2007.7.31
Finegoldia magna ATCC 29328	NC_010376	1 797 577	2008.3.13
Flavobacterium psychrophilum JIP02/86	NC_009613	2 861 988	2007.6.25
Francisella philomiragia subsp. *philomiragia* ATCC 25017	NC_010336	2 045 775	2008.2.12
Francisella tularensis subsp. *mediasiatica* FSC147	NC_010677	1 893 886	2008.5.9
Frankia sp. EAN1pec	NC_009921	8 982 042	2007.10.16
Geobacter uraniireducens Rf4	NC_009483	5 136 364	2007.5.23
Gluconacetobacter diazotrophicus PAl 5	NC_010125	3 944 163	2007.12.5
Haemophilus influenzae PittEE	NC_009566	1 813 033	2007.6.14
Haemophilus somnus 2336	NC_010519	2 263 857	2008.3.24
Halorhodospira halophila SL1	NC_008789	2 678 452	2007.1.12
Helicobacter pylori Shi470	NC_010698	1 608 547	2008.5.16
Heliobacterium modesticaldum Ice1	NC_010337	3 075 407	2008.2.12
Herminiimonas arsenicoxydans	NC_009138	3 424 307	2007.3.13
Janthinobacterium sp. Marseille	NC_009659	4 110 251	2007.7.24
Kineococcus radiotolerans SRS30216	NC_009664	4 761 183	2007.7.24
Klebsiella pneumoniae subsp. pneumoniae MGH 78578	NC_009648	5 315 120	2007.7.24
Lactobacillus fermentum IFO 3956	NC_010610	2 098 685	2008.4.21
Lactobacillus helveticus DPC 4571	NC_010080	2 080 931	2007.12.3
Legionella pneumophila str. Corby	NC_009494	3 576 470	2007.5.29
Leptospira biflexa serovar Patoc strain 'Patoc 1 (Paris)'	NC_010602	3 599 677	2008.4.15
Leptothrix cholodnii SP-6	NC_010524	4 909 403	2008.3.27
Leuconostoc citreum KM20	NC_010471	1 796 284	2008.3.17
Lysinibacillus sphaericus C3-41	NC_010382	4 639 821	2008.3.13
Marinobacter aquaeolei VT8	NC_008740	4 326 849	2007.1.3
Marinomonas sp. MWYL1	NC_009654	5 100 344	2007.7.24
Methylibium petroleiphilum PM1	NC_008825	4 044 195	2007.1.29

续表

微生物名称及菌株名	编号	基因组大小/bp	公布日期(年.月.日)
Methylobacterium extorquens PA1	NC_010172	5 471 154	2007.12.21
Methylobacterium populi BJ001	NC_010725	5 800 441	2008.5.20
Methylokorus infernorum V4	NC_010794	2 287 145	2008.5.21
Microcystis aeruginosa NIES-843	NC_010296	5 842 795	2008.1.31
Mycobacterium abscessus	NC_010397	5 067 172	2008.3.1
Mycobacterium bovis BCG str. Pasteur 1173P2	NC_008769	4 374 522	2007.1.8
Mycobacterium gilvum PYR-GCK	NC_009338	5 619 607	2007.4.13
Mycobacterium smegmatis str. MC2 155	NC_008596	6 988 209	2007.11.29
Mycobacterium tuberculosis F11	NC_009565	4 424 435	2007.6.14
Natranaerobius thermophilus JW/NM-WN-LF	NC_010718	3 165 557	2008.5.20
Neisseria meningitidis 053442	NC_010120	2 153 416	2007.12.6
Nitratiruptor sp. SB155-2	NC_009662	1 877 931	2007.7.24
Ochrobactrum anthropi ATCC 49188	NC_009667	2 887 297	2007.7.24
	NC_009668	1 895 911	2007.7.24
Opitutus terrae PB90-1	NC_010571	5 957 605	2008.4.10
Orientia tsutsugamushi str. Boryong	NC_009488	2 127 051	2007.5.15
Parabacteroides distasonis ATCC 8503	NC_009615	4 811 379	2007.6.29
Parvibaculum lavamentivorans DS-1	NC_009719	3 914 745	2007.7.31
Pelotomaculum thermopropionicum SI	NC_009454	3 025 375	2007.5.18
Petrotoga mobilis SJ95	NC_010003	2 169 548	2007.11.21
Polaromonas naphthalenivorans CJ2	NC_008781	4 410 291	2007.1.10
Polynucleobacter necessarius STIR1	NC_010531	1 560 469	2008.3.11
Polynucleobacter sp. QLW-P1DMWA-1	NC_009379	2 159 490	2007.4.23
Porphyromonas gingivalis ATCC 33277	NC_010729	2 354 886	2008.5.21
Prosthecochloris vibrioformis DSM 265	NC_009337	1 966 858	2007.4.13
Pseudomonas aeruginosa PA7	NC_009656	6 588 339	2007.7.24
Pseudomonas mendocina ymp	NC_009439	5 072 807	2007.5.8
Renibacterium salmoninarum ATCC 33209	NC_010168	3 155 250	2007.12.21
Rhodobacter sphaeroides ATCC 17025	NC_009428	3 217 726	2007.5.8
Rickettsia akari str. Hartford	NC_009881	1 231 060	2007.10.3
Rickettsia bellii OSU 85-389	NC_009883	1 528 980	2007.10.3
Rickettsia canadensis str. McKiel	NC_009879	1 159 772	2007.10.2
Rickettsia rickettsii str. Iowa	NC_010263	1 268 175	2008.1.18
Roseiflexus castenholzii DSM 13941	NC_009767	5 723 298	2007.9.4
Saccharopolyspora erythraea NRRL 2338	NC_009142	8 212 805	2007.3.21

续表

微生物名称及菌株名	编号	基因组大小/bp	公布日期(年．月．日)
Salinispora arenicola CNS-205	NC_009953	5 786 361	2007.11.2
Shewanella baltica OS155	NC_009052	5 127 376	2007.2.26
Shewanella halifaxensis HAW-EB4	NC_010334	5 226 917	2008.2.12
Shewanella loihica PV-4	NC_009092	4 602 594	2007.3.9
Shewanella pealeana ATCC 700345	NC_009901	5 174 581	2007.10.9
Shewanella putrefaciens CN-32	NC_009438	4 659 220	2007.5.8
Shewanella sediminis HAW-EB3	NC_009831	5 517 674	2007.9.11
Shewanella sp. W3-18-1	NC_008750	4 708 380	2007.1.4
Shewanella woodyi ATCC 51908	NC_010506	5 935 403	2008.3.24
Shigella boydii CDC 3083-94	NC_010658	4 615 997	2008.5.7